互联网经济与电子竞技

INTERNET ECONOMY AND ELECTRONIC SPORTS

张新建 / 著

中国人民大学出版社
·北京·

序

当今世界，包罗万象，但无一不在网络之中，不是我们"自投罗网"，就是被"网罗其中"。

互联网跨越时空，联通中国和世界，联通现在和未来，催生了社会、经济、文化的深刻变革，新文化、新概念如雨后春笋，让人目不暇接。在互联网的新一轮变革中，我们应如何拥抱变化、迎接挑战？

中国前所未有地接近了世界舞台的中央，备受瞩目。英国《经济学人》杂志刊文评价，在互联网领域，从技术创新到政策制定，西方都应该认真研究中国。

互联网经济已经成为推进中国供给侧改革的一支新锐力量。目前，中国的网络经济整体处于发展上升阶段，势头良好。截至 2016 年 6 月底，中国网民数量达到 7.09 亿，其中手机网民数量 6.56 亿，互联网普及率达 51.7%，在"互联网＋"的浪潮下，各种新型消费和商业模式不断涌现。2015 年网络经济营业规模首次突破 1.1 万亿元。互联网经济的发展推动电子商务、社交媒体、在线教育、互联网金融、泛娱乐等行业的发展，改变了传统的经营模式和经营理念，是传统产业转型升级的"一剂良药"。

曾经被视为孩童游戏的网络游戏和电子竞技，借着"春风"，不仅登上了

"大雅之堂",更成为推动经济发展的重要产业。网络游戏作为科技文化结合的新兴产物,逐渐成长为数字文化产业的重要组成部分。数据显示,2015年我国网络经济实现47.3%的同比增长,早在2003年,电子竞技就已成为我国第99个体育项目。近年来,随着互联网和移动互联网的应用,电子竞技行业才刚处于指数级发展的前期,潜力巨大,未来发展前景不可估量。

实话说,我不是一名游戏玩家,但多年的职业习惯使然,我始终关注着互联网的发展,乐于"尝鲜"。网络经济、网络游戏、电子竞技的蓬勃发展,促进了中国互联网化的迅速发展,快速地满足了人们发展的娱乐需求,同时也改变了产业的格局,催生了新兴产业,推动了产业的发展升级。身处这个时代,我们不能小看每一个创新的火花、小苗,或许不久的将来,这火花就会燃起燎原之火,这小苗就会成长为参天大树。

作者是我的老朋友。新建在网络文化领域耕耘数十载,孜孜不倦,虽身居要职,却总是以一个学者的精神与情怀去体察网络文化的点点滴滴,因此,他能够第一时间发现"风向的转变",体察"创新的火种",站在变革的风口浪尖,做时代的弄潮儿。

他的这本新著系统地梳理了互联网经济和电子竞技的发展历程、相互关系,是此领域的专业指南。对行业外读者而言,他在书里解答了互联网经济与电子竞技之间的关系,加深了对互联网浪潮下社会如何变革、经济如何变幻、生活如何改变的认识;对电竞资深玩家而言,本书揭示了电竞的魅力和理论价值,展现了独特的方法论体系;对投资者和企业管理者而言,本书开拓了视野,提供了新的投资理念,为行业发展提供了系统的思路和方法。

相信翻开此书的你,也会有着和我同样的感受。

全国政协委员　中国互联网发展基金会理事长　马　利
人民日报社原副总编辑　人民网原董事长

2016 年 11 月 16 日

于浙江乌镇世界互联网大会

目　录

导言

第一章　在世界政治格局中看中国

在世界政治格局中看中国，才能看清世界发展潮流和中国宏观态势，中国产业人应当具有全球化的视野和放眼世界的胸怀。

第二章　在中国经济格局中看文化产业

我始终坚持在中国政治、经济、文化以及生态文明中研究文化产业。文化产业是中国软实力的主体，也是中国经济发展的短板，每一个文化工作者都应当有大局意识、责任意识、看齐意识，为中国调整产业结构做出积极贡献。

第三章 在中国文化产业和互联网经济形态中看游戏经济

网络游戏和电子竞技是中国改革开放以来最活跃的社会文化现象,虽然蒙受诟病最多,但是贡献也最大,已经成为中国在文化产业领域超越西方发达国家的领军产业。我们有责任以实事求是的态度和勇气,揭示中国游戏经济的"文化苦旅"。

吻别网吧（代后记）

导　言

"有心栽花花不开，无意插柳柳成荫"，这样的俗语已经流传好多年了，至少在元杂剧中就有类似的说法。几千年的农耕经济，年复一年，在缓慢积累、传承中重复祖先的耕作，因此人们渴望意外惊喜、不期而遇，就是再平常不过的心理期待。

近一百年，是中国历史上最激烈、最深刻、最广泛的变革时期，"无意插柳柳成荫"的故事反而更多。计划经济的强大惯性，使已经进入市场经济的政府仍然喜欢作规划，据说国家部委以上的规划就有80多个，结果纳入规划的精心呵护，浇水施肥，却不见开花结果，而被政府重点整顿的中国互联网经济的先行者——网吧却不择地而生，顽强、执着地为和谐中国贡献绿色GDP。市场经济体制确立后，各地政府建设了形形色色的市场，但是事与愿违，政府建设的市场大多冷冷清清凄凄惨惨戚戚，而通衢路边的自由市场却红红火火、热热闹闹。这样的问题多少年我也没想明白，然而这种"无意插柳柳成荫"的现象依然更多、更频繁地发生。如果说规划与市场"有心栽花花不开"，是经济规律在顽强地发生作用的话，那么互联网经济时代的"无意插柳柳成荫"，就是智慧之神在不经意间落脚在美利坚合众国的一座科研大楼，又在古老的中华大地最美丽的长江三角洲地区，亲吻了"二马"的额头，于是马云、马化腾化作两匹黑马，引领世界互联网经济绝尘而去。

我一直在寻找互联网之父，不是为了避免单亲家庭对孩子的缺失和伤害，因为互联网之母也同样没有下落。一般的说法，互联网之父是蒂姆·伯纳斯·李、温顿·瑟夫、罗伯特·卡恩。出生在英国的蒂姆·伯纳斯·李，于

1989 年 3 月第一次提出万维网的设想，并于 1990 年在设于日内瓦的欧洲粒子实验室开发了世界上第一个网页浏览器。互联网的出现显然要比他的发明早很多。温顿·瑟夫早在 20 世纪 70 年代就参与了早期互联网的开发和建设，是互联网基础协议（TCP/IP 协议）和互联网架构的联合设计者。美国人罗伯特·卡恩也是互联网基础协议（TCP/IP 协议）的共同创造者，信息高速公路概念的创建人。实际上他们都是基于互联网开发、利用的建设者，如果称为互联网之父还是有些牵强。

互联网之父的传说显然比众多版本的基督故事逊色许多。我听说的版本是有一座科研大楼，在美国一个不知名城市的近郊，由于分布在大楼各层、各实验室的计算机不能实现共同开发与数据共享，既不方便，又影响效率，于是就有聪明人试图把相关的计算机连接在一起，没想到这轻轻的一连竟直击互联网的核心真谛——互联、互通、共享。更令人没想到的是，多少年以后人们才发现，有一条非常隐秘的导线连着古希腊时期就放在那里的潘多拉魔盒，一经连通，魔盒瞬间大开，化作一缕青烟向全球扩散，一直打进工业文明的金銮宝殿，险些夺了它的宝座。

早期的互联网是政府投资建设，主要为非营利机构、学校、科研单位和政府部门传输资料、数据的，没有进入商业领域。然而，商业头脑从来不亚于科学家的智慧大脑，互联网的商业价值很快被开发出。在市场经济世界，任何事物一旦与商业资本碰撞，就好像神仙或者魔鬼附体，在没有边界的太空超能量奔突、涌动，一路过关斩将，所向披靡。从此互联网迅速跨过局域网阶段向全球互联的方向蔓延、拓展。1986 年美国国家科学基金会（NSF）资助建成了基于 TCP/IP 技术的主干网 NSFNET，将美国境内的若干超级计算中心、主要大学和研究机构的计算机连接起来，世界上第一个互联网就悄无声息地诞生了，并迅速与世界各地的计算机网络连接。20 世纪 90 年代，随着 Web 技术和相应的浏览器的出现，互联网发展和应用出现飞跃性发展，NSFNET 开始商业化运行。

中国接入国际互联网是在 1994 年。此前，中国一直非常关注大型计算机和互联网技术的进展，1992年、1993年，中国计算机专家学者参加国际互联网年会，就多次提出中国接入国际互联网的要求。1994年4月，中美科技合作联委会在美国华盛顿召开，中国代表与美国国家科学基金会就中国接入国际互联网达成协议，1994年4月20日，北京中关村地区教育与科研示范网与国际互联网64K专线接通，实现与国际互联网全功能连接，也开启了中国进入信息化社会的大门。

今天，面对席卷全球的互联网经济大潮，也许经历并见证互联网接入中国的专家学者都很难料到，拉开中国互联网经济时代大幕的竟是名声并不大好的网吧和互联网上网服务产业。互联网开始商业化运行以后，据说是在英国伦敦出现了全球第一家网吧，1995年北京中关村就出现了中国第一家网吧。虽然广东、上海都曾经争取网吧状元的名号，但是先后并不重要，重要的是中国各地聪明人、经营者以最敏感的科技、商业嗅觉，把握住中国互联网商用的发展机遇。据资料显示，截至2002年7月，全球互联网用户5.8亿，北美1.8亿，亚太1.68亿。2002年中国网民5 900万人，在网吧上网用户1 200万人，这一年中国有网吧11万家。2003年全国上网服务产业创造营业收入88亿元，2009年营业收入达到顶峰的886亿元。

网吧的名声依然狼藉。原因也并不复杂。农耕经济大国，社会生产力在积累中缓慢渐变，渐变同样发生在思想文化领域，即使任何一点文学艺术流派的变革、创新，也要打着复古的旗号。在民族思想文化的积淀中不情愿接受质变已经成为集体认知的思维定式。人文修养相当深厚的乾隆皇帝，毫不迟疑地拒绝了英国使臣带来的纺织机、蒸汽机等现代科技产品，也拒绝了古老中国与工业文明对接的发展机遇。当50年以后，帝国主义依靠坚船利炮打开古老中国的大门，中国才开始了"师夷之技以制夷"的洋务运动。互联网是一次根本颠覆工业文明生产方式的变革，最先吃螃蟹的网吧竟然聚集一帮闹青春期的叛逆青年打游戏，世世代代脚踏实地吃苦耐劳的中国人当然接受不了，于是，第一个尝试互联网商用的网吧就成为枪打出头鸟的牺牲品。

家长反对孩子进网吧是怕影响孩子的学业。文明古国的子孙是特别看重书香门第的，因为读好圣贤书就可以改变命运、光宗耀祖。1905 年废除科举，但是读书上进、改变命运的情结却深重地渗透在中华民族的血液中。"文化大革命"时期废除高考，初中、高中学生上山下乡，接受贫下中农再教育，因此这一代人又被称为"被耽误的一代"。这一代人娶妻生子后，就以强烈的报复性努力、逼迫性高压，期望孩子能够实现他们失落的梦想。然而浓重的商业气氛冲淡了悠长的文化氛围，文明古国的子民年人均读书 4.35 本，而俄罗斯年人均读书 54 本、以色列 50 本、德国 47 本、奥地利 43 本。年人均购书，以色列 64 本、俄罗斯 55 本、美国 50 本，中国不足 5 本。不买书、不读书，时间长了连读书的习惯都消逝得无影无踪。文明古国的民居宅院，厅堂里总要挂些中堂书画、对联，两边是摆放文玩的多宝阁和藏书的橱柜，一进门就能够感受浓郁的书香氛围。现如今只有达官贵人能够住进四合院，普通百姓居住的高楼蜗居已经很少有空间挂中堂书画了，更遑论多宝阁，书橱书架也常常被精简掉了，甚至连摆一张书桌的空间大多也被梳妆台占领了。家庭是人类社会的基本单位，家长是孩子的人生导师。家庭流失了读书的习惯，挤占了摆书、读书的空间，连带着全社会也淡化了文化氛围。在商业氛围、致富渴望包围心灵的日子里，多少为人父母者一面抱怨浮躁的环境，一面又浮躁地奔波，加剧着浮躁氛围。他们中又有多少人在家里静静地读书，或者陪孩子读书。他们不读书却强制性地逼迫孩子在一个放不下书桌的环境里读书，无论言传还是身教，都显得那样苍白无力。

家长反对孩子进网吧还有一个原因，是担心互联网上淫秽、色情的内容污染了孩子的心灵。"淫秽""色情"是需要科学界定的词语，尤其是"色情"。如果是视听资料，就要确定暴露性器官（女性乳房不属于性器官）的部位、程度以及时间长度。如果是文字作品，也应当限定描写的范围。网吧是公共信息消费服务场所，主要功能是接收信息。根据《互联网上网服务营业场所管理条例》，公安、文化部门分别设置了内容过滤、监控平台，网吧经营者也设置了相应的监控管理措施，在网吧上网是互联网接收领域里相对最安全的。世界上没有攻不破的防线，即使反复拦截还会有漏网之鱼，但总的来说，经过过滤、监控后，网吧所呈现的网络内容是较为洁净的。

据统计，最早进入网吧的用户 85％以上玩网络游戏，现在也没有很大变化，这就涉及对网络游戏如何评价的问题。网络游戏的确很吸引人，对于刚刚接触互联网的人来说，网络游戏具有不可抗拒的吸引力。因此，就有极少数涉世未深的孩子出现沉迷、网瘾。对于这些问题，可以通过游戏软件设计的机制、规范进行最大限度的规避。然而，相关行政管理部门法规、规范建设严重落后，既没有法规，也没有行业标准，管理部门的内容审查也着重审查游戏的政治内容，而对防沉迷的关注显然不够。一切都推给社会，让企业和处于游戏年龄的孩子在黑暗中摸索。迷路的孩子的确干出过一些傻事，经过新闻媒体导向性传播，放大了网络游戏引发的悲剧个案，全社会都在品尝其中的苦果。于是，一个所谓的戒网瘾市场应运而生。当网瘾成为"罪名"足以剥夺孩子除学习以外的任何自由的时候，苦心且迷途的家长又用血汗钱交纳高昂的戒网瘾费，换来的是他们的心肝宝贝心灵扭曲的痛苦呻吟。2008年8月2日，年仅16岁的邓某在广西南宁一家网戒机构被体罚殴打致死。而就在他去世的两天前，这位被网戒专家称为"网瘾少年"的孩子，在海边救起了一位落水妇女。据说类似的网戒学校全国有600多所，年产值十几亿元。这类网戒学校与网络经济没有半毛钱的关系，打着戒网瘾的旗号，实际上是施行的是暴力教育方式。我们有充分理由追问这类所谓的网戒学校存在的意义到底是什么？

网吧是中国互联网商业使用的先行者，自然也蒙受了任何一种新事物进入文明古国必然经历的苦难和坎坷，先驱没有成为先烈，应当感谢中国改革开放政策和宽容、包容的社会大环境。网吧最大的功绩是在来自各方面无端攻击与谩骂中使全社会认知互联网，在互联网传输通道、设备短缺的信息社会初级阶段，基本满足了青年人对互联网的刚性需求，也为中国互联网的普及、发展培训了第一批熟练、专业的网络信息操作人员。当网吧走出的"黄埔一期"一亿多青年进入信息社会以后，他们大显身手，也加速了中国互联网经济全面拓展。人流网、物流网、信息流网是与人类社会相始终的生存网、生产网、生活网，当然也是生命网。互联网的发展历程就是把现实世界通过持续不断的数字化，整合进入互联网的过程。信息数字化是第一步，10年前最先开发信息数字化的门户网站新浪、搜狐独领风骚。最近的10年进入资源数字化的时代，电商平台阿里巴巴、京东风头正劲。下一阶段是人的数字化时代，中国互联网经济就是在一浪高过一浪的大潮中引领潮流。

随着中国互联网经济的发展，当年最先触网的网吧已经相当边缘化了，但是网吧并没有出局，网吧以及互联网上网服务产业依然具有其他产业、行业不可取代的优势。**第一，网吧是装备了现代化互联网设备的营业性信息服务场所，也是面向大众的休闲娱乐场所。**现在，每一个家庭都可以开火做饭，但是各类饭店、酒店依然红火，人的天性中有群体聚集、交流、消费的刚性需求。同样，家庭电脑的城乡普及率已经大幅提高，而且城市比农村普及率更高，但是在网吧上网的城市客户依然高于农村。家用电脑的普及率并不绝对影响群体上网休闲娱乐需求。**第二，网吧是遍布城乡、贴近百姓的社区、乡村综合服务场所，既可以提供文化娱乐休闲服务，也可以提供方便群众的保障服务和商品服务。**国家建设智慧城市、智慧乡村，必须有遍布城乡的落脚点，把网吧收编、改造就是多、快、好、省的不二选择，更何况国家和地方也不可能放着现成的设施不用而另起炉灶，再造一套基层信息服务中心。

基于以上两个特点，网吧有最充足的条件向精神、物质领域双向延伸拓展。网吧是靠游戏起家的，网络游戏从娱乐化逐渐向竞技化延伸。我把2015年定位为全国上网服务产业电子竞技年，就是充分考虑了网络游戏竞技化进程提速的现实状况。出人意料的是中国电竞人还真长本事了，2015年为期两周的DOTA（刀塔）2电子竞技国际邀请赛，光设置的奖金就足够吸引全球玩家的目光——总奖金1 837万美元，来自中国的5支战队在此赛中分别包揽2、3、4、5、6名，收获奖金778万美元。2016年中国WINGS战队又拔头筹，将910万美元的奖金尽收囊中。中国近代饱受欺凌的屈辱史，让每一个中国人对能在国际竞争中扬眉吐气都格外珍惜。虽然电子竞技的名声依然欠佳，但是毕竟在国际舞台上展示了中国人的聪明才智，更何况还收获了丰厚的奖金。在浓郁的商业气氛中，商品市场的每一个毛孔都泛着土豪金，然而再一次"无意插柳"。齐白石、张大千、吴冠中等艺术家的大作，在艺术品拍卖市场上一幅值亿万金的豪举，吸引了全社会欣羡的目光，并进而引发尊重知识、尊重人才、尊重艺术的主流意识。在物欲横流的时候，社会文化氛围本已然相当淡泊，然而天无绝人之路，文化竟借助于《泰坦尼克号》《阿凡达》《喜羊羊与灰太狼》的票房神话，更借助于发展文化产业的契机，使文化由给经济搭台的小角色，走到了舞台的聚焦点。网吧也会是这样，当年靠游戏起家，现在靠电子竞技出尽风头，大红大紫，也在一定程度上修复了网络游戏的名声，至少可以改变主流意识形态一些先入为主的偏见，因此，网吧拥抱电竞，未来还有很大的发展空间。同时，网吧游戏的更新换代产品 VR已经登堂入室，业内认为 2016 年是中国 VR 元年。不管蝲蝲蛄怎么叫，庄稼人还得种地。我认为 2017 年是中国上网服务产业的电商和公共文化服务年。2018 年是 VR 比较成熟产品落地网吧的最佳时期，因此，中国互联网上网服务行业协会确定 2018 年是中国上网服务产业的 VR 年。按照 VR（虚拟现实）、AR（增强现实）、MR（综合虚拟现实）的发展路数，中国上网服务产业发展的前景不可限量。

靠游戏起家的上网服务产业，未来相当长一段时间靠网络游戏还靠得住，但是人无远虑必有近忧，鸡蛋不能放入同一个篮子，产业也不能一棵树上吊死，必须精神文明、物质文明两手抓，两手都要硬。在中国互联网发展历史上，除先知先觉的"瀛海威"已经成为"先烈"外，以信息传播为主的新浪、搜狐也已经黯然失色，风头正劲的是开发人文信息的百度、腾讯和从事商品流通的京东、阿里巴巴。中国上网服务产业在与腾讯深度拥抱的时候，也必须登上商品流通的大船。上网服务产业有 15.6 万家场所，经过 3 年的转型升级建设，绝大多数场所已经具备与电商平台对接的全部条件。上网服务场所是互联网领域唯一的线上、线下交汇空间，充分利用场所的空间优势，装入社区、乡镇便民服务、"双创"平台、远程教育以及电商服务内容，网吧摇身一变就是电商服务中心，高举文商共建、互联共享的旗帜，可为产业创造新的经济增长点。摇身一变的网吧还是不是网吧，像不像网吧？这是一个跨界、穿越、整合、创新的时代，产业与产业、行业与行业、职业与职业的分野越来越模糊，多业融合、多元发展是未来社会发展的大趋势。网吧像不像网吧不重要，重要的是在互联网经济发展中即使不是将帅也要做冲锋在前的小卒，始终站在为网民服务的第一线，永远是不可或缺的"这一个"，中国上网服务产业就有远大的发展前景。

本书就是按照这样的脉络，研究互联网经济发展态势以及我们无法回避的国内外环境，探索梳理中国上网服务产业与电子竞技发展繁荣的路线图和时间表。我深知互联网经济大潮汹涌澎湃，未来发展可能很快颠覆我的预期和宏观阐述。我乐于张开双臂迎接互联网瞬息万变的一切，只想做一颗小小的石子，让后来者踏着铺满石子的小路奋勇前行。

在传统印象中最善于经商的阿拉伯人如今深陷战争的硝烟中，而在悠远的农耕经济社会一直奉行重农抑商政策的民族，却成为当今世界最富才能的商家。我毫不怀疑一个民族机遇、才能的阶段性爆发。春秋战国的百家争鸣透支了中国 2 000 多年的思想智慧，到今天诸子学说仍然是中华民族最重要的思想资料；唐朝透支了中国人 1 000 多年的诗才，一个历史上的诗性国度充盈着浓重的商性氛围。中国人压抑几千年的经商才能、经营智慧在 20 世纪末 21 世纪初集中爆发，中国已经由一个贫穷落后的国家一跃成为世界第二大经济体。世代中国人民富国强的梦想就将在我们这一代实现，每一个中国人都应当为中华民族的伟大复兴而自豪。然而，我们也应当清醒地面对现实，一个社会商性特别突出、超常发展也会冲淡诗性。中国经济强劲发展是好事，但是经济并不是社会的全部，就像经商不是经济的全部一样。

中国虽是互联网商用的后起之秀，却是当今互联网经济领域最"拉风"的当红花旦。在火爆的中国互联网经济大潮中，更多的商家以及怀揣梦想的"双创"者，更多注重设计商业链条、商业模式、商业理念、商业应用、商业利益，我丝毫也没有为他们的创业热情、创富渴望泼冷水的意思，我只是想说，互联网商业、互联网经济只是信息社会的一部分，而不是全部。互联网政治、文化以及互联网生态环境，其重要性丝毫不逊色于互联网经济。如果过度重视互联网的商机，就有可能忽视互联网的生态、生机，如果过分看重互联网商业利益，就有可能忽视互联网核心技术、关键设备、基础软件的研发，即使经济很红火，基础依然很脆弱。因为与国家长治久安、人民生存发展息息相关的互联网生态、生机、基础问题，才是中国进入信息社会的核心问题。中国人从来没有像今天这样富裕过，穷不是社会主义，富不是资本主义，中华民族伟大复兴应当超越这一切，具有自立于世界民族之林的大气象、大格局、大战略、大目标。中国人永远不能小富即安，我们依然在万里长征的路上。

本书不是一本严谨的学术著作，对互联网经济研究也只涉及与互联网相关的文化产业、上网服务产业问题，实际上只是在中国互联网经济花园里采撷了一朵小花。我期待互联网经济火爆的当下，有一些人能够仰望苍天思考、坐冷板凳，在月下读书治学，对中国互联网政治、经济、文化以及互联网生态进行全方位研究。

2016 年 10 月 31 日于北京后英房胡同九号

第一章　在世界政治格局中看中国

　　在世界政治格局中看中国，才能看清世界发展潮流和中国宏观态势，中国产业人应当具有全球化的视野和放眼世界的胸怀。

- 国际政治格局与中国战略机遇
- 改革攻坚阶段与中国经济新常态
- 互联网与新媒体经济
- 以人民为中心建设互联网家园
- 研究行业态势　规划产业发展
- 把握行业规律　制定行业标准

国际政治格局与中国战略机遇

人类创造互联网，拉开了信息时代崭新的帷幕。无限延伸的网络使地球每一个角落的人群克服了物理距离、时间障碍，实现了网络世界实时沟通的梦想，"地球村"就是人类超越时空的形象概括。

人类拥有同一个地球，生活在同一个"村落"，鸡犬之声相闻，谁都不能置身"村"外。经济全球化的大潮，将地球每一个角落的经济活动都纳入世界经济大循环之中，一损俱损一荣俱荣。因此，地球村的每一个村民都应当了解全球，研究世界政治格局，把握国际最新动态，做一个清醒的地球村的村民。

一个人的视野决定他的世界。关注国际政治的人也许从来没有想过在国际政治舞台叱咤风云，但是这并不影响他把国际政治纳入他的世界，并影响他的人生、事业以及他周边的世界。在某种意义上可以说，视野决定官员仕途的高度，决定学者研究的深度，决定职场人事业、商业发展的广度。我则是一个难得的例外，一辈子高度关注国际政治，也具有研究问题的国际视野，然而与视野决定世界的高度、深度、广度都不搭调，我也百思不得其解，最近才发现是酒与艺术销蚀了我的灵魂。酒与艺术都是令人上瘾的"尤物"，也是相互作用的欢喜冤家，在迷离中走近艺术的本质，在清醒中透视世界的真相，这就是我撰写本文的初衷。

一、深刻理解中国正处于可以大有作为的战略机遇期

中国正处于和平发展的战略机遇期，可以大有作为的战略机遇期，这是

邓小平同志以及之后的历届中央领导集体统筹国际国内大局而对中国所处的世界政治态势作出的战略判断。这一判断高屋建瓴，统领中国基本的方针政策，每一个中国人都应当站在这样的高度，深刻理解中国的战略机遇期，准确把握战略机遇期，维护和用好战略机遇期。

（一）准确把握中美关系的总基调：合作与摩擦并存，合作大于摩擦

美国是世界第一大经济体，中国是第二大经济体，在世界历史上，第一大经济体总是使出浑身的解数打压、阻挠第二大经济体，由于地缘政治以及经济发展水平的原因，有时打压得残酷一些，有时比较隐晦一些，但是打压、阻挠是无时不在、无处不在的。原因也很简单，任何一个超级大国都不愿看到一个强劲对手挑战自己的霸权，掀翻自己霸王的宝座，当年的"日不落帝国"——英国对美国就是这样做的。今天的地球村，相互联系、相互依存程度更为紧密，作为一极世界超级大国的美国，再次按照当年英国的老套路，对第二大经济体的中国进行更为变本加厉的打压、阻挠。

随着世界文明的进步，第一大经济体与第二大经济体是可以和平共处、共同发展的。中美经济有很强的互补性，美国具有创新优势、产权技术、知名品牌、营销网络和文化产业领域的绝对优势，中国是人口众多的发展中国家，经济基础特别是科技创新基础相对薄弱，经济负担、民生保障压力很大，而且中国制造的质优价廉的消费品，已经深入美国中下阶层的日常生活。美国人使用了中国制造的优质商品，美国政府占了便宜却毫无感激之心，认为美国经济过于依赖中国。在高端制造业的绝大多数领域，中国对美国还构不成直接威胁，美国自我宣扬实体经济空心化，认为中国制造威胁了美国经济。其实，美国政府对任何国家都不放心，它不愿放过包括日本在内的一切可能构成威胁的经济体。因为它作为世界第一大经济体享有巨大好处，这是它无论如何都不肯舍弃的。

一是制定经贸领域的游戏规则。世界贸易组织（WTO）的贸易规则，是17年前在美国主导下制定的，中国为加入WTO付出了极大代价。现在美国认为WTO的规则已经不适合互联网时代的世界经济新形势，于是提出新游

戏规则——跨太平洋战略经济伙伴协定（简称 TPP），开始通过 TPP 对中国经济施压。"你加入了 WTO 我就换一种玩法，反正游戏规则是我说了算。"虽然 TPP 部长级会议于 2015 年 7 月 31 日在美国夏威夷毛伊岛落幕，谈判各方在一些关键议题上未能取得突破，但是美国贸易代表弗罗曼在记者会上仍然信心满满地说，谈判已经完成 98%，取得显著进展。如果 TPP 很快达成协议，在未来的经贸活动中就有可能成为对中国施压的另一根大棒。

二是以世界警察自居，在全球推行美国的价值观，实现政治、经济利益最大化。20 世纪冷战形成的东西方两大阵营虽然土崩瓦解，但是冷战思维还长期盘踞在美国等西方大国的头脑中，甚至左右着当前政治格局，当今世界任何地区、领域的动荡不安都可以从中找到原因。北约东扩，制约冷战时期的老对手——现在的俄罗斯；重返亚太，联合日本制衡中国，怂恿南海周边一些国家以所谓南海问题围攻中国，甚至向当年进行生死搏斗的老对手——越南也伸出了橄榄枝，目的同样是针对中国。同时，巩固甚至扩大霸权地位。第二次世界大战结束以后，美国取得了世界霸权地位，于是局部和区域战争从来就没停止过，战火硝烟中总能看到美国操纵的身影，作为世界最大的军火制造商、出口商，美国也在铁血硝烟中大发横财。

三是美元为国际货币，美国一手控制国际货币基金组织以及由美国主导建立的国际货币体系。美国具有货币生产、发行的最大权力，而且美元是像黄金一样的硬通货，世界大宗贸易都以美元结算。欧元出现以后对美元的一家独大构成威胁，中国强劲崛起也必然推行自己的货币，美国绝不愿看到世界货币美元、欧元、人民币三分天下的格局，因此必然强力打压、阻挠人民币的国际化。

美国作为世界第一大经济体，一股独大，维护其超级大国的领袖地位以及世界警察的作用，为的是保障其核心利益。面对强劲崛起的世界第二大经济体（中国），美国绝不会坐视不理，任由中国和平崛起，对其世界第一大经济体的地位构成挑战。因此，未来 20 年甚至更长时期，美国都会千方百计制造麻烦，遏制中国。这是中国在世界政治格局中面临的主要问题。同时应当看到,中美两国的经济体量、生产规模造成两国的经济依存度很高,美国对中国的打压、阻挠也在一定程度上伤害自身。因此中美两国即使摩擦不断,却不会擦枪走火,酿成全面对立或者局部战争。

从双边利益诉求的角度来看,美中维持国内经济长期稳定更加符合双方的共同利益。虽然最近中国股市激烈波动,"中国威胁论""中国崩溃论"此起彼伏,有人甚至把中国股市波动与1929年美国股灾相提并论,认为中国股市崩溃也会像1929年的美国一样,拖累世界经济陷入长达10年的大萧条。美国《国家利益》双月刊网站上2015年7月29日刊载题为《中国经济不会崩溃》的文章,提到:"中国现在无疑面临严峻的经济和金融问题,但是,尽管存在种种担忧,中国的发展远比近来媒体所报道的更耐久。特别是北京拥有充足的金融资源,即便不像前几年那样飞速增长,也几乎肯定可以保持稳健的步伐。"中国股市下挫虽然备受瞩目,但还未到一些评论员形容的"中国1929时刻"的程度。股市其实对中国经济的重要性不及其他国家,特别是美国。中国股市总市值仅相当于中国国内生产总值(GDP)的$50\%\sim60\%$。而在美国,这个比例接近130%。另外,相比美国的大小公司,中国的国有大型企业对股市下滑不会有过度反应。美国的有识之士对中国经济的分析是客观的,而且客观派始终占据主流。他们的依据是,中国是世界第二大经济体,也是进入21世纪以来拉动世界经济增长的重要引擎,中国经济减速已经引来全球经济持续放缓的预期,如果经济崩溃,势必出现美国的"1929效应",美国作为世界第一大经济体受到的冲击必然小不了,中国伤不起,美国同样伤不起。另外,中国长期大量持有美国国债,始终处于美国最大债权国之一的地位,如何利用、处理美国国债涉及美国根本经济利益,所以,美国大多数清醒的政治家、经济学家都是求稳怕乱的。

同样,中国政府和人民也不期望美国出现类似2008年那样的国际金融危机。一方面是中国人历来厚道,美国等西方大国如果不是咄咄逼人地公然打上门来挑衅,中国人从来不主动挑起事端。另一方面,美国是无人抗衡的超级大国,无论政治还是经济,对世界均具有毋庸置疑的影响力。美国华尔街的次贷危机只是美国乃至国际金融体系中一个不良贷款的个案，然而发生在美国就酿成了席卷全球的金融海啸、国际金融危机，拖累世界经济，导致欧盟、日本经济深度调整，也波及"金砖国家"经济发生震荡。

中国制造业规模位居全球首位，被称为"世界工厂"，占据全球市场20%的份额，是以外向型为主导的经济发展模式。世界政治、经济发生任何一点风吹草动，都会影响中国制造业的出口，并进而影响中国的国内经济。美国是中国出口的第一大市场，世界经济走向可以不看政治家、政府的脸色，却绝对不能不看市场的脸色，所以中国人特别关注美国的经济动向完全是情理之中的。2015年7月30日《环球时报》发表《美国经济放缓信号令全球不安》一文，文中援引美国经济研究机构——世界大型企业联合会7月28日发布的报告：7月美国消费者信心指数大幅下降，创4年来最大跌幅。同时，美国主要城市5月房价涨势停滞，暗示购房需求停顿。不少媒体担忧美国经济增长将会因消费疲软而放缓，影响美联储加息进程。该文章的题目是中国记者加的，却很能够代表中国人对美国经济走势的心态，说穿了就是美国经济放缓，中国人心里不安，中国人特别不希望美国经济出问题。从这个角度分析中美两国的主流观点都是合作高于对抗，建立和维护双方的战略合作伙伴关系有利于双方的共同利益。

从多边国际政治经济博弈的角度看，美国与中国合作更符合美国的国家利益。

其一，苏联是与美国抗衡的超级大国，苏联解体以后，俄罗斯继续发挥区域影响力，普京上台以后俄罗斯国内政局稳定，经济持续增长，已经具有与美国抗衡的实力。也就是说，以美国为首的北约颠覆了一个实行社会主义制度的苏联，又出现了一个实行资本主义制度却强硬维护国家利益、敢于对北约东扩说"不"的俄罗斯。俄罗斯在乌克兰动荡中收回克里米亚地区，打击了北约东扩的核心利益，美国为了自身以及铁杆盟友——欧盟的利益，首要目标再次针对俄罗斯。在北约组织的策动下，欧盟以及美国对俄罗斯发动了连续的制裁措施，妄图以经济制裁逼迫俄罗斯就范，甚至通过搞垮俄罗斯经济搞乱俄罗斯。严峻的国际形势逼迫俄罗斯迅速放下身段向中国靠拢，强化"金砖四国"集团、上海合作组织。国际形势再一次出现对中国利好的态势。

俄罗斯是能源大国，油气资源丰富，经济发展的主要引擎是能源，在欧美的制裁下，巨大的能源输出能力只能转移出口，中国与俄罗斯比邻而居，有辽阔的接壤空间，同时，中国是世界最大的能源进口国，于是两国合作迅速升温，不仅建立了直通的输油管线，而且以人民币结算。中俄之间的能源合作，第一次打破了国际石油市场以美元为基准货币结算的格局，也打破了中国原油供应国比较单一、运输渠道比较单一的困局。以前中国进口原油第一大来源地是沙特阿拉伯，2014 年向中国输出原油 4 967 万吨，紧随其后的是安哥拉，向中国输出原油 4 100 万吨，俄罗斯位列第三，向中国输出原油 3 300万吨。2015 年 5 月，中国海关总署公布的数据显示，俄罗斯已经成为中国最大的原油供应国。把鸡蛋放在不同地域的几个篮子里，对于中国能源的战略安全有利。

其二，美国及其盟友已经形成共识，恐怖主义是当今世界的主要威胁，借反对以及打击恐怖主义谋求世界霸权，是美国的核心利益。有两件事情对美国刺激很大，一是苏联以及东欧解体以后出现了同样采取强硬抗衡政策的俄罗斯。二是美国长期经营的阿拉伯地区出现了以拉登为首领的恐怖组织，而且把摧毁的矛头直接指向美国心脏的标志性建筑。拉登等人是苏联占领阿富汗时期由美国扶植起来的，曾经是美国的盟友，伊拉克的萨达姆是两伊战争期间美国强力支持的，为什么也敢与美国叫板，针对美国发动恐怖袭击？这一点是许许多多的美国政治家和相当一部分民众想不明白的。虽然想不太明白，但是有一点是形成共识的，就是资本主义与社会主义的意识形态冲突已经不是当今世界的主要矛盾，由于文明冲突而演变而来的恐怖主义是国际社会当前最大的威胁。

其实文明是多重文化吸收融合长期发展提高的结果，其基本属性是包容与和谐的，之所以构成冲突，根本原因是冲突双方都要用极端的方式传播、推广自己的文明，排斥甚至取代其他的文明。美国的社会制度以及自由民主精神的确有其优越性，但是其他国家和民族的文明，经历了长时间的历史积淀，由此形成的社会制度以及理念，是与其深厚的文明传统相适应的。然而，美国人看不惯，看不惯萨达姆的残暴专横，看不惯卡扎菲的狂妄自大，甚至连比较温和的埃及总统穆巴拉克也看不顺眼，在美国人一手推动的局部战争之下，比较亲西方的萨达姆、卡扎菲被推翻、被处死。然而，伊拉克、利比亚并没有像美国人许诺的那样出现自由民主，而是陷入长期的混乱、暴乱以及恐怖之中。亲西方的穆巴拉克被推翻以后，更为极端的穆兄会上台，执政一年时间再次被美国策动的埃及军人集团推翻。埃及曾经具有阿拉伯世界的领袖地位，是维护阿拉伯世界稳定和平衡的重要力量，现在平衡的格局打破了，阿拉伯世界以伊朗为一方，以沙特等部分阿拉伯国家为另一方，在也门的领土上进行的战争不断升级，最终渔翁得利的还是世界武器最大的制造、出口商——美国。这个时候也许美国人已经忘记了在阿拉伯世界推销自由民主的政治制度。

而一些极端组织认为美国极力推广的自由民主直接威胁了伊斯兰文明，为了实现它们的世界伊斯兰化的目标，它们不惜使用暴力手段乃至发动局部战争。拉登之后"伊斯兰国"强劲崛起，对世界和平构成最大威胁。而且以现在的世界格局以及各国、各宗教派别的利益博弈，"伊斯兰国"还将在一定区域积极活动，很难在短期内被根本解决。

鉴于以上分析，中国虽然面临着来自美国以及周边国家的多重挑战，但是中国和平发展的机遇大于挑战，中国仍然处于可以大有作为的战略机遇期。**未来中国仍然一以贯之地坚持以经济建设为中心，坚持在国际事务中韬光养晦，妥善处理与周边国家的近邻关系，最大限度地减少摩擦和对立，就一定能够成为世界第一大经济体。有实力，不急于展示实力，有肌肉，不急于炫耀肌肉，成为世界第一大经济体以后，仍然不展示实力、肌肉，但是世界都知道第一大经济体的实力和肌肉。这也许就是国际政治斗争的智慧和战略。**邓小平同志是伟大的，他以睿智的目光，高瞻远瞩地预见了中国未来的发展，确定了韬光养晦的国策，他更高的智慧在于不把话说重、说猛、说透，以防太多思想僵化的民粹们、犬儒们眩晕，高手过招，点到为止。可惜现在还有许多人没明白，至少还没有根本清醒。邓小平同志确定的国策50年不能动摇，才有利于中国和平崛起以及未来发展。

（二）国际经济领域机遇与挑战并存，机遇大于挑战

全球经济领域的全部问题都与国际政治格局息息相关，甚至可以说是国际政治格局的组成部分。当前全球经济领域的核心问题可以概括为三大战争：货币战争、石油战争、贸易战争。用"战争"一词未免有些危言耸听，但是经济领域的战争虽然没有硝烟，但是其破坏力、杀伤力、影响力一点也不比阿拉伯地区、乌克兰地区的炮火连天逊色。

一是货币战争。美国华尔街引发的国际金融危机还在后危机时代的调整之中，美国作为国际金融危机的始作俑者，居然能够率先走出调整的泥潭，主要得益于美元的世界货币地位。2008年国际金融危机爆发后，美联储实施了量化宽松货币政策，也就是加大马力印美元，当时2008年至2009年的三个季度，从新兴市场经济体净流出4 800亿美元，釜底抽薪，对于新兴经济体的经济发展雪上加霜。2015年7月，美联储鉴于美国经济复苏强劲，于是在国会提出下半年的某个时候可能上调联邦基金利率，美国著名银行机构又放出美联储可能于9月份加息的信号。在美国政府放言目前美国经济表现强劲以及美联储、银行机构的加息预期的情形下，截至2015年7月底的13个月里，19个最大的新兴经济体资本净流出规模达9 402亿美元，严重损害了新兴经济体国家经济的稳定性。也就是因为美元的国际货币地位以及美联储的货币政策决定，无论美国经济是处于危机还是发展强劲，美联储的货币政策都在维护美国的经济利益，受害的永远是新兴经济体的一帮"穷哥们"。这就是美国主导的货币政策以及货币战争。

欧盟虽然是美国的天然盟友，却没有永远都这么幸运，欧美经济复苏乏力，虽然已经走出深度调整的谷底，但是依然非常脆弱。日本转变发展方式，坚持外向扩张发展，经济实力不容小觑，除了美国在世界经济领域的主导外，

其他国家也在采取不同的货币政策刺激经济发展。各国的货币以及货币政策的博弈之激烈绝不亚于战争。

二是石油战争。石油是当今世界的主要能源，是决定国家经济命脉的战略资源。当前国际油价持续走低。其一是遏制、制裁石油生产大国俄罗斯，其二是削弱页岩开发、生产对石油生产大国的冲击，所以世界石油输出国组织放任国际油价持续走低。根据美国能源情报署数据显示，2013年中国取代美国成为世界第一大石油进口国，低油价对于中国建立石油战略储备以及经济发展有好处。但是世界石油输出国组织绝不会长期坐视低油价，世界市场的低油价不符合它们的核心利益，它们暂时打压一下油价，是为了逼退竞争对手，继续维持它们的垄断地位和垄断价格，未来一两年之内，油价最大的可能是回升至80美元左右徘徊。目前，中国进口的原油60%以上来自局势激烈动荡的中东和北非，进口原油主要采取海上集中运输，其中4/5通过马六甲海峡。中国原油进口面临的问题，一是输出国比较集中，二是运输渠道和方式比较单一。根据国际能源机构预测，2020年中国石油的对外依存度将达到68%，以上问题不解决，将对中国能源安全构成极大隐患。所以，中国当前除加速低价引进、增加国家石油战略储备外，还应当放开民间的石油储备，藏富于民，藏油于民，增加中国能源储备的战略纵深；同时要开源节流，积极开发石油的替代能源，减少对进口原油的依赖，保障国家的能源安全。

三是贸易战争。经济领域的贸易战争是以贸易壁垒与反壁垒、限制与反限制、摩擦与反摩擦、制裁与反制裁的形式进行的。中国是外向型生产国家，对外出口是中国经济的三驾马车之一，而且一直是最强劲、最活跃的马车。美国以及西方国家为了遏制中国发展，必然在自由贸易的旗帜下，设置重重壁垒，挥舞反倾销的大棒，制造贸易摩擦、纠纷，而且此类案件会呈快速增长的势头。据2015年7月30日《环球时报》所载《中国钢板将被欧盟征重税》一文，欧盟委员会在2014年6月启动了对从中国大陆进口的不锈钢平板、卷板和卷带以及从中国台湾进口的冷轧不锈钢板征收反倾销税，从中国大陆进口的产品将被征收24.2%～25.2%的临时关税，从中国台湾进口的产品将被征收 10.9%～12.0% 的临时关税。这一反倾销措施已提交欧盟 28 国投票，得到大多数成员国的支持，欧盟委员会于 9 月 2 日开始实施，通常持续 5 年。欧洲钢铁生产商协会称，2013 年中国大陆和台湾总共向欧盟出口了价值 6.2 亿欧元的冷轧不锈钢产品，约占整体市场份额的 17%。当前，中国钢铁生产严重过剩，淘汰、压缩现实产能的任务非常繁重，如果欧盟再对中国钢板征收高额的反倾销税，对于本已困难重重的国内钢铁企业必然雪上加霜。如果美国等大国也群起效尤，问题就更加严重。今后此类双边以及多边的贸易摩擦将会随着中国出口贸易额的不断扩大而持续增多，我们必须有这样的思想准备。积极应对贸易摩擦将是中国对外贸易的常态之一，既要敢于对簿公堂，诉诸世界贸易组织，也要趋利避害，把中国外贸损失降到最低。因此，中国必须坚持出口、投资以及拉动内需三驾马车并驾齐驱，同时立足于拉动内需，防止把鸡蛋放入一个篮子，而出现经济的大幅震荡。

　　经济全球化的直接反映是文化全球化趋势提速。文化全球化说到底就是美国核心价值观的普世化、文化艺术或者说文化娱乐的好莱坞化。文化全球化将直接威胁到文明古国的传统文化以及发展中国家的民族文化，严重损害世界多元文化的多样性、丰富性。这些问题包括欧盟在内的发达国家、发展中国家已经意识到严重性，但是抵制美国所谓的普世价值观以及娱乐文化、娱乐工业的生产、传播其实难度很大。美国以国家的强权政治极力推广，以强大的经济实力作为后盾，以高科技的传播手段以及无所不在的传播渠道持续强力渗透，美国娱乐文化已经成为世界现代文化的主导力量。世界各国越是想抵制它，就越是以它为参照系，大多数国家最终走向了它们初衷的对立面。这种局面还将持续相当长一段时间，也许需要大约 20 年。对此，我们必须时刻保持清醒的头脑，大力加强本土传统文化、民族文化以及中华人民共和国成立以来现代优秀文化的研究、创作、生产以及传播，同时在吸收、借鉴、引进外国文化产品的时候，警惕欧美大国利用知识产权大棒制约中国。

　　科学技术是历史发展、文明进步的火车头，也是陈旧、落后的机器设备以及生产方式的掘墓人。互联网改变了世界，改变了人类社会的生产方式、生活形态以及思维方式，很多零售业的百年老店，一夜之间就被便捷、高效、低价的网购、物流送上了不归路。然而互联网并不是科技进步的终点，互联网终究会被更为先进的科技成果、载体、渠道所取代。谁将取代互联网？云计算、大数据、物联网之后还有更为前卫的机器人、3D 系统、芯片革命时代。后工业革命时期的科技进步，不是在原有基础上的完善、提高，而是推倒重建，根本颠覆，完全取代。行业协会必须时刻关注互联网设施设备的更新换代、内容形式的吐故纳新，特别是要高度关注应用技术的竞争者、颠覆者、取而代之者，未雨绸缪，进行预警式研究。

二、统筹国际国内大局，用好用足中国发展的战略机遇期

我不想成为研究国际问题的专家，全面、深刻地研究国际问题，客观、准确地把握国际动态，是为了做一个头脑清醒的中国人，是要根据国际形势以及趋势、走向，抓住并用好用足可以大有作为的战略机遇期，不断微调我们的工作思路、应对举措，趋利避害，实现国家利益与行业利益的最大化。中国政府冷静分析战略机遇期的机遇和挑战，准确把握世界和平发展的主流脉搏，努力为中国营造经济发展的国际环境，使中国在最短的时间内取得了跨越性的发展。中国的发展成就世界瞩目，也使执政党以及国民更加坚定了理论、道路、制度自信。

中国的成功实践也使一些政治家超越了意识形态的冲突，能够比较客观地评价中国，同时国际一些知名专家学者也在科学研究"中国模式""中国道路"。但是，自信不能自满，党和政府又提出了"两个一百年"的发展目标，中国人决不能小富即安，在以往的辉煌中陶醉，必须继续甚至更加努力地向伟大目标冲刺。

（一）三大产业同时发力，拉动中国经济整体平衡、可持续发展

2014 年，中国第一产业、第二产业、第三产业在国民经济中所占比重分别是 9.2%、42.6%、48.2%，根据欧美大国的发展经验和三大产业的结构比

例，我国三大产业都有巨大的发展潜力和空间。调整产业结构，转变发展方式，中国经济仍然会较快、稳定、可持续发展。

1. 由中国制造向中国创造转移，抢占高端制造业的科技制高点，提高中国制造业的国际竞争力

改革开放以来，中国以经济建设为中心，聚精会神谋发展，在工业特别是装备制造业领域，生产能力、规模稳居全球第一位，占据全球市场份额的20％左右，但是，总体上大而不强，呈高原广阔、高峰寥落之态，缺少能够体现一个国家、一个产业创新水平和高端制造业发展水平的科技制高点和原创核心技术。中国制造业面临更为严峻的国际竞争。

首先，中国长期处于压倒优势的低端制造业面临来自后起的发展中国家的激烈竞争。世界各国工业化水平不同，发展制造业起步也有先后，但是，各国工业化、城镇化的路径基本是一致的，先从资源开发起步，通过输出资源积累发展制造业的资本、技术，制造业也是从劳动力密集型产业做起，逐步升级换代、转轨转型。中国改革开放初期也是依靠长期累积的人口资源红利，从劳动力密集的低端产业入手，逐渐向高端转移。当前差不多3亿农民工是劳动力密集型产业的主要力量，随着中国劳动力成本快速提升，一些低端制造业已经开始向中国周边的发展中国家转移，产业转移分流了，低端的劳动力大军并没有转移，让他们发展高端制造业基本不现实，还要聚集在劳动力密集型产业从事生产，其产品则随着劳动力成本提高而提高了成本，同时必然降低中国制造在国际市场的竞争力。

在这个领域的竞争对象主要是中国周边以及非洲、拉丁美洲的发展中国家，也就是曾经与中国同甘共苦的穷哥们，是中国抗衡超级大国的重要帮手，如果竞争激烈，影响本国经济利益，曾经的兄弟也会反目成仇，造成新一轮贸易摩擦。这是中国在国际政治经济斗争中必须随时高度重视、努力回避的现实问题，为创造中国和平发展的国际环境，中国政府和人民都需要发展中国家的"穷朋友""小兄弟"。

其次，中国发展高端制造业面临来自美国、日本以及欧盟等发达国家的

激烈竞争。2008 年的国际金融危机给发达国家的发展模式敲响了警钟，发展金融产业固然既高雅又高利，甚至一个金融创新的衍生项目或者金融产品就可以一本万利。金融危机再一次告诫它们，任何金融创新都必须以实体经济为基础。为了改变实体经济空心化问题，发达国家有目的地实施再工业化战略，依靠它们强有力的工业基础和研发能力，抢占一些新兴领域的科技制高点、核心技术专利，同时吸引发展前景大、生态破坏小的制造业回归本土。因此，在世界高端制造业领域，比如轨道交通装备、工业机器人、高端医疗器械和药品、高端船舶和海洋工程装备、新能源（电动）汽车、现代农业机械等，国际市场竞争将更加激烈。

工业机器人是世界工业制造领域的热门项目，国内起步较晚，发展很快，势头很好，但是，关键零部件如精密减速器、高性能控制器以及伺服电机等的核心制造技术掌握在发达大国手中。所以中国虽然是工业机器人的最大市场，但是外国工业机器人企业占据中国市场 90％以上的市场份额，其中发那科、ABB、安川、库卡四大集团就占据 65％以上的市场份额。近来，中国政府制定了《增强制造业核心竞争力三年行动计划（2015—2017）》，工业机器人被列为中国制造业关键技术产业化项目。中国要从全球制造业大国转化为制造业强国，必须首先抢占高端制造业领域的科技制高点、核心技术专利。这是中国调整产业结构、转变发展方式的根本出路，也是提高中国制造、中国创造在国际市场竞争能力的必然选择。

2. 由农业大国向农业强国转移，提高农副产品的生产、流通能力以及自给化水平

民以食为天，粮食是关系国家经济发展和社会稳定的战略资源。改革开放以来中国人成功解决了发展中人口大国的吃饭问题，创造了历史奇迹。同时，我们也应当看到历史悠久的农业大国已经发展成为工业大国，在一些领域还是制造业强国，但是农业大国依然大而不强。根本原因是对农业重视不够、投入不足、组织化程度偏低。在一些急切实现现代化的领导者看来，农业就是原始、落后的标志，必须走工业化、城镇化、现代化的道路，这些想法无论从发达国

家的成功实践来看，还是从中国国情出发，都是正确的，但是农业现代化同样不可偏废。建设和谐社会、和谐中国，党政领导者必须学会"五个指头弹钢琴"，决不能单打一、单出头。改革开放初期，中国农业一枝独秀，农村联产承包责任制率先打破了计划经济的重重束缚，成为中国改革开放的第一面旗帜。

然而，苦了一辈子的中国人刚一吃饱饭就忘记农业，忘记了农村公共基础设施、农田基础设施、水利基础设施的建设，使中国农业再次进入了必须二次创业的关键时刻。像中国这样的人口大国，必须解决工业生产、人民生活的农副产品自给问题，而且应当自给有余。现在农副产品的质量以及供应能力，恰恰是制约中国经济全面、平衡、可持续发展的短板。粮、油、肉、奶、水果的进口总量逐年大幅度增加，农副产品进出口的贸易逆差越来越大。我并不反对进口农副产品，但是中国人吃饭问题靠谁都靠不住，只能靠自己。手中有粮心中不慌，这是千古不变的硬道理。解决中国粮食、农副产品自给有余问题应当上升为国家战略。

问题一，2004 年以来中国连续粮食丰收、总产量攀升，在现有单产水平、播种面积以及劳动力人口结构等农业资源条件下，全国 13 个粮食生产主产区持续增产压力很大。中国粮食连续高产应当感谢化肥、农药，中国产粮区平均每公顷化肥使用量是 480 千克，是世界平均水平的 4.1 倍，农药的利用率只有 30%，未被土地充分吸收的化肥农药至少使 10% 以上的土地受到污染。过度开发以及化肥农药的超量使用，使全国近四成的土地出现不同程度的退化，对粮食主产区持续增产构成严重威胁。

问题二，农村强壮劳动力外出务工，一小部分会在农忙季节短暂回乡，种粮的主要力量是老年人以及妇女儿童，劳动力素质整体偏低，也就从根本上制约了科学种田的推广、精耕细作的落地。本来极为有限的土地不能精耕细作，高产稳产，保障粮食继续增产困难很大。同时，近年粮食的国家收购价格以及市场价格小有上升，而农用物资价格大幅攀升，加之自然灾害的不确定性，粮食收储价格的波动性，也影响了农民种粮的积极性。即使在一些粮食主产区，粗放耕作乃至撂荒的现象也十分普遍。

问题三，由于现行政策的原因，农民从祖祖辈辈耕种的农村分流出来以后，闲置的房产以及土地没有进行有效的整合，缺乏整体规划、集约经营的组织和引导。土地是农民的命根子，"耕者有其田"是中国农民的梦想，但是随着工业化、城镇化进程的提速，城市生活质量、经济收入的强力诱惑，他们更愿意放弃"命根子"，去做体面的城里人。然而，政策对农民土地的流转陷入多重矛盾之中，土地从法律上讲属于国家所有，村集体的土地又归村集体所有，实际耕作者以及所有者又是所在地的农民，怎样流转、如何整合，缺少政策的规定性、引领性和可操作性。分散的、自发的、靠天吃饭的生产方式、生产规模很难形成现代化农业的大生产，这也是中国粮食以及农副产品生产大而散漫、大而落后、大而不强的主要原因。

问题四，当前农村与城市最大的差距是公共服务基础设施和农业生产基础设施非常落后，一些偏远山区、老少边穷地区仍然继续着祖先的农耕经济生产。首先是城乡一体化建设。党中央提出，重中之重是要在基础设施建设上追还历史欠账，在水电气暖路以及通讯方面的基础设施上一定要有大手笔、大投入、大力度，补齐这块短板，使城乡人口享受公共资源以及公共服务均等化，至少大致一体化。其次是农业生产基础设施建设。大部分粮食产区农田改造、水利设施建设以及灌溉管网设施的维护非常落后，已有的水库、灌渠管网大部分是五六十年代集体经济时期修建的，现在早已老化，年久失修，很难发挥作用，农业生产靠天吃饭，农民单打独斗缺少起码的抗风险能力。

这些问题关系着中国经济社会命脉。解决这些问题一靠政策，二靠投入，三靠科学技术，四靠组织化程度。中国粮食生产连续丰收增产，农副产品自给率较高，改革开放以来积累的物质基础，具有解决这些问题的基本条件。只要各级党和政府高度重视，精心规划组织，像抓工业生产建设一样抓农业生产，不会用很长时间，中国农业虽然在国内生产总值中所占比例不会有跨越性的提高，但是中国粮食、农副产品基本保障中国人消费自给有余会取得历史性的进步，也为中国经济社会可持续发展奠定坚实基础。很遗憾的是许多党政领导干部还不明白这样的道理，他们把中央提出的城乡一体化建设、新农村建设，简单地理解为在农村卖地、征地、盖房子，仍然延续他们在城市大拆大建的老路，把有深厚文化积淀的古城、古迹、民俗、民族特色建筑拆除，千城一面，一律建成火柴盒戴帽子的现代化水泥森林。城市历史建筑和地方特色、民族风情的建筑已经拆得差不多了，于是有良心的中国人想到了传统、国粹以及与之相连的乡愁。城市已经看不见母亲的模样，还可以到乡村寻找农耕经济的原生态，如果再把农村破坏了，那就真正把中国的正装改为西装了。穿西装也不错，可以御寒，也很体面，但是何处寄托乡愁呢？这个问题我们不能不警惕。

在撰写本文时，看到国务院办公厅印发《关于加快转变农业发展方式的意见》的新华社新闻通稿，因没有读到《意见》原文，未免意犹未尽，但仍然是由衷喜悦。《意见》明确把转变农业发展方式作为当前和今后一个时期加快推进农业现代化的根本途径，以发展多种形式农业适度规模经营为核心，以构建现代农业经营体系、生产体系和产业体系为重点，着力转变农业经营方式、生产方式、资源利用方式和管理方式，推动农业发展由数量增长为主转到数量质量效益并重上来，由主要依靠物质要素投入转到依靠科技创新和提高劳动力素质上来，由依赖资源消耗的粗放经营转到可持续发展上来，走产出高效、产品安全、资源节约、环境友好的现代化农业发展道路。可以说，《意见》解决了我多年思考、长期困扰的一些问题，我也有几点想法想提出来讨论。

（1）以往国家总是以"一号文件"的形式发布当时国家推进农村改革、农业发展的政策措施。"一号文件"，文件中的"老大"，说明党和国家高度重视"三农"问题，但要注意不要流于形式。足够重视就要足够落实，否则有足够的文件没有足够称职的党政部门贯彻落实，足够的文件在很多地方、很多情况下就会变成一纸空文。由此也可以继续说明，一个现代化的文明社会，一个成熟的执政党及其政府，如果仅仅靠发文件、开大会，指导、引导、领导世界第二大经济体的经济建设是远远不够的，更何况农业这样关系着国家根本的重要产业。

（2）一个不争的事实是农业经济，或者说第一产业，在国家 GDP 中的比重越来越低，产粮地区、产粮大县大多是不太发达的地区或者是贫困县，靠种粮致富非常困难。这样的现实说明粮食生产、市场流通与现行政策存在某些扭曲，一方面国家需要粮食安全，一方面靠种粮不能致富。矛盾焦点是农民种粮所需农业资料靠市场采购，生产粮食按照政府指导价收购，于是就形成了农资以及生产过程的市场化与粮食购销政府化的矛盾。要解决这样的问题，国家必须统筹规划，降低种粮大户的生产成本，提高国产粮食的国际市场竞争力，同时也应当建立以奖代补的奖励、激励机制，重奖种粮大户。既然国家需要保障国家粮食安全，就要让种粮农民得到最大利益，让农民种粮致富，以吸引更多的优秀人才和优质资源参与粮食生产与流通。靠看不见的手调控、由市场配置资源固然重要，但是涉及国家战略资源的产品、商品，必须依靠看得见的手、依靠国家的力量保障国家粮食安全。

（3）土地确权以及确权以后的土地流转是一个绕不过去的问题，中国古往今来的许多经济政治问题几乎都与土地问题相关联。中华人民共和国成立以后走集体化的道路，成立了"一大二公"的人民公社，土地由集体所有，农民只有少数的宅基地和自留地，严重制约了农民发展生产、发财致富的积极性。改革开放以后，实行农村联产承包责任制，极大地调动了农民生产致富的积极性，很短时期就解决了中国粮食自给有余的问题。随着科技的进步，科学种田、良种培育以及农业机械化的发展，分散、个体、自发的种植、养植已经成为制约农业现代化的主要问题。集约化、规模化、机械化、组织化的现代农业大生产成为中国农业的必然选择。从中国自然地理环境看，粮食主产区多在辽阔的平原地区，适合规模化、机械化的大生产，而小块、零散的山地则采取分散经营更为有利，所以任何时候中国的政策都不能"一刀切"，国家提出适度规模化还是符合国情的。只有实行有组织的规模化，实行现代农业的体制、机制，才能有力量在"三农"问题上做一些大事，比如说农田基础水利设施，中国农村绝大部分水库以及大面积的山地绿化都是在人民公社时期完成的，现在看来虽然水平并不高，但是靠一家一户却是根本做不到的。适度规模化、组织化的方式与路径很多，应当由农民以及农业企业自己选择，关键要解决土地流转的政策问题，给他们吃一颗可以长期投入、可持续发展的"定心丸"。

（4）农业问题或者说"三农"问题是一个综合性、世界性的复杂问题。发展现代农业，实行农业机械化、规模化、组织化经营，改良品种，科学种田、养殖，最大限度地提高产量、品质，实现效益最大化。同时农业现代化对农民素质要求高了，要求的人数却大幅度降低了，怎样分流农村富余劳动力成为解决"三农"问题的核心问题。改革开放以来，中国基本采取两条途径解决农村富余劳动力：一是农村开办乡镇企业，农民离土不离乡，就地转化为企业工人；二是到城市企业、矿山、建筑工地打工，现在已经有近三亿农民工。短缺经济时代乡镇企业的产品质量一般般也能卖出去，而到了过剩经济时代，乡镇企业的粗放生产缺乏起码的市场竞争力，改革开放初期发展乡镇企业的江苏苏南模式很难继续。此外，城市的确需要大批的农民工，但是需求不可能是永无止境的，终有饱和的时候，更何况智能化的制造业也在大幅度降低人力成本。乡镇没有工业产业以及特色、骨干产业，留不住失地农民和农村富余人口，若都往城市流动又存在供大于求的问题。所以，我们必须未雨绸缪，为他们谋划流向、管道、出口，出路仍然是现代化农业和现代化养殖业以及城镇服务业，相对于其他产业，种植、养殖业仍然是劳动力密集型产业，从世界领域来看，发展空间非常大，我们可以借鉴台湾地区发展种植、养殖业的经验，改良品种，优化经营，外向发展。现在外国的粮油、农副产品以及水果，大举输入中国，如果现在不能把中国农业、养殖业做强、做大，就将面临越来越严峻的市场竞争，发展空间越来越小，后果不堪设想。

我不是农民，只是在"文化大革命"以前以及期间学工学农，参加过春种秋收、抗旱浇水。但是，我的祖上是农民，经历过 20 世纪 60 年代初期的三年自然灾害，对饥饿的记忆铭心刻骨。黄土地的子孙应当对土地有感情，对一脉相承的农耕经济有记忆，所以，关注"三农"已经成为我的思维定式，下一场雨、一场雪，就会油然与农村的耕种、收成联想起来，此生恐怕难以改变了。

3. 服务业是中国三大产业发展的最大短板，也是未来中国最大的发展空间

中国有现代服务业，却缺少最起码的现代化、人性化的服务。我们的建筑、设施、设备以及机构配置与发达国家差别不大，最大的差距在于服务质量。也就是我们常说的"硬件硬，软件软"，或者说"硬件不硬，软件更软"。就像一座现代化的商场，文明服务用语、文明服务公约、文明服务规范都写在墙上，却没有转化为员工的职业操守、职业技能。改革开放以前，大家都是国家的主人，主人为什么要为主人服务；改革开放以后，大家主人翁地位没变，又更突出企业化、市场化经营，员工与企业是雇佣关系，员工干活挣钱，企业是国家的、老板的，员工觉得与自己没什么关系。这样的精神状态与职业精神相距何止千里。中国劳动力科学文化素质本来就不高，企业经营管理能力也处于初级阶段，最常用、最管用的办法是经济奖惩，加上企业员工流动性很大，很难培养对企业的感情、对事业的忠诚，服务质量普遍偏低也就不难理解了。把社会主义核心价值观写在墙上、把半懂不懂的政治术语挂在嘴上很容易，而如何进入心里、落实在行动上，转化为百姓认同、自觉践行的行为规范就非常不容易了。然而，中国可持续发展的出路就在于此，提高中国人的生存质量的出路也在于此，没有选择的空间，只能一门心思发展第三产业，提高服务质量。

（1）第三产业应当成为第一、第二产业分流人员的"蓄水池"。过去农村是一切富余人员的"蓄水池"，现在农村面积越来越小，已经很难发挥第一"蓄水池"的功能。第一"蓄水池"应当是现代服务业。

（2）第三产业发展水平关系着中国人的生存质量。生产力高度发展，人的闲暇时间增多，人民群众富裕了，对生活质量、服务质量的要求随之提高，过去想显摆就在网上"晒"购买的奢侈品，现在的时尚是"晒"天涯海角、南极北极的旅游探险。也就是说，物质生活需求相对满足以后，精神生活需求就成为社会时尚。满足消费者日益增长的物质需求、精神需求就是第三产业的发展空间，而且这一空间永远是弹性的、不断膨胀的。

（3）服务业产值比例在 2013 年首次超越工业产值比例，这是中国三大产业结构变化的标志性信号。2014 年，中国第一、第二、第三产业的增长比例分别是 9.2％、42.6％、48.2％；2015 年上半年，第三产业占 GDP 的比重为49.5％，占比继续高于以制造业称雄天下的工业。在第三产业结构中，生产性服务业以及高端服务业的比重增加，而且不断向价值链高端延伸，今后第三产业在中国经济中所占比重将逐渐加大。

（二）货物贸易与服务贸易双轮驱动，共同推动中国外向型经济发展

中国是世界第二大经济体，是第一大贸易进出口国。中国在货物贸易方面长期处于贸易顺差的绝对优势，但是在服务贸易，特别是文化产品的进出口方面，中国却是大幅度的贸易逆差。国际通用的文化产业初具规模的标准是达到国家 GDP 的 5％，发达国家文化产业占国家 GDP 的比重是 20％左右，而在中国，文化产业规模只占国家 GDP 的 3.97％，差距之大可见一斑。差距既是距离也是机遇，我们必须学习借鉴发达国家发展文化产业的经验，迎头赶上去，而且还要有弯道超车的勇气和智慧。

西方发达国家在文化领域的核心竞争力，来源于超大型的文化跨国公司、自有知识产权的拳头产品、跨境或者跨国经营的规模经济。据统计，世界 500强企业中，主业实体为文化产业的公司，有索尼、威旺迪、迪士尼、亚马逊、新闻集团、谷歌、时代华纳等 8 家，其中亚马逊公司排名第 149 位，营业收入 610.93 亿美元，美国时代华纳公司排名第 402 位，营业收入 287.29 亿美元，利润 30.19 亿美元。联合国贸易和发展会议报告指出的全球 20 家大型视听企业中，绝大多数是西方大国的文化公司。

近年来，我国文化产业有了长足发展，虽然没有产生国际化的大型文化产业集团，但是在国家实施的文化"走出去"工程中，中国文化企业鼓足勇气主动参与国际市场竞争。中国文化企业参与国际市场竞争有很多有利条件：一是中国和平崛起，作为世界第二大经济体，在国际事务中的话语权越来越大。二

是中国是文明古国，具有深厚的文化传统和民族文化资源，由文化资源大国转化为文化产业强国具有得天独厚的条件。三是中国文化走出去，是维护世界文化多样性的需要。现代娱乐文化、文化工业是美国发展文化产业的重要途径，也取得了辉煌成果，但是美国现代文化不是现代文明的全部，美国文化可以"好莱坞化""迪士尼化"，其他各国可以借鉴美国文化产业发展的经验，却不能照搬"好莱坞化""迪士尼化"，否则世界文化多样性就会受到毁灭性的损害。这是包括欧盟在内的发达国家以及绝大多数发展中国家都不能接受的。

中国文化必须走出去。要有千军万马上太行的精神，大踏步地走出去，走出去就是硬道理。中国文化产品、文化服务已经具备走出去的全部条件，现在就走，时不我待。中国上网服务行业经过 20 年的强劲发展，已经形成了中国特色的上网服务文化模式，在服务理念、经营规模以及环境设施、设备配置等方面走在了世界同行的前面。我们可以毫无愧色地说，世界最美的网吧在中国。就像蒸汽机车、电器机车原始发明权都不在中国，但是中国高铁却成为中国制造业走向世界的排头兵一样，互联网并不是中国人原创，但是最美网吧是中国原创，中国上网服务行业完全有条件走出去。近几年，中国一些上网服务企业已经在海外试水，且取得不俗的经营业绩。只要全行业继续发扬有点阳光就能灿烂、有点泥土就能生根的拼搏精神，继续发扬拖不垮、打不烂、特别能吃苦、特别能忍耐、特别能战斗的顽强意志，中国上网服务行业就一定能够在风云变幻的国际市场杀出一条血路，打出一片属于中国人的文化天地。

2015 年 8 月 15 日于北京后英房胡同

改革攻坚阶段与中国经济新常态

从我接触经济学开始，中国的经济学就称为政治经济学。就像中国经济是世界经济大循环的一部分一样，一个社会的经济发展从来就是社会政治的一部分。研究中国社会经济问题必须始终统筹国际、国内两个大局，必须始终统筹中国政治、经济的全面发展。我们研究任何问题都必须具有全球化的国际视野，围绕国家改革、发展、稳定的中心任务，在中国宏观经济发展的全局中谋划行业创新发展的新路径、新理念，深刻认识改革进入深水区、进入攻坚阶段的现实问题，准确把握中国经济新常态的时代特征、发展思路。

研究中国宏观经济形势，必须认真研究每年年底或者年初中共中央召开的经济工作会议。会议对当前以及未来一年宏观经济的研究和判读，集中了全党智慧，特别是近几年的中央经济工作会议，体现了党中央清醒判读经济形势，沉着应对经济风险和挑战的远见卓识。

对中国经济问题我没有系统、深刻的研究，讨论问题也缺少翔实论证和数字支持，只就当前中国经济社会发展的新特点、新趋势，做一些理性思考。

一、由短缺经济时代过渡到过剩经济时代

创造了璀璨中华文明的古老中国从来就与短缺经济相生相伴。中国传统的本土农作物稻子、麦子等，都是靠自然环境耕作、收获的低产作物。宋朝引进早熟、高产的占城稻，使水稻种植区增加了一季收成。明朝引进了更为高产的玉米以及红薯（番薯、地瓜）、马铃薯、花生以后，吃饭问题刚刚有所好转，至少在春天青黄不接的时候，可以把未全成熟的红薯挖出来充饥，而

且红薯枝蔓也可以食用。红薯的生命力特别强,只要把剩下的一小段枝蔓插到刨开的土坑里,秋天又可以收获一茬红薯,河北农村称之为"麦茬薯"。这在明朝番薯引进以前是不可想象的。

我在《读者》2015年第3期看到一篇散文《缘豆儿》,大意是说旧俗每年四月初八,每家都要煮些黄豆、青豆送给邻居或者路人,以结缘,所以称为"缘豆儿"。至于为什么会有这样的"旧俗",作者没有说明。其实"旧俗"包含着中华民族一个非常沉重的话题。前不久到河南调研乡镇上网服务场所,向上了一点年纪的当地人打听一种用没有成熟的青小麦,搓去皮,掺上菜叶煮成粥汤的吃法。现在河南郑州市里仍然有这样的做法,不过会做的人也越来越少了,而且在汤里还加上点羊肉,羊肉的鲜味与新麦的香味珠联璧合,真是好吃。青麦去皮煮粥汤在过去是中原百姓的救命饭,当年老百姓最害怕青黄不接的旧历四月,去年的陈粮吃完了,新粮又没下来,饿死人的事往往就发生在这个季节,于是就有了四月初八向人施舍豆子的"旧俗",就有了青麦去皮煮粥汤的吃法。老人常说小孩吃百家饭好活,实际上就是期望人们心地善良,乐善好施,给沿街乞讨的穷人一条活路,给孩子一条生路。

中国人常说"民以食为天",吃饭的事就是天大的事,甚至是比天还大的事。中国人见面最流行的问候是:"你吃了吗?""吃饭了吗?"有人说中国人俗,就知道吃饭。我说中国人实在,中国农耕经济社会的节庆、民俗、习惯都与农业耕作、收获、吃饭有最密切的关系。吃饭从来就是困扰中华民族的头等大事。吃饭的问候,就是中国人源远流长的生存关怀、人文关怀。如果你经历了20世纪60年代初的三年自然灾害,也许对这句老话就有了痛彻骨髓的理解。

中国属于亚热带季风性气候,夏日炎热,冬日严寒,对于生活在中国北方的先民来说,御寒是生存的起码条件。中国是丝绸大国,汉朝的丝绸之路就把这些高档的丝织品出口到中亚、西亚以及更远的地区。而丝绸是很难御寒的。北方御寒主要靠兽皮,唐代以后有了野兽、家畜皮毛的纺织技术,毛纺织品制作的衣物大大提高了人的御寒能力,甚至宫廷、贵族还用上了毛织的地毯，当时称为"地衣"。我们现代最常见的棉衣以及棉织品的普及在元明时期。此前中国人纺织棉是产于南方的木棉，纤维很粗。宋末元初黄道婆从海南黎族人处学习了纺棉技术，并改进了纺棉工具，棉纺织业在长江流域开始迅速发展，大约在明朝初年，棉花和棉织品逐渐成为中国人须臾不可离开的生活日用品。

温饱有了最基本的保障，人口开始增加。秦皇汉武、唐宗宋祖都是中国最辉煌的时代，但是中国人口始终没有超过 1 亿。明初中国人口开始过亿，明末人口达到 2 亿。清朝 200 多年，人口增至 4.5 亿，一直到民国覆亡，人口仍在 4.5 亿左右。今天中国 13 亿多人主要是中华人民共和国成立以后迅速增长的，如果不是实行最严格的计划生育政策，现在人口可能会超过 15 亿。人口快速增长的主要原因是温饱有了最起码的保障。

中国改革开放极大地激发了中国人的创造热情，极大地解放了被几千年的封建社会压抑、束缚的生产力，祖祖辈辈庄稼人的后代会干活，能经商，也能鼓捣高科技，不仅实现了温饱，而且奔向小康。中国人从来没有像今天这么富裕过，中国的工业产能从来没有像现在这样过剩过。2014 年全年钢产量达 11.26 亿吨，与 2013 年相比，增长 4.5%；2014 年全年原煤产量 38.7 亿吨，较去年同期下降 2.5%；2014 年 1—12 月生产平板玻璃约 7 926 2 万重量箱，同比增长 1.09%。这些数字背后的产能是在 2014 年中国全面调整产业结构、大力压缩过剩产能的背景下创造的，这些数字也是被地方政府以及生产企业打了折扣的产能。所以，有人开玩笑地说，论钢产量，中国第一，河北省甚至比美国还多。说法不一定准确，目前中国钢铁产量应当接近或者超过世界其他各国钢铁产量的总和。今日之中国彻底告别了短缺经济时代，进入了过剩经济时代。

如何应对过剩经济问题，中国历史上从未经历过，也没有可资借鉴的经验。马克思考察了资本主义生产过剩以及由此引发的经济危机、经济萧条，生产的商品卖不出去，新鲜的牛奶倒进大海。马克思同时发现资本主义相对的生产过剩和无产阶级绝对的贫困化。无产阶级牛奶短缺，而资本家却要把卖不掉的牛奶倒向大海。对于中国产能过剩问题，马克思没有研究，许多马克思主义者也没有给出明白的答案。有人说，中国产能过剩产生的原因与资本主义国家生产过剩有些类似，调整方式和途径也有相同之处，只不过由于认识与理念的原因，没有直接使用资本主义国家的"生产过剩"这一词组。我们不太认同，但如何解决生产过剩问题，如何让过剩产能软着陆，平稳过渡，既考验执政党的执政能力，也考验中国社会的承受力。

应对生产过剩必须调整产业结构，转变发展方式，淘汰过剩产能，压缩过剩产能，盘活存量产能，创造优质产能，由粗放扩张向集约效益转轨升级。未来几年都将是中国经济转轨升级最为痛苦、最为艰难的时期。已经形成的产能不但企业不愿压，地方行政长官也不愿压，一是要力保地方的 GDP 指标，二是维护地方社会稳定，大量失业人口涌向社会，势必出乱子。完全交给市场，完全由市场配置资源，就有可能造成经济短时间急剧下滑，虽然可以迅速调整产业结构，但是社会成本太高，安全隐患太大。因此中央采取了有压有保、开源引流的稳健政策，鼓励万众创业、优惠小微企业、实施"互联网＋"战略，就是要解决淘汰、压缩的产能，以及失业人口的出路问题。这些政策对互联网上网服务行业有利，也是行业为国家分忧解难、推动转型升级的重要机遇。大致可以预见，未来 10 年中国都将处于产业结构调整，压缩过剩产能、淘汰落后产能的阵痛时期。10 年之后我国仍然处于过剩经济时代，任何行业、产业、企业在过剩经济时代谋求发展，都必须走精益求精、集约高效、以需定产的道路，必须大力发展第三产业，发展文化产业。互联网上网服务行业远不是夕阳产业，其数量、质量以及布局结构也远没有饱和，只要我们坚持扭住转型升级不放松，以丰富内容引导产业发展，以环境服务提升行业品位，在国家实施"互联网＋"战略的大潮中，全行业转型升级，拼搏奋斗，就一定能够创造最广阔的发展空间。

二、由社会化大生产向专业化小生产转型

封建主义社会发展的结果是土地高度集中，资本主义社会发展的结果是

资本及其生产资料的高度集中。因此，农民起义以及孙中山领导的民主革命，总是提出"等贵贱、均贫富、耕者有其田"等主张。从现代农业角度看，小庄户自有土地耕作，不符合现代大农业的发展趋势，但是农耕经济社会农民种自家的田、自给自足就是他们的理想，而且土地高度集中于极少数大地主家族，同样也不利于解放和发展生产力。

工业革命的伟大贡献是创造了机器，牵动了历史车轮前进，机器的出现打破了封建社会手工作坊的小门小院，即使像明清时期的景德镇，几百家包括御窑厂在内的大型工坊，火光冲天，几万人昼夜生产，也有雇佣与被雇佣的关系，只能说具有资本主义生产的萌芽，仍然不是资本主义的社会化大生产。社会化大生产的基础是资本、机器以及生产资料的高度集中。福特汽车流水线的出现，极大地提高了工业化、社会化大生产的组织化程度和科学化管理水平。社会化大生产的基本特征是多种生产要素在资本和管理链条的整合下，按照统一要求批量生产商品。其最大的优越性在于提高了效率，降低了成本，保证了质量和规格。社会化大生产以不可比拟的绝对优势战胜了分散、落后的手工作坊。

社会化大生产造成资本、生产资料以及最为重要的产业工人的高度集中，推动了城市化进程加速发展，同时由于生产方式以及城市生活方式的趋同化，也促使审美需求的趋同化，社会公众几乎毫不犹豫地选择工业化生产的耐用消费品以及生活日用品。即使是服装、食品也是按照一定的样式、规格统一生产的，很少人有条件、有可能标新立异。这种情况在不少讲究随大溜的人们那里尤为突出，20世纪五六十年代，大街上几乎清一色的蓝衣服、灰裤子，"文化大革命"时期提倡不爱红装爱武装，满大街绿军装、绿军帽、绿军挎（当时部队统一配发的长带挎包，斜挎在肩上），当时就认为这才是最美的服装，顶顶的时髦。有些小青年为了能有一顶部队标配的军帽，甚至到大街上抢别人的军帽。当时中国工业化程度比较低，我们小时候穿的衣服、鞋帽多是母亲自己裁剪、缝制的，颜色、样式也与大街上的一样。我曾经写过一篇散文《怀念王麻子》，实际上是写我家当年有一把闪着烤蓝青光的王麻子剪刀。这把剪刀平时是不能用的，只有母亲裁剪衣服的时候，才看到王麻子剪刀锋利出场。其实当时大多数人家都是自己裁剪做衣服。我认为当时可以称为"裁衣时代"。大约在 20 世纪七八十年代，也就是改革开放以后，裁衣时代让位于成衣时代，满大街的蝙蝠衫、喇叭裤，那叫时髦。短缺经济时代的思维是你有我也有，我不比你差。

世界进入 21 世纪第一个 10 年以后，互联网高度普及，为工业化时代画上了完美的句号，西方有学者称之为后工业化时代。其最显著的特点是资本更加集中，生产逐渐分散，企业不再追求超大型规模、超完整且闭合的全产业链，而是创意研发、品牌管理、市场营销与产品生产分离。中国很长一段时间就承担了世界工厂的职能。比如美国的波音、欧洲的空客飞机，几百万个部件由几十万家分布在世界各地的专业工厂生产，与互联网时代的众筹有些相似，利益均沾，销售订单就有了保障。与生产企业小型化、专业化紧密相连的是产品差异化、个性化，量身定制、私人订制开始流行，即使买一件衣服也要追求唯一性、个性化，一位小女生也许就因为在大街上"撞衫"（遇到了与自己穿相同颜色、款式、品牌的人）而郁闷一上午。

为了抢占第四次工业革命发展的先机，由德国总理默克尔代言的德国工业 4.0 计划已经上升为德国的国家战略。2015 年 7 月 18 日《环球时报》刊载了文章《中国企业家近距离体验德国工业 4.0》，里面提到：何谓工业 4.0？这一概念意味着以智能制造为主导的第四次工业革命，在工业生产领域就出现了智能工厂。智能工厂的控制系统连接原料、制造、物流和消费等环节，专门收集各环节传来的信息，以人工智能进行分析、判断，决定具体生产方案，并自动完成加工制造。德国工业 4.0 意味着定制化生产。设计、生产、销售全过程信息化共享，根据用户需求，设计生产产品。中国企业家参观了德国柏林宝马摩托车生产车间，现场组装的每一辆摩托车都有一个标牌，上面有摩托车的配置信息，工厂根据不同的定制信息生产。一个三层楼高的车间，工人只有 20 人左右。而且为满足工业 4.0 战略的实施需求，德国公司正积极利用机器人或者高精设备代替人。德国人工智能研究所首席执行官兼科学总监沃夫冈·瓦尔斯特说："德国工业4.0是德国政府推行的新一代智能工厂计划，以物联网为基础。这意味着网络工厂大生产，是一个崭新的工业制造逻辑和方式。过去是以中心控制指挥系统，每一分钟对机器发出指令。现在我们有了完全不同的生产结构，按照商品所附带信息，由这些信息告诉机器什么样的生产过程，以制造出符合客户要求的产品。"（《读者》2015年16期《工业4.0原来是这么玩的》）

工厂不再需要庞大的材料、成品仓库和多层级的营销平台，公司小型专业化、生产智能定制化，从而衍生出第三个特点：后工业化时代机器人以及精密而智能的机器设备取代了生产第一线的劳动者。2015年7月22日《报刊文摘》第一版援引了7月16日《工人日报》的文章：有着"世界工厂"之称的广东东莞，如今有了第一家"无人工厂"。在该工厂里，10条生产线60台机器日夜无休打磨结构件，每条生产线由自动传送带上下料，这一过程不再需要任何人力。根据东莞市的计划，2016年将完成"机器换人"应用项目1 000个至1 500个。最近生猪的市场价格疯涨，网上有人称之为"疯猪"。因为有一年多时间，生猪价格持续低迷，养猪专业户减少存栏生猪，生猪价格走高以后，养猪户仍不愿意提高存栏量，原因是饲料、人工成本增加过快。一位养殖大户计划购置清理猪粪、猪舍的设备，每年可以节约人工成本20多万元。据国际机器人机构的数据显示，2014年中国已经是全球最大的工业机器人市场，中国企业已购买了近6万台工业机器人。广东长盈精密技术有限公司是一家手机元件供应商，这家工厂使用机械臂制造手机元件后，原先600多人的工作规模，现在只需60个工人。该工厂董事长陈奇星称，机器人打磨效率提高了2倍，而且产品不良率降低了两成。

中国是一个人口大国，改革开放以来，借助于长期积累的人口红利，经济快速增长，现在劳动力成本提高了，高科技产业既需要高素质的科技研发人员，也需要高素质的技术工人，这两类人才是当今劳动力市场非常短缺的人才，而将近3亿的农民工中却很少这类人才。中国农民工是最吃苦耐劳的，但是即使是中学毕业，也由于中国基础教育是以高考为导向的，他们在中学并没有接受生产技术的基本培养,缺少最起码的职业技能训练,既不会种田,也不会务工,只能从最简单的、技术含量最低的粗活干起,边干边学。现在劳动力密集型企业大幅度减少,"无人工厂"大量涌现,他们到哪去?这是一个世界性的难题,中国尤为突出。这也是未来 10 年必须解决而且根本无法回避的现实问题。

三、由就业化时代向创业化时代转轨

社会化大生产向扁平化(减少公司管理以及销售层级,使大公司高层更接地气,决策更符合实际)过渡,向小型专业化转型,以及机器人和智能化机器取代第一线劳动者的趋势,都要求社会尽快给从第二产业或者说主要从第二产业溢出的劳动者找出路,最好的出路就是国家提出的万众创新、大众创业战略。

互联网为大众创业提供了基本生产资料

任何一种生产必须有生产资料,封建社会的生产资料主要是土地,资本主义社会的生产资料主要是资本和机器,地主、资本家集中占有生产资料,对于工业化生产来说是必要条件,只有生产资料的集中占有,才有可能形成社会化的大生产,不占有生产资料的劳动者就成为被资本家雇用的工人。于是资本家与雇佣工人、有产阶级与无产阶级的矛盾就形成了。互联网出现以后,这对矛盾发生了变化,无所不在的互联网以及价格低廉的上网服务营业场所,就为连个人电脑都没有的劳动者提供了生产资料。创业者可以依靠互联网创作网络文化产品,出售给门户网站。盛大网络公司是最早涉足网络文学创作和传播的,他们旗下的写手已经有成为亿万富豪的。随着"互联网+"战略的实施,这类由互联网创造的财富神话将越来越多。《光明日报》记者采访一位创客,他说:互联网已经在今天变成空气和水,是我们生活的基础设施,手机就是我们身上的口眼耳鼻喉,你每一天都少不了它,这样的时代给创业带来非常大的空间。(《光明日报》2015 年 7 月 2 日)

互联网在一定程度上解除了劳动者对土地、资本、机器的依赖，获得了创业、就业、择业的最大自由

国家实施"宽带中国"战略，使互联网遍布城乡，当前国家继续推进降低网费、提高网速，缩小了城乡的数字鸿沟。虚拟空间是无所不在的，办公、生产、营销、交友以及可以想象的多种功能，已经可以不受时间、空间的限制，"网络无所不在、随时随地办公"就成了网络达人的广告语。劳动者可以从特定的工作空间解脱出来，获得了更广阔的空间自由，可以从单一雇佣主体的制约下解脱出来，可以获得择业、兼职以及自我支配时间的更大自由。现在一些网络达人每年只工作几个月，然后自我放假闯世界、游天下，捕捉更为前卫的商机。他们的人生追求着实让一些一辈子勤勤恳恳、吃苦耐劳的劳动模范看不惯，整天在网上泡着，满世界跑着，能算工人阶级的一部分吗？这样的问题很少人深想，也很少人需要答案。可是没办法，这样的人、这样的生活方式会随着"互联网＋"的实施更为普遍。

创业环境已经成熟

全社会的创业热情已经被点燃，这是当今中国社会最为宝贵的精神财富。改革开放使中国人压抑了数千年的创造热情、致富梦想、经商才干一次性倾情绽放、井喷式集中爆发，截至 2015 年年初，海外归国留学人员总数 180 万人，有 50％左右的人选择了创业。近日，人人网大学生用户研究中心发起一项 2015 年大学生创业态度调查，在 3 972 名参与调查的 90 后大学生中，56.3％表示愿意在上大学期间尝试创业。50.3％的创业动机是希望发家致富；41.8％是因为喜欢创新、尝试新东西和新事物；6.7％是为了积累实践经验；另有 1.2％表示会因为创业很时髦、追着风潮去尝试创业。没有豪言壮语，他们的真实想法体现了当代青年的梦想与追求，比一些生吞活剥的理论、扭捏作态的"卖萌"，更实际，也更可贵。

"咖啡馆为创业梦想护航"，这是 2015 年 7 月 23 日《环球时报》一篇文章的标题。文章援引美国广播公司 7 月 21 日的报道，原题是"中国创业者的一站式门店"。文章说：对那些雄心勃勃的创业者来说，位于北京老胡同内的一家店铺正发挥着一站式服务中心的作用。这是个名叫"科技寺"的咖啡馆，面积近2 000平方米，由一个开放式办公区（配有280个工位并提供法律咨询、人力资源、金融、投资和贷款信息等服务）、一个能容纳100人的活动区、多个会议室和一家咖啡馆组成，同一屋檐下几乎囊括了所有创业所需。该店把目光锁定在处于创业初期的互联网企业，为之提供适宜的办公场所。一张桌子的空间，月租金为1 600元。该中心的另一主要吸引力是"沙龙活动"，即帮助创业者找到有利于快速增长的伙伴、客户、投资和资源的非正式研讨。在京沪深等大城市，类似的咖啡馆很多，已经从2014年的200家增至2015年的1 000家。它们除提供"咖啡因"以外，还提供费用低至一杯咖啡的桌子、电源和网络接入服务。这些咖啡馆已经成为年轻创业者们的"热土"，担负着商业孵化器的角色。其实很多地方提供的一个办公桌的工位，还可以以此为公司地址办理工商局登记注册手续。实际上此类小微企业有这样一个工位以及相应的网络服务，就可以24小时轮班工作了。北京海淀区清华大学附近的车库咖啡就是创业者聚集的好去处。

对这类创新，各级政府大力支持，社会各界予以高度期望。最近《国务院关于大力推进大众创业万众创新若干政策措施的意见》，再一次极大地推高了已经波澜壮阔的创业热潮。2015年7月4日国务院印发《关于积极推进"互联网＋"行动的指导意见》，把创新、创业的重点聚焦于互联网以及与互联网相关的产业，"互联网＋"已经成为我国经济社会创新发展的重要驱动力。一些地方也积极行动起来，广东计划四年里安排25亿元用于创业补贴，浙江今年准备发放1亿元科技创新券，四川决定建立首期2亿元的创新创业补助。据不完全统计，各地陆续出台支持大众创业、万众创新政策达1 997条，打通体制障碍，共建众创舞台。

对于中国的创意产业、高新技术产业，特别是与互联网相关的产业以及企业，国际资本长期关注，已经投资了马云的阿里巴巴等一些具有发展前景的企业。在国际资本的影响下，国内资本也在关注文化产业、互联网产业，只要与互联网、传媒、动漫沾上边，股市上就有尚佳表现。国际金融资本一刻也没有放弃对中国创业、中国创造的关注，一位成功的创业者说："我选择在海洋领域创业其实在融资方面有很大的便利，天使投资只用了10分钟，我们就获得了500万元的协议，因为我们有共同的海洋梦想。""中国梦"点燃了中国人的光荣与梦想，美国梦也在中国这个最新、最大的造梦工厂续写辉煌。所以，这位创业者深有感触地说："创业的最大指引是共同的梦想。"不过中国梦与美国梦有深刻的区别，其共同之处只在于都是对理想、梦想的追求。小米手机的成功，我们当然不会忘记党的领导，若忘记了就会犯错误，但是同样在党的领导下，他们能够成功主要不是靠国家的优惠政策，而是靠市场、靠人才、靠国内外的金融资本。在优化的融资环境和信贷环境的帮助下，小米在两年内融资3.4亿美元，获得信贷额度20亿元人民币。进入中国创业领域的国际金融资本数额并不很大，却比国家资助、科研经费、社会融资等资金更为活跃、更乐于尝试挑战，也更具冲击力和影响力的金融天使。成熟的遴选模式、决策机制以及成功的商业运作手段，使其成为资本市场呼风唤雨、撒豆成兵、点铁成金的魔术师，不仅赚足了眼球，也赚足了效益。

改革开放初期，有些人认为中国是黄土文明的代表，黄土地上的四合院是封闭、守旧的象征。其实，中国人从来都不保守，辣椒是在明朝引进中国的，几百年的时间，大半个中国百姓没辣椒就吃不下饭。交谊舞、台球曾经是欧洲贵族的活动，中国引进一百多年，已经遍布街头空场、乡镇路边。西服也是外来服饰，现在中国正式场合的常用着装已经是西装了。苏联十月革命一声炮响，给中国送来了马克思主义。从延安时期就确定马克思主义作为中国共产党的指导思想，中华人民共和国成立以后又成为国家的指导思想，其深入人心的程度远远超过了中国传统的孔孟思想，其普及信仰程度也远远超过了诞生马克思主义的欧洲。指导思想说到底是为我们提供了认识事物、解决问题的世界观和方法论，而不是必须教条地照本宣科地从中找答案。马克思的《资本论》过时了吗？《资本论》是世界经济学的经典著作，就像《红楼梦》是中国文学经典一样，永远都不会过时。经典是超越时代的。马克思以科学的世界观和方法论，研究了工业革命时期资本主义的全部问题，取得了当时最高的思想成果，已经成为人类文明进步的里程碑。里程碑是永恒的。同时他也为后人提供了研究问题的世界观和方法论，这种世界观和方法论也是不会过时的。马克思是思想家、理论家，却不是预言家，他没有经历他所设想的社会主义阶段，也不愿做未卜先知的预言家，更何况他根本就不相信占卜。因此，遇事就到马克思的著作中找答案，不是思想僵化的教条主义，就是马克思主义的"学渣"。

中国当代社会以上三方面的巨大变化，既是现实问题，也是必须回答的理论问题。这三方面的问题是相互依存的，由短缺经济过渡到过剩经济，如何避免经济的大起大落，甚至"硬着陆"？由社会化的大生产向专业化、个性化的私人定制转变，特别是智能机器人的大量介入，产业工人该向何处去？创业时代可以吸纳第二产业的劳动力，但是他们毕竟不是科技创新的主体，甚至很少能够搭上"互联网＋"的列车。科技创新真正的主体是有海外留学经历以及近年高等院校的毕业生，他们是先进科学技术的拥有者，先进生产力的代表者，同时从他们创业的那天起，就成为拥有生产资料的有产者，那么他们的基本属性还是不是工人阶级的一部分？这些问题，马克思主义的经典著作中完全没有现成的答案。然而，中国共产党和中国人民却以时代的智慧、成功的实践，比较圆满地回答了这些问题，有些问题回答得好一些，有些问题处理得差一些、慢一点。但是，发展是硬道理，中国和平崛起的成功实践，至少在解放思想、实事求是的旗帜下，使我们从本本主义、教条主义的严重束缚下解放出来，这也是中国改革开放在政治思想领域的重大成果、历史性进步。

2015 年 7 月 10 日于北京后英房胡同

互联网与新媒体经济

在中国把互联网以及与互联网相关的网络传播行业统称为新媒体，也称为继报纸、广播、电视之后出现的第四媒体，也有学者称之为继以报刊为代表的纸媒、以广播和电视为代表的电媒之后出现的第三媒体，即网络媒体，也就是我们所说的新媒体。新媒体是随着互联网的出现而发展起来的新兴大众传播媒介，因其新兴，一切都在令人眼花缭乱的剧变之中，所以学界对于新媒体、新媒体产业内涵、外延的认识也不尽相同，大多数国家都把新媒体界定为以互联网为平台和传播渠道的大众传播方式以及由此形成的产业化形态。2008年6月20日，中共中央总书记、国家主席胡锦涛同志到人民日报社考察工作，指出："互联网已经成为思想文化信息的集散地和社会舆论的放大器，我们要充分认识以互联网为代表的新兴媒体的社会影响力，高度重视互联网的建设、运用、管理，努力使互联网成为传播社会主义先进文化的前沿阵地，提供公共文化服务的有效平台，促进人们精神生活健康发展的广阔空间。"

学校邀请我演讲的题目是"中国新媒体产业战略方向、发展趋势与政策导向"，我感觉这个题目虽然很大，但是仅从新媒体产业或者思想文化传播的角度认识互联网、新媒体是不够的，至少不够全面。最近我一直研究美国国务卿希拉里于2011年2月15日在乔治·华盛顿大学关于国际互联网自由的演讲，又找到了2009年1月21日希拉里在华盛顿哥伦比亚特区新闻博物馆就互联网自由对社会进步和经济增长的重要性的演讲。作为男人，我喜欢这位美丽、聪慧的女人，却不大喜欢作为美国国务卿的她，她的演讲总有一种优越、强势、让人透不过气的咄咄逼人。正是这种咄咄逼人的强大压力，迫使我们不得不从国际政治、经济、文化的战略高度，全面、准确地认识互联网以及新媒体产业。因此，我希望今天的主题是"互联网开启了人类社会新纪元"。

一、互联网引发人类生产、生活形态的第三次革命

互联网以及与之相联系的通讯网络、广播电视网络引发的信息革命，是继工业革命以后出现的重大社会变革和产业革命，有学者称为后工业革命。既然称之为"革命"，就不是在原来基础上的修修补补，而是对农耕经济社会、工业文明社会的生产、生活方式的全面颠覆，是革命性的整合、再造。其革命性意义在于互联网建立了与物质世界、精神世界相对应的网络世界，与领土、领海、领空相并存的网络空间，自成一体，自有规则，是国家主权的重要组成部分。为了便于认识互联网引发的革命性意义，我们通过农耕经济社会、工业文明社会与以互联网为特色的信息社会三者的比较，凸显三种社会形态的各自特点以及互为颠覆性的根本变革。

中国是历史最悠久的农耕文明古国，世世代代的中国人创造了辉煌灿烂的历史文化。农耕经济社会的生产方式和生活形态在历代文人墨客的笔下有最生动的记载。农耕经济社会的生产方式是日出而作、日落而息、种瓜得瓜、种豆得豆。东晋时期的陶渊明不是中国最早归隐田园的官员，却是中国最早、最伟大的田园诗人。"种豆南山下，草盛豆苗稀。晨兴理荒秽，带月荷锄归。道狭草木长，夕露沾我衣。"（《归园田居·其三》）农耕经济最大的特点是不违农时，按照节气变化披星戴月从事农业生产劳动。农耕经济社会的生活形态也被陶渊明描绘得如诗如画。"方宅十余亩，草屋八九间。榆柳荫后檐，桃李罗堂前。暖暖远人村，依依墟里烟。狗吠深巷中，鸡鸣桑树颠。"（《归园田居·其一》）田园生活给诗人带来无穷的乐趣，他有时和儿子、侄子们一起拨开树丛，探访荒芜的村落，家中新酒酿好了，杀只鸡，邀请邻里畅饮到晨曦初露。**农耕经济是分散的、自给自足的自然经济形态，以血缘为纽带的宗法**

制家庭或者家族是农耕经济社会最基本的生产和生活单位，世世代代重复着祖先曾经的田园劳作，延续着祖先的生产技能和天人合一的经验哲学。人们"时复墟曲中，披草共来往。相见无杂言，但道桑麻长"。（《归园田居·其二》）村落偏僻，人烟稀少，邻里间拨开草丛相互往来，大家相见也只是交流农耕生产情况。农耕社会田园牧歌的自然经济，在陶渊明的笔下已经被理想化，反映了作者"久在樊笼里，复得返自然"的喜悦心情，实际上农耕经济的生产、生活远没有这么浪漫。在漫长的中国封建社会，无论是秦皇汉武在位，还是唐宗宋祖治下，这片土地上生活的人口始终没有超过 1 亿人。中国人口亿的突破是在明朝初期，入清以后从 2 亿人发展到民国末年的 4.5 亿人。中国人口高速增长是中华人民共和国成立以后，改革开放以后成为世界人口大国。民国以前中国人口长期缓慢发展，除战争以及自然灾害的因素外，主要原因是缺乏人类生存最起码的温饱生活。

"采菊东篱下，悠然见南山。"（《饮酒·其五》）"悠然"真是神来之笔，把陶渊明悠闲、轻松的心境表露无遗，在工业生产流水线上的工人，断然不会有这种悠闲、轻松的心境。以蒸汽机、电动机为引擎的工业革命成果，牵动人类历史车轮进入机器轰鸣的工业文明社会。现代科技成果创造的机器、工具以及新型材料，代替了自然经济形态劳动者以及手工作坊的简单劳动，以工业化生产方式批量化生产相同规格和质量的产品，其巨大的生产力和无可比拟的优越性迅速取代了分散、落后、自给自足的农耕自然经济。即使是从事现代农林渔业生产也采取机械化以及工业化的生产方式进行。自从美国福特汽车公司建立第一条工业生产流水线以后，社会化、集约化、自动化的工业生产模式和市场经济形态的商品流通模式成为工业社会生产、生活形态的主流。随之曾经依靠土地从事农耕经济生产的农民，脱离了祖祖辈辈生活的土地，流入工厂、矿山，宗法制血缘家庭或者家族不再是基本的生产单位，配偶及其小家庭成为城市生活的基本单位。工业化、社会化的大生产以及商品流通市场使劳动者高度集中，形成了以工业生产和商品流通为主要业态的城市。轰鸣的机器、飞溅的钢花、冒着浓烟的大烟囱以及大街小巷的车水马龙，彻底轰毁了陶渊明"悠然见南山"的田园风光、诗情画意。

互联网也是工业文明的产物，最早只是大型计算机以及军工生产的联结系统，随着互联网功能的逐渐开发，终于成为埋葬工业文明的掘墓人。就像非洲肯尼亚野生动物园的老虎，孔武有力的母虎生下小虎以后逐渐衰老，小虎茁壮成长，最终打败自己的母亲而成为出生领地的首领，而它的母亲却不得不流落他乡，寻找自己的归宿地。看起来很残酷，善良的人一时还接受不了，但是无论是老虎家族，还是人类社会的生产、生活形态，无不是以颠覆、取代的形式周而复始地演进着。

人类创造互联网技术只有短短的 42 年，1994 年 4 月 20 日，北京中关村地区教育与科研示范网接入国际互联网的 64K 专线开通，实现中国与国际互联网全功能连接，至今只有 20 多年时间。我们还不能说世界已经进入了信息社会、互联网时代，确定时代更替的依据不是伟大人物的豪言壮语，而是一个时代创造物质财富和精神财富的主要方式和途径。中国主管第二产业的国务院组成部门称为"工业和信息化部"，由此也说明中国现在所处的阶段是工业化和信息化双轮驱动时期。信息化时代的主要标志应当是通过互联网及其他网络传播形式，创造内容、信息以及由此生成并传播衍生成为社会财富的主要增值方式。现阶段互联网创造的信息资源、财富增值只是国民总收入的重要方式和途径，而不是社会财富主要增值方式和途径，所以我不反对称互联网时代为"后工业时代"，但是互联网创造的社会财富正以迅雷不及掩耳之势，迅猛走向时代宝座。

二、信息时代的基本特色

（一）创意是主导

英国人称文化产业为"创意产业"，也就是说创造性或者颠覆性的念头、点子经过产业化发酵就可能创造物质或者精神财富。农耕经济生产主要靠土地，土地是农民的命根子，有些学者说中国共产党能够夺取政权主要是解决了农民的土地问题，蒋介石败退台湾以后痛定思痛也想按照共产党的路子解决台湾的土地问题，然而阶级立场不同，效果自然不可同日而语。工业社会的生产主要靠资本、机器等生产资料。信息社会主要靠人的智慧，人的知识创造、大脑风暴的智慧火花，成为信息社会产业发展的主导力量。

2010 年 11 月 10 日《深圳商报》刊载一篇文章《一个闪念成就一段创富传奇》，写中国走秀网 CEO 纪文泓由于 3 年前在欧洲旅行途中闪现的一个念头，3 年后竟成为中国时尚电子商务网站霸主。2007 年国庆期间，纪文泓在欧洲旅行时发现一款刚刚开始流行的时尚运动鞋，国内没有销售。大学毕业以后在深圳从事外贸工作近 20 年的他，脑海中突然产生灵感：国内很多消费者知道某个国际品牌，却不知道到哪里买，对于刚刚流行的国际品牌的价格信息更不甚了了，如果搭建一个平台，让国际最流行、最时尚的名牌商品以最适合的价格、最便捷的方式传递到国内消费者手中，市场前景将无可估量。基于这样的想法，他回到国内就和朋友创办了走秀网，并于 2008 年 3 月上线。创建之初，他们就把客户群体锁定为 25～45 岁追求时尚、具有消费能力的用户，锁定服装、配饰、鞋、包、化妆品等为主推产品。品牌组合采取 15% 的奢侈品、25% 的海外知名品牌及国外独立设计师的作品、60% 国内知名品牌的比例。目前走秀网已经涵盖欧美、日韩、中国超过 1 000 个知名品牌，40 000 种商品，已经蝉联三届"中国时尚电子商务网站第一名"。

2011 年 2 月 12 日《光明日报》刊载一篇文章《社交网络：小失恋触发大创新》：一举问鼎 4 项美国电影金球奖的《社交网络》，讲述了美国社交网站脸谱网（Facebook）创办人马克·扎克伯格创业的有趣故事。马克是一个思维始终高度跳跃的小伙子，想法喷薄而出，做事天马行空，这样的怪才自然饱尝失恋的苦果。然而马克排遣失恋忧郁的方式也与众不同，他采取黑客手段入侵学校的学籍管理系统，盗取所有漂亮女生的资料，并制作了名为 Face-Mash 的网站，供同学们对辣妹评分，这个网站就成为脸谱网的前身。现在脸谱网已经把全球 6 亿人"粘"在了一起。马克不是电脑公司抱着一台计算机只知道加班加点的编程员，也不是一个中规中矩听话懂事的学生，而是一个与社会拉开距离的"宅男"。更为关键的是，他失恋了，处在情绪爆发的当口。这是一个致命的节点，在电脑键盘拍拍打打之间，创意如流水般流淌，汪洋恣肆，如潮奔涌。所以说，某项创造横空出世，往往就源于偶然，一闪念间的事，甚至如马克一样只是发泄内心郁闷的副产品。人家失恋，或者借酒浇愁，或者长歌当哭，或者了却生命。马克却歪打正着地创造了一种全新的网络生活体验，帮助人们建立社会性的互联网应用服务。这样的创意并由此生成巨大的物质和精神财富，在农耕经济时代和工业文明时代都是不可想象的。**随着人类社会的文明进步，作为社会主体的劳动者价值逐渐凸显，农耕经济社会、冷兵器时代主要靠体力、耐力以及以此为基础的技能，到了工业文明时代，发明创造以及以此为基础的制造逐渐成为社会主导力量，而信息时代更加凸显劳动者的主体价值，创意、创造成为主导产业发展、社会进步的决定力量。**

（二）信息是资源

改革开放以前，我们印象中社会最重要的资源是物质资源，改革开放以后，我们才发现政府以及政策也能释放出创造物质财富的巨大能量。改革开放以来最先富起来的有些人中，一部分是占有自然资源的人，一部分是借助政府背景、政策资源而迅速致富的人。信息时代，前两种资源依然重要，但是依靠劳动者创造生成、传播的信息也成为稀缺性、战略性资源，一点都不逊色于作为国家战略资源的粮食。

互联网是美国科学家对当代社会的杰出贡献，欧美等经济发达的英语国家率先使用互联网，是信息时代的最大赢家，占有得天独厚的语言优势。语言优势是占有信息资源的先决条件。中国汉语在历史形成的大中华文化圈并不陌生，但是传统大中华文化圈也在西方文化的挤压、蚕食下逐渐萎缩，韩国首都由汉城改称首尔，新加坡不仅把英语作为官方语言，而且其上流社会、知识阶层日常也以英语交流，足以说明原大中华文化圈脱亚入欧的发展趋势。改革开放以来，高等教育快速发展，海外留学生大批回国，英语普及程度提高，他们可以毫无障碍地阅读互联网上的英语信息，但是，中国作为一个大国必须大力发展互联网的汉语信息，最大限度地提高汉语信息在互联网领域的占有率以及覆盖的广度和深度。

在互联网领域大家讨论的热门话题是内容为王还是网络为王，站在不同角度都可以说自己从事的工作为王，其实两者平分秋色，只是不同时期侧重方面不同而已。互联网又被称为信息高速公路，内容就是网络公路上奔驰的汽车。毛泽东同志说：没有文化的军队是愚蠢的军队，愚蠢的军队是不能战胜敌人的。套用伟大领袖的思想表述方式，没有文化的网络也是愚蠢的网络，愚蠢的网络是不能吸引人民的。由此可以说明互联网内容的极端重要性。互联网内容可以包括以下方面：一是一般文化内容，即艺术作品、文化产品的网络传播；二是利用互联网或者专门为互联网传播创作的作品、信息；三是开发互联网的操作系统。中国是互联网的后起之秀，在互联网内容的市场上占有率和覆盖度都比较低，但是我们别无选择，互联网是信息社会的基础工程，互联网信息内容体现了一个国家的主权、话语权和未来发展的战略地位。中国是人口大国，使用汉语人口众多，中国完全有能力通过开发互联网汉语内容，提高中国网络人口占全球网络人口的比例。

要致富先修路，这是改革开放以来老百姓感悟最深的硬道理。互联网就是信息社会的高速公路。进入信息社会必须加快发展互联网、电信网络、广播电视网络，当前最大的问题是入户的最后一米，扩大网络覆盖面。2010年，全球网络人口20.8亿，手机用户突破50亿。中国网络人口4.57亿，其中青少年超过2亿，仅中学生就有约8 000万人，青少年每天平均上网时间2.3小时。中国互联网普及率已达33.9%，中国网络人口普遍受教育程度比较高，青少年所占比例大。**我们是否可以得出这样的结论：谁拥有覆盖最广的互联网络，谁就拥有信息社会的最大资源。谁能拥有互联网上的青少年，谁就能够拥有世界的未来。谁能够以互联网内容影响青少年网络人口，谁就能够影响未来的历史进程。**

(三) 网络是生产

创意是主导，信息是资源，互联网既是传输渠道，也是信息社会的生产方式。工业社会的生产方式是社会化、集约化、流水线的工业生产，生产规模越来越大，经营管理层级越来越多，生产工人以及辅助性劳动人口越来越集中。互联网最大的优越性在于通过网络把人与人、人与物、物与物智能地连接起来，按照信息社会的生产方式整合、组合，形成全新的生产方式。在网络世界，创意与创造融为一体，创意是一个灵感爆发的火花，创造是把创意落到实处，形成生产能力或者创新产品。在网络世界，创意与生产、生产与流通、生产与消费、流通与消费、消费与创造的分野开始模糊，劳动者已经很难区分白领与蓝领，有了互联网，大家可以不必每天早晨挤公交、地铁集中到工厂、企业上班，无论是董事长还是一般员工，都可以随时随地上网，时时刻刻办公。信息时代是对人类体能的进一步解放，是对人类智慧的进一步开发增值，互联网终有一天会瓦解越来越集中的超大型城市和集中在城里、城外、城周边的厂房、商场，进而形成无纸办公、无厂房生产、无资本扩张、自由职业工作的生产趋势。

互联网既是先进生产力，又是先进的生产关系。2010 年中国电子商务交易额已经达到 4.5 万亿元，同比增长 22%。2009 年淘宝网销售额超过 2 000 亿元，增长近 100%，已经大大超过沃尔玛和家乐福销售额的总和。网络经济是战略新兴产业中成长最快的产业，所有现代工业产业、服务业，包括商贸、金融、商务、宾馆、餐饮等，都与互联网须臾不可分离，网络断了，哪怕是一个系统或者一个区域，对于社会生产、生活都是一个不小的灾难。

"网民"，即网络在线人口，是互联网信息最大的消费群体，却不是完全被动的消费者、浏览者，他们也是信息以及网络产品的创造者、生产者，甚至其消费过程中也是其生产创造的过程。有些专业电子竞技选手已经打出国门，在世界大赛中获奖。有些并不出类拔萃的电竞业余爱好者可以通过带人升级闯关获取收入，也可以通过打游戏获取高级装备，再出卖这些高级装备获得金钱收入。未来互联网是最先进的生产力和生产方式，也许是太先进的缘故，对于我们来说更多的是未知领域，但是，我们必须有这样的思想准备，随时准备接受任何一朵"奇葩"结出的硕果。不要太吃惊，这就是互联网本来的样子。

(四) 网络是生活方式

互联网是怎么进入我们的生活之中，成为家庭中不可或缺的成员？这一切就发生我们身边，并不久远，却已经很难说清楚了。中国于1994年接入国际互联网，现在已有4亿多上网人口、300多万个网站，网络已经渗透到现代社会生活领域的每一个环节，在获取信息、鼓励公众参与、拓展人际交往、提高生活便利等方面发挥了积极作用，同时，也给我们的社会生活带来了意想不到的麻烦。互联网已经使中国社会的生活方式发生了历史性的变化，更大的变化还在后边，就在不久的将来。

人是一切社会关系的总和，这是我最早接触的马克思对人的社会属性最权威的概括。"让我安静一会，哪怕一分钟！"这是当代职业人在纷繁、浮躁、快节奏的工作生活中几乎每天都要脱口而出的诉求。人们希望独处，安静一会，是因为生活太繁杂，而社交，人与人面对面的交往、交流却是人类的本能需求。互联网出现以后，我们的生活就增添了网络社交。四通八达、无限延伸的互联网缩小了或者说极大地拉近了人类社会的时空距离，于是人类社会第一次产生了"地球村"的概念。不同地域、不同民族、不同信仰、不同阶层的民众可以通过互联网直接交流、沟通、碰撞、融合，网络社交是上网民众最主要的网络行为之一。网络社交以一种身体缺席的方式，实现人与人之间的沟通、联系、互动，形成当代社会新的人际关系。借助于互联网技术的不断进步和沟通工具、渠道的不断拓展、刷新，上网民众主要通过即时通信工具、社交网站、博客、网络论坛、BBS、问答平台类网站等应用工具，利用在线聊天、内容分享、问答讨论、共同游戏等形式进行社交互动。美国电影《社交网络》就讲述了脸谱网创建人创办社交网站的动人故事。我身边的故事更为精彩，我的一位同事是北京大学研究生毕业，极富才华却其貌不扬，多次相亲，屡战屡败，后来通过网上聊天，以才华俘获小妹的芳心，相见以后坠入爱河，现在早已结婚生子。脸谱网是因为失恋触发灵感而创建的社交网络，社交网络的确是自由恋爱的广阔空间，虽然每每传来网恋受骗的个案，但是也不乏喜结良缘的圆满。社交网络毕竟为人类交往开辟了最具魅力的热联空间。

　　社交欲、发表欲都是人类的本能需求。中国人发表欲最完美的释放是春秋战国时期的百家争鸣。一次集中绽放，透支了中国人的思想火花。"天不生仲尼，万古长如夜"，百家争鸣的思想火花一直照耀2 000多年的中国，至今仍然以其跨越古今的智慧光焰，烛照着共和国的子民，而且成为社会主义核心价值体系最重要的思想资料。改革开放以来，生产力、生产关系的巨变，意识形态的冲突，令人目不暇接，大部分人被以经济建设为中心的大潮裹挟着，虽然有点"晕"，但是共享改革开放文明进步的成果，在陶醉中没有发声，其中有一些人其实也很"晕"，但是他们选择了在互联网上发出声音。期望每个人都发出理性的声音是不切实际的，他们发议论无论是理性化的还是情绪化的，都很正常，很久以来中国社会不同阶层利益诉求的表达渠道一直不很通畅，互联网出现以后，人们终于发现了一吐为快的窗口，于是互联网上聚集了太多的意见、牢骚、骂街。"防民之口甚于防川"，其实让人讲话，天不会塌下来。任何人都有发表看法、表达意见的自由，但是，任何人的自由表达都应当是负责的，不能因为互联网是虚拟空间就可以危害国家安全，破坏社会稳定，损害他人的合法权益。不能以损害他人合法权利为代价，来维护少数人的言论自由。权利与责任、义务是对等的。

　　购物欲是不是人类的本能需求，学界对此有不同意见，但是网络购物是会成瘾的，而且已经成为一些商业人士、企业白领的生活方式。网络购物是随着互联网的普及而兴起的信息社会消费理念，也是引发物质商品营销、运营模式全新革命的消费行为。调查显示，45.7%的上网者每月至少在网上购物一次，而且，二三线城市、中西部和农村地区，网上购物量占中国网购总量的73.2%。网购商品价格低廉、结算方便、配送便捷，对于商业欠发达地区的购物者简直是挡不住的诱惑，未来网络购物将成为城乡百姓的主要购物形式，发展空间现在还很难想象。

　　网络成为我们的生活方式以后，在给人们生活带来无穷乐趣的同时，也会带来意想不到的烦恼。我有一位朋友睡眠不好，晚上手机静音，早起第一件事就是看手机信息，垃圾短信让她不胜其扰，每天都是一边吃早餐一边删垃圾信息，删完垃圾信息，再带着家里的餐厨垃圾扔到垃圾箱。周而复始，倒信息垃圾就像倒餐厨垃圾一样，就成为信息社会人们无法回避的生活方式。

2011年3月7日《参考消息》援引了西班牙《国家报》的文章《分心的世界——对〈浅薄：互联网如何毒化了我们的大脑〉一书作者尼古拉斯·卡尔的专访》。现在全世界已有1/3的人成为网民，数字革命发展迅猛。该领域的伟大思想家之一尼古拉斯·卡尔在接受专访时说，互联网的多重任务把我们变成了能高效处理信息的人，但却失去了探究信息的能力，这让我们多少丧失了一些人情味。数字化生存导致我们的注意力不断分散。我们的思维控制能力和自主思考能力正在被互联网所摧毁。是否这样严重，我们现在还无法预料，但是我相信这是趋势，是我们在享受信息社会文明成果的时候必须高度警醒的可怕趋势。

（五）网络是战场

2011年1月28日《环球时报》刊载了名为《美以"蠕虫战术"震动世界》的文章，副标题是"电脑病毒攻陷伊核设施，媒体议论网络实战威力"。标题足够吸引眼球。文章援引了《纽约时报》近日披露的美国、以色列联手用蠕虫病毒战术致瘫伊朗核设施的报道，让世人再次感受到了无形的网络战的强大威力，也仿佛让世人触摸到了网络战一触即发的按钮。美国多家媒体都在欢呼"美国将要开启网络战新时代"。

蠕虫病毒是一种较早产生的计算机病毒，之所以称呼为蠕虫病毒，是因为在最初的DOS环境下，这种病毒发作时会在屏幕上出现一条类似虫子的形状。蠕虫病毒的传播性很强，部分蠕虫病毒不仅可以在因特网上兴风作浪，连局域网也成了它们"施展身手"的舞台。网络的发展使得蠕虫病毒可以在几个小时内蔓延全球。由于具有很强的传播性和破坏力，蠕虫病毒自然成为一些国家网络战部队的武器。《纽约时报》1月16日报道，美国和以色列早前采取联合行动，用电脑病毒成功攻陷伊朗核设施的电脑控制系统。伊朗的核电站是俄罗斯帮助建设的，俄罗斯的核官员已经向克里姆林宫发出警告，由于遭到计算机蠕虫病毒破坏，如果强行按照伊朗方面规定的紧迫时间表在夏季启动布什尔核电站，有可能发生类似切尔诺贝利式的核泄漏事故。

美国和以色列的网络攻击手段再次显示了美国在网络战方面已经走在了世界前列。实际上，早在 2009 年 6 月国防部部长盖茨便批准成立网络战司令部，该司令部隶属于美国战略司令部，驻马里兰州米德堡基地。此外，美国空军还成立了第一个被赋予单独的网络空间作战使命的航空队——第 24 航空队。在该航空队中，又数第 67 网络战联队最为著名，其具体任务包括执行电子战、信息战等。除了拥有专业网络战部队和相关人才外，美国在核心技术方面也拥有绝对优势。目前，大多数国家使用的计算机和服务器芯片由美国公司设计，其操作系统也大多由美国公司开发，美国最了解这些系统的弱点。使用诸如蠕虫这样的病毒，恰恰需要对操作系统了解得非常详细。据称，这次美以之所以能够对伊朗核设施攻击成功，主要是因为它们从伊朗核设施的计算机控制系统研发商西门子公司那里得到了这套系统的详细信息。

这篇文章透漏的信息太惊心动魄了。美国是互联网的创始国，互联网是美国科学家对人类社会的重大贡献，然而，也是美国率先把这一重大科学成果运用于战争。西方学者一直认为政治是肮脏的，战争是解决政治问题的最终形式。我们不无遗憾地发现，未来高科技网络战争的主角竟是肮脏、卑鄙的病毒。美国等一些发达国家已经把网络战争付诸实施，而且取得了成功的业绩。世界战争史将由此改写。网络战争通过高科技手段、工具、载体进行，是集合电子战、黑客攻击、间谍战、心理战等多重战争形态的组合，没有刀光剑影、炮火硝烟，却处处危机四伏，甚至可能造成类似切尔诺贝利核泄漏这样的人类灾难。

正因为美国是互联网的创始国，因此世界互联网的根服务器绝大多数在美国或者由美国控制，绝大多数的操作系统和应用服务软件都是由美国开发经营，使用这些系统绝没有免费的午餐，更没有所谓的国际主义义务，我参加中美知识产权谈判、中美商贸联合委员会谈判，美国政府要求中国软件正版化，除企业经济利益外，更重要的是国家利益。使用了人家的系统就受制于人家的操控，在这个系统上即使有 100 条保密禁令，对于开发者来说也毫无秘密可言。这是我们今天不得不面对的严峻挑战。

中国很少披露关于网络战、电子战的信息，但是从中国建立北斗卫星导航系统的行动中，我们不难发现中国对此的高度警觉。全球导航卫星系统（GNCC，the Global Navigation Satellite System）是全面介入人类生产、生活以及战争的定位、导航系统。目前，美国的GPS、俄罗斯的Clonass（格洛纳斯）、欧洲的GaliLeo（伽利略）、中国的北斗，并称为全球四大卫星定位系统。据北斗卫星导航系统工程总设计师孙家栋介绍，中国北斗系统坚持自主开发、兼容渐进的发展原则，目前按照"三步走"的战略稳步推进。第一步已经完成，从2000年到2003年建成了一个实验系统，使中国成为继美、俄之后世界上第三个拥有自主卫星导航系统的国家。第二步是2012年左右，建成北斗区域卫星导航系统，为亚太地区提供服务。第三步是2020年左右，建成由30颗卫星组成的北斗全球卫星导航系统。大家比较熟悉并广泛使用的导航系统是美国的GPS，为大家开车导航毫无问题，但是在战争以及国家非常情况下使用人家的定位导航系统，后果简直无法想象。这就是中国自主研发北斗系统的根本原因。

（六）网络是政治

一个国家最大的政治是国家主权完整、人权独立、经济发展、社会稳定。所谓讲政治，就是要讲国家的核心利益、核心价值体系。这里我引用美国国务卿希拉里2011年2月15日在乔治·华盛顿大学的演讲来说明这个问题。

1月28日午夜过后几分钟，整个埃及的互联网被屏蔽。在此前4天的时间里，成千上万的埃及民众走上街头要求有一个新政府。整个世界，从电视机上、手提电脑上和智能手机上注视着局势的每一步发展。来自埃及的图片和视频在网上大量涌现。通过脸谱网和推特，新闻记者传递现场报道，抗议民众协调下一步的行动，各阶层公民在国家的这一历史关头相互交流着希望与担忧。

世界各地亿万人民作出了实时反应：你们不是孤军奋战，我们同你们在一起。而后，政府动用了切断机制。手机服务中断，电视卫星信号遭到干扰，几乎整个国家都无法上网。政府不愿意人民相互交流，不愿让新闻媒体向公众传递消息，当然也不愿意让全世界目击一切。

尽管网络被关闭，但抗议活动继续进行。人们通过传单和口头传话组织示威游行，他们使用拨号调制解码器和传真机与外界联络。5天后，政府的行动有所收敛，人们在埃及又可以上网了。随后，埃及当局力图通过互联网控制抗议活动，下令移动电话公司发亲政府短信，逮捕博文作者和抗议活动的网络组织者。然而，在抗议活动进行了18天之后，政府失败，总统辞职。

这就是发生在埃及的"阿拉伯之春"，通过希拉里的描述，我们可以发现互联网在事件过程中发挥的巨大作用，从中也可以认识互联网的特点和规律。第一，无边际性。互联网是一张无边无际的网，每个人都可以在网中央，无限延伸，没有边际。埃及发生的事件从一开始就与国际各种势力息息相通。第二，无限生成性。任何人既可以在网上阅读、传播信息，也可以在网上创作、评论、发表信息。而且，越是偏激、极端的言论越容易博得喝彩，越是情绪化的表达越容易感染读者，获得同情和支持。第三，实时交互性。互联网是自成一体的空间，呈扁平化结构，在场与在线实时，当事、当场与旁观、参与互动。一个突发事件，网上实时披露、传播、生成，进程与结果难于预测和操控。第四，信息碎片化与不对称性。俗话说眼见为实，其实孔夫子就阐述过眼见不为实的道理，更何况一个社会事件、一种社会现象是由各种因素综合作用的结果，站的角度不同、获取信息来源不同，都可能左右人们的判断力。真实与谎言并存，天使与魔鬼同在，突发事件短时间内很难核实，陷入情绪化的漩涡以后，即使是一个很小的偶然事件，也可能酿成惊天大案。突尼斯的"颜色革命"源于警方打了一位商贩，阻止其在街边贩卖，商贩受辱而以自焚抗议。此事演化为推翻政府的全国性示威游行。最后，调查核实证明警方与商贩之间根本就没有肢体冲突。然而，政府已经被推翻，总统已经下台。

互联网之所以成为可以改变国际政治格局、改变国家政治方向和进程的强大力量，主要靠的是网络传播的组织动员能力。希拉里演讲时列举了发生在埃及、伊朗的"阿拉伯之春"事件，她认为："在这两个国家，公民和当局使用互联网的方式反映了互联技术的力量——它一方面发挥了加速政治、社会和经济变革的作用；而另一方面，又成为扼杀或压制这一变革的手段。"希拉里在演讲中还幽了自己一默，她说："在伊朗、摩尔多瓦以及其他国家，网上的组织动员已成为促进民主、帮助公民对可疑的选举结果表达抗议的重要工具。甚至在美国等已建立民主制度的国家，我们也看到这些工具具有改变历史的力量。你们当中有些人可能还记得这里2008年的总统选举。（笑声）"希拉里参加2008年美国总统大选中，败给了比她年轻、更善于利用互联网组织动员能力赢得大选的奥巴马。她关于互联网自由的两次演讲说明了她对这一结果铭心刻骨的记忆。

通过以上分析，我们是否对互联网能力与魔力、创造力与破坏力、作用力与反作用力有了基本的概念？1994年互联网开始商业利用，发展时间不长，发展形态不充分，人类社会正处于认识、开发、利用互联网的初级阶段，有很多领域尚未涉及，有更多功能尚待开发，现在总结互联网的特质和规律都是非常肤浅的。因为教学要求的缘故，总要对上述内容有一个阶段性的总结。是否可以形成以下认识：**互联网是与人类物质世界、精神世界既相对应又紧密相连的自成一体的网络世界，是与领土、领空、领海相对应的网络空间。网络世界有相对独立的空间领域、游戏规则、资源形态以及语言、思维、行为方式，并进而影响现代社会的生产方式、生活方式、思维方式、战争方式、政治进程以及其他一切文明成果。**这绝不是危言耸听。互联网开发与拓展速度已经让我们吃惊，甚至有些应接不暇，未来20年是互联网由青春期向成熟期过渡的时代，也是考验我们神经的20年，这段时间我们随时都可能面临、应对呼啸而来的互联网带给现代社会的沧桑巨变。今天引用的资料都是这几个月的报刊资料，历史资料也许已经不那么重要，因为互联网生活每一天都是全新的。

说明：本文根据2011年3月29日在北京大学讲演的讲稿整理。

以人民为中心建设互联网家园

1994 年 4 月 20 日，中国正式接入国际互联网，此后党和政府一直积极探索互联网产业的开发、利用和管理问题，在理论、技术创新，法律法规建设，规划组织实施等方面取得了跨越性的重大进步。最近习近平同志在网络安全和信息化工作座谈会上的讲话，第一次全面总结了中国大力推进国民经济信息化建设的历史进程，系统阐述了建设互联网强国、实现中华民族伟大复兴的战略构想，高屋建瓴，思想深刻，为中国互联网建设与管理指明方向，在中国互联网发展历史上具有里程碑意义。

一、在世界互联网精神高地第一次树立一面鲜红的中国旗帜，以人民为中心的发展思想

在全球互联网领域，美国一直处于霸主地位，2011 年 2 月 5 日，时任美国国务卿的希拉里把网络上表达自由、集会自由、结社自由归结为相互联络的自由，他们一方面高举所谓民主、自由的旗帜，一方面采取最严厉、最广泛的互联网监控措施，监控包括盟友首脑在内的政要、民众。他们一方面反对中国、越南、伊朗、埃及等国家的网络管理以及内容审查，一方面在民主、自由的旗帜下，利用网络煽动"阿拉伯之春"，颠覆主权国家。美国以及西方大国的政治两面性、双重标准就体现于既占领互联网道德、精神高地，又利用互联网胡作非为，其他国家竟奈何不得。习近平同志提出"以人民为中心发展网信事业"的思想，第一次打破了西方对互联网道德、精神高地的垄断。"以人民为中心"与西方高喊的民主、自由口号相比较，西方口号的局限性立

刻凸显出来。世界上从来就没有不加限制的民主、自由，民主与集中、自由与法治从来就是相生相伴的。以人民为中心发展网信事业的思想就避免了这样的偏颇和歧义，成为全球互联网精神道德领域一面最鲜明的旗帜，一定会得到世界大多数国家和人民的认同。

二、高举以人民为中心的旗帜，建设好、维护好亿万民众共同的精神家园

互联网是人类文明进步的积极成果，网络联通、网络空间，增强了人民群众的知情权、参与权、表达权和选择权，建设互联网良好生态，就是要以人民为中心，使互联网反映民意、服务民生、滋养民心。中国有近 7 亿网民，这是了不起的数字，也是了不起的成就。据研究机构数据显示，2014 年年底，全球上网人数约 28 亿，普及率为大约 40%。中国上网用户 6.4 亿，普及率为 46%，高于全球平均水平，但是与发达国家相比差距依然较大。美国上网用户约 2.8 亿，普及率约为 87%；日本上网用户 1.01 亿，普及率约为 79.5%；韩国上网用户 4 032.9 万，普及率约为 82%。尽快缩小中国与发达国家的网络鸿沟，扩大互联网覆盖人群，是中国当前乃至今后相当长一段时间的主要任务。

作为上网服务行业，我们坚持为民、便民、服务民生的宗旨，城市社区上网服务场所开展了为社区居民代缴水电暖气费、网上代购代收、为中老年人提供上午场免费上网、提供电脑和网络知识培训等服务。农村上网服务场所为农民推销农产品服务，为留守儿童提供与远在外地的父母视频连线的服务。让更多的社会公众通过上网服务场所学会上网，共享高科技创造的精神家园。

三、高举以人民为中心的旗帜，坚持安全与发展共同推进

安全是发展的前提，发展是安全的保障。中国在互联网物流等领域走在世界前列，但是中国不是互联网技术的创始国，互联网核心技术、根服务器依然掌握在美欧等发达国家手中。中国必须坚持创新驱动，加强基础研究，突破核心技术，因为不掌握硬件核心技术和操作系统，对于中国这样一个互联网大国来说就没有秘密可言，就没有安全可讲。互联网安全必须具有自主知识产权的基础设施作为基本保障。

互联网安全与发展共同推进，必须建立互联网领域基本法律制度，依法治国，依法治网。近年来，中国互联网领域立法有很大进步，但是依然严重滞后于现实发展，这是最大的安全隐患。建立互联网领域基本法律制度，可以保护公民和机构的合法权益，打击利用互联网从事违法犯罪的活动。2011年2月，美国参议院国土安全委员会主席参议员利伯曼与几名参议员共同提交《信息安全与互联网自由》法案，授权总统可以宣布信息空间紧急状态，在此状态下，政府可以部分接管或者禁止对部分网站进行访问。在美国一手导演的"阿拉伯之春"事件中，美国政要对埃及穆巴拉克总统命令关闭部分网站大肆攻击，同时却授权美国总统可以宣布信息空间紧急状态，其实他们也知道互联网信息对于国家主权、安全、稳定的巨大影响力。我们要借鉴美国的立法经验，从维护国家安全、主权的高度，建立和完善互联网领域的法律法规，维护国家的长治久安。

近年来，中国互联网上网服务行业按照国家调整产业结构、转变发展方式的总基调，积极推进行业转型升级，经营业绩逐年提高，社会形象大有改观。全行业将高举以人民为中心发展网信事业的旗帜，继续推进上网服务场所深入乡镇农村，深入街道社区，贴近百姓，贴近民生，以丰富的内容、便捷的服务，与广大消费者一道，共同建设好人民群众的精神家园。

说明：2016年4月29日国务院信息办召开互联网社会组织负责人座谈会，学习习近平同志在网络安全和信息化工作座谈会上的讲话。本文根据发言整理。

研究行业态势　规划产业发展

行业协会应当是本行业最权威的研究机构，既要有探索行业特质、规律的理论研究，也要有行业前沿的动态研究，还要有行业发展趋势、走向的前瞻性、预警性研究。可以说，研究行业、规划产业是行业协会一切工作的基础，一切决策的依据。

一、准确把握国际、国内两个大局，研究行业的特点以及发展趋势

行业协会开展研究的目的是为政府决策、行业导向、产业转型、企业发展提供最全面、最前沿、最准确、最权威的研究成果和数据支持。当前乃至今后一段时间行业协会的调研工作应当始终围绕以下课题展开：

（一）认真研究世界政治格局，把握行业发展的国际动态，深刻理解、用好用足中国可以大有作为的战略机遇期

这个问题我在前面的《国际政治格局与中国战略机遇》一文中已经有详尽论述，概括起来：

一是关注 20 世纪冷战时期的政治遗产，冷战思维还将长期、顽强地残存在相当一部分西方政治家的思维定式中。冷战是意识形态主导的两大阵营的对立，苏联解体以后，西方政治家把对立的矛头直指中国、朝鲜、越南、古巴等社会主义国家。"9·11"一声爆炸，象征西方文明最高成就的美国纽约世贸大厦轰然倒塌，使西方一些强硬的政治家、理论家对世界政治格局判断发生变化。他们发现对于西方世界的主要威胁不是社会主义，而是恐怖主义。

在反恐问题上东西方两大阵营共识多于分歧，但是如何反恐、靠谁反恐，涉及国家利益、地缘政治和世界政治格局，两大阵营的政治斗争仍将继续。以美国为主导的北约势力强大，处于左右世界政治格局的一极独大地位，它们必然采取损害、打压政治、经济对手的战略，维护霸权地位，推行强权政治。美国的做法必然引起包括北约成员国在内的一些西方国家的强烈不满，两大阵营的对立也将出现分化，形成新的合纵连横，斗争将长期存在，有的时候还相当激烈。因此，中美关系是当今世界最重要的国际关系，处理好中美关系是赢得中国和平发展战略机遇期的关键所在。

二是关注三种文明的冲突与融合。基督教文明、伊斯兰文明、东方文明是当今世界的主要文明，前两者都曾经企图以政治、军事势力拓展自己的文明。进入 21 世纪，局部战争的火药桶从欧洲移至中东地区。美国主导的北约组织已经消灭了阿拉伯世界三大强人——萨达姆、卡扎菲、拉登，颠覆了突尼斯、埃及，打击了叙利亚民选总统巴沙尔。美国在伊斯兰国家频频出手的组合拳达到并超过了他们的初心和预期，一个拉登倒下了，一个更为激进、强硬的"伊斯兰国"迅速崛起，攻城略地，一时坐大。恐怖主义越反越恐，已经从中东扩大到平静的欧洲。**恐怖主义是当今世界的最大威胁，而且将长期存在，于是中国和平发展的战略机遇期再次出现。东方文明是传统而内敛的文明，不具有外向扩张性，中国坚持以经济建设为中心，符合中国人民以及世界人民的根本利益。**

三是高度警惕三大没有硝烟的战争：货币战争、贸易战争、石油战争。三大战争虽然没有硝烟，却一点也不逊色于冷战、热战的激烈、惨烈，处于执牛耳地位的仍然是美国。三大战争与冷战遗产、文明冲突息息相关，当前在高度关注逐渐扩散的恐怖威胁的同时，也应当特别注意俄罗斯在逐渐恢复元气的过程中与北约以及欧盟国家的关系、美国与欧盟国家的关系、"金砖四国"以及新兴经济体与欧美老牌资本主义国家的关系。以上三类国际关系与三大战争高度契合，都在各个领域激烈角力。中国当然没办法置身事外，容不得一分钟超然，而且每一战争、每一集团都与中国国际政治地位、经济发展高度关联。行业协会研究行业、产业任何问题都必须具有国际视野、全局意识，必须准确、及时地掌握国际和国内两个大局的最新动态，审时度势，沉着应对。

（二）深刻认识改革进入深水区、进入攻坚阶段的现实问题，准确把握中国经济新常态的时代特征、发展思路

这个问题我在前面的《改革攻坚阶段与中国经济新常态》一文中进行了专题分析。改革的深水区就是要解决产业结构的深层矛盾，改革的攻坚阶段就是要解决发展方式的根本问题。中国已经由历史上持续的经济短缺时代进入生产过剩、经济饱和阶段，必须痛下决心淘汰和压缩落后、过剩产能，同时不能完全任由市场自我调整，以防止短时期经济跌入谷底，形成美国 1929 年的经济大萧条。必须有压、有保，有新的经济增长点。最大的难点是在压缩中增长，压缩过剩产能，创造和增殖优质产能，在压缩与增长的深刻矛盾中调整产业结构，转变发展方式。当前最大的问题是党政领导班子的组织结构、知识结构、领导能力，已经习惯于改革开放以来采取的投资办厂、卖地财政的发展模式和领导方式，短时期内很难调整到发展高新技术、第三产业，适应中国经济新常态的轨道上来。

此外，社会化的大生产向专业化、小型化、个性化、定制化的小生产转型。工业革命时期，林立的大烟囱、繁忙的大厂房以及社会化的大生产向后工业化时代或者信息化时代过渡，最显著的特点不是生产流水线的集中、批量化生产，而是向个性化、私人定制化方向发展。德国工业 4.0，是基于互联网与信息化的智能化生产，代表了未来信息化时代工业生产的发展方向。智能化生产的特征之一是减员增效，以智能机器人代替生产线上的产业工人，这对于发展中国家的人口大国来说就成为最大难题。中国依靠劳动密集型产业完成了工业化初级阶段的历史任务，向知识密集型、科技创新型的智能化生产转变，不仅高科技基础薄弱，高素质的产业工人短缺，而且还有近 3 亿的进城务工人员需要消化，让他们迅速适应高科技、智能化生产不现实，让他们重回农村不可能，出路何在？这是当今中国最现实的严峻问题。

人类社会的全部问题都是人的问题。互联网的出现为调整产业结构、转变发展方式创造了最为难得的历史机遇，于是出现了当代社会的第三大趋势，就业化时代向创业化时代转轨。"互联网＋"为万众创新、大众创业提供了无限广阔的发展空间。中国互联网上网服务营业场所是实施"互联网＋"的最早尝试，是基于互联网出现的现代信息服务业。客观、准确地研究中国互联网上网服务行业发展历程，可以透视文明古国、农业大国在改革开放以后走向工业化、城镇化、信息化、现代化的波澜壮阔和艰难曲折。

（三）不断深化上网服务行业本体研究，准确把握行业特点、产业定位和发展规律

"我们是谁？"这是一个简单得不能再简单的问题，却是人类社会的元问题之一。网吧进入中国以后，"我们是谁"竟是长期困扰上网服务行业发展的基本问题。

根据《互联网上网服务营业场所管理条例》，以网吧为主要业态的上网服务营业场所应当属于为消费者提供上网服务的营业性场所，是毫无争议的信息服务行业。然而，包括政府部门在内的社会各界，在某一突发事件的舆论裹挟和绑架下，对网吧一时充满偏见、误解，网吧的初始功能也在成见、偏见、误解的迷雾中迷失本相。于是，政府主管部门制定了严管重税、使之萎缩消亡的政策，国家税务总局据此把网吧纳入娱乐业的管理范畴，对之征收营业额 25％～30％的高额税率。财税政策错位倾斜，严重制约了上网服务行业的健康发展。

经过 20 年发展，中国社会公众逐渐冷静下来，上网服务营业场所的本来面目也开始清晰起来。上网服务营业场所是互联网进入中国的桥头堡。我向来反对用战争思维、战争术语研究、表述和平年代的现实问题。桥头堡，换一种说法就是互联网进入中国社会的第一个立足点，并由这里辐射到社会其他领域。上网服务营业场所是中国信息化建设的大学校，承担了互联网在中国普及、应用的基本职能。世纪之交，80％以上的青年首先在网吧接触网络，进而深入互联网世界。是否可以这样说，**网吧是互联网进入中国以后，在上**

网设备短缺、宽带基础设施不完备的时期，主要承担互联网应用技术普及并最早为社会提供网络信息服务的营业性上网服务场所。当下以及今后一段时期，虽然家用电脑、宽带接入已经在大中城市基本普及，但是以网吧为主要业态的上网服务营业场所仍然是为社会各阶层，特别是社会流动群体、外出务工人员以及初期创业人员提供信息服务和信息消费的主要场所，应当纳入国家和地方文化、信息基础设施的总体规划，统筹布局，一体化发展。

网吧等上网服务营业场所是高科技与文化艺术相结合的产业，它利用高科技的传输设备和载体，主要传播科学、文化、艺术等现代文明知识，是当代青年接触世界文明、多元文化的主要平台之一。上网服务营业场所主要承担的是信息接收、浏览并参与互动的信息消费功能，在绝大多数情况下上网服务营业场所并不能直接创造、生产、传播网络文化产品，网络流传的色情、淫秽、反动以及其他国家禁止的内容，主要责任在于上传以上内容的网站以及国家、地方行政管理部门管理的疏漏，完全不应当采取关闭接收终端、关闭信息接收场所的笨拙办法。

时下通常的说法是网络为文化艺术传播插上了高科技的翅膀。超越时空，互联互通，时时刻刻接触文化艺术的信息消费场所，理应属于文化产业的一部分，而且是最积极、最活跃的一部分。然而几年前文化部颁布文化产业目录，上网服务场所不在其中。直到中共中央宣传部划定文化产业内圈、外圈，上网服务场所才被纳入了圈中。

有人悄悄告诉我，把网吧作为娱乐业的主要问题就出在"吧"上。"吧"是舶来品，是指具有休闲、交谊、娱乐功能的公共场所，是一个环境温馨的大众聚集场所，至于在"吧"内喝酒还是听歌、唱歌，是经营者、消费者互动的自由选择。中国最早的"吧"是酒吧，几乎伴随着改革开放的脚步最早在东南沿海地区出现，以后以"吧"为名的场所逐渐多了起来。为什么消费酒的"吧"是服务业，而提供信息消费的网吧就成了娱乐业呢？也有人说上网吧的消费者主要是玩游戏。不错，在网吧玩游戏的不在少数，但是，依靠网络经营通过国家内容审核的游戏产品，就如同出版社出版流行歌曲、好莱坞电影以及电子、网络游戏产品一样，能把出版、发行行业也划归娱乐业吗？这里不再花大篇幅来讲这个理，只想明辨是非。这最大的是非就是以网吧为主要业态的上网服务营业场所以及上网服务行业，属于中国文化产业的重要组成部分，是文化领域对社会经济总量贡献最大的产业之一。

二、准确把握上网服务行业的特点、规律，规划产业发展的路线图和时间表

根据上网服务行业的特点、规律，准确定位；根据上网服务产业的现状、发展态势、趋势，规划未来走向，是行业协会的基本职能。

上网服务营业场所的第一大特点是时尚、益智、正能量，低碳、环保、贡献多。 网络的基本功能是传播文明、普及知识、益智交流，上网服务营业场所接收的网络信息，经过文化部、公安部、企业智能监控软件的三重过滤，基本内容是积极健康的，体现了社会主流价值体系。同时，场所内有网管、服务、经理人员巡视、管理，发现有人浏览不良内容，一般都会当场制止、劝诫。当今社会主流文明已经在全社会形成正能量气场，很少有人胆敢在公共场所浏览色情、淫秽信息图像，不听劝阻的更是少之又少。无论是政府部门还是社会公众，对当代中国社会文明程度以及国民基本素质应当有最基本的判断和自信。

对社会文明程度的正确判断，对行业社会贡献率的正确判断，是研究行业问题的基础。最近我接触的研究报告中对贡献率常采取正、负两套指标，比如对高能耗、高污染产业，要评价其碳排放、水污染以及相关指数对环境污染的贡献率，对低碳环保产业，则是对环境的正贡献率。上网服务场所低碳、环保，属于环境友好型产业，即使增加了咖啡、简餐等餐饮项目，也主要使用电加热方式，很少用煤气明火煎炒烹炸。本行业不反对"互联网＋"，但是反对放弃上网服务的主业去经营餐饮，放弃所长，从事并不熟悉的短板行业，成功概率不大。特别是在雾霾严重笼罩的北京，上网服务行业没有也绝不会贡献碳排放，这是全行业的社会责任。

　　上网服务产业的第二大特点是遍布城乡，深入基层，贴近百姓。在上网服务营业场所发展鼎盛时期，全国有网吧 20 多万家，其他以电脑出租屋、电脑培训班等名目登记的或者根本不登记的上网服务营业场所更多。集中时间大量涌现，深层原因是消费者信息消费的"刚需"。在曾经长期封闭的文明古国，人们更加渴望通过互联网连接外面的世界，探索全新的生活。井喷式的跨越性增长也带来了比以往更多的问题，人类社会每一次超常规跨越几乎都要进行超常规补偿。从 2002 年北京"蓝极速"电脑维修部的大火以后，各级文化、公安、工商、工信部门对上网服务营业场所进行了一波强似一波的专项整治，有效地控制了市场乱象，上网服务营业场所整体数量减少，经营规模萎缩。然而虽经历了无情打击，元气大伤，但上网服务营业场所依然遍布城乡，再一次显示了信息消费"刚需"不可战胜、无法替代的力量。

　　在上网服务营业场所获取信息是占现有青壮年劳动力一半左右的流动人口的生存"刚需"，既然"刚需"不可战胜、无法替代，为什么不能因势利导、趋利避害呢？从上网服务营业场所的布局结构来看，在大中城市商业闹市区的不多，主要在大学、城市社区周边，县以下上网服务营业场所主要分布在人口比较集中的乡镇以及较大村落。这些地区也恰恰是公共文化服务体系、公共信息服务体系建设的薄弱环节，上网服务行业应当主动作为，争取被纳入国家和地方这两大体系建设以及智慧城市建设的整体规划。以国家和地方财力、人力，另起炉灶，再建设一套城市社区、乡镇村落的公共文化、信息消费服务体系，根本不可能，何不采取民办公助方式或者政府购买服务的方式，把遍布城乡的上网服务营业场所"招安"、整编？此举可一举数得，利国利民。

　　明确上网服务行业的特点、规律以及社会贡献率，再来谈行业定位、产业政策、管理举措，才有可能说到点子上，落到实在处。行业协会研究行业定位的根本目的在于正本清源，以正视听，为政府各有关部门制定产业政策、扶持行业发展提供理论和数据支持；同时，在此基础上制定产业发展规划，规划一定时期产业发展的目标、任务以及方式、进程，即制定行业发展的路线图和时间表。规划是较长时期的、比较稳定的，计划则是依据规划制定的年度的或者阶段性的实施步骤，计划又由既系统又相对独立的诸多项目组织实施，因此产业规划应当是为实现行业发展目标而制定的比较宏观、比较概括的行动指南。

制定中国上网服务产业中长期发展规划应当包括以下内容：

（1）**我们的目标是世界最美网吧在中国。**建设环境最优美、业态最丰富、设备最先进、服务最温馨的上网服务场所，是中国上网服务行业员工的光荣与梦想，而且作为伟大中国梦的一部分，已经汇入新时期中国改革开放建设的滚滚洪流。

（2）**打造世界最强的互联网上网服务产业。**中国特色上网服务场所应当走向世界，成为当代世界信息服务领域最亮丽的中国业态，成为现代时尚文明中最新潮的中国元素。中国上网服务产业应当在国家实施"一带一路"战略目标的大背景下"走出去"，而且完全有能力"走出去"。

（3）**紧紧抓住国家实施"互联网+"战略的历史机遇，以丰富内容、增加功能、服务社会为支点，全面提升全行业的经营管理水平。**在上网服务行业原有业态的基础上，迅速拓展多业态、混业态经营，增加咖啡、快餐、饮料等辅助功能服务项目；增加网络文化娱乐内容，如电子竞技、远程教育和医疗等；开发面向社区、乡镇居民、村民服务的网上缴费、物联网、网上购物、电子商务等；向其他领域拓展，如将证券大厅、影剧院、百货商场等闲置场地，改造成为电子竞技场所，又如吸引股民到上网服务场所炒股；以政府购买服务形式，把公共文化服务功能纳入上网服务场所。

（4）**必须把上网服务产业纳入国家正在进行的"宽带中国"战略、"智慧城市"建设的总体规划。**中国上网服务行业应当成为国家战略推进过程中可以信赖、可以依靠的基本力量。经过20年的发展，中国上网服务行业走过了初创时期的草根阶段，已经具有成熟、多元业态和规范、系统的经营管理模式，完全有能力承担国家战略项目，成为国家的"梦之队"。

（5）**大力推进产业结构调整、行业转型升级。**改革开放以来近30年的高速发展，使中国成为世界第二大经济体，中国各行业也进入全面转型升级的历史节点。转型升级、丰富业态、提升品质、树立形象是当前乃至今后一段时间上网服务行业的中心工作，必须集全行业之力量，痛下决心，攻坚克难。要充分利用互联网虚拟空间的无限性，在上网服务场所的有限空间里，增加更多的文化内容、服务功能，以内容和形式的丰富多彩引导业态升级、效益增值，务求全行业经营管理水平整体提高、社会形象根本转变。

（6）**上网服务是科技与文化相结合的文化产业，是为城市社区、乡镇农村群众提供信息服务的现代服务业。**支持国家按照文化产业规律、信息服务业的特点，调整现行财税政策、准入限制、监控措施等行政干预政策措施，制定实施推动上网服务行业全面发展的政策法规，充分释放政策红利，约束政府行政行为，创造行业转型、产业发展的政策环境。

（7）**积极推进行业法律法规体系建设，维护行业、产业、企业的合法权益。**适时修订《互联网上网服务营业场所管理条例》。现行法规赋予政府行政部门的自由裁量权太大，不能有效遏制行政不作为、乱作为、乱检查、乱罚款等行为，严重损害了经营场所的合法权益。以法律法规形式规范政府行政行为，保障经营者合法权益，是促进全行业转型升级、全面发展的前提条件。

（8）**加强全行业普法、维权教育。**各级行业协会是行业普法宣传教育的第一责任人，可以通过办培训班、上岗职业培训等多种形式，使行业从业者学法、懂法、守法、用法，提高全行业的政策理论水准和守法维权意识。既要依照行业法规守法经营，规范服务，也要遵守《著作权法》《未成年人保护法》《消费者权益保护法》等相关法规，维护著作权人、未成年人以及消费者的合法权益。

（9）**加强宣传推广，树立行业形象。**上网服务行业曾经是被社会情绪绑架、被新闻媒体抹黑的行业，经过转型升级，政府释放政策红利，行业内强素质、外树形象，国家政策环境和社会舆论环境已经有所改变。今后要充分利用协会会刊、网站、微信平台，及时发布行业信息，同时借助与政府部门的对话会、媒体恳谈会、重大活动新闻发布会以及各种行业论坛等形式，广泛宣传行业特点和规律、功能和定位、动态与趋势，让行业在宽松和谐的环境中真真正正转型升级，让消费者和社会公众实实在在感受变化，得到实惠。

　　研究行业特点规律，制定产业发展规划，是行业协会的基本职能。制定产业规划，必须具有国际视野，在全球化的背景下，广泛吸收借鉴海外同行的经验、举措，建立引领世界上网服务行业发展潮流的中国业态、中国元素。制定产业规划，必须把握国际国内两个大局，在中国政治、经济、文化发展大局中，谋划产业发展新空间、新业态、新途径。制定产业规划，必须兼顾现实可行性与未来趋势性的统一，有远大目标而绝不好高骛远，有现实可能而绝不放弃机遇窗口，扎实推进，砥砺前行，小步快走，无论是一小步还是一大步，都是前进的脚步。

　　制定规划组织实施，是一个系统工程。制定规划落实计划，包括年度工作计划、会员发展计划、培训计划、宣传计划、会议计划、财务预算计划等。由计划落地为项目，年度项目不可太多、太满，给协会以及地方组织留有余地，也要给会员以及产业链相关企业创造自主发挥的充分空间。

　　说明：2015 年 4 月完成初稿，2016 年 8 月 14 日修改于辽宁省凌源市西窑文化小区。

把握行业规律　制定行业标准

俗话说"没有规矩，不成方圆"，规矩就是规范、标准，是工业社会职业者从事产品生产、技术交流、贸易流通以及相关操作行为应当共同遵循的准则。标准由具有法定资质的权威机构颁布，具有权威性、共识性、规范性、稳定性、可评价性的特点。

行业标准是国家颁布或者由国家标准化机构授权行业组织颁布的行业准则，是为了满足某一行业要求而制定的技术要求和职业标准，仅限于在某个特定行业领域应当共同遵循的统一量化指标和行为规范。

量化与规范对于古老的中华民族来说仍然是一个亟待强化的命题。漫长的农耕经济社会产生了博大精深的中华文明，其杰出代表是以孔子以及《论语》为代表的儒家思想。《论语》并不高深晦涩，但是后人提出"半部《论语》治天下"，原因在于《论语》是中国农耕经济社会生活、生产经验的总结、提炼和高度概括，是农耕经验、思想文化的精华。因此，中国的思想文化不像古希腊哲学那样，按照形式逻辑进行理性的缜密思辨，而是建立在历史积淀、群体传承、个人经验的基础上，对社会、人生的感悟。以《论语》为代表的警句式、点化式的浓缩表达，需要后人诠释、解析，同时也难免给人留下大而化之的印象。中国的思想文化是农耕经济社会智慧和经验的总结，又被称为经验哲学。经验哲学与思辨哲学没有高下之分，都是表达思想的一种方式，但是农耕文明依靠经验的积累和传承，具有总体趋势的一致性和过程经验的不确定性，缺少统一的量化指标、规范准则。

在这一思想文化模式的影响下，中国社会在处处闪烁东方智慧、东方文明博大精深的同时，也带有与之相应的神秘性、模糊性。比如遍及世界的中华料理，任何一本菜谱对使用调料的表述都是"少许"，对火候掌握也因个人经验而有所不同，给人发挥的空间很大，但是按照"少许"的菜谱是不能主勺料理的，还需要师徒传承和个人摸索。西方文明在这一点上与东方文明存在较大差异。比如，德国人煮鸡蛋时就有精确计算的量化指标，首先确定什么是最有营养价值的成熟程度，然后根据最佳成熟程度确定最佳温度和时间。因为家庭人口少，煮鸡蛋一次性吃不完会影响食用效果和营养价值，于是德国人又发明了一次煮一个鸡蛋的定时煮蛋器，时间、过程、效果都是量化、可控的。中国传统文化就缺少这种定时、定量、定性的量化指标和操作规范。农耕社会靠天吃饭，很难量化，工业社会按照统一规格的生产线批量化生产，必须具有统一的量化标准。同时，现代农业、服务业采用机器设备、科学管理，也必须具有可以量化的标准和可以评估的规范。

由于文化背景不同，工业化、城镇化、现代化发展程度存在差异，当代中国与欧美发达国家差距最大的就在标准化领域。改革开放以来，中国学习和借鉴国际标准，工业生产、企业管理标准化建设取得了重大进展，而服务行业的标准化工作却推进迟缓，其发展水平与世界第二大经济体的国际地位不相适应。服务行业制定标准严重滞后，与服务行业业态特点、规律的不确定性、随机性有直接关系。一是服务场所有形性与提供服务无形性的统一；二是提供服务产品与服务消费处于同一时空，共同完成；三是服务场所的不可转移性、提供服务的不可贮存性与消费群体的流动性、不确定性同时存在。服务行业还有很多特点，就以上三大要素而论，制定服务行业标准就比制定物质生产领域的标准难度大得多。同时，由于服务无形性、不可贮存性、不可转移性以及服务与消费的共时性特点，也就是说，服务与消费界限模糊，经营者与消费者的权益都容易受到损害，制定服务行业标准就有其特别的必要性和紧迫性。中国上网服务行业就属于急切呼唤行业标准的现代信息服务业。

国际标准化组织（International Organization for Standardization，ISO）

认为，标准是指"为了在一定的范围内获得最佳秩序，经协商一致制定并由公认机构批准，共同使用的和重复使用的一种规范性文件"。根据国际标准化组织的定义和中国行业发展现状，制定上网服务行业标准应当注意以下问题：

1. 制定行业标准必须以科学研究、技术规范、集体经验的综合成果为基础

也就是说，既要有对行业特点、规律的科学研究、深刻认识，又要与行业现有设施设备的技术标准、操作规范相适应，是对大多数从业者集体经验基础的概括和总结。服务是服务行业的核心竞争力，服务对于服务行业来说，无所不在、无时不在、无处不在，然而服务又是无形的、千差万别的、难以物化和量化的，因此制定服务标准就要以大多数从业者提供服务的基本内容、程序以及舒适程度为基础。进一步说，提供无形的服务也与有形的物质商品一样，应当保证这一商品的适用性。就以一只茶杯为例，首先是能用，适于喝水、泡茶的使用功能；其次是好用，大小适中，造型设计适于端茶、倒水、品茶、饮用，给人感觉很舒适；最后，如果是大师制作的，那么无论造型、雕刻、彩绘都具有赏心悦目的审美功能。制定行业标准应当以第二点为基础，杯子能用来喝水是起码的功能，行业标准应当以起码的功能为起点，却不能以此为标准；行业标准应当以好用、适用、感觉舒适为标准；同时，也不能以锦上添花的大师创作为标准，大师毕竟是少数。大师制作的杯子为数不多，才能成为艺术品、收藏品，其使用功能已经被欣赏功能、收藏功能、投资功能所取代。就像著名收藏家刘益谦，在海外拍卖市场曾以三亿多元人民币购藏一只大明成化年间的鸡缸杯，收藏家也曾拿这只杯子品茶，但是这种现象凤毛麟角，不具有行业普遍性。如果行业标准无人能达到，或者绝大多数人无法达到，也就失去了制定行业标准的意义。

服务行业标准应当满足适用性的消费需求。也就是说，你提供的杯子要让人感觉不仅能用，而且好用、适用，用起来感觉舒服。因为服务是无形的、难以量化的，所以，根据服务提供与服务消费过程的共时性特点，服务行业标准就反转过来，从满足适用性需求的角度入手，以提供的服务令消费者满

意为第一要务。

从这个意义上说，对于上网服务行业的科学研究、技术规范、集体经验三位一体的综合平衡，就构成了适宜行业规定服务要求、令消费者舒适或者满意的行业标准。

2. 制定和实施行业标准是为了获得行业最佳秩序、规范，以提升行业的共同效益、利益

物质产品生产领域的操作规程、技术规范、质量标准，是通过同一生产线上不同等级员工生产操作过程的比较研究，优选出最简洁、最准确、最快速的操作方法或动作程序，以实现生产效能的最大化。在工业生产流水线化以后，为提高工人生产效能，美国、日本的工厂都曾经用摄像机把生产线上工人的操作过程拍摄记录下来，再由技术管理专家逐项分析，淘汰多余的动作，以最简洁的方式获取最佳效果，并在此基础上形成企业、岗位的操作规程、技术规范、质量标准。如果从政治角度来说，这是资本家为了追求利益最大化，不择手段榨取工人劳动的剩余价值；如果从经济管理的角度来说，建立企业操作规程是为了实现生产操作的最佳秩序、规范，有效地管控质量，提高效率。虽然从不同角度看待同一问题，也许可以获得完全不同的结论，但是从社会文明进步的总体趋势上看，无论是行业标准还是企业规范，都有利于推动社会生产力的发展。

行业最佳秩序、规范是经过优选、提炼形成的，具有最大限度的合理性、普遍性、优越性和可操作性，能够最大限度地提升行业的共同效益，符合服务提供者和消费者的最大利益，得到全行业从业者的高度认同，并便于推广操作与普遍实施。实用、适用、有用、管用是行业标准制定与实施的先决条件。行业标准不同于国家法令、法规，不具有必须执行、必须遵守的强制性。行业标准是由行业协会参与制定，代表行业的最佳秩序、规范，由国务院标准化行政主管部门确定的机关颁布的行业性、特定性的规范性文件。行业协会可以通过协会在业内的影响力大力宣传标准，推广标准，组织实施标准，却没有权力要求行业从业者必须执行标准，行业从业人员也没有义务必须执行标准。行业标

准实施是自愿性的，是依靠其优越性、效益性，而获得同行业的广泛认同、自愿使用的，是市场机制发挥作用甚至是决定性作用的结果。

同时，行业协会和政府部门也应当积极主动，采取必要的政策措施，引导全行业自愿、普遍实施行业标准。

其一，行业协会可以通过对实施行业标准企业进行星级评定等多种形式，在资源配置上向达标企业倾斜。执行标准，建立最佳秩序，实现最大效益，能极大地提高企业的市场竞争力，赢得更多的市场份额，成为市场广泛认同的主导产品，由此充分凸显实施行业标准的优越性。行业协会要因势利导，适时以执行标准、实现效益为门槛，在无形与有形资源的配置上向实施行业标准的企业倾斜。比如，协会前期发布了《中国互联网上网服务营业场所环境标准》，组织全国上网服务场所参与服务环境评比，已经评选出第一批符合各类标准的上网服务场所。今后要把这些达标场所作为全国电子竞技大赛的指定场地，或者与国家开放大学合作，把这些场所作为远程教育的课堂、考试场地。任何行业都应当有统领全局的龙头企业，有行业相当体量和影响力的主导企业，形成全行业的第一集团。抓大放小，以大带小，由强扶弱，引导全行业转型升级，做强做大。一个企业能够在全行业脱颖而出、做强做大，必然在企业经营管理上有过人之处，扶强使之更强，是比扶弱助小、扶危济困更为有效的工作方法。

其二，政府可以通过政府采购、国家重大项目招标的形式，向实施行业标准的企业倾斜。行业标准应当成为评估企业经营管理水平的基本门槛，达到行业规定标准以后，才有可能进入政府采购、招标的企业名录，进入更高层次的优胜劣汰。比如，河南洛阳文化行政部门为了活跃乡镇、社区的文化生活，选择一些环境优越、管理规范的上网服务营业场所，承担乡镇、社区公共文化服务的部分职能，政府给予适当经济补贴，效果很好。选择这些场所也有一定的标准和条件，例如，场所在乡镇或者社区周围，场地宽敞明亮；能够开辟一定比例的营业区域承担公共服务职能；守法经营，文明服务，三年以上没有因违法违规被处罚的记录，等等。这些规定是地方标准，把类似的地方标准集中起来，总结提炼，使之成为具有普遍性的行业标准，对于推动乡镇、社区上网服务场所和公共文化服务体系建设，具有广泛而深刻的现实意义。

3. 制定行业标准必须集中全行业的智慧和经验，使之成为全行业共同制定、共同使用、长期遵循的规范性文件

行业标准应当具有权威性、共识性、规范性、稳定性、可评价性和导向性的特点。

在制定行业标准之前应当经过广泛的民主协商，重大、实质性问题应当协商一致。行业标准不是官样文章，也不是"秀身段"的花拳绣腿，必须来自基层，贴近实际，适用、管用。行业标准要接地气，倾听来自产业、企业第一线的声音。有一个最容易被聪明人忽视的真理，就是你听他的声音，他就听你的声音，你体现他的意愿，他才能实现你的意愿。不管你多么强势，这样简单的道理都不会变。

同样的道理，行业标准是为了实现行业的最佳秩序和最大效益，因此在制定行业标准过程中必须有针对性地面对、解决行业的主要矛盾、现实问题、潜在问题。比如，上网服务场所涉及场地环境、服务规范、设备配置、食物饮料等方方面面的问题，而作为现代信息服务行业标准，应重点解决场地环境、服务规范方面的问题，营业场所使用的电脑设备以及提供的食物饮料，属于其他行业生产、流通的商品，应当遵循其生产、流通行业的标准，不属于服务行业标准的范畴。

在制定行业标准的过程中应当始终把握现实性与导向性相统一的原则。行业标准既不能站在行业发展的尖端，也不能拖行业发展的后腿，行业标准应当与中等偏上的大多数站在一起。行业标准是开放、兼容、非强制性的，不会妨碍行业的佼佼者捷足先登，走在行业前头，引领行业浪潮；同时，也不应当成为行业的尾巴。标准的基本定位应属于中等偏上，让行业大多数企业经过努力能够达到。所谓经过努力，是指标准有一定高度，有一定难度，企业通过加强培训，强化管理，改善场所环境，提升服务品质，是能够达到

标准的，期限可能是 10 年或者更长时间。从这个意义上说，行业标准又要做到现实性与阶段性的统一。任何行业标准，甚至可以说一切标准，都是阶段性的，是一定历史时期的产物。生产力发展了，行业整体水平提高了，行业标准也要随之调整。因此行业标准虽然是阶段性的，但是又不是随便调整的，应当具有阶段的相对稳定性。行业标准的导向性、稳定性以及对行业发展的推动力、生命力也许就在于此。

4. 制定上网服务行业标准的条件已经成熟，加快推进标准制定以及颁布实施是当前协会的中心工作之一，也是全行业的重中之重

国家对上网服务营业场所标准化工作非常重视。2007 年，国家标准化管理委员会专门发布《关于编制推荐性国家标准"互联网上网服务营业场所服务标准"的通知》，任务编号为 20076583-T-357。在国家标准化管理委员会、文化部的领导下，2008 年 12 月 9 日成立了全国网络文化标准化技术委员会。该委员会是在文化部主管的业务领域，包括网络音乐、网络游戏、网络影视、网络文化产品流通以及上网服务营业场所等网络文化项目，主要从事专业领域国家标准的起草和技术审查等标准化工作的非独立法人的技术组织。由中国动漫集团有限公司作为承担单位。由于该公司是文化部直属动漫企业，起草网络文化领域的技术标准相对困难，此项工作也因该公司的种种变故而一再迟滞。2014 年 1 月 10 日，我协会应邀参加全国网络文化标准化技术委员会秘书处主持召开的网吧星级划分评审工作会议。协会认为，网吧星级划分已经落后于上网服务行业转型升级的发展现状，所定标准脱离市场发展实际，门槛过高，划分过细，标准缺乏应有的准确、清晰。于是，协会向文化部提出，鉴于中国动漫集团有限公司作为非上网服务行业专业机构，对行业现实问题很难全面把握，而且作为文化企业也很难站在非营利性组织的立场考虑问题、开展工作，建议文化部同意由我协会承担上网服务行业国家标准起草工作。这样调整有利于推动全行业正在火热进行的转型升级活动，全面提升行业经营管理、规范服务的水平；有利于维护行业合法权益，以最大限度地满足消费者的文化需求和行政管理部门规范市场的目标任务。

协会成立以来就致力于制定行业标准，参照制定国家标准的规定条件、程序、格式，广泛征求业内外意见和建议，制定了《互联网上网服务营业场所服务环境规范》（以下简称《规范》），并于 2014 年 10 月 28 日由协会颁布实施。《规范》集中了行业意愿、集体智慧、法规要求、发展愿景，是规范行业经营管理服务工作的技术标准化基础文件，也是以行业标准为抓手推动转型升级的内生动力。《规范》始终坚持瞄准国家标准的目标，向国家标准看齐，在内容结构、流程格式、用语定义等方面，严格依照国家标准，受到业内外的积极评价。这就为协会承担行业国家标准起草任务打下了坚实的共识基础、技术基础和标准化基础。2016 年，协会将邀请业内外专家学者、资深管理者、一线操作者以及各级政府相关管理部门的公务员，组成强有力的起草小组，尽快形成征求意见稿，在广泛、深入听取各方面意见的基础上，争取尽快完成上报行业标准草案。

说明：完成于 2015 年 12 月 28 日北京宽沟招待所，发表于《中国上网服务》2016 年第七期。

第二章　在中国经济格局中看文化产业

我始终坚持在中国政治、经济、文化以及生态文明中研究文化产业。文化产业是中国软实力的主体，也是中国经济发展的短板，每一个文化工作者都应当有大局意识、责任意识、看齐意识，为中国调整产业结构做出积极贡献。

- 网吧是现代信息服务产业
- 中国上网服务行业向何处去？
- 农村经济发展与上网服务场所建设
- 文商共建　互联共享
- 迎接中国互联网文化产业大潮
- 虚拟现实的时态进步

网吧是现代信息服务产业

以互联网为核心的信息技术是后工业革命的产物。就像任何一项新技术成果的推广一样，作为互联网原创者的美国，首先区别亲疏、贵贱、三六九等，对于发展中国家，特别是信仰共产主义的发展中国家，一贯套路就是技术封锁、再封锁，所以，互联网技术在问世 20 多年后的 20 世纪 90 年代，才步履蹒跚地进入中国。

据说网吧起源于 1992 年的英国伦敦，现在伦敦仍然可以看到这家只有十几台电脑的临街门店。但是，网吧一经形成就具有旺盛的生命力，在网络连接不完备、接收终端不普及的时代，网吧在欧美发达国家迅速发展，并很快传到亚洲的日本、韩国等地，大约在 1995 年前后进入中国北京、上海、广州等中心城市。由于中国通信设备落后，电话资费偏高，网络和接收终端更为短缺，正在谱写春天的故事的中国人急需互联网传输的信息、链接的世界，于是在宽带尚未入户、电脑仍难普及的背景下，网吧就在春风化雨中落户于大江南北，扎根在时尚青年的心里。

网吧进入中国以后，对它的诟病之声时起时伏，一直不绝于耳，巨大的市场需求、排队上网的独特景观唤醒了许多人的创业冲动，网吧就在一片诟病与质疑声中，一直我行我素地迅速发展。我行我素是有代价的。2002 年 6 月 16 日凌晨，北京"蓝极速"电脑维修部一场大火，夺去了 25 条鲜活的生命，他们中有大学生、打工者。人们在痛悼、惋惜之中，也把网吧送上风口浪尖。"蓝极速"电脑维修部超范围经营，无证照非法从事营业性上网服务，这是一个改革开放以来并不少见的非法经营个案。然而发生在北京，城门失火殃及池鱼，一个非法经营个案牵连了全国的上网服务场所。于是高层震怒，家长责难，社会舆论口诛笔伐，在声讨所谓"网络海洛因"的浪潮声中，在新闻媒体"救救孩子"的呼喊声中，在一片封杀、打压的喧嚣声中，网吧风光不再，惨淡经营。虽然高峰期创造了近千亿元的年营业额和上百亿元的国家税收，解决了数百万人的就业、生计，创造的价值也远远超过国家党政部门喊破嗓子、倾心扶持的电影行业，网吧却依然难逃被打压、被诟病、被困扰的厄运。国务院颁布的管理条例确定网吧是上网服务场所，却未按服务业征缴税费，国家税务总局的一纸公文，就把网吧纳入娱乐业。既然征缴了娱乐业的高税费，营业时间却不能按照《娱乐场所管理条例》的规定到凌晨2点，严管重税使本已惨淡经营的网吧雪上加霜。奈何！

网吧行业的创业者、从业者仰望星空，叩问苍天，期待希望。在万般无奈中，他们仍然选择了坚守，义无反顾地坚守着，苦苦支撑着新兴的互联网天地。随着时代的进步、互联网的发展，理性的阳光终于透过雾霾的笼罩辉映上网服务场所。现在政府行政部门以及大多数人已经能够比较冷静、比较客观地认识网吧作为上网服务营业场所的基本定位和核心功能。

网吧是为社会公众提供上网服务的营业性场所，主要是网络内容的接收终端，在饱受诟病的网吧传播色情、淫秽、反动内容的问题上，网吧实在是代人受过。网吧是终端不是源头，网吧的基本功能是接收信息而不是制造内容，源头缺少监管，致使不良内容在网上传播、扩散，都归咎于终端接收显然有失公允。即使把营业性的上网接收场所都关闭了，只要源头存在，祸水就可能绕过公共上网服务场所，长驱直入，流入家庭等没有公共监管的私密空间，其危害孰轻孰重，该打谁的板子，明眼人只要不怀偏见，即使视力欠佳，也是能够分清的。真正到了应当正本清源，还网吧本来面目的时候了。

网吧是文化艺术与科学技术相结合的文化产业项目。网络发展，接收终端普及，为文化艺术作品、科学技术信息以最便捷的方式、在最广泛的领域传播，创造了海量空间和无限可能。没有文化的军队是愚蠢的军队，没有文化的网络同样也是愚蠢的网络。网络的核心功能是传播文化，也在一定程度上创造了属于信息社会的网络文明。当然网络既可以传播先进文化、高雅文化，也可以传播落后文化、低俗文化，任何一个不太愚蠢的人都会选择趋利避害、为我所用的聪明办法，以法规实施管理，以治理规范秩序，使网吧成为社会公众接触文化、接近文明的亮丽风景。如果以为关闭网吧就可以高枕无忧了，那是愚不可及、不可理喻的想法。

网吧是信息消费与休闲娱乐相融合的产物。在网络不连通、接收终端不普及的岁月，网吧为社会生产力中最年轻、最活跃、最积极、最有生命力的群体创造了方便的公共上网空间，使他们第一次亲密接触了神奇的网络世界。在他们由此改变命运、提升素质的同时，也助推东方的文明古国进入了网络普及的信息社会。共和国永远不会忘记也不应该忘记网吧在中国网络文化发展进程中做出的不可磨灭的贡献。即使网络普及了，网吧依然是社会流动人口、低收入群体信息消费、休闲娱乐的主要平台，而且以其上网快捷、服务周到、收费低廉的独特优势，至今依然是这些人群在文化市场无可替代的首选项目。

网吧是城市街道社区、农村乡镇的信息服务场所。具备条件的地区，应当以政府购买服务的方式，把为城乡百姓提供信息服务的网吧纳入公共文化服务体系建设的总体规划。网吧以其顽强的生命力和市场开拓能力，不择地而生，抗挫折能力强，虽然无法摆脱方方面面的困扰和挤压，却依然在全国城乡蓬勃发展起来，是扎根于城市街道社区、农村乡镇的信息服务场所，是离老百姓最近、在老百姓身边的多功能信息服务平台。网吧是城乡百姓学习网络知识、信息技术的第一教室，网吧也在覆盖海量消费群体的基础上，确定了为城乡百姓提供多功能信息服务的基本功能。

城乡百姓的消费需求是多元的、个性的、差异化的，而网络空间是无限的，信息流动是海量的，在政府和行业协会的引导、协调下，使需求与服务在网吧对接，信息社会、智能城市建设就完成了最基础的核心功能。

城乡中老年群体，特别是已经离退休的社区群众，是信息技术普及教育的盲区，也是智能城市建设的难点。离退休的社区群众闲暇时间更多，服务需求更大，他们也像孩子一样，渴望接触网络世界，接近现代文明，打开与外面的天地沟通联系的一扇天窗。北京西城区文委、区网吧协会率先在老城社区将中老年群众与网吧对接起来，利用网吧比较空闲的上午时间，请社区大爷、大妈进网吧，接受上网培训，体验信息消费，不仅加速了智能社区建设，满足了社区中老年群众的信息消费需求，而且依靠大爷、大妈在社区的影响力，也提高了社会公众对网吧基本功能的认知程度。可以把西城区的个案推而广之，以政府购买服务的方式购买具备规定条件的网吧服务，在双方约定的时间和场地内，专门为社区居民的信息消费提供上网综合服务。在公共文化信息设备、场地严重不足的社会主义初级阶段，靠公共财政投入、建设、管理，是很难在短期内完成的，而且也没有必要另起炉灶，单独建设承担公共信息服务的上网服务系统。政府在公共文化服务体系建设中，只要把网吧纳入顶层设计的整体规划，扶持和规范遍布城乡的营业性上网服务场所，利用现有的网络接收设备和场地资源以及成熟的网管服务系统，投入很少的资源，就能在很大程度上满足城乡群众最基本的信息消费需求。

经过十几年的碰撞与融合、争论与探索，网吧的基本定位与功能在理性光辉的照耀下已经清晰起来：**网络是通道，网络流通、传播以及创造的主体是文化、信息与文明。网吧的定位是互联网上网服务营业场所，属于文化产业，是文化内容与信息技术相结合的信息科技企业。网吧的基本功能是为城乡百姓提供信息消费与休闲娱乐。**政府可以采取购买服务的方式，把网吧的一部分功能纳入公共文化服务体系建设之中，以最大限度地满足城市社区、农村乡镇群众基本的信息消费需求。

说明：2014 年 5 月完成于北京西城区后英房胡同九号，发表于《中国上网服务》2014 年第六期。

中国上网服务行业向何处去？

我们是谁，我们从哪里来，到哪里去？这是人类社会的元问题，全球最强、最睿智的大脑古往今来都在不懈地追问、探索，至今也没有清晰、明确的答案。但是，任何一个人，任何一个行业的从业者，经常扪心自问，思索这个问题，有益于更清醒地生存、发展。今天的上网服务行业同样需要研究从哪里来、到哪里去的问题，而且比任何时候都迫切。

近两年，我们在文化部的领导下，在行业同仁的拼搏努力下，中国上网服务行业转型升级工作取得了阶段性成果，主要表现在场地环境升级改造，上网设施、设备更新换代，服务质量、档次明显提高。全行业转型升级成果来之不易，巩固、发展、扩大战果更难，我们必须始终保持清醒的头脑，紧紧扭住行业转型升级的"牛鼻子"，不放松、不懈怠，破釜沉舟，砥砺前行。因此，我们说行业转型升级刚刚开始，或者说依然在路上，总体感觉是产业升级较快，行业转型滞后。**升级，是在原有业态基础上完善和提高，把已经在做的做得更好；转型，则是基本业态的并轨、转轨、变型，对于上网服务行业来说，就是由上网服务营业场所，以收取上网费为主要收入来源的单一经营模式，向多功能、综合性现代信息服务行业转型。**

网络流行"跨界打劫"的说法，听起来凶巴巴的，但是商场就是战场，弱肉强食既是自然界的规律，也是市场经济的铁律，你不强悍必然遭遇对手的多重打劫，因此我们行业必须强悍起来，狭路相逢勇者胜，冲出去就是硬道理。上网服务行业是中国文化产业的重要组成部分，也是互联网经济不可或缺的重要环节，我们必须把行业放在中国宏观经济的大格局中、中国互联网经济的整体态势中，找准位置，明确方向，谋划全局，推动发展。

一、我们从哪里来

面对曾经被搞得声名狼藉的网吧，也许今天的人们很难想象中国互联网经济竟是由上网服务行业拉开了精彩纷呈、波澜壮阔的大幕。上网服务行业是中国互联网经济的先行者，曾经处于互联网经济的"网"中央，但是，随着互联网经济的高速增长，上网服务行业却一路萎缩，被挤出"网"中央，逐渐边缘化。

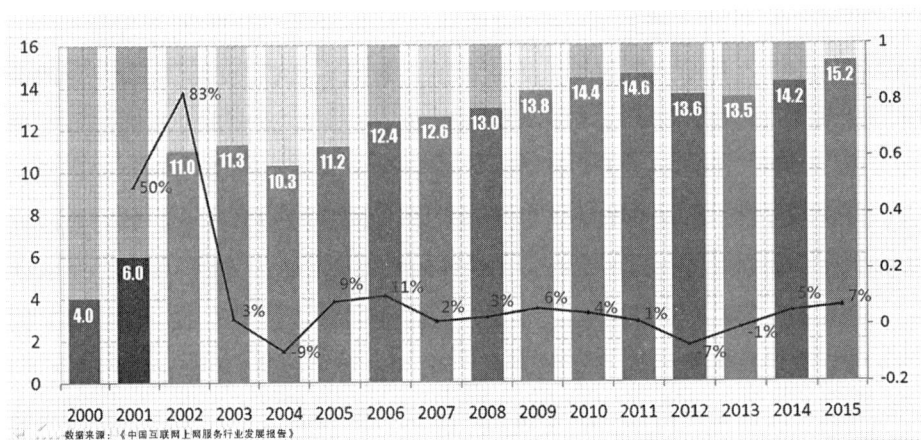

上网服务场所数量变化（万家）

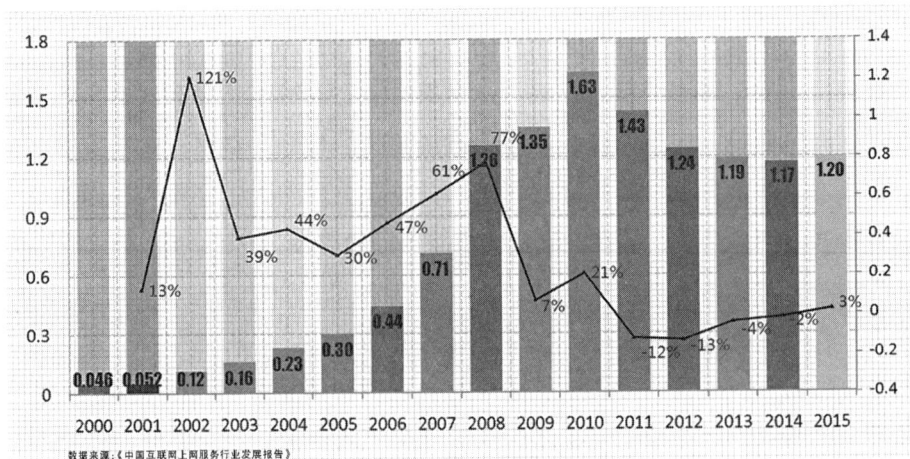

上网服务行业客户数量变化（亿人）

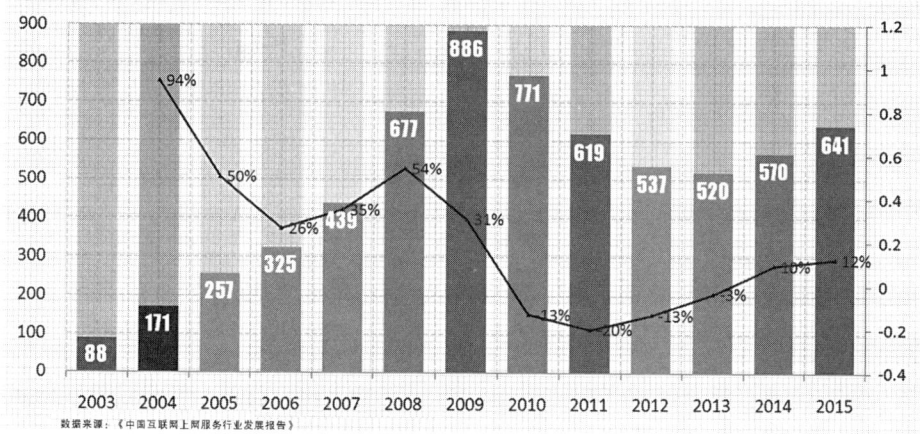

数据来源:《中国互联网上网服务行业发展报告》

上网服务行业营收变化（亿元）

以上 3 组数据，有两个特点最为突出。第一，2003 年至 2005 年是世界互联网经济高速发展的黄金窗口期，世界十大互联网公司在此期间脱颖而出，驶入高速增长的快车道，中国最重要的一批互联网公司也在此期间被外国公司参股、并购。而筚路蓝缕、开拓中国互联网经济冰河的上网服务行业却在政府以及社会舆论的打压之下严重萎缩，错过了高速发展的黄金窗口。第二，转型升级使全行业走出谷底，进入上升通道。2013 年上网服务场所、上网客户、营业收入全面跌入谷底，2013 年全行业营业收入 520 亿元，比峰值 2009 年的 886 亿元，下跌 366 亿元，对此我们不禁要问：为什么？谁应当为此负责？到现在为止没有答案。2014 年上网服务行业转型升级开始发力，不仅一举终结了连续多年的全面下滑，而且出现了触底反弹的良好势头。政府政策红利开始释放，由原来的打压、严管、重税，转变为规范、扶持、发展。在放开单体场所的审批以后，2015 年上网场所数量创造了历史高点，而且后劲很足；经营业绩 641.7 亿元，比上一年增加 12.6％。2015 年，上网客户数量也结束了 2010—2014 年的五连降，出现小幅回升，达到 1.2 亿人，比 2014 年增长 3％，但是距行业客户数量峰值 2010 年的 1.63 亿人，还有较大差距。

网络游戏是中国上网服务行业发展的基础。由于上网服务场所网速快、设备好、服务周到，于是网络游戏成为上网服务场所的主打项目。2006—2008年是中国网络游戏高速增长的黄金三年，无论网络游戏人群总量，还是游戏行业营业收入，都有大幅度提升。2009年以后网络游戏人数虽然仍处于上升通道，但是升幅已经收窄，2013年网络游戏人群3.38亿人，比上年微增2%，2014年3.66亿人，比上年增长8%，2015年网络游戏人群3.91亿人，比上年增长7%，其业绩曲线与上网服务行业整体走势相同，这也说明两者紧密的关联程度。未来五年网络游戏人数将处于小幅平稳上扬时期。

同时，数据显示游戏产业占中国网络经济的比例在2009年形成阶段性高点，占总量的27%，2010年以后一路下滑，2015年已经下降至占总量的12%。上网服务场所是靠PC机上网游戏，PC端游戏占游戏市场的比例，2008年高达89%，2015年已经逐年萎缩至占总量的43%。PC端游戏占网络经济总量的比例在2006年形成高点29%，此后一路下滑，2010年以后下滑加速，2015年已经跌至占总量的5%。

令我们非常遗憾的是中国互联网经济在中国经济发展格局中一枝独秀，而它的先行者——上网服务行业却一路相对萎缩，而且这种趋势还在继续，

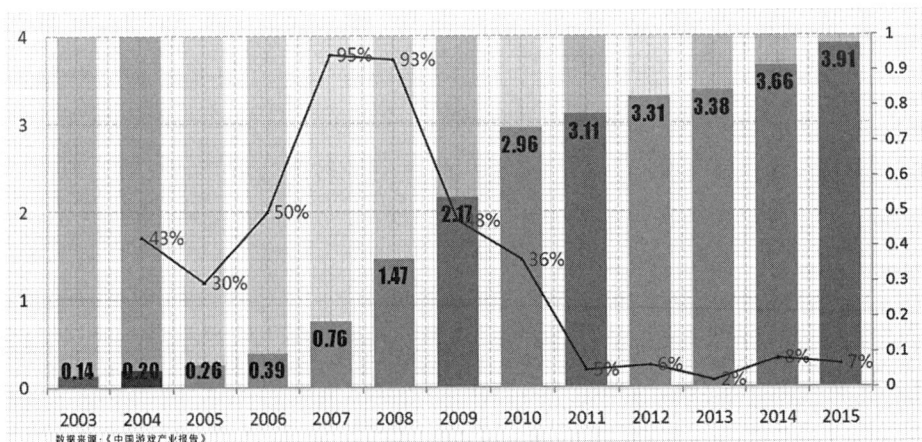

中国网络游戏人群变化（亿人）

甚至有阶段性提速的可能。不是上网服务行业不努力，实在是中国互联网经济发展势头太强劲。

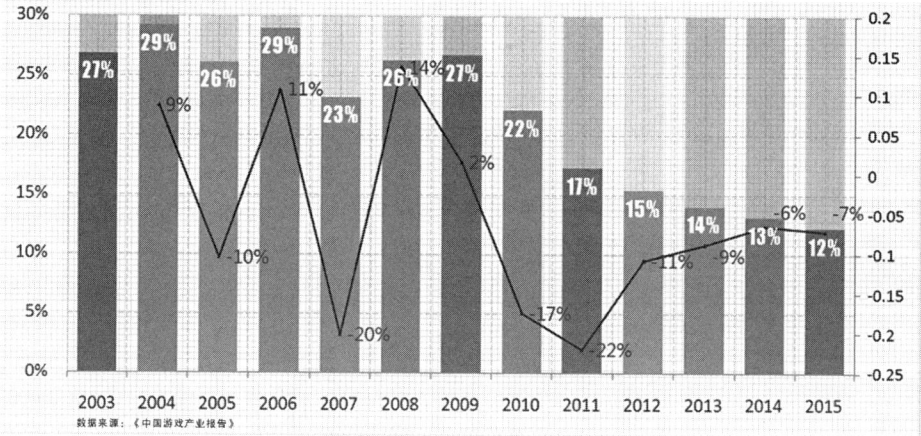

游戏产业占中国网络经济比例

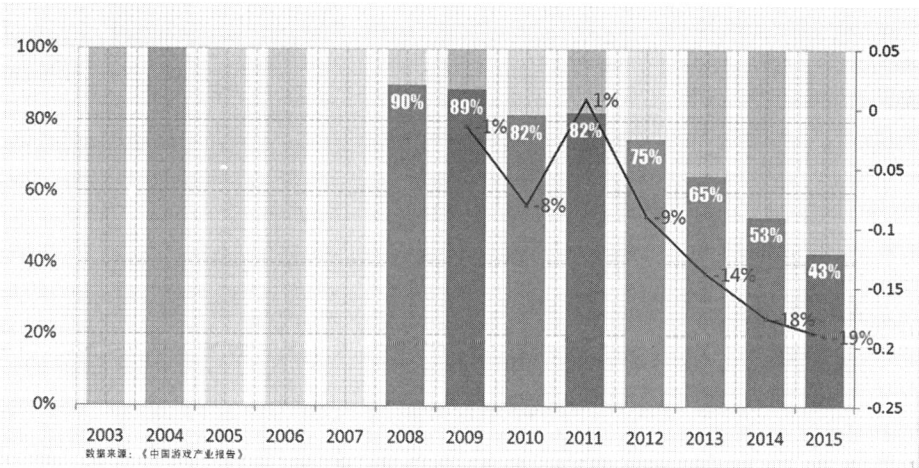

PC端游戏占游戏市场比例

中国网民数量一路快速攀升，2015年已达6.88亿人，而上网服务场所客户占上网人群的比例已经由2008年的高峰42%，持续下滑至17%。上网服务场所客户占网络游戏人群比例已经由最高占比115%，下滑至占总量的31%。上网服务行业与网络游戏行业营业收入对比，由2006年的667%下滑至2015年的45%。

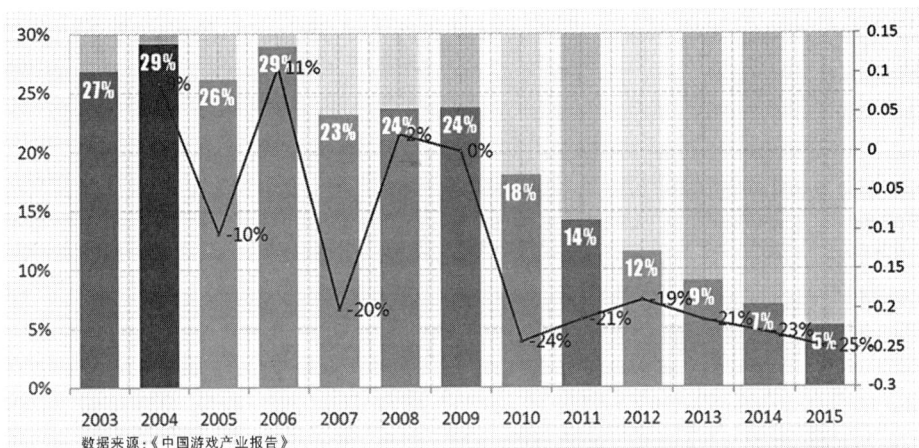

数据来源：《中国游戏产业报告》

PC 端游戏占中国网络经济比例

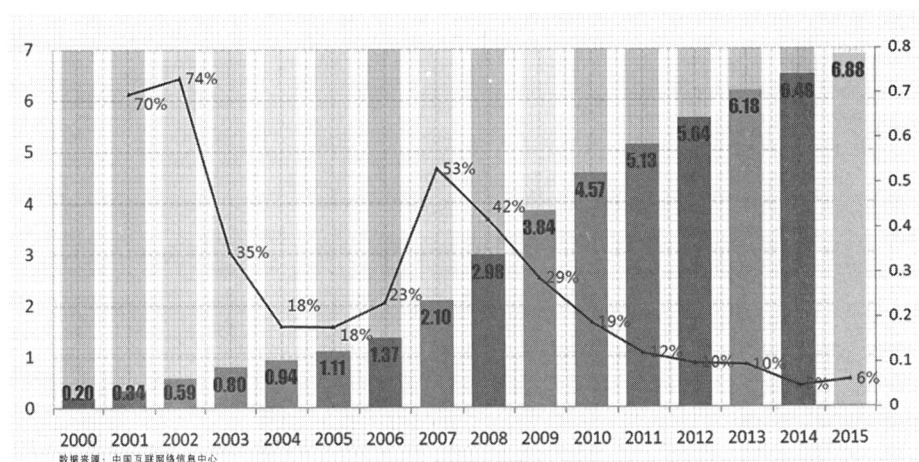

数据来源：中国互联网络信息中心

中国网民数量变化（亿人）

　　中国互联网经济是近年爆发性增长的新热点，2015 年已达 11 620 亿元。上网服务行业营业收入 2004 年曾经占互联网经济总量的 194％，2015 年一路下滑至 5.5％。中国网络购物是互联网经济热点中的热点，2015 年中国网络购物规模已经突破 40 000 亿元。目前，上网服务行业营业收入与网络购物相比只有其总量的 2％左右。

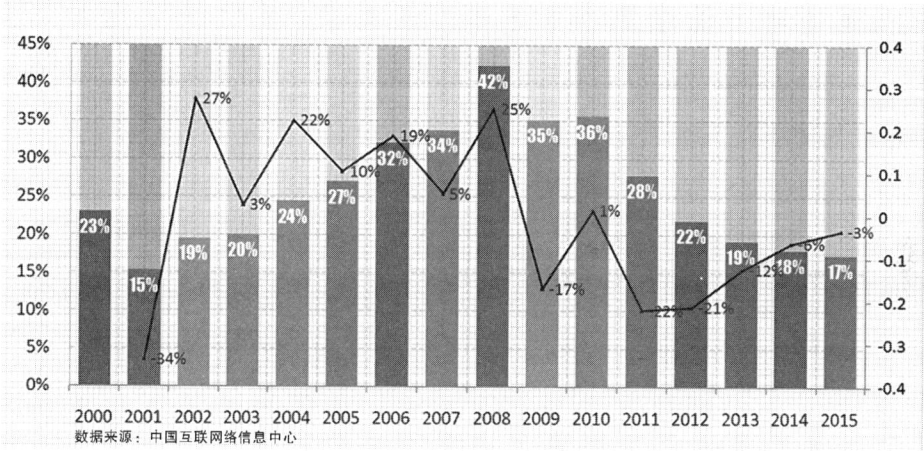

数据来源：中国互联网信息中心

上网服务客户占中国上网人群比例变化

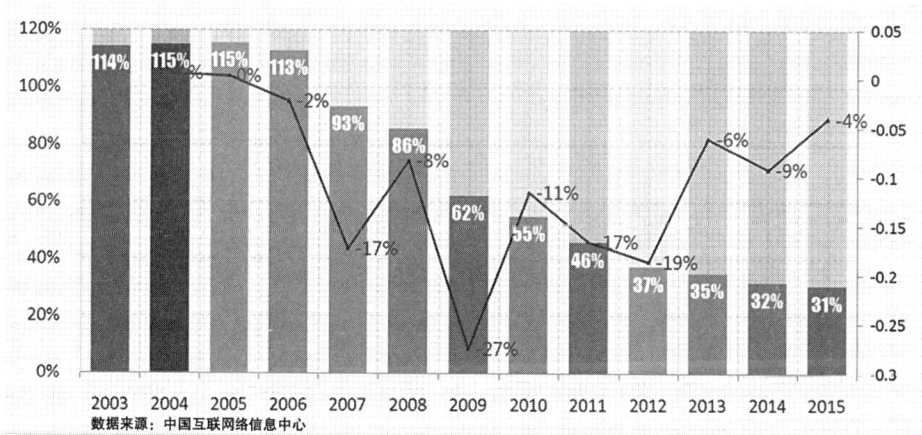

数据来源：中国互联网信息中心

上网服务客户占网络游戏人群比例变化

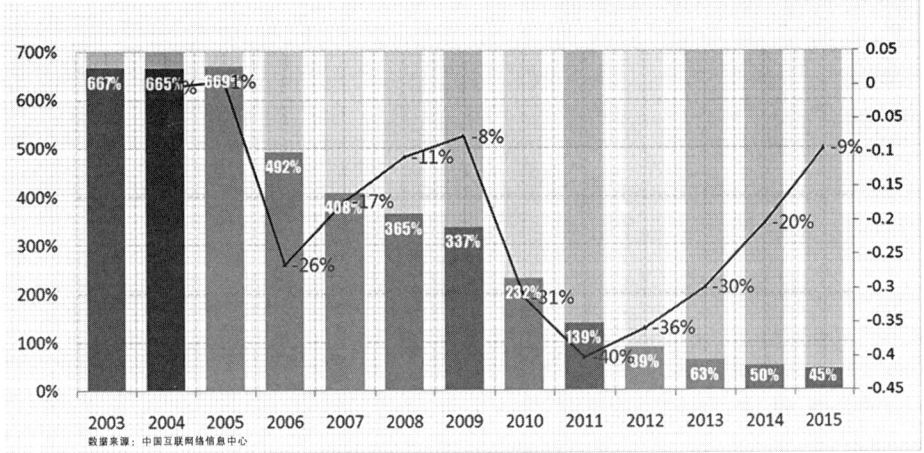

上网服务行业与游戏行业营收对比

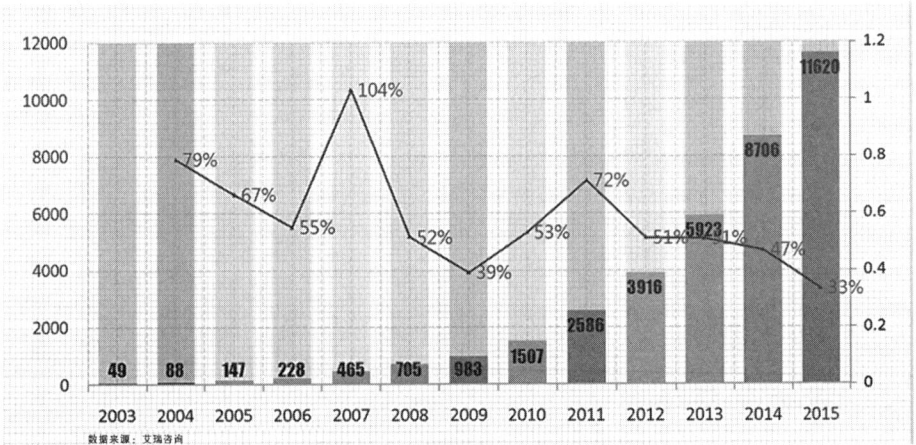

中国网络经济规模（亿元）

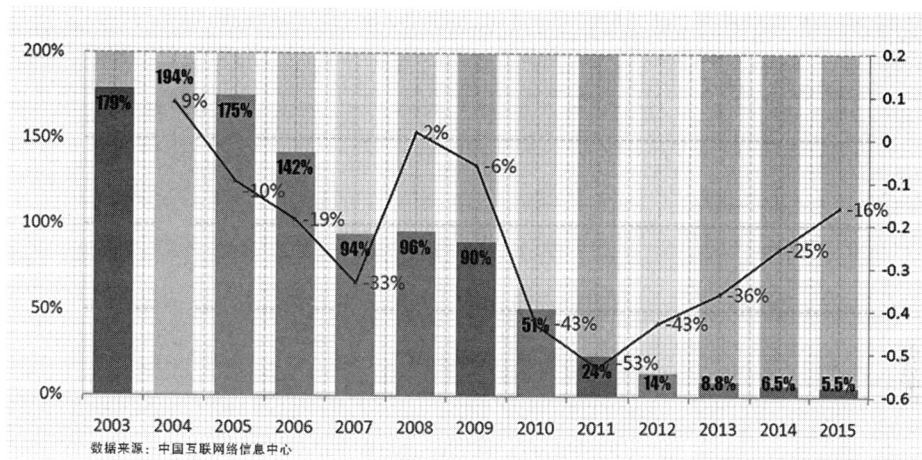

数据来源：中国互联网信息中心

上网服务行业与中国网络经济对比

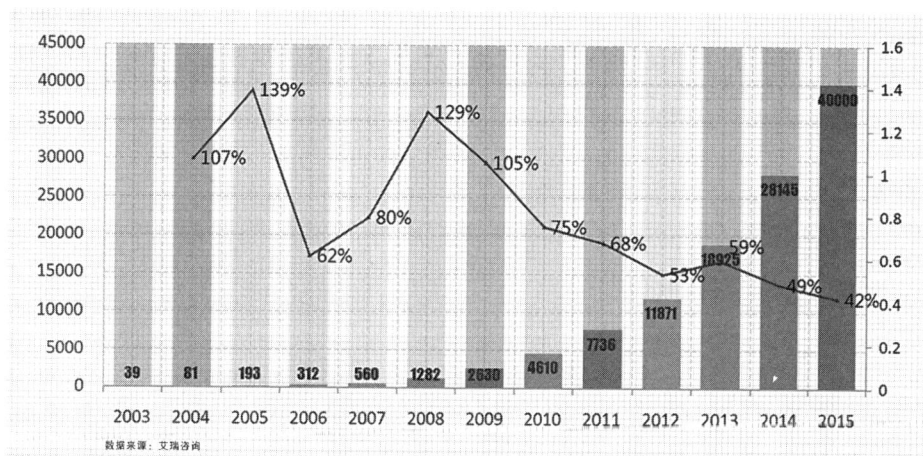

数据来源：艾瑞咨询

中国网络购物规模（亿元）

最后，我们再关注一组数据：未来5年中国18～24岁人口数量将自然减少23%。人口红利是说中国改革开放以来劳动力人口持续增加，劳动力成本相对较低，促进劳动力密集型产业的快速发展，攫取了中国经济高速发展的第一桶金。2012年中国劳动力人口供给出现拐点，人口红利消耗殆尽。2014年开始持续进入负增长的下降通道。2015年虽然已经全面放开夫妻二孩政策，但是并没有形成我们既担心又期望的怀孕潮、生育潮，特别是城市已婚青年，

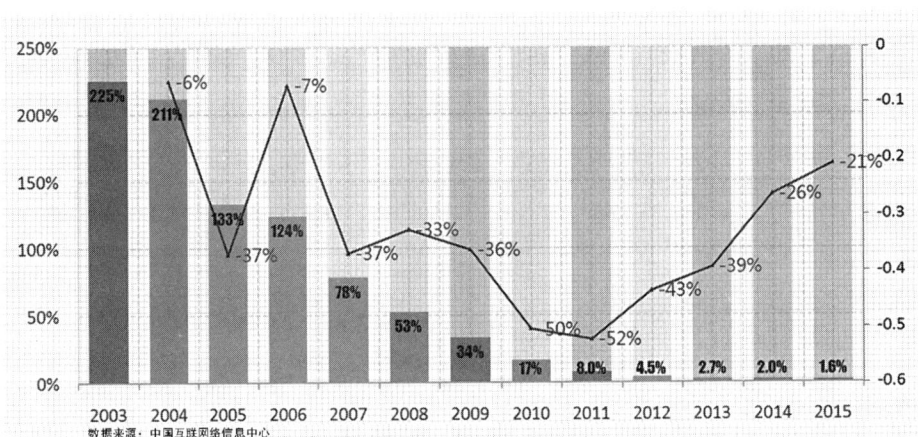

上网服务行业与网络购物对比

生育要求并不强烈，中国也将进入低生育社会。**中国 18～24 岁年龄段的青年**
正是上网服务场所消费群体的中坚力量，未来 5 年将持续减少总量的 1/4，对
上网服务行业的影响是巨大的。

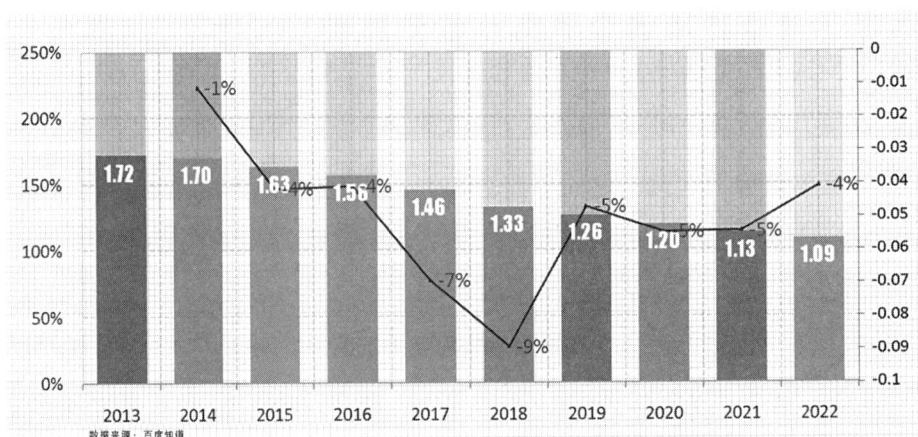

中国 18～24 岁人口数量未来 5 年将减少 23%（亿人）

　　2015 年欧洲发生难民危机，德国总理默克尔因为同意接纳叙利亚难民而获
得"默克尔妈妈"的美誉。其实默克尔也知道接受难民所造成的经济负担以及
未来难民融入欧洲社会的艰难，但是欧洲国家长期低生育造成的老龄社会以及
适龄劳动力短缺是困扰欧洲经济发展的重要难题。一家瑞士咨询公司的一项研

究结果表明，德国只有每年平均引进50万移民才能应对2040年德国出现的劳动力市场大幅萎缩的困境。2040年德国劳动力市场将出现60万人到150万人的缺口，引进难民是解决劳动力缺口的最佳选择。欧洲的问题离我们很遥远，但是我们现在就面临劳动力人口持续下降的难题，而且还没有难民可以接收。

上网服务行业从曾经业绩辉煌到业绩大幅下滑、持续萎缩，着实令人唏嘘。更为可怕的是萎缩还在持续，甚至有时还会加速。**中国上网服务行业曾经在"网"中央，现在已经被边缘化。前方路很黑，也很陡，荆棘遍地，崎岖坎坷，强人出没，跨界打劫，中国上网服务行业陷入绝境了吗？我们的行业一路走来，穿越雷区，已经锻铸了钢丝般的神经、磐石般的毅力，有点阳光就能灿烂，有点泥土就能扎根。中国上网服务行业必将先置之死地而后生！**

二、我们到哪里去

危机四伏，四面楚歌，并不意味着穷途末路。中国上网服务行业的核心竞争力依然存在。第一，15.2万家上网服务场所实现全国城乡全覆盖。第二，集中了最现代化的信息装备和网管服务。第三，24小时全天候提供网络信息配套服务。能够24小时全天候提供服务的行业极少，上网服务场所是一座城市最明亮的眼睛，也是线上线下无缝连接的落地空间。第四，转型升级使上网服务场所成为地方政府建设智慧城市、建设基层信息服务中心依靠的力量。第五，上网场所集中了现代社会最有活力的人流。上网服务场所中18~30岁的男性客户9 580万人，中国这一年龄段的男性人口总数为14 627万人，其中近65%的人在上网服务场所上网，平均每人每次上网时间3.5小时。任何一个不太糊涂的人都不会忽视他们的存在，谁接近或者与他们联手，谁就拥有世界，拥有未来。转型升级最艰巨的任务也许就是如何把他们留住，把他们的心留住，并继续开发潜在的客户群体。

当然，中国上网服务行业面临的形势也相当严峻，除了中国互联网经济爆发性增长，挤占了上网服务行业的市场空间之外，不利因素还包括：首先，中国人口红利转化为劳动力人口持续负增长，上网服务场所的中坚力量自然

上网服务行业的绝对优势

65%

中国近2/3的18~30岁男性青年在上网服务场所长时间使用互联网。

- 场所18~30岁男性客户 9580万；
- 中国18~30岁男性人口14627万；

数据来源：《中国互联网上网服务行业发展报告》

减少近1/4。其次，互联网经济高速增长，接近一半的城市消费者认为自己喜欢"宅"在家里，特别是知识阶层、白领阶层。一些大学生把手机固定在床上，没课的日子可以一天10多个小时躺着看韩剧，饿了叫外卖送餐，渴了叫超市送水，不出宿舍仍能丰衣足食。随着"宅产业"的发展，外出商业人流也将大幅度减少，上网服务行业的基本消费群体也随之减少。

如果可以选择，在非工作时间我喜欢宅在家里而不愿意外出

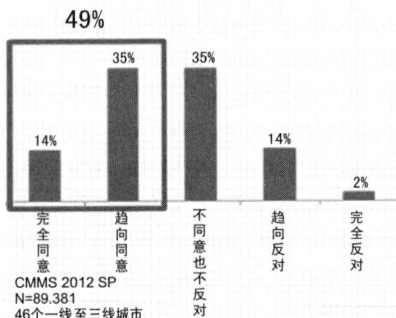

49%

14% 完全同意
35% 趋向同意
35% 不同意也不反对
14% 趋向反对
2% 完全反对

CMMS 2012 SP
N=89.381
46个一线至三线城市

其他调研数据也是显示了宅势力的崛起

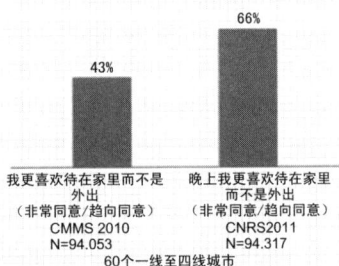

43% 我更喜欢待在家里而不是外出（非常同意/趋向同意）CMMS 2010 N=94.053
66% 晚上我更喜欢待在家里而不是外出（非常同意/趋向同意）CNRS2011 N=94.317
60个一线至四线城市

接近一半的中国城市消费者认为自己喜欢"宅"

危机四伏，我们只能选择绝地反击！互联网经济时代行业分野逐渐模糊，进入跨界整合、融合发展的时代。经过转型升级，中国上网服务行业已经具有强悍跨界打劫、穿越融合发展的实力，我们应当有足够的勇气强力突围，

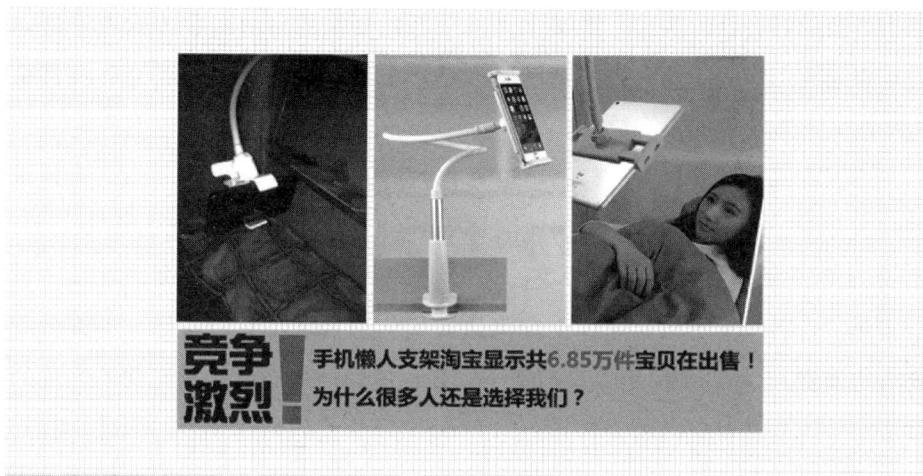

供消费者"宅"在家中上网的商品热销

重新打回"网"中央。

（一）深耕网咖

上网服务行业转型升级从上海网鱼网咖开始，就像当年农村联产承包责任制是从安徽小岗村农民按手印的契约开始一样。上网场所引进咖啡引发了上网服务业态的全面变革。咖啡不仅是一种饮料，也不只是一种情调或者氛围，而是一种休闲、生活、社交和工作的方式，是现代休闲、娱乐服务行业深度发展的必然结果。北京、上海等经济发达的大都市，近年来咖啡馆数量激增，就是为了满足现代社会人际交谊、商业洽谈以及休闲娱乐的海量需求。一个各方就近的适宜场所，一个面对面洽谈沟通的安静环境，一个既可以满足物质消费，又可以享受精神愉悦的和谐氛围，喝一杯咖啡，实际上就是租用一块场地空间，营造一种生活情调，搭建一个工作场景。当前，上网服务场所引进咖啡，尚处于初级阶段，消费者往往要一杯咖啡，一边喝着提神，一边继续盯着屏幕，缺失咖啡厅面对面的交流模式。互联网时代是一个个体崛起的时代，是一个自由职业者迅速增长的时代，自由职业不是一直在家或者在旅途，他们更需要在有互联网设备的环境中继续工作，也需要与客户或者朋友协作、沟通、联谊、洽谈，上网服务场所即使不是他们的首选，也是屈指可数的好去处。从这个意义上说，千万数量级的自由职业者或者下班以后还想继续工作的职业人进入上网服务场所，他们在场所内的综合需求将是胆小的人不敢设想的天文数字。

根据韩国的经验，网吧与咖啡馆具有此消彼长的内在联系，2007 年韩国咖啡馆 2 800 家，2014 年已经快速增长至 18 000 家，而韩国网吧已经从 2007 年的 21 547 家，萎缩至 12 500 家。未来 10 年将是中国咖啡馆高速发展的黄金十年，发展空间难以估量。中国内地人均年消费咖啡只有 4 杯，中国台湾年人均消费 40 杯，韩国年人均消费 140 杯，他们的今天就是我们并不遥远的黄金十年，与之对应的将是中国互联网时代服务业的高速发展。因此，我们必须抓住这一宝贵的发展机遇，把咖啡馆的经营业态引进上网服务场所。调制一杯有品质的咖啡不容易，上网服务场所很难取代"星巴克"，现在"星巴克"早已使用 WiFi 上网，未来如果"星巴克"和一些咖啡馆再装上 PC 机，我们该怎么办？这样的趋势已经出现，我们行业最积极的应对之策就是必须深耕咖啡领域，既要调制有品味的咖啡，也要营造出适合当今时代的"互联网咖啡厅"，这是今后一段时间行业转型升级必须努力探索的课题。

具备良好网络条件的多功能咖啡厅是当前第三产业发展的需要

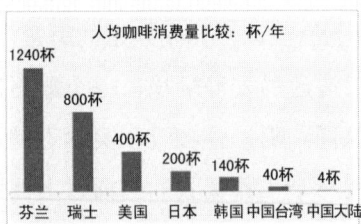

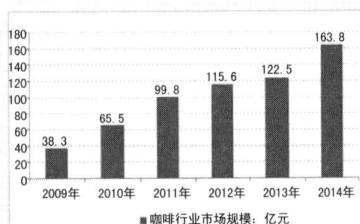

人均咖啡消费量比较：杯/年

芬兰 1240杯　瑞士 800杯　美国 400杯　日本 200杯　韩国 140杯　中国台湾 40杯　中国大陆 4杯

咖啡行业市场规模：亿元

2009年 38.3　2010年 65.5　2011年 99.8　2012年 115.6　2013年 122.5　2014年 163.8

数据来源：中国产业信息网

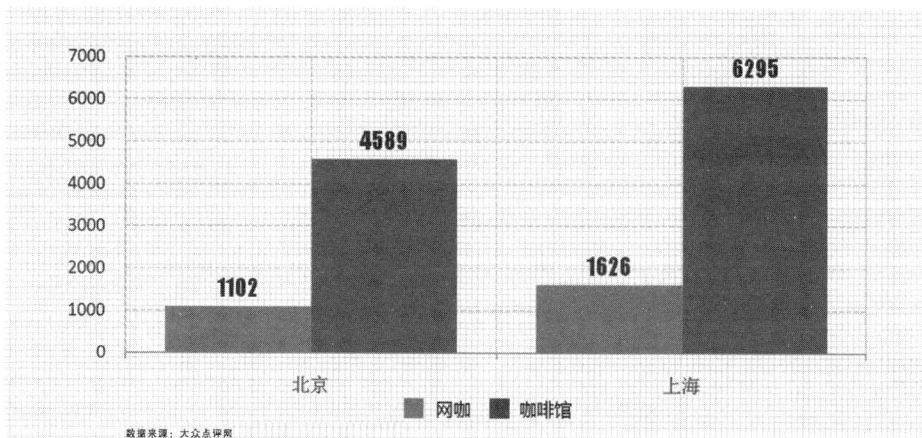

数据来源：大众点评网

2016 年 3 月北京、上海网咖与咖啡馆数量对比

（二）深耕电子竞技

协会把 2015 年确定为中国上网服务行业的"电子竞技年"。协会与国家体育总局有关部门合作，推动电子竞技、棋牌竞技娱乐游戏进入上网服务场所，组织了一系列电子竞技、棋牌竞技以及公益活动。同时协会制定了棋牌竞技、电子竞技场所环境技术标准，推动了全行业营业环境改善提高。

2016 年 3 月 31 日《环球时报》刊载美国《纪事》网络杂志 3 月 29 日文章，题目是《中国电子竞技在矛盾中发展》。文章说，如今电子竞技游戏在中国拥有大批拥趸，在地方比赛中取得佳绩或者在公共服务器上积分最高的人都有机会成为职业玩家，2012 年和 2013 年，世界电子竞技大赛在中国昆山举办，据报道，现场观众就达 10 万以上，在线观众更是高达 1.5 亿人次。然而，中国电子竞技的职业面无法掩盖民众对这项运动的偏见。中国在管教"网瘾"青年方面走在前列，对与"和谐社会"理念相违背的游戏内容进行严格审查，电子竞技推广者竭力将"健康"电子竞技与"容易上瘾的"游戏分开。中国政府还利用电子竞技为一些鲜有人关注的地方带去游客。比如已经有高规格比赛在冷门地点（如昆山、银川）举行。通过举办电子竞技比赛吸引全球目光，说明中国欲打造一个高科技娱乐的强国。

以上是外媒的评论，虽然他们对中国管教"网瘾"青年和游戏内容审查不以为然，但是对中国电子竞技的快速发展仍然高度关注，并予以积极评价。一个国家电子竞技能力是由其在互联网领域的经济规模、技术水平、开发成本、网民数量、网民素质、组织能力、消费能力等综合因素决定的，中国的优势随着时间的发展越来越明显，一些关键领域将具有压倒性优势。**按照这样的路数走下去，电子竞技应该成为中国率先大规模对外输出赛事、内容等核心产品的文化体育娱乐项目，可以让全世界年轻人与中国年轻人结为玩伴，成为跨文化、跨地域人文交流的组成部分。让世界了解中国，让中国走向世界，这是中国和平崛起的"中国梦"，如果电子竞技成为先行者，也许是主流意识形态始料未及的，然而这种可能性非常大。**

电子竞技行业分析
未来电竞游戏行业有望超过500亿元人民币

2014年

2016年
市场预期

游戏市场规模达到1468亿元，
每年20%复合增长
电竞市场规模达226.3亿元，
主要收入来源于电竞游戏

未来整体市场规模
有望超过500亿元

推动因素　　　预估增长值

转播版权　　　二十亿

广告赞助　　　五十亿

用户付费　　　百亿

赛事彩票　　　赛事彩票

数据来源：《2015年中国电子竞技行业报告》

这是历史赋予我们的机遇，也是全行业转型升级的战略性选择。就在我们向电子竞技进军的时候，中国最大的商家也以最敏感的嗅觉发现了商机，电影院线开始跨界打劫。2015年11月，《英雄联盟》城市英雄争霸赛在万达广场城市院线进行了为期1个月的激烈竞逐，全国超过100个城市的玩家在万达影院获得了电子竞技的视听互动体验，在大银幕上见证了"英雄"的诞生。这一"互联网电子竞技＋影院"的大型赛事，隶属于腾讯互动影城计划，也是腾讯影业成立以后，与万达院线战

电子竞技用户规模

2016年电子竞技用户将破1亿

1）电竞赛事的增多以及在线直播平台的推广拉动更多用户关注电竞内容；
2）MOBA类游戏用户的进一步增长以及新增电竞游戏品类带来更多用户。

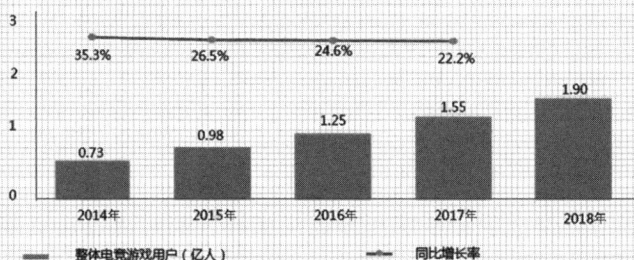

数据来源：《2015年中国电子竞技行业报告》

电竞行业商业价值凸显，赛事观众人数超越NBA

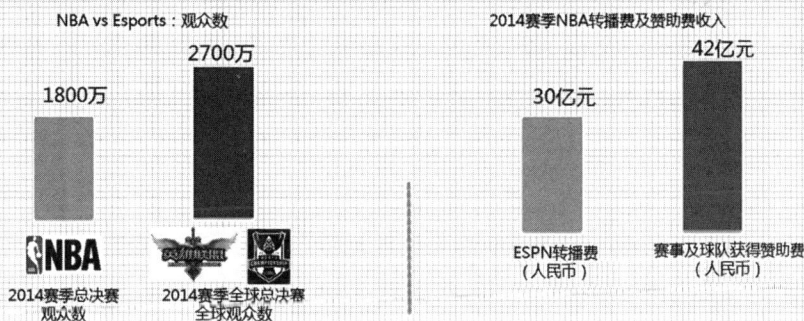

NBA vs Esports：观众数

1800万

2700万

NBA
2014赛季总决赛
观众数

2014赛季全球总决赛
全球观众数

2014赛季NBA转播费及赞助费收入

30亿元

42亿元

ESPN转播费
（人民币）

赛事及球队获得赞助费
（人民币）

数据来源：《2015年中国电子竞技行业报告》

略合作的首轮试点。在它们的推动下，电子竞技赛事及转播进入院线已成气候。

中国城市院线绝大多数分布在城市商业区、中心区，它们与电子竞技赛事、转播联手，具有区位优势、场地条件、设施设备配套、商业服务以及售票系统等诸多优势。**电子竞技是正在上升的优质资源，遭遇跨界打劫属于正常，但是我们不能拱手让出利益，必须与狼共舞，甚至把自己变成一只北方的狼，一只凶悍的狼。上网服务行业发展电子竞技与院线、转播要错位发展，**

找准上网服务行业的发展空间，不能贪大求洋，已经建立的电子竞技场所也应当主动向影视播放跨界打劫，形成良性互动的行业特色和综合优势。

协会也将与有关机构合作，举办更多富有特色的电子竞技、棋牌大赛，以上网服务场所为基础单位，通过不同类别、不同区域的层级、段位比赛，吸引社会关注，吸引公众参与，盘活现有的场地、设备、网管服务等资源，形成新的经济增长点。此外，深刻认识电子竞技、棋牌竞技对于中国全民健身运动的重大意义，从普及与提高的接缘点入手，打通业余选手通过层级竞赛走向职业化的通道。职业选手退役后可以进入以上网服务场所为基础单位建立的俱乐部、战队，为业余选手和基层比赛提供指导，同时可以从事基层电子竞技的教练员、裁判员、解说员等工作，形成上有出口、下有兜底的职业化通道，并作为文化产业的重要组成部分做强做大。

（三）走进商业区

2003 年至 2005 年是互联网发展的黄金窗口期，由于各种因素的强势打压，上网服务行业在最旺盛时期没有赚到第一桶金，也没有为后来发展积累最起码的资金、资源，而是被打进街头巷尾，甚至蜗居于不被人关注的地下室。上网服务行业是靠人流吃饭、靠服务为生的行业，区位优势是场所的核心竞争力之一。转型升级，业态改善，我们的行业已经具备进入繁华商业区

严控网吧的 2003~2005 年是世界十大互联网公司的黄金三年

Google 2004年8月19日，Google 上市
Bai度百度 2004年6月接受Google投资
facebook 2004年2月4日，FACEBOOK 成立
eBY易趣 2003年7月11日，合并中国最大电子商务公司易趣
阿里巴巴 Alibaba.com 2005年8月11日，接受 YAHOO 10亿美元投资
priceline.com（sina新浪 搜狐 SOHU.com 網易NETEASE）2003年首次实现盈利
amazon 2004年8月，亚马逊收购中国卓越网
YAHOO! 2003年11月，收购最大中文上网服务公司3721
Tencent 腾讯 2004年6月16日，腾讯公司香港上市
JD.COM 京东 2003年启动电子商务业务

的基本条件，必须到人流最密集的商业区谋求更大的发展空间。

随着中国经济发展的持续高速增长，中国人均 GDP 也有较大幅度的提高，北、上、广、深等中心城市人均 GDP 已经达到发达国家水平，人民群众收入提高了，用于物质消费的资金增长较快，用于文化消费的资金增长较缓，形成与发达国家消费资本结构的最大差距。特别是上网服务场所客户人均消费资金增长严重滞后，上网服务场所人均消费与人均 GDP 对比：2013 年至2015 年均为 1% 左右。

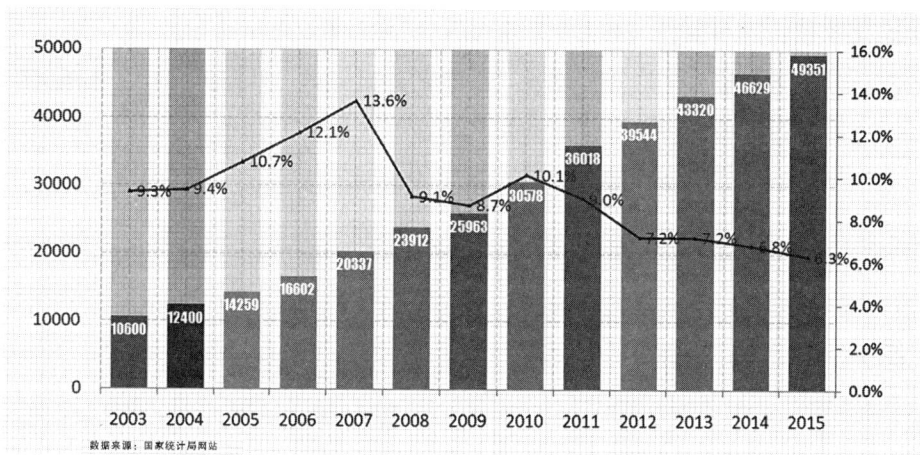

数据来源：国家统计局网站

中国人均 GDP 变化（元）

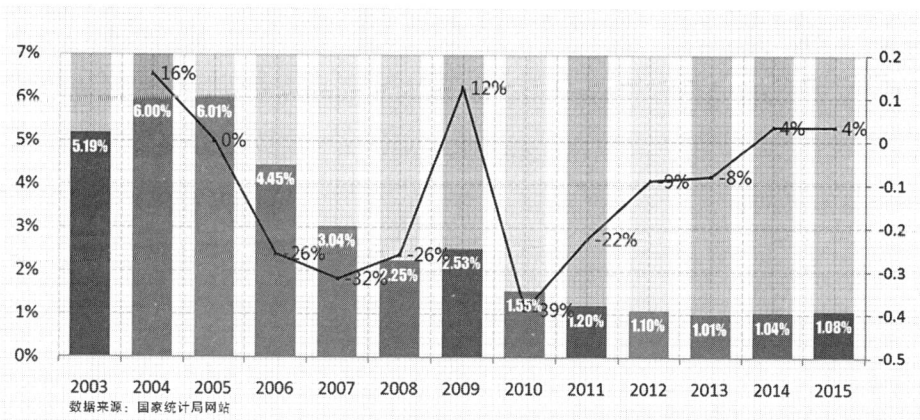

数据来源：国家统计局网站

上网服务客户人均消费与人均 GDP 对比

　　与人均GDP增长相对应的是人均文教娱乐消费资金支出逐年增长。上网服务场所人均消费与文教娱乐人均消费资金支出对比，2014年仅为18％。上网服务场所2005年人均消费857元，2015年人均消费534元，10年时间下降了38％。这组数据可以说明以下问题：一是中国人均GDP增长较快，中国人均文教娱乐消费资金增长较慢，至少滞后于中国人均GDP的增长。社会主义先进文化代表先进生产力，却没有创造产生与之相应的社会价值、经济价值，中国文化产业长期没有大幅度增长的确值得深思，必须通过深化改革解决文化领域深层问题。二是上网服务场所人均消费没有随中国人均GDP、人均文教娱乐消费资金的增长而增长，下滑的最低点是2011年、2012年的433元，行业经过转型升级以后才逐渐扭亏为盈，形成上升通道，2015年比2012年快速增长20％，说明行业潜力尚没有充分释放，未来成长空间很大。

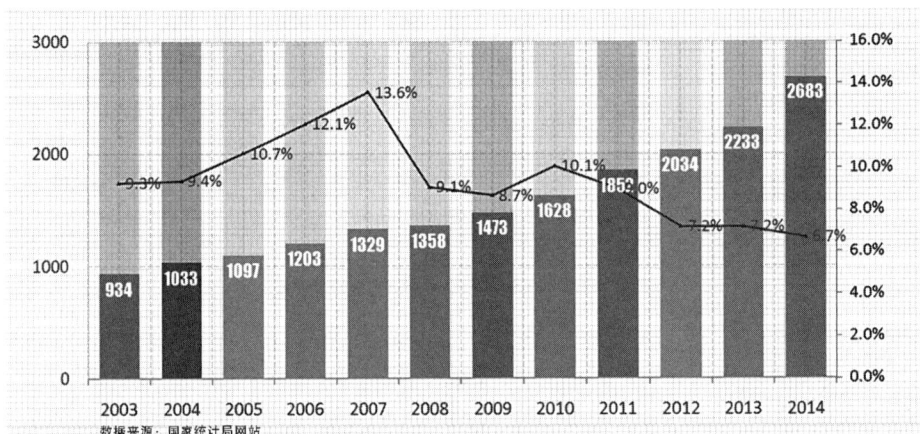

中国人均文教娱乐现金支出变化（元）

　　造成这种怪现象的原因很多，主要原因是人民群众的生活水平提高，收入增加，消费需求也会水涨船高，由于国内供给侧没能提供高品质的或者说与群众消费能力相适应的商品和服务，于是就出现了中国人到新西兰买婴儿奶粉、到日本买马桶盖、到韩国买化妆品的跨国"爆买"的世纪景观。消费侧具有强烈的消费需求、消费能力，而国内产业结构调整相对滞后，没有及时回应需求侧不断增长的消费需求，这是当前中国经济转型必须攻坚克难的

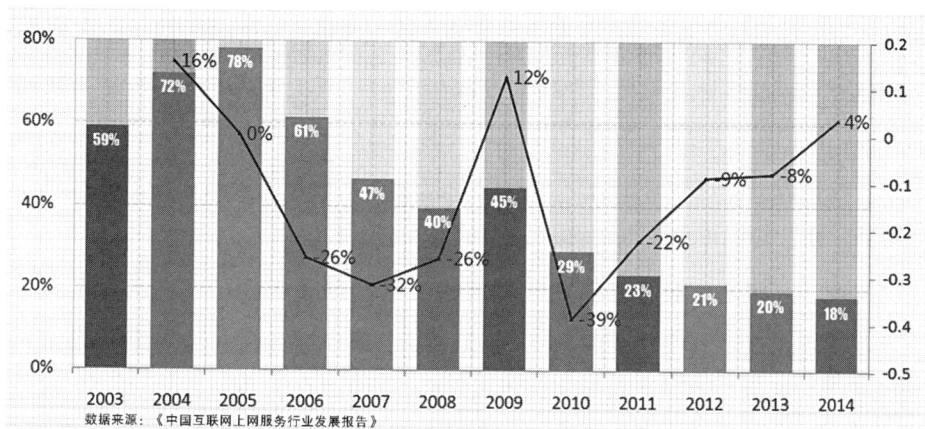

数据来源：《中国互联网上网服务行业发展报告》

上网服务客户人均消费与文教娱乐人均支出对比

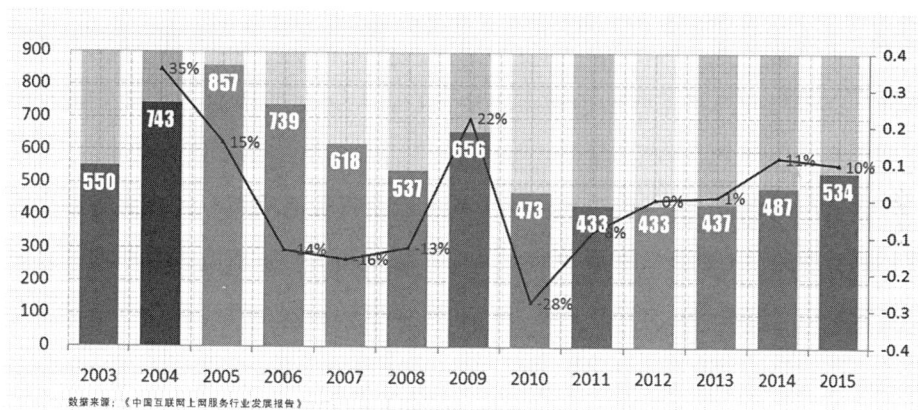

数据来源：《中国互联网上网服务行业发展报告》

上网服务行业人均消费变化（元）

问题。上网服务场所人均消费不升反降，问题也主要出在供给侧，上网服务行业供给侧提供的服务项目、质量不能满足消费者的需求。文化产品总量不少，精品不多，有高原缺乏高峰，网络文化产品、信息服务不吸引人，很难期望他们会自掏腰包主动消费。

另外，上网服务场所应当走出小街小巷、走出蜗居的地下室，走进城市人流最为密集的商业区，主动靠近、贴近购买力最强、消费需求最大的消费群体。上网服务场所是文化市场中价格最低廉的文化消费项目，低收入青年务工人员是行业的消费主体，我们绝不嫌贫爱富，放弃为他们提供文化服务的神圣使命。

同时，我们也发现"城中村"、城乡结合部居住人口是一个最活跃的变量人口，深圳很多中层行政官员是从"城中村"走出来的，对于走出来的已经脱贫致富的群体，他们在上网服务场所上网的需求也许已经不如当年强烈，但是，上网服务行业是否也应当与时俱进，与他们一起成长，一起走进城市中心呢？基于这样的想法，我们提出上网服务行业必须进入城市商业区，原因如下：

网购、互联网商业物流、现代城市物流已经严重蚕食了超市、商场等传统商业零售业态，其中相当一部分将退出城市繁华商业区，或者缩小场地销售规模。北京等一些中心城市重新确定城市功能定位，以北京为例，一些批发市场、零售超市退出城市中心，空置的商业门店、商业用房租金大幅下降。上网服务行业经过持续的转型升级，商业形态已经发生重大转变，深耕网咖、深耕电子竞技需要人流密集，引进影视，为社区服务，为"大众创业、万众创新"提供服务，都需要贴近城市密集人口，贴近城市街道、社区。酒香也怕巷子深。

走出小街小巷，进入城市商业区，是一次全行业战略重心的重大转移，把我们的行业前沿放到人口密集的商业区，其意义几乎与解放战争时期刘邓大军挺进大别山一样重要。毛泽东同志设想了挺进大别山的三种可能，一是付出了

深度互联网化的街区MALL是未来的人流中心

大型城市商业广场全国3500家
约22万人、25平方公里/家
90年代兴起的城市服务业集聚区公共平台

街道6524个、镇19234个、乡15067个
约3万人、3平方公里/个
30分钟步行圈，未来的服务业公共平台落脚点

数据来源：中新网、赢商网

代价，站不住脚，再转回来；二是付出了代价，站不稳脚，在周围打游击；三是付出了代价，站稳了脚跟。中国上网服务行业进入城市商业区也无非这三种可能，我们行业已经形成一支能吃苦、能忍耐、能打硬仗的队伍，经过全体同仁的艰苦努力，上网服务行业一定能够在商业区站住脚，扎下根，结出硕果。

（四）深入街道、乡镇

街道、乡、镇是中国服务业核心场所的落脚点

全国医院数量2.5万家

全国高等中学2.62万所

五大银行平均2.1万个营业网点

各级文化馆站44260个

2015年阿里发展菜鸟驿站2万多家

街道、镇一级区划数：25758
上海目前社区mall数量83家
上海街道数量106个

中国购物中心年销售额16000亿元
中国百强连锁88594个店面，销售额10262亿元
沃尔玛中国年销售额742亿元
阿里平台超30000亿元
城市MALL的深度互联网化趋势强但机会少

数据来源：赢商网、百度知道

城市街道、农村乡镇是党政权力机构的最基层组织。大家不要有错觉，街道不是落后地域，北京王府井就属于东城区东华门街道。城市街道、农村乡镇大致有以下共同特点：

（1）它们最直接与基层群众打交道，是基层群众的"主心骨""父母官"。

（2）两者都承担党政基层组织建设的任务，承担政府赋予的公共服务、行政管理职能，在"智慧城市"建设中，两者都负有建设和管理基层信息服务中心的任务。这些项目国家和地方大多已经核拨经费，如果能够采取委托经营、购买服务的方式与上网服务场所联手，就能够发挥国有与民营两个积极性，以最小的投入、最快的速度，建成完全可以满足基层群众需求的现代信息服务中心。

（3）近年来，国家和地方党政机关高度重视街道、乡镇公共基础设施建设，分别投资建设了一批文化馆站、综合性文化服务中心、文化数字信息共享工程等，由于人员、经费没有保障，能够按照建设目标正常运转的不足1/5。我们行业应当主动与政府联系，有目标、有计划地盘活诸如此类的闲置资源，为老百姓办一件大好事。

（4）街道、乡镇也是一级政府办事机构，拥有辐射城市社区和农村地区的行政资源，我们的发展战略就是抓住两点、带动两片，即以街道辐射社区，以乡镇辐射农村。按照文化部的要求，协会今年将专门举办乡镇、农村上网服务场所主要投资人、经营者培训班，提高一个点，辐射一大片。

最后，我们不得不承认中国城乡数字鸿沟还在逐渐扩大，乡镇农村上网服务场所既是网络经营的薄弱环节，又是基层文化市场管理的薄弱环节。最近几年全行业转型升级工作主要在城市进行，乡镇农村的上网服务场所虽然也出现了洛阳红蚂蚁网吧这样的典型，但是总体面貌改观不大，成为行业转型升级中的短板。补齐短板是未来发展的主攻方向。对于发展农村上网服务场所，大企业、先进企业要伸出援手，帮助它们转型升级，提高服务和管理水平，全面改善行业形象。

（五）走进"网"中央

互联网是一张无边无际的网，上网服务场所作为最早、最集中的互联网线下配套场所理应就在"网"中央。然而，今天的互联网经济版图已经没有上网服务行业的位置，不仅百度、阿里巴巴、腾讯的三大版图没有，京东、小米、360的三小版图也没有。它们每一个版图都涉及一百多个行业，其中居然找不到上网服务行业的身影。这一方面说明互联网精英、大咖的"近视"，另一方面也说明我们行业被边缘化了，"养在深闺人未识"。不能责怪任何人，有作为才能有地位。我们必须让社会精英充分认识上网服务行业的商业价值，在互联网经济整体框架中凸显独特优势，寻找破茧化蝶的方式和路径，重回"网"中央。

网络世界三分天下，上网服务行业优势何在？当今世界最基本的网络，一是传送非实物的信息流网，二是传递物质商品的物流网，三是处于两者之间接收、传送信息和实物商品的人流网。三网合一，天下一统。任何一家互

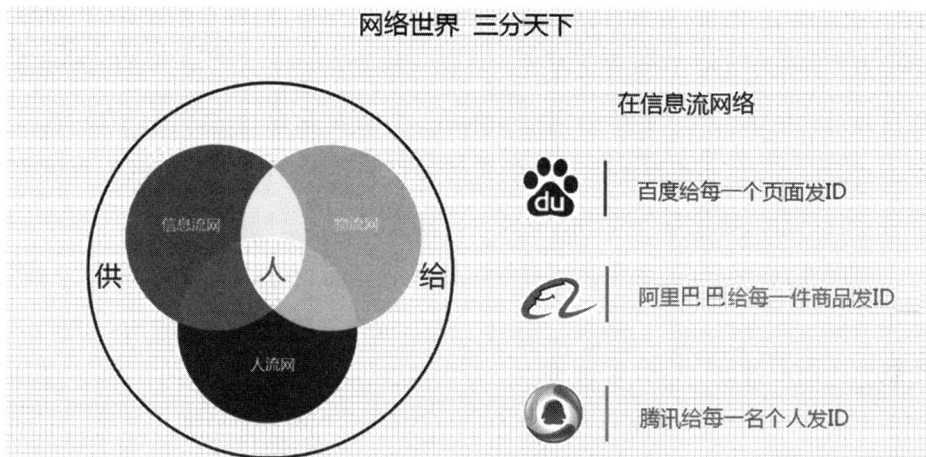

网络世界　三分天下

在信息流网络

百度给每一个页面发ID

阿里巴巴给每一件商品发ID

腾讯给每一名个人发ID

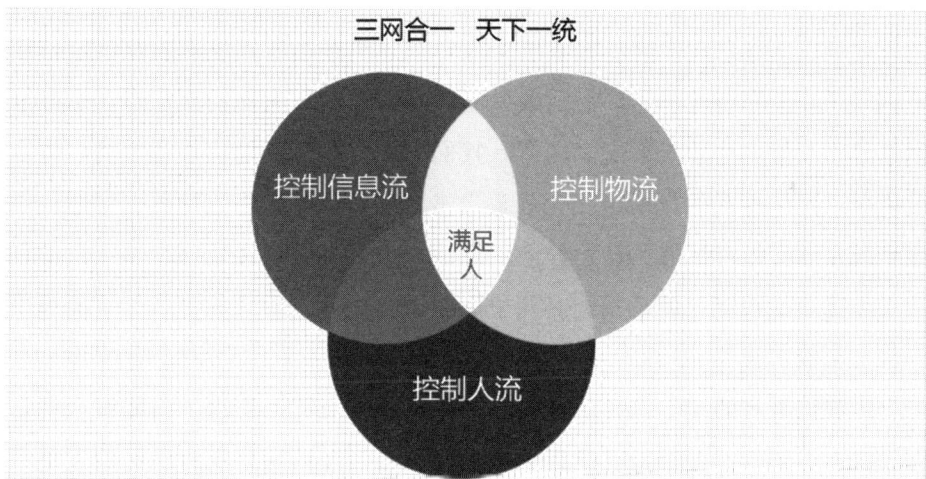

三网合一　天下一统

联网公司无不怀揣一统江湖的梦想，只是现阶段还不具有这种可能性。于是三方就从一网入手，跨界发展。互联网的核心功能是信息流，前期三方决战于信息资源开发、生成、传播，扩大流通内容、方式、速度，现在信息战白热化阶段已经过去，各方固守已经占领的阵地，酝酿更大规模的争夺。现阶段三方转移阵地，在以互联网为纽带的现代城市物流领域进行第二轮白热化的竞争。阿里巴巴无疑是其中的佼佼者。阿里巴巴的跨境电商绕过一切贸易壁垒，让全球商品进入商业大循环之中。阿里巴巴的菜鸟体系，其实力与其自称的"菜鸟"正好相反，是最有前景的现代物流体系。菜鸟网络整合近

4 000家运输公司,合作伙伴运输车辆超过30 000辆,协同大约18万个物流快递点,联结了170万物流从业者,日处理数据超过7万亿条,日接收物流信息超过5亿条。当然其他公司也没闲着,百度外卖总经理巩振兵在一次会议上透漏:"你以为百度外卖看中的是赚外卖的钱吗?我们看不上。"其实百度外卖只是杀入物流竞争战场的突破口,其实质业务是同城物流。

三网在物流领域的竞争刚刚开始,难道它们忘记进入人流网了吗?三网之中人流是统领信息流、物流的枢纽,网络精英对此当然心知肚明,他们的策略是以物流带动人流,覆盖人流。首先从满足消费者需求入手,抓住了他的胃、满足了她的购物欲,也就抓住了他们的心,这不失为绝妙好棋。上网服务场所的核心竞争力是人流,是每年1.2亿最年轻的消费群体。我们不能把行业仅仅定位于现代信息服务场所或者信息消费场所,也不能仅仅定位于上网娱乐、上网游戏场所,上网服务场所是信息流与人流的交汇点,是互联网最集中、最规范的线下配套场所,我们必须立足行业的核心竞争力,根本改变单一网络游戏的场所定位,分头出击,向信息流、物流跨界、穿越。以我们现在的实力将拓展的触角伸向信息流,也就是网络文化内容、形式的创造与传播会很困难,但是我们必须争取做网络内容、形式的主人,不能满足于替"东家"放羊。

以我们现有的线上、线下空间以及场所的区域覆盖能力,向物流产业进军是完全可能的。**占领街道辐射城市社区、占领乡镇辐射农村地区的发展战略,到最需要信息服务的基层群众中谋求发展。深耕场所周边社区、乡镇农村,为最需要网络的基层群众提供便民服务,这一领域现在依然是很少人关注的处女地,至少是没有深耕细作或者没有能力深耕细作的荒地、山地,大公司的触角达不到,恰恰是上网服务场所的主战场。**以上网服务场所为基地提供便民服务,说穿了就是兔子要吃窝边草,而且要吃光窝边草,也就是深耕细作场所周边500米,三网合一,统一整合,通过接入信息网络和现代物流网络,为消费者提供多元化的、综合性的服务,在形成新的经济增长点的同时,也是根本改变行业形象的最大机遇。

放眼周边 500 米，曾经盛极一时的服装店、箱包店已经被网络购物打垮，未来小餐馆、便利店、果蔬店、手机店、鲜花店、洗衣店、药店等众多店面也可能步它们的后尘，从我们身边逐渐消失。这些店面消失并不是因为周边人群需求消失，而是换了一种满足需求的方式。作为和它们比邻而居的场所，会从中受益，还是和它们一起消失？这是我们需要认真研究的课题，也是关系行业生死存亡的大问题。能顺应潮流做出前瞻性调整，我们将乘上网络经济的大船，成为风光无限的朝阳产业，否则将痛失机遇，再次错过黄金窗口期。

利用上网服务场所网络与场地空间一体化的特点，参与当今社会最火热的现代物流网络竞争，是行业生死存亡的决定性选择，也是任何一个互联网集团的战略选择。谁拥有遍布城乡的人流空间，谁就能拥有互联网时代的现代物流。谁拥有了现代物流节点，谁就拥有了新时代的城市人流。

"双创"是近两年很前卫的词汇。就业、创业同样是中国青年的核心需求。也许一个机构、一家企业的主管很难相信，自己手下很优秀的员工已经在智联招聘上注册，准备选择全新的就业或者创业机会。智联招聘网注册用户 1.048 亿，其中 80 后占 45.8%、90 后占 45%，平均 29.3 人竞争一个岗位。58 同城网，接收个人简历 1.5 亿份，其中 90 后占 60%，大学本科、专科毕业生的比例近三年提升 20%。不满于现状、不安于现状，是中国当代青年最可宝贵的性格之一，是改革开放以来的中国梦为他们插上了放飞理想的

就业与创业是年轻人的核心需求

注册用户1.048亿　　　　　　　简历数量1.5亿

80后占45.8%，90后占45%　　　90后占60%

平均29.3人竞争一个岗位　　　　本专科比例近三年提升了20%

智联招聘
zhaopin.com

58同城.com

数据来源：智联招聘、58同城

翅膀。上网服务行业即使没有能力让他们实现梦想，也应当竭其所能，利用"互联网＋"，为他们追梦、寻梦、圆梦搭把手，助把力。

最近利用"互联网＋"创业的最新动向是跟随式创业，例如在互联网上开微店。2015年一季度互联网微店商家已达2 926万家，其中80后、90后的微店商家占总量的88％，80后、90后是中国互联网经济最活跃的力量，引领了就业、创业发展的新趋势。他们的创业、就业方式也对共享式办公空间、最先进的互联网设备提出了更广阔的需求，中国上网服务场所的绝佳商机再次出现。所以，我要特别奉劝80后、90后青年的家长，当代孩子们的生存方式、工作方式、思维方式已经与我们有一道深深的代沟，不要看不惯，也不要认为孩子进了网吧就是自甘堕落，中国未来互联网经济的奇迹一定会在他们中间产生，我们要有足够的睿智和勇气为他们喝彩，却不要太吃惊！他们必将成为10年、20年后最为人称道的一群互联网时代的创业者。

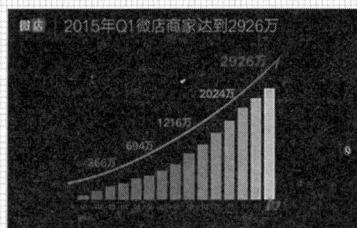

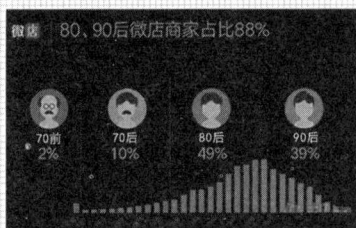

数据来源：中国互联网数据资讯中心

其实"双创"青年的要求并不高，他们最需要具有共同理想追求的伙伴和先进并集中的上网设备空间，经过转型升级的上网服务场所完全具备条件。长期在上网服务场所行走，我常常会产生错觉，进入任何一家现代企业办公大厅，第一感觉就像是一家网吧，只不过比网吧多了办公桌前的挡板。进入任何一家证券大厅，第一感觉仍然像是一家网吧，基本陈设与网吧毫无二致。现在一些企业白领已经在上网服务场所找到了与办公大厅相同的感觉，有些人下班以后就来到上网服务场所继续工作。一些股民也已经进入经过转型升级的上网服务场所，因为股市开盘时间段正是上网服务场所生意较淡的时段，股民在这里可以享受场所提供的先进设备、周到服务，同时股民的进入也在一定程度上增加了上网服务场所的上座率。

山西竟时代网咖的众创空间，经文化行政部门与工商管理部门协商，场所内每一机器座位号均可为小微企业登记注册，这样一个场所可注册超过百家的小微企业，在这里注册的小微企业每年还将得到当地政府的政策扶持。如果山西的试点经验推而广之，我们行业1 410万台机器座位，就将是1 410万家小微企业，相对于中国人口规模，只有这样数量级的创业、创新，才能称之为"大众创业、万众创新"。"大众创业、万众创新"绝不仅仅是少数精英以上市为目标的高端创业。我们场所提供的零投入、低成本、高质量的共享式、开放式办公平台，可以让年轻人在互联网时代碎片式就业、多重式就业、跟随式创业、就业式创业，让他们在这里依靠自己的知识、创意、技能、人脉，扎扎实实地走出属于自己的创新、创业之路。

上网服务行业最大的优势是拥有最现代化信息装备的密集型上网场所，线上与线下配套。因此，我们不能捧着金饭碗要饭吃，必须用好、用足我们的优势，大踏步地走出去跨界打劫，同时也积极主动请进来，欢迎其他行业进入我们的领地跨界打劫。其实其他行业对上网服务行业遍布城乡的15.2万家场所、1 410万台最先进的上网设备、12 000万最活跃的消费群体、110万网管人员的行业优势已经觊觎很久，比如银行业打算在上网服务场地内安置取款机，场所每天的现金收入对它们有极大的吸引力。再如，广告企业也打算在上网服务场地内放置广告，既可以改善场所环境，场所也会获得相应的经济收益。我们还可以利用上网服务场所空间，积极引进电子健身等动态项目，与单纯上网冲浪形成动静结合的互动效果。总之，上网服务行业单一以网络游戏吸引消费者的营销策略已经过时，场地环境转型升级以后，必须通过增加、更新信息内容吸引消费者，必须通过增加完善服务项目、提升服务品质留住消费者。

互联网没有边际，也没有世外桃源，如果上网服务行业守着脚下的一亩三分地，只能坐吃山空，错失窗口期，过后不免悔之晚矣！我们必须深刻把握中国互联网经济大势，主动加入中国互联网经济版图，形成互联网经济发展格局中新的特色，巩固和扩大全行业转型升级的积极成果。以前我们感觉行业生存不易，发展艰难，是因为我们被抛到了中国互联网经济的边缘。日益萎缩的单一发展模式，捆住了我们的手脚，限制了行业的发展空间，而转型升级使我们看到了希望，也奠定了我们重回"网"中央大展宏图的基础和条件。我们的行业完全符合党和国家创新、协调、绿色、开放、共享的发展理念，紧密服务于国家"互联网＋"、"双创"、供给侧改革、"智慧城市"建设、城乡基层建设、拉动消费、促进就业等一系列重大举措，我们已经具备重回"网"中央的全部条件；必须重回"网"中央。

新理念、新发展、新机遇

创新
协调
绿色
开放
共享

互联网+
大众创业
万众创新
供给侧改革
大规模定制
化生产
转型升级
融合发展
消费升级
促进就业
智慧城市
公共文化平台
社群经济
共享经济
跨境电商
服务业输出

上网服务转型升级

2012年 天猫启动
2013年 微商出现
2014年 百度外卖
2015年 互联网版图
2016年 ……………

对于方兴未艾的互联网经济来说，现在下任何结论都为时过早，对于上网服务行业当形成以下几点共识：

● 要有忧患意识。互联网经济形势喜人，形势逼人，形势不等人，上网服务行业作为互联网线上线下对接的配套服务场所，虽然近年来经营业绩一直处于萎缩之中，但是有危机更有机遇，而且机遇大于危机，关键在于我们能否把握住未来三年难得的发展窗口，突出重围。

● 要有战略眼光。互联网经济的强劲发展正在推动中国经济结构的重大调整，上网行业是互联网经济的重要组成部分，我们必须把握机遇，以挺进城市商业区为中心，以人流带动物流、物流促进人流。以城市街道辐射社区、以乡镇辐射农村为基本点，再次走进"网"中央。可以概括为"一个中心、两个基本点"。

● 要有团结奋斗精神。我们行业的最大弱点是弱小、分散，因此全行业必须团结起来，尤其是行业优秀企业家应当首先团结起来。只要我们团结起来，就有能力依靠行业整体力量应对中国互联网经济的新变化，跨界打劫，争取并扩大行业在中国互联网经济版图的生存空间。只要我们团结起来，就是中国互联网经济不可忽视的力量。**任何一个互联网经济集团，无论是信息流、商品物流，还是人流，只要与上网服务行业联手、附体，就有可能摘取中国互联网经济的王冠。狼的进攻是团队进攻，我们不能被分割、被分化、被矮化，我们也要形成团结奋斗、勇往直前的狼团队。进攻就是最好的防御，即使倒下，也要倒在向前冲锋的路上，最后的胜利一定属于团结奋斗的中国上网服务行业！**

说明：本文根据 2016 年 4 月 10 日在全国互联网上网服务行业年会主旨演讲整理，略有增删。沈源同志参与搜集整理资料，并提出一些建设性的意见，在此深致谢意。

农村经济发展与上网服务场所建设

我祖上是农民，作为农民的后代，我对中国农民、农村和农业问题，有着一种无法割舍的情愫。作为全国政协委员，我长期关注中国"三农"问题，近期又按照中国农工民主党中央委员会的部署，以精准扶贫、精准脱贫为中心，对"三农"问题进行了专题调研。在调研思考的基础上，我结合中国互联网上网服务行业在乡镇农村的实际情况，谈一谈农村经济发展与上网服务场所建设的问题。

如上图所示，联排的三张图片代表了中国农村经济发展的三个阶段，左图反映了 20 世纪五六十年代，中国农民以肩挑背扛的方式兴修水利的情景，那时候农民起早贪黑、春种秋收，靠祖辈相传的生产方式和吃苦耐劳的精神，基本解决了 7 亿人的吃粮问题，并为中国的工业建设、城市发展贡献了最大力量。中间的图片反映的是 20 世纪八九十年代至世纪之交这段时间，农村机械化水平大幅度提高，农民使用农机科学种田，这既是对农业生产力的极大

释放，也把农民从繁重的体力劳动中部分解放了出来。右图反映的是 21 世纪初至今，信息化已经辐射农村，互联网以及移动互联网进入农业生产和农民生活。

农村经济发展与上网服务场所建设问题可以概括为以下三个方面：第一，中国"三农"问题与农村经济社会的发展；第二，中国互联网产业现状以及在农村的发展；第三，中国上网服务行业转型升级现状以及农村上网场所发展路径。

一、"三农"问题是当代中国的根基性问题

"深挖洞，广积粮""手中有粮，心中不慌""以粮为纲"，这是中华人民共和国成立以来国家在不同时期提出的最响亮的口号，不仅喊在口头，还以硕大字体刷在街头，自然也牢牢印在了国人的心头。中国是农耕经济大国，无论是秦皇汉武，还是唐宗宋祖，抑或是一代天骄成吉思汗，困扰他们的天字第一号问题就是粮食问题。从有文字记载时起直到明朝前期，中国人口数量最多时只达到八九千万人，根本原因是中国人的温饱问题没有解决。中国人被饿怕了，即使今天粮食已经出现库存、积压，种粮、养殖也不敢稍微放松。粮食始终是中国第一位的战略资源。改革开放以来，党中央、国务院历年颁布的一号文件，始终是关于农村、农业、农民问题的。

一百多年来，中国人民历尽艰辛，终于在 1949 年翻身解放；改革开放以来，经过三十多年的努力，中国已经发展成为世界第二大经济体的现代化国家。一百多年来，中国农耕经济持续、快速向工业化、信息化、现代化和城镇化方向转型，中国农村发生了天翻地覆的巨大变化。未来一百年，乡镇和农村仍然是中国生产建设和人民居住、生活的最大空间。这就是中国乡镇和农村得天独厚的优势所在。

国务院前总理温家宝同志科学总结了不同历史阶段中国农民为国家做出的重大贡献。在民主主义革命时期，打江山的中国军人中，有 90% 以上的人来自农村。在社会主义建设时期，产业工人主要来自农村。在"文化大革命"期间，城市供应困难，知识青年下乡，城市居民到农村。我在"文化大革命"

期间就曾参加过欢迎沈阳市民落户辽西农村的活动。当时的响亮口号是"我们也有两只手，不在城里吃闲饭""知识青年到农村去，广阔天地大有作为"。"文化大革命"中后期，中国经济处于崩溃的边缘，恰恰是农民一直没有放弃农业生产，保障了城市的粮食供应，从根本上维护了社会稳定。粉碎"四人帮"以后，又是农民在安徽小岗村点燃了中国改革开放的第一把火。

（一）中国城乡人口变化和中国城镇化发展

中华人民共和国成立以来，国家进行了六次人口普查。1953年第一次人口普查结果显示，城市人口约0.77亿人，农村人口约5.05亿人。1952年中国农业生产创造的价值占中国GDP总量的51%。1982年，中国乡村人口7.97亿人，接近8亿，1990年、2000年的两次人口普查，农村人口超过8亿，我们常说的"8亿农民"就源于此。2010年中国城市人口约6.66亿，占人口总量的49.7%，城乡人口大致持平。

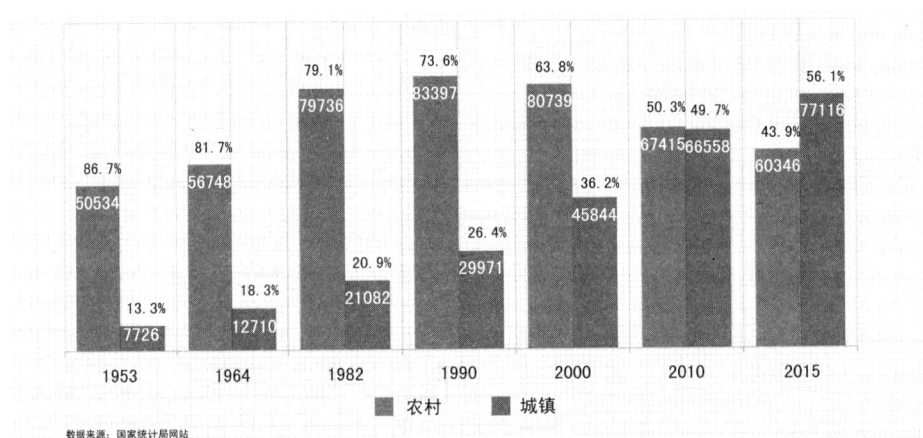

数据来源：国家统计局网站

中国六次人口普查和2015年城乡人口数量及比例（万人）

1950年，中国农耕经济社会的小农生产就像汪洋大海一样，仅有的几个中心城市和历史形成的城镇犹如大海上的几只大船、小船，当时的城镇化率只有11.20%。"文化大革命"期间，大批城市居民再一次进入农村，于是城镇化率就出现了1970年−1.1%的负增长。1990年以后，特别是进入21世纪后，中国城镇化率持续、稳定提高。2015年中国城镇化率为55.88%。也就是说，中国大批农民已经从农村分流了出来，成为城市人口，城镇人口总量已经超过农村人口总量。

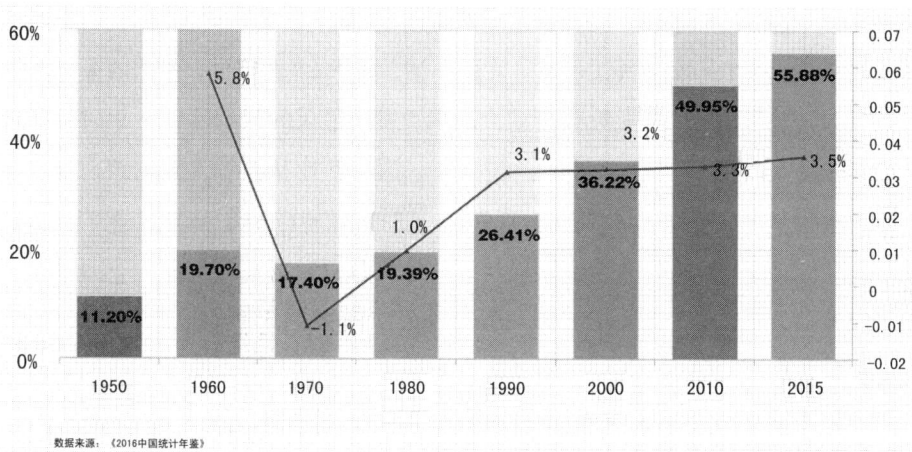

数据来源：《2016中国统计年鉴》

中国历年城镇化率

（二）中国三大产业就业人口变化以及发展趋势

直到世纪之交，中国仍然是世界上务农人口最多的农业大国。8亿农民中，有5亿从事农、林、牧、副、渔业生产。随着农业机械化的普及和农业生产力水平的提高，1.5亿农业生产劳动力就可以满足农业生产需求，庞大的

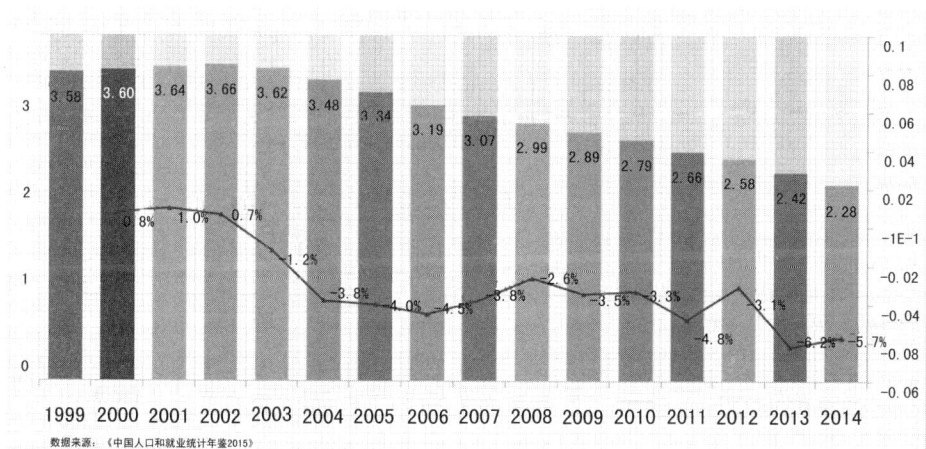

数据来源：《中国人口和就业统计年鉴2015》

中国第一产业就业人口数量（亿人）

农村富余劳动力群体必须逐渐从农业生产中分离出来。21 世纪的最初几年是中国农村富余劳动力转移、分流的高峰期。2014 年，中国农村就业人口已经降至 2.28 亿人，未来 10 年都将呈缩减态势。

俗话说：无农不稳，无工不富，无商不活。进入 21 世纪后，中国的第二产业开始发力，这也是第二产业吸收劳动力最多、发展最快的时期。1999 年时，第二产业从业者人数约 1.64 亿，而到了 2013 年，第二产业从业者人数达到顶峰，为 2.32 亿，2014 年回落到了 2.31 亿。现在这一曲线已经开始下行，2014 年的增长率是－0.3％。2012 年和 2013 年中国人口红利达到顶点，以此为拐点，中国第二产业吸纳劳动力总量呈一路下滑之势。2015 年中国劳动力供给减少，第二产业吸纳就业减少，预计未来相当长一段时间内，中国第二产业都不可能更多地接纳从农村分流出来的富余劳动力。这似乎已经成为中国就业形势的常态。

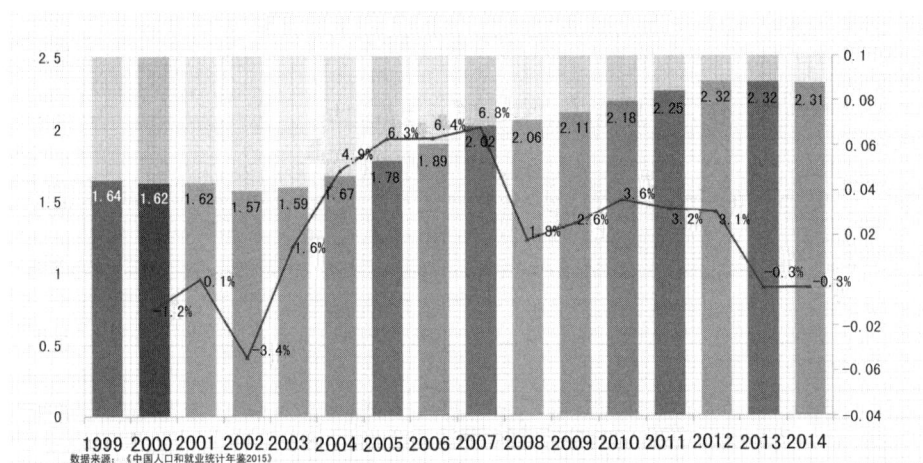

中国第二产业就业人口数量（亿人）

第三产业是服务业，是除第一产业农业、第二产业工业制造业之外的其他产业，即服务贸易产业。

中国封建社会重农轻商的思想文化观念根深蒂固，因此，1952 年中国第三产业经济规模仅占 GDP 的 28％，第一产业雄居榜首，为 GDP 的 51％。改革开放以后到 1999 年，中国的第三产业持续快速增长，当前已经成为吸纳就业人口的主要产业，2015 年中国第三产业规模占 GDP 总量的 50％。第一次超过第一产业、第二产业的总和。未来中国的最大发展空间是第三产业，也是接纳新增就业人口和第一产业、第二产业分流人口的主要产业，是当前中国增加就业的主力军。1999 年，第三产业的就业人口是 1.92 亿，现在第三产业的就业人口是 3.17 亿。也就是说，现在再到工矿企业找工作非常困难，未来发展方向是在第三产业寻找就业机会。

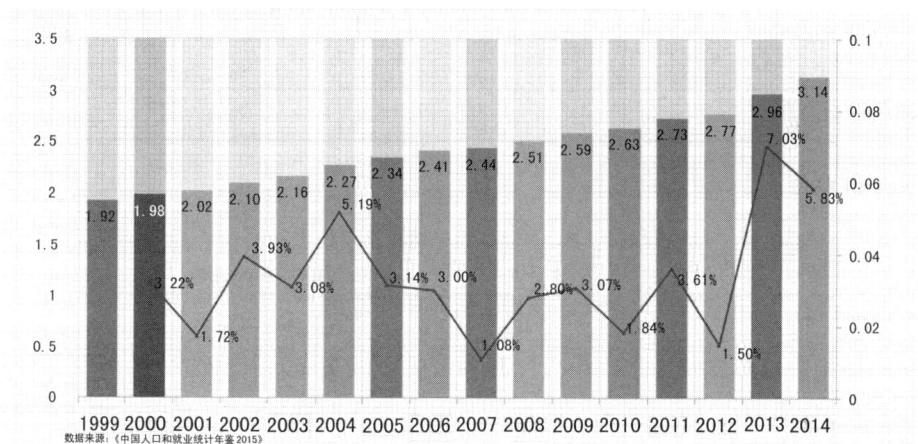

数据来源：《中国人口和就业统计年鉴 2015》

中国第三产业就业人口数量（亿人）

（三）中国三大产业在不同时期对 GDP 贡献率的变化

中国三大产业的 GDP 变化如下图所示。

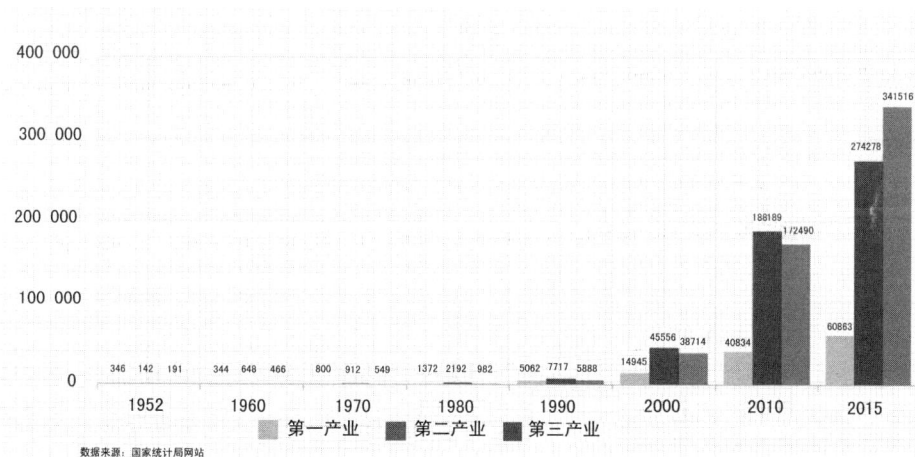

数据来源：国家统计局网站

中国三大产业的 GDP 变化（亿元）

中国三大产业创造 GDP 的比重曲线如下图所示。

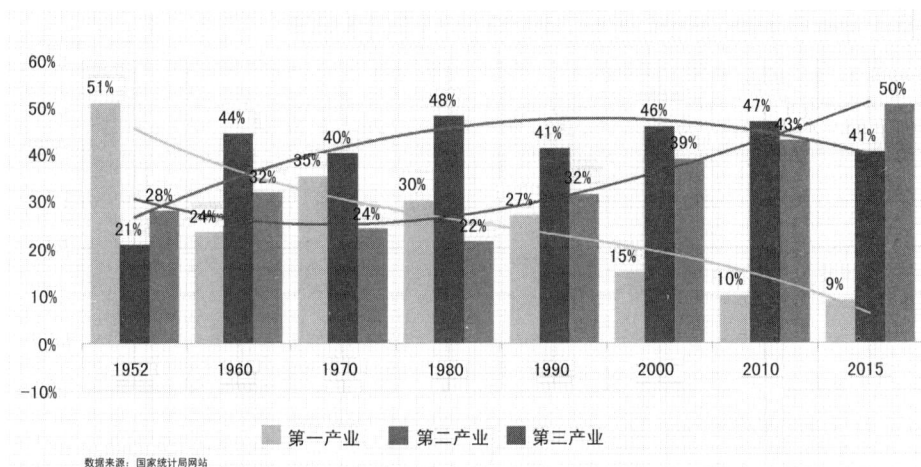

中国三大产业的 GDP 比重变化

图中直观地反映出了中华人民共和国成立以来经济社会发展的历史进程。从图中可以看出，第一产业在国家工业化进程中一路下行，从占 GDP 总量的 51% 滑落至 2015 年的 9%。第一产业与第二产业的交叉点是 20 世纪 60 年代，两大产业平分秋色，从此，第二产业一骑绝尘。中国第二产业在 1952 年只占 GDP 总量的 21%，在三大产业中屈居末位，"文化大革命"前一跃而居三大产业之首。由于"文化大革命"的巨大冲击、破坏，第二产业由 20 世纪 60 年代占 GDP 总量的 44%，下降到 20 世纪 70 年代的 40%，直到改革开放以后的 20 世纪 80 年代才一跃而至顶峰，占 GDP 总量的 48%，此后再次进入下降通道。第二产业与第三产业的交叉点发生在本世纪第一个 10 年，两大产业此消彼长，第三产业最终在 2015 年占 GDP 总量首次达到 50%。未来第二、第三产业将持续此消彼长的态势。

美国是当今世界的超级大国，是世界第一大经济体；中国是发展中大国，是世界第二大经济体。在人类历史发展进程中，任何历史时期的大国宝座都不是一成不变的。我们有理由相信，只要中国不出现大的社会动荡，中国必将成为世界第一大经济体。因此，我们选择最近 30 年的三大时间节点，对比中国与美国三大产业的就业人口比例，以把握未来产业发展趋势。1994 年，中国第一产业就业人口占全国就业劳动力总量的 54％，美国第一产业就业人口只占 3％。2014 年中国第一产业就业人口占比已经下降至 30％，美国也下降至 2％。然而中国 30％的第一产业就业人口，创造的 GDP 只占 9％。美国 30 年来最大的变化是第二、第三产业此消彼长，第三产业持续领跑，而中国与美国就业人口最大的差距是第三产业，中国未来发展空间就在第三产业。

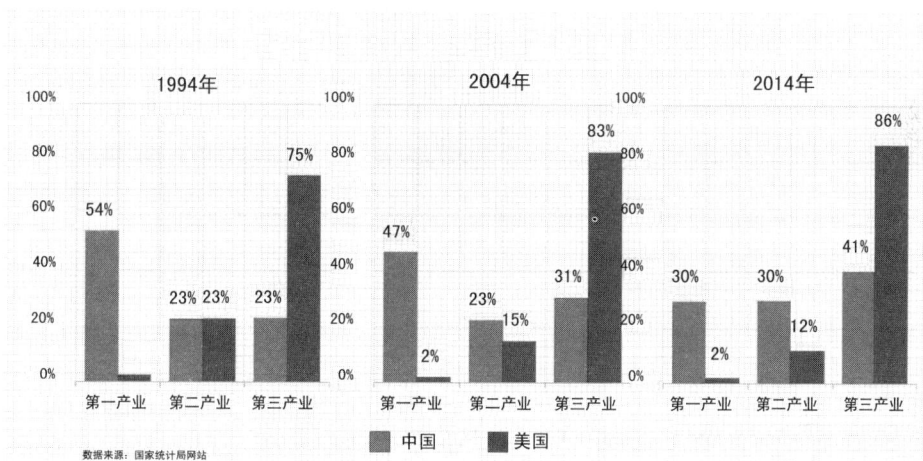

中美三大产业就业比例对比

根据美国劳工部劳动统计局的数据，2014 年美国农业（包括农林渔猎）就业人口为 213.8 万人，不到就业人口的 2％，其创造的 GDP 为 2 525.76 亿美元，人均创造 GDP11.8 万美元。中国用 30％的劳动力从事农业生产，人均只创造 GDP2.6 万元人民币。另外，中美在文化产业方面差距最大。现在美国文化产业占 GDP 的总量接近 30％，英国是 25％，日本是 20％，韩国是 14％，中国是 3.77％。也就是说，中国现阶段文化产业领域具有最大的发展空间。

通过中国三大产业人均 GDP 的贡献率也可以发现劳动力流动趋势。第一产业人均创造 GDP2.6 万元，第二产业人均创造 GDP11.7 万元，第三产业人均创造 GDP9.8 万元。农村劳动力对 GDP 的贡献率最低。在三大产业中，哪里就业人口创造的价值最大，劳动力就会向哪里转移，未来农村人口还将大批往城镇转移，往第二和第三产业转移。三大产业中第二产业人均创造 GDP 最高，一方面说明长期以来形成的农产品低价、工业品高价的剪刀差一直存在，另一方面反映出中国农业生产力有待大幅提高。考虑到中国农业生产自然条件的现实状况，即使大面积普及农业机械化，也很难快速提高第一产业的就业人口收益。因此，第二、第三产业的高收益率将持续吸引农村富余劳动力脱离第一产业向收入更高的领域转移。

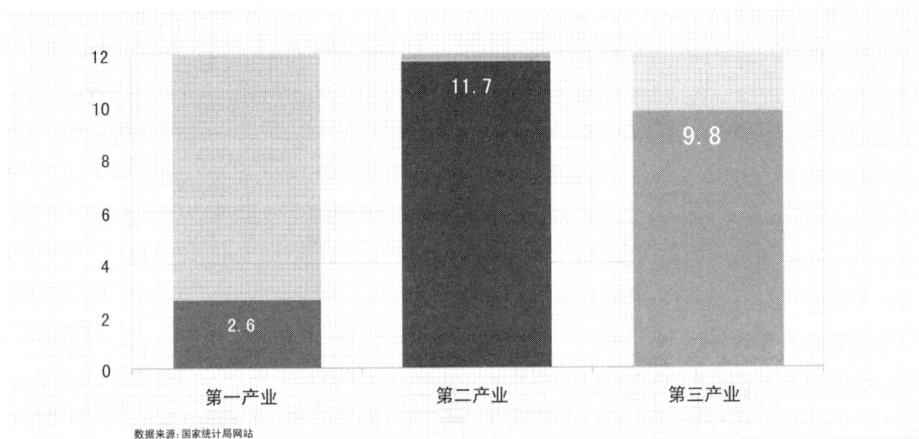

数据来源：国家统计局网站

中国三大产业人均创造 GDP（万元）

（四）"三农"问题的核心是农民问题，农民问题的核心是数亿富余劳动力的转移、安置问题

1984 年 10 月 13 日，国务院发布《关于农民进入集镇落户问题的通知》（国发〔1984〕141 号），开启了中国农民工进城打工的时代。近期，农民工进城打工首次出现区域性流动下降，进城打工人员数量明显回落。

中国以占劳动力总量 30％的人口从事第一产业，与世界发达国家相比差距很大。随着农业生产力的发展，中国从事第一产业的劳动力还要分流出一半左右。从 2013 年开始，农民工增速一路放缓，2015 年比上一年仅增加了1.3％，而且低增速可能是未来农村富余劳动力分流的常态。造成低增速的原因很多，一是农村经济发展以非农方式消化了一部分劳动力；二是部分长期在外打工者，由于年龄原因已经不适合重体力劳动，选择回乡务农、养老；三是因为家庭有老人和孩子需要照顾，不能外出打工；四是一些农村人口，特别是偏远地区的青年人不敢或者不愿意出来务工。未来既要加速新农村建设，消化农村劳动力，也要创造条件推动农村富余劳动力加快分流。

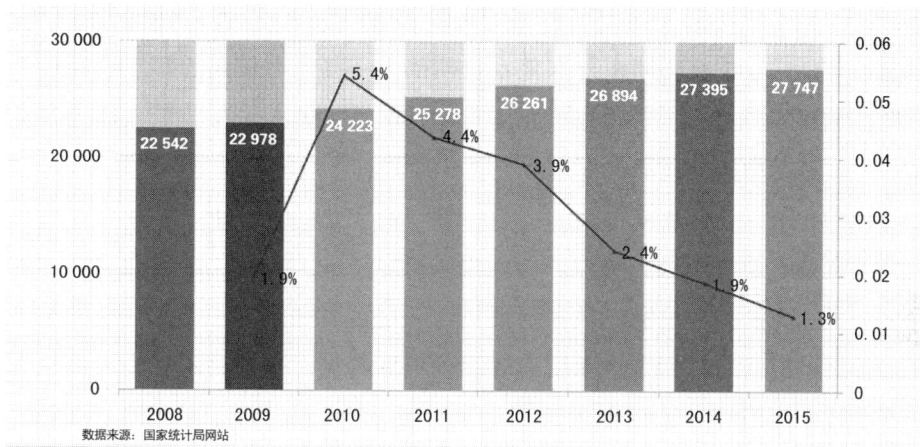

数据来源：国家统计局网站

近年来农民工人数增速在放缓

法国因为允许企业延长劳动时间，导致大批人员上街游行。法国年轻人失业率是 25％，他们的周工作时间是 35 小时，最近他们希望每周工作 30 小时。

年轻人失业率为25%的法国，周工作时间为35小时，因允许企业延长劳动时间引发严重骚乱

瑞典全国正在向6小时工作制过渡，即每周工作30小时。法国在2014年通过的一个劳工协议中规定，高科技公司及咨询公司需要保证员工在下班后能完全不受工作烦扰；这意味着受该协议保护的约25万员工将不会在晚上6点后接到电子邮件和电话。

数据来源：欧洲时报网，经合组织

中国农民工是世界上最吃苦耐劳的群体。农民工进城打工使农业生产精英流失，不利于农村科学种田和新农村建设，同时也带来了一系列严峻的社会问题。现在农村贫困人口有 5 575 万，占全国贫困人口的 73.6％，现有留

守儿童6 103万，留守老人超过5 000万。留守儿童和留守老人问题是一个世界性的难题，墨西哥人到美国打工，东欧人去经济更发达的西欧国家打工，既有季节性的，也有长期在异国他乡拼搏的，一些能力较强的打工者经过一段时间的积累后落户发达国家。总体上，外国打工者无论在数量上还是在流动性上，都与中国的流动打工潮不可同日而语。

中国正处于100年来最激烈、最深刻、最广泛的变革中，工业化、城镇化进程提速，使全中国人受益，而处于农耕经济向工业化、现代化过渡中的中国农民，无疑是付出牺牲最大的群体。一亿多留守儿童和老人在最需要关爱和照顾的时候，却默默地承受着骨肉分离的苦痛。全社会每一个人都应当出于良知，以各种方式为他们贡献一点关爱。中国农村贫困人口脱贫问题、留守儿童和留守老人问题，将是中国长期存在的社会问题，不是发一份文件、开一次大会就能够解决的。但是，发展中的问题必须用发展的思路去解决，无论是一小步，还是一大步，每个人都应当为推进问题的最终解决出一份力。乡镇农村的上网服务场所具有连接他们最直接的条件，理应有所作为，可以大有作为。

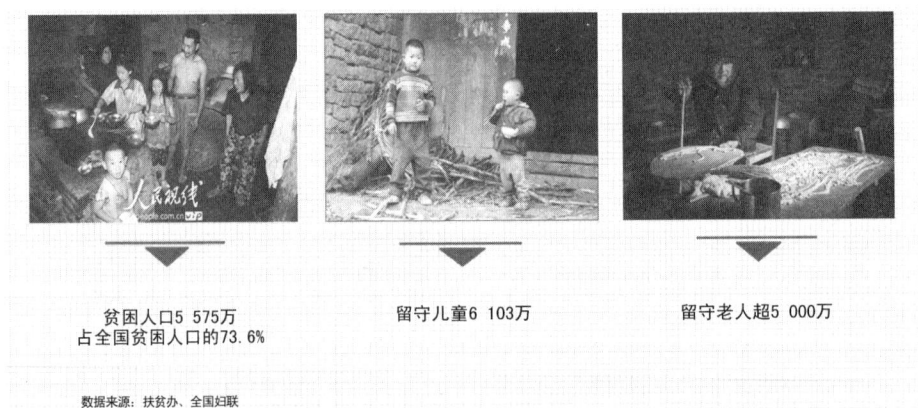

贫困人口5 575万
占全国贫困人口的73.6%

留守儿童6 103万

留守老人超5 000万

数据来源：扶贫办、全国妇联

（五）农村、农业也面临去库存、调结构的现实问题

中华人民共和国成立以来，中国农村始终承担着调控城市发展、工业建设所需劳动力的蓄水池的功能。但是，当前第一产业已经难以容纳新增就业人口。中国粮食连续13年增产增收，未来增产增收的空间有限。2015年，中

国粮食由 5.46 亿吨增长到 6.21 亿吨，2016 年不可能大幅度增长。由于厄尔尼诺现象引发气候异常，十几个省区洪水泛滥，2016 年粮食增产任务非常繁重。当然不可能连年增产，更不可能都以 13.7% 和 18.2% 这样的大幅度增产，未来粮食增产空间有限。

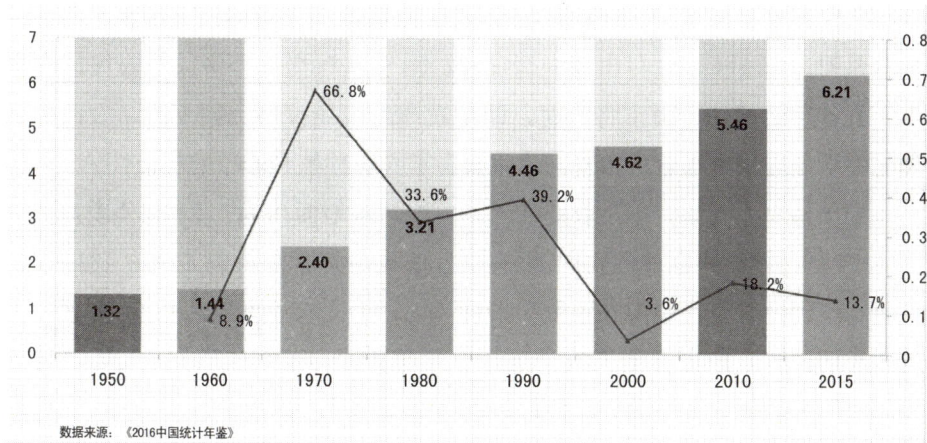

数据来源：《2016中国统计年鉴》

中国历年粮食总产量（亿吨）

农产品市场价格、政府收购价格持续走低，影响农民种粮、养殖的积极性。2015 年春节，一位农业专家回河北农村过年，与一位当地农民算了一笔种粮账。这位农民租种已经离乡的亲戚家的 4.8 亩地，每亩市价 200 元/年，合计 960 元/年，亲戚只收他 760 元/年。以下是种粮费用明细：

1. 播种　240 元

2. 种子、化肥、农药　1 445 元

3. 浇水　107 元

4. 收割　550 元

5. 脱粒　50 元

6. 请邻里帮工　3 152 元（不包括饮食花销）

全年收获玉米约 6 000 斤，春节前卖出，每斤 0.8 元，总计 4 800 元，扣除成本盈利 1 504 元，折合每亩 313.3 元。他庆幸自己在春节前卖掉了玉米，因为春节以后玉米市场价格持续下跌，到雨季到来以前已经跌至每斤 0.5 元，如果这时卖出，一家人一年起早贪黑辛勤劳动的成果都将付之东流。然而即使赚了 1 504 元，仍然比不上进城打工一个月的收入。谁又愿意继续辛辛苦苦在乡务农呢？

一位中央领导到农村视察时说："我到农民家里，就看他们家有多少粮食、锅里有没有肉。"但是他不知道，农民家房顶上以及屋檐下堆满、挂满的粮食是因为卖不掉，农村出现粮食库存。由于农村集体经济以及农民家庭根本不具备存储条件，雨季将近时，即使农产品市场价格大幅下跌，农民也必须忍痛卖掉屋顶上堆着的粮食，这就损害了农民种植和养殖的积极性。

中国是农业大国，不是农业强国。中国的耕地面积为 1.28 亿公顷，美国为 1.97 亿公顷。中国的谷物产量是 6.21 亿吨，美国是 4.89 亿吨。美国谷物产量比中国少，但是中国农业劳动人口 3 亿，美国农业就业人口 0.02 亿。人均耕种的面积，中国只有 0.3 平方千米，美国是 61 平方千米。人均农业补贴，中国人均折合 179 美元，美国人均 3 179 美元。

美国人均农业劳动力粮食产量是中国的118倍

地区	耕地面积(亿公顷)	谷物产量(亿吨)	农业劳动力(亿)	人均耕地面积(平方公里)	人均农业补贴(美元)
中国	1.28	6.21	3	0.3	179
美国	1.97	4.89	0.02	61	3179

美国、加拿大原住民——印第安人被殖民者大量屠杀，目前不到人口总数的2%，澳大利亚、新西兰原住民也不到人口总数的5%。殖民者大量抢占土地，实行超大规模的农业工业化生产，极大地提高了农业生产效率。中国以100%原住民按照小农经济生产方式发展农业、农村，中国永远都不会采用美国、加拿大的发展模型。

中国农业精耕细作，粮食单产超过美国，但是农村的自然条件以及农耕机械化程度、农业生产效率，都与美国存在较大差距。

数据来源：百度百科

中国是农业大国却不是农业强国

中国农业已经精耕细作，水稻、玉米单产都超过美国，但是中国农村无论是自然环境，还是生产条件，都与美国存在较大差距，而且在有限的空间中还存在过度养殖、过度施肥造成的污染问题。中国人口占世界总人口的 19%，中国的耕地占世界总耕地的 8%。当前中国具有世界 80% 的大棚、70% 的水产养殖，中国使

用的化肥、农药占世界总消耗量的 35%。也就是说，我们在占世界总耕地的 8%
的土地上，用了世界上 35% 的农药、化肥。改革开放极大地激发了中国人的生产
热情，以上三组数据既是中国人创造的辉煌成就，也蕴含着触目惊心的环境污染、
生态危机。中国本来是一个资源与资本都紧缺的发展中国家，过度开发、过度放
牧、过度施肥、过度医疗等现象却成为常态。靠过度施肥增产是不可持续的。中
国人有句老话："十分聪明用八分，留得两分给子孙"，这体现了中国传统的生存
智慧。中国画讲究"留白"，计白当黑，留有空间才有意境，现在的种种过度留下
的灾难也许几年、十几年以后才能凸显出来，我们现在就要为子孙后代负责。

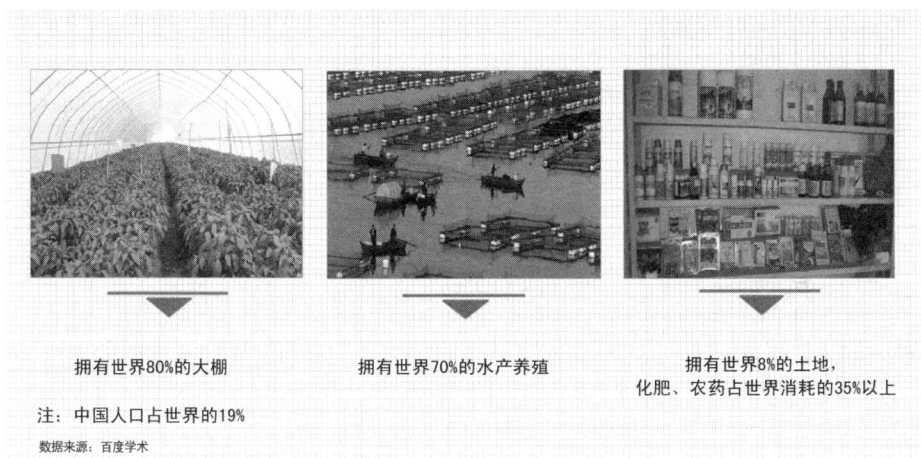

拥有世界80%的大棚　　　　　拥有世界70%的水产养殖　　　　　拥有世界8%的土地，
　　　　　　　　　　　　　　　　　　　　　　　　　　　　化肥、农药占世界消耗的35%以上

注：中国人口占世界的19%

数据来源：百度学术

中国农业工业化产能已然过剩，污染严重，有机食品日益稀有

农产品出现库存积压，市场价格大幅下滑，加大了农民创收致富、脱贫
脱困的难度。如果农产品价格持续走低，就会直接影响农民种植、养殖的积
极性，甚至影响涉农物资以及农村耐用消费品的消费。有的地方出现了大量
的蔬菜倒在路边、成熟的水果无人采摘的现象。我到北京平谷农村调研时发
现大柿子在树上没人摘，原因在于：雇一个人一天 100 块钱，大柿子收购价
每斤 0.5 元，一个人一天收不了 200 斤大柿子，老百姓只能任其烂在田里。

此外，中国农产品也受到国际农产品市场的强烈冲击。中国奶业协会会
长高鸿宾说，现在是中国奶业继 2008 年婴儿毒奶粉事件以后最困难的时期。
一是收购的价格降低。目前大型养殖场生鲜奶收购价同比下降了 10%，小规

模养殖场生鲜奶收购价同比下降了 15％。二是卖奶难。受消费下行压力，乳品企业现在收生鲜奶，限收量占产量的 10％。三是亏损大。现在 50％的养殖专业户都出现了亏损，而且亏损趋势还在蔓延。马克思主义政治经济学中讲资本主义生产过剩只是相对过剩，无产阶级贫困化是绝对的。社会主义有计划、按比例进行经济社会发展，按理说就不可能出现大的库存和供给侧大的过剩，但是现在问题出现了，怎么解决这个问题？我们必须给出马克思主义的回答。

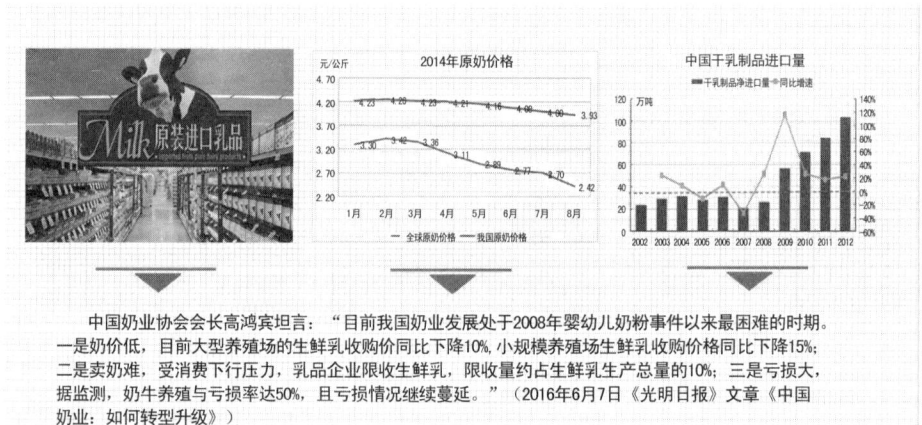

中国奶业协会会长高鸿宾坦言："目前我国奶业发展处于2008年婴幼儿奶粉事件以来最困难的时期。一是奶价低，目前大型养殖场的生鲜乳收购价同比下降10%，小规模养殖场生鲜乳收购价格同比下降15%；二是卖奶难，受消费下行压力，乳品企业限收生鲜乳，限收量约占生鲜乳生产总量的10%；三是亏损大，据监测，奶牛养殖与亏损率达50%，且亏损情况继续蔓延。"（2016年6月7日《光明日报》文章《中国奶业：如何转型升级》）

中国农产品受国际市场冲击较大

年 份	活羊出栏价/(元/斤)	羊毛收购价/(元/斤)	油菜籽收购价/(元/斤)	玉米收购价/(元/斤)
2014年	13	5	2.4	1.25
2015年	6~7	0.5	1.7	0.5~0.7

农业也出现农产品积压、市场价格大幅下滑的问题

对比中国原奶与外国原奶的价格曲线可知，现在鲜奶和奶粉价格外国的都比中国的便宜。原因不是中国人懒，而是中国的养奶牛成本比外国高。外国养牛靠草场，中国大草原主要在腾格尔和内蒙古的民歌里，自然草场已经无法放养大量牛羊，只能喂饲料，这样一来成本高、肉质低，市场竞争力自然相对下降。

从这个角度研究，就可以透过中国奶业发现中国经济发展更深层次的问题。当前中国经济下行压力较大，第二产业调整产业结构，压缩过剩产能，反映在中国奶制品工业方面就是去库存，减少生产，最明显的就是减少收购作为原料的鲜奶。一般来说，为第二产业供应原材料的第一产业所受到的影响最大。

（六）第二产业去产能严重冲击农民工就业

中国经济下行压力较大，第二产业调整产业结构，压缩过剩产能，不仅减少了就业，其引发的震荡已经传导至第一产业。

"十三五"期间，国家要求去煤炭产能5亿吨，去钢铁产能1亿～1.5亿吨，去水泥过剩产能10亿吨。中国煤炭产能年产超过38亿吨，现在煤炭坑口价从高峰时的每吨1 000元左右，下跌至现在每吨220元左右。中国在建大型煤矿生产能力还有15亿吨。如果不压缩产能，市场就无法承受，环境也无法承受，所以必须压缩煤炭的过剩产能。

煤炭去产能5亿吨　　　　钢铁去产能1亿～1.5亿吨　　　水泥去过剩产能10亿吨

第二产业去产能形势严峻，对就业冲击极大

2015年，中国钢铁产能11亿多吨，占世界总量的50%以上。中国每年出口1.12亿～1.2亿吨钢，已经引起欧盟集体制裁、反倾销。现在1吨钢的产值约 2 200 元，不抵 1 吨白菜钱。中国水泥产能 40 多亿吨，过剩更加严重。第二产业压缩过剩产能，在煤炭、钢铁、水泥、有色金属、平板玻璃等大宗原材料产业打工的农民工将被分流，这就意味着他们将失去收入较高的工作，转产再就业困难很大。

中国建筑业和采掘业农民工占 80%，加工制造业农民工占 68%，环卫、家政、餐饮行业农民工占 50%，压缩工业过剩产能，最重的担子却落在了农民工的身上。中国"三农"问题的复杂性就在于此。

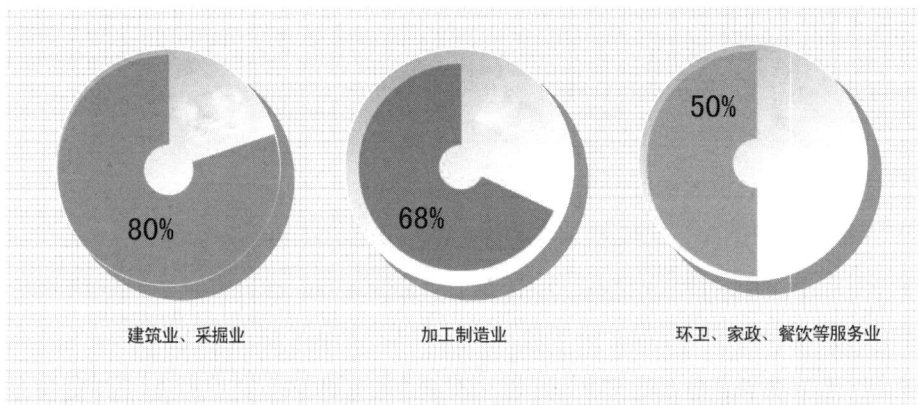

各领域农民工占比

第二产业在调整产业结构，压缩过剩产能时，如何安置从第二产业分流出来的农民工是一个严峻的问题。第一代农民工虽然在城里打工收入可观，五六十岁以后继续在外打工有困难，况且城市生活、养老成本偏高，所以，更多的人选择了年轻时进城打工，上点年纪后还是会返乡务农、养老。问题是他们回去以后如何安置？继续务农是一种选择，但是农村富余劳动力分流的压力已经很大。另一种选择就是以非农方式就地消化农村的富余人口。改革开放初期的模式是发展乡镇企业，以发展第二产业消化农村的富余劳动力。当前中国已经由短缺经济过渡到过剩经济阶段，发展乡镇企业、乡镇工业的苏南模式已经过时。就地消化富余劳动力的唯一出路在于发展第三产业，即新型农村服务业。

农民工撑起了中国第二产业辉煌的半边天，但是80后、90后的第一代农民工子女已经很少也很难像他们的父辈一样吃苦耐劳，为建设农业强国回身到第一产业

中华人民共和国成立后60年间，城市和工业从"三农"拿走的，计算其价值量的话，算出来结果是17.3万亿。

——中国人民大学乡村与农业发展学院

2004年我到河南省宝丰县调研。宝丰县当时有人口48万人，有1 200个剧团，5万多演员，演出是全县的支柱产业（当然也出现了一些色情表演现象）。调研发现，用非农方式分流农村富余人口，以文艺表演的形式分流农村富余人口，河南省宝丰县是创举，因此我提出了"宝丰现象"。新华社对此内参直报，中央领导充分肯定，认为以非农方式分流农村富余人口也是破解当前"三农"问题的根本出路之一。

以非农方式就地消化农村富余劳动力

改革开放初期发展乡镇企业，以第二产业消化农村的富余劳动力。现阶段发展乡镇企业、乡镇工业的苏南模式已经过时。当前就地消化农村富余劳动力的唯一出路在于发展第三产业，即新兴农村服务业。

胡锦涛同志在党的十六届四中全会上指出：中国从总体上已经到了工业返哺农业、城市返哺农村的发展阶段。

（七）必须破解"三农"问题的四重困境

破解"三农"问题的四重困境

1. 农村劳动力短缺，农民种植、养殖积极性不高，难以保障国家粮食安全；2. 现有农产品价格全面下挫，与种植、养殖相关的农业物资，比如化肥、农药、农膜、农机，等等，市场销售价格也不同程度降低，有些领域降幅还比较大；3. 外国农产品以及水果、奶制品低价向国内倾销，挤压中国农产品的市场空间；4. 中国消费市场潜力巨大，但是供给侧开发不足，一方面国内市场饱和，另一方面国人海外"爆买"。数据显示，目前我国人均乳品消费每年只有36公斤，仅为世界平均水平的1/3，然而现有生鲜乳产能依然严重过剩，库存大量积压。诸如此类的问题看似互不相干，却深度纠缠一起，破解起来难度很大。根本出路是用创新的思路、发展的方式，在新农村建设中让农民共同富裕起来。

目前，"三农"问题有如下四重困境：

第一，农民精英流出，农村劳动力短缺，靠老人和留守儿童，包括一部分妇女，不仅不能实现中国农业现代化，也难以保障国家粮食安全。

第二，农产品价格全面下滑，与种植、养殖相关的农业生产资料、化肥、农药价格也不同程度降低，农药、农膜价格降低了 20%～30%。

第三，外国农产品以及水果、奶产品低价向国内倾销，挤压了中国农产品的市场空间。中国国家收购玉米最高价 1.25 元/斤，进口玉米落地价 0.6元/斤。2015 年 6 月 1 日，我到江苏无锡参加农工民主党中央常委会，这次常委会的主题是关于精准扶贫、精准脱贫问题的。此前为准备发言稿，我专门到河北以及北京郊区做了调研，当时非常不理解进口农产品运抵中国港口后的价格居然比中国农产品市场价格低 20%～40%，是中国农业生产效率太低吗？坐在飞驰的高铁上，望着窗外鳞次栉比的高楼、厂房以及农田、鱼塘，我似乎终于解开了心中的谜团。中国经济最发达的珠三角、长三角都是历史上的鱼米之乡，有道是"湖广熟，天下足"，然而，改革开放以来，这些鱼米之乡率先办起乡镇企业，盖起楼房、厂房，这里的农民依靠"两房"富裕起来，并占据了中国传统上的膏腴之地，这些地方也是中国最适合耕种和农业机械化作业的两块最大的平原。现在"两三角"创造的 GDP 中，农业贡献率最小。2015 年 6 月 17 日，我率领农工民主党中央文化体育工作委员会调研组到四川眉州、雅安、沐川等地就文化扶贫问题进行调研。乘汽车出成都没多久就离开成都平原，进入丘陵地带，到距成都 200 多千米的沐川县时，就已经完全进入山区。沐川位于四川盆地西南边缘、乌蒙山区西北部，全县面积 1 408 平方千米，人口 26 万，其中农业人口 20.8 万。当地政府领导介绍了沐川经济社会发展的特点：一是农业人口多，占总人口的 80%，城镇化率仅为 23%。传统农业在三大产业中占比高，种植、养殖业品种结构和生产耕作方式基本处于粗放的自给自足状态，是典型的传统农业县。二是传统农业经济自然禀赋差，人均耕地少，山林面积大，山地、丘陵占总面积的 99%，可耕地约 30 万亩，其中 15°以上坡耕地占 65%，25°以上坡耕地占 23%，是典型的山区县。三是贫困面大、程度深。全县 19 个乡镇 195 个村，贫困村有 43 个。2 300 元扶贫标准以下的农村人口 1.56 万户，5 万余人，贫困发生率为 23%。2015 年全县农村居民人均可支配收入 10 959 元，人均地区生产总值 24 708 元，为全国平均水平的 50.1%，是典型的山区贫困县。沐川山青水绿，森林覆盖率达 77.34%，是国家级生态示范县、全国生态文明示范工程试点县，民风淳朴。我参观了沐川农耕博物馆、沐川美术馆，这是我参观的第一座由地方财政出资修建的博物馆、美术馆。沐川还依托自然山水打造了原生态大型实景演出《乌蒙沐歌》，现场观众达 10 余万人。该演出也是沐川生态文化旅游的品牌剧目，门票收入很可观。更为难得的是，全部演员都是业余文艺爱好者。浓郁的文化氛围培育了当地百姓开放、乐观、平和的精神气质，给我们留下了很深的印象。绿水青山就是金山银山，但是要把绿水青山变为金山银山，还要付出几代人的智慧、辛勤、汗水。山坡上高低错落的水田拍成照片很美，但不连片的地块要实现机械化作业则很难，要依靠这样的坡地种植脱贫致富更难。中国农产品生产成本过高，缺少市场竞争力，其实很大程度上是自然地理环境较差、土地贫瘠造成的。

第四，中国消费者市场潜力巨大，但是供给侧开发不足。一方面市场饱和，另一方面国人到海外爆买。前一阵在日本爆买马桶盖，后来又爆买避孕套，到韩国爆买化妆品。数据显示，我国人均乳制品消费每年 36 公斤，仅为世界平均水平的 1/3，但生鲜乳液产能却严重过剩，库存积压。这些问题看似不相干，却复杂地纠缠在一起，破解起来难度非常大，其根本出路是用创新的思维、发展的方式，在新农村建设中，让农民共同富裕起来，让农民有钱，这是很重要的。

中国占60%的村镇人口与占30%的中等收入人口需要对接
市民下乡，农业进城，依托第三产业发展解决"三农"问题

中国农民都是小有产者，占有的土地等生产资源价值超100万亿元人民币。

中国家庭财富总值达22.8万亿美元，超越日本，位居世界第二。

数据来源：瑞士信贷，中国人民大学乡村与农业发展学院

破解"三农"问题四重困境的关键是想方设法让农民富起来。

改革开放以来，中国城乡消费经历了三个阶段，第一阶段是 20 世纪八九十年代，以电视、冰箱、摄影器材等耐用消费品为主。第二阶段为 20 世纪末 21 世纪初，以汽车、住房等大宗消费品为主。这一时期是中国城市地产的黄金时期，当时房价处于买入最佳时期，现在房价已经翻了几番。第三阶段为 21 世纪第二个 10 年，是以海外旅游、海外教育、度假探险为主要特色。现在北京孩子送到国外接受教育的很多，而且未来 10 年都是海外教育的高速增长期，更为普遍的是海内外旅游、深度体验式旅游。根据世界旅游学会的统计，2015 年中国旅游人数达 41.2 亿人，每个人差不多旅游三四回，旅游收入超过 4 万亿元。其中境外游突破 1.2 亿人次，旅游消费 2 150 亿美元，比 2014 年

增长了53%。

当前中国农村和农民消费处于第一阶段和第二阶段之间，是中低端国产耐用消费品的最大购买群体。长期以来，人们常用"三驾马车"形容领跑中国经济的三大支柱：一是出口，二是投资，三是消费。出口曾经一马当先，国际金融危机期间，出口受到影响，投资拉动经济的能量凸显，唯独消费拉动经济的作用一直不温不火，其根本原因是占中国人口绝大多数的农民一直没有成为消费主体。8亿农民没有钱，或者说8亿农民收入增长不快，农民兜里的钱还不够多。中国县及县以下年社会消费品零售总额为55 560亿元，只占全国消费品零售总量的31.9%，在2002年还占到34.8%。农民生产力水平虽然提高了，但是农民的消费能力没有城市提高得快，从总体上还有所降低。中国县及县以下社会消费品零售总额的曲线一直在往下走，如果农民购买力下降，将对国产装备制造业、零售业以及服务业产生重大影响。因此，要拉动消费，首先就是要让农民有钱。

中国现阶段农村经济仍然是以自给自足的农耕经济或者说小农经济为主，农民最大的消费就是盖房子、娶亲、看病，他们长期习惯于祖辈的生活方式，如果像城市人口一样消费，大约还需要一代人的努力。当前比较切实可行的办法是中国占60%的乡镇人口的消费需求要与占30%的中等收入人口，也就是与城市中产阶级的消费需求对接。中国家庭财富总值22.8万亿美元，超过了日本，位居世界第二，仅列美国之后。未来的趋势，一是中产阶级下乡村，农民就地提供乡村服务；二是依靠互联网实现绿色环保农产品进城，工业制品下乡村。两者互利双赢，快速提高农民收入，提高消费层次，推动工业制造业和服务业的发展。互联网已经在一定程度上缩短了城乡存在的时空距离，为两者之间的对接、组合创造了最大可能。从这个意义上说，"三农"问题是牵动中国经济大循环的全局性问题。8亿农民或者说9亿农民是全球未来潜力最大、空间最大的市场消费群体。建设新农村，提高农民收入，就是培育中国未来的经济增长点。中国全面进入小康社会，让中国农民富裕起来，消费这架马车才能最后发力。

> 8亿农民是全球未来潜力最大、空间最大的市场消费群体，建设新农村、提高农民收入，就是培育中国未来经济增长点。

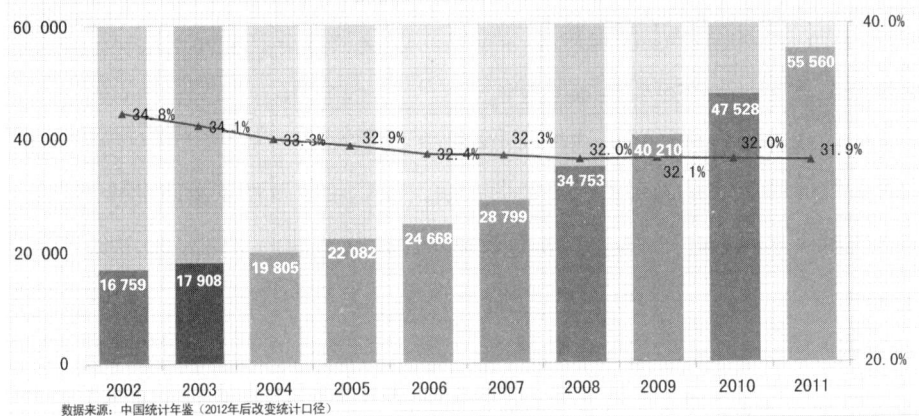

数据来源：中国统计年鉴（2012年后改变统计口径）

中国县及县以下年社会消费品零售总额（亿元）及占比情况

中国上网服务场所近半数分布在乡镇农村，或者离乡镇农村不远，上网服务从业人员也多为农民，这从一个侧面说明了以下几点：

一是中国农村在过去100年发生了天翻地覆的变化，是中国城市建设、经济发展的主要空间。未来100年中国经济建设最大的发展空间仍然在乡镇和农村。

二是中国未来最大的消费市场在乡镇和农村，其发展潜力之大是其他任何国家都无法比拟的。谁能够抓住机遇，率先发展农村服务业，培育农村消费市场，推动"三农"与中国互联网对接，谁就有可能在"三农"领域先走一步，胜人一筹。

三是农产品产能过剩是暂时性的，这一期间会有一部分活跃资金进入乡镇和农村的上网服务产业，乡镇和农村的上网服务企业不能依靠或者利用比较保守的行政力量制造产业壁垒，而应当打开大门，吸引外来的流动资本和优质资源。乡镇和农村空间广阔，回旋余地很大，主要矛盾是上网服务产业开发不足，供给侧有效供给不足，而不是产能过剩。

四是关注城乡发展新动向、新趋势，顺势而为。目前一部分人仍在从农村往城里转移，但转移趋势总体已放缓，而城市人口中养老等人口往乡镇农村转移的趋势总体上在加速，农村空心化问题将逐渐得到解决。未来的常态是城乡人口对流加速，这对于乡镇农村互联网上网服务场所来说，机遇窗口期已经到来，未来发展空间极大。

二、互联网覆盖农村才是中国信息革命的真正胜利

互联网产业是中国发展低碳经济的新型战略性产业，也是推动中国经济发展的重要引擎。中国互联网产业创造的产值对中国 GDP 的贡献现在已经达到 10％以上，现在以及未来 10 年，互联网经济都应当是中国经济领域发展最快、贡献最大的部分。因此，要借鉴中华人民共和国成立以来扫文盲、扫科盲的经验，大力扫网盲，让农民共享现代文明成果。扫文盲是让农民接受现代文化，破除旧社会封建思想的影响，接受现代文明、现代文化。扫科盲是让中国农民科学种田，仅靠挑着扁担兴修水利是不够的，仅有吃苦耐劳精神也是不够的，科技是第一生产力，原生态农业必须与现代科技相结合。扫网盲是让中国农民走上现代网络经济、共同富裕的道路。

（一）借鉴新中国成立以来扫文盲、扫科盲的经验扫网盲

1. 扫文盲

扫文盲是中华人民共和国成立后开展的一次声势浩大的群众学文化运动。1949 年，中国 80％以上的人是文盲。1955 年，毛泽东亲自确定全国扫盲标准，要求认识 1 500～2 000 个字。经过连续的扫盲运动，1964 年中国文盲率已经下

降至 33.6%。2010 年中国文盲率是 4.1%。第六次人口普查数据显示，中国尚有文盲 5 466 万人，90% 在农村。扫盲之后，老百姓认字就可以学习文化知识、科学知识，科学种田。此外，国家以"扫盲"的形式把农民动员起来，清理了几千年的封建思想观念、风俗习惯，接受共产党倡导的理论、政策、观念，这

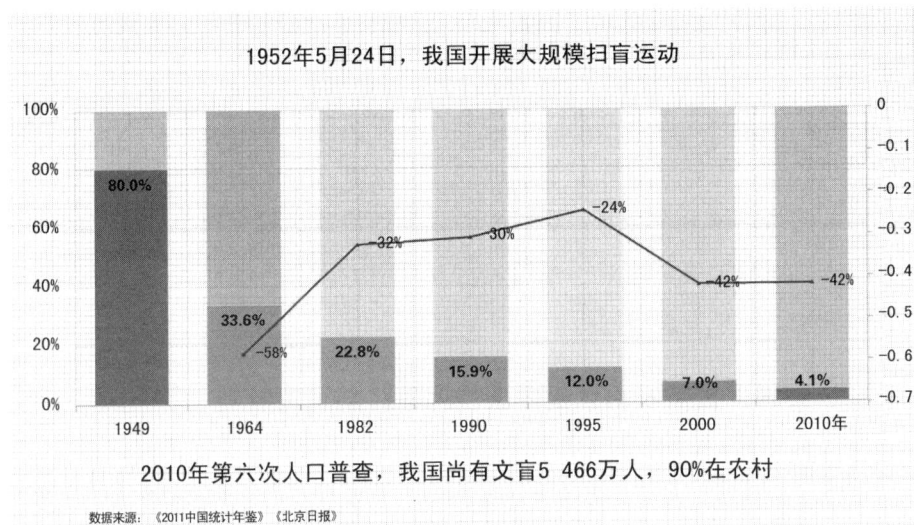

1952年5月24日，我国开展大规模扫盲运动

2010年第六次人口普查，我国尚有文盲5 466万人，90%在农村

数据来源：《2011中国统计年鉴》《北京日报》

中国文盲率变化情况图

农村土改获得土地，农民扫盲获得文化，国家以此对当时的第一产业进行了脱胎换骨的改造。被动员起来的中国农民，靠手拉肩扛在改革开放前就完成了绝大多数的农业基础设施建设、改造，使中国成为粮食自给有余的人口大国。

从中华人民共和国成立以来对农产品实行统购统销到改革开放期间，国家通过工农业产品"剪刀差"到底从农村拿走多少财富？专家们从不同角度进行计算，其中最高估计是7 000亿（牛若峰，1992），最低估计是4 481亿（徐从才、沈太基，1993）。然而，1984年国营企业年底固定资产原值才7 370.5亿元。统购统销、剪刀差加剧了城乡分割，拉大了城乡差距。正是中国农民的辛勤劳动和无私奉献，为中国工业建设提供了原始积累的"第一桶金"，从而建立了新中国初步的工业基础。

资料来源：杨继绳，《中国当代社会阶层分析》兰州：甘肃人民出版社，2006

是从根本上解放、发展农业生产力的战略举措。据不完全统计，1976年以前，中国各地主要靠人力修建的各类水库工程量相当于十多个三峡工程。

2.扫科盲

1991年，中国高中阶段毛入学率不足25％，现在高中毛入学率已经达到85％，高中毛入学率大幅提高。当然高中的失学率也很高，有些人读到高中后，因家庭生活困难或者升学无望，就选择外出打工；或者邻居、邻村的同龄人外出务工挣钱了，人家一忽悠就退学打工了。中国农民外出打工的一个突出现象是乡党、亲戚、朋友抱团出来打工。一个人出来在城市或者工矿企业站住脚以后，就会带着他的亲朋好友一起来。

科学种田，生产力提高，主要依靠农技、农资和农机。中国农村拖拉机的保有量在1949年时只有117万台，现在是2334.8万台，现在不仅有拖拉机，还有收割机、播种机、除草机等。一台45～50马力的拖拉机可以替代250个农村劳动力。

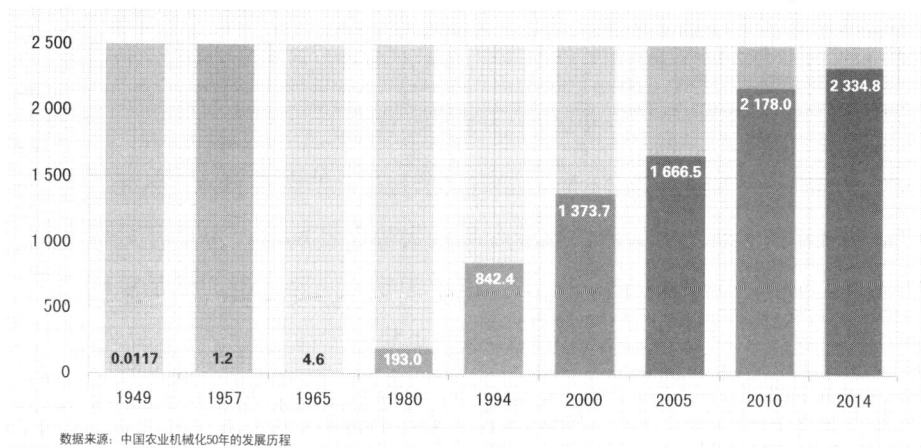

中国农村拖拉机保有量（万台）

3.扫网盲

近年来，中国互联网产业飞速发展，中国网民数量快速增长。中国1994年接入国际互联网，1995年就出现了网吧，网吧是互联网经济的第一个商业应用项目。2003 年—2005 年是中国乃至世界互联网经济高速发展的窗口期，由于发生了北京"蓝极速"网吧纵火事件，上网服务行业遭遇前所未有的打压，上网服务场所客户增速下降，也导致中国上网人群增速放缓。由 2002 年的同比增幅 74％，迅速下降为 2004 年、2005 年的 18％，国际金融危机发生前曾重回增幅 53％的高位，从此以后一路下滑，2014 年、2015 年已经滑出两位数的增幅，未来将长期维持缓慢增长。

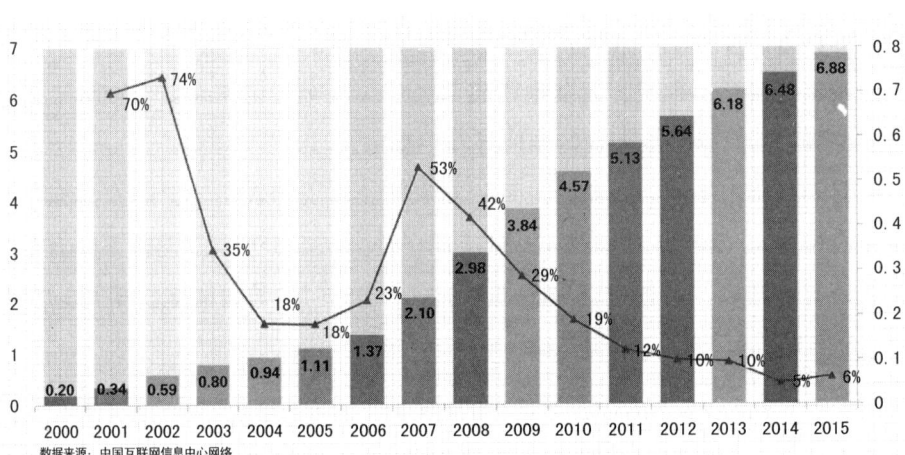

数据来源：中国互联网信息中心网络

中国网民数量变化（亿人）

中国网络经济规模 2004 年是 88 亿元，2015 年增至 11 620 亿元。中国网络经济规模的走势与中国网民数量变化的走势高度重合，2007 年是两者重合的高点，2007 年同比增幅为 104％，以此为拐点一路下滑，但是总体增速在国民经济各领域遥遥领先。网络经济增长走势与中国宏观经济走势高度契合。2011 年，中国经济化解了国际金融危机的冲击并高位反弹，网络经济也攀上同比增幅 72％的高点，2012 年以后，随着中国产业结构的调整，网络经济增幅也在持续下滑，未来将长期处于高速、平稳增长态势。

2015 年 12 月 16 日，中共中央总书记、国家主席习近平在乌镇举行的第二届世界互联网大会上发表讲话，提出了互联网发展的四项原则和五点主张，第一次全面阐述了中国发展、治理互联网的思路。他说，2015 年中国有 6.7 亿网民、413 万家网站。同时，还有一个不容忽视的现象，就是我国有 9 亿农

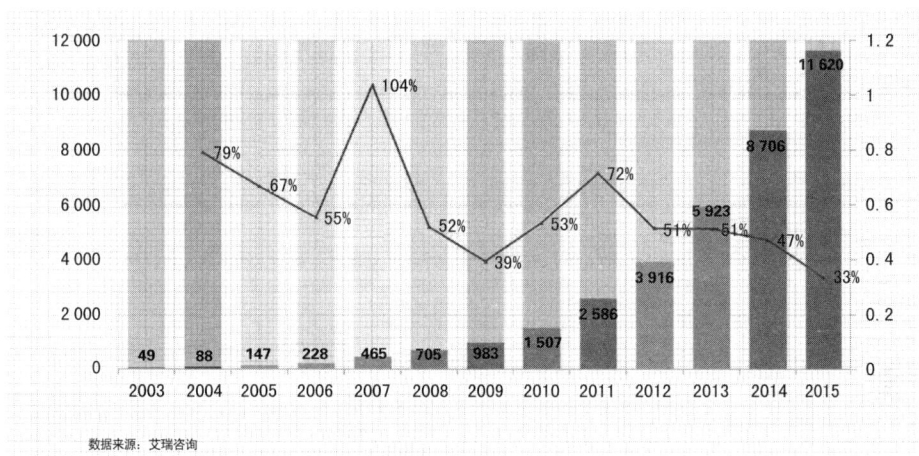

数据来源：艾瑞咨询

中国网络经济规模（亿元）

民，受文化素质和基础设施建设的影响，这里面的网民发展应当还有很大空间。

习近平阐述的中国关于互联网发展的五点主张，第一点就是加强全球网络基础设施建设，促进互联互通。2020年中国宽带网络将基本覆盖所有农村，打通网络基础设施"最后一公里"，让更多的人用上互联网，并且要"打造网上文化交流共享平台，促进交流互鉴""推动互联网经济创新发展，促进共同繁荣"等。讲话透露了未来农村互联网发展的五大商机：一是农村电商；二是农村物流；三是现代农业产品与服务业的发展；四是农村文化娱乐的传播；五是农村公共服务拓展。这五点主张指明了未来中国农村网络文化和网络经济发展的根本方向。

2015年10月14日，国务院总理李克强在国务院常务会议上指出，要完善农村及偏远地区宽带电信普遍服务补偿机制，缩小城乡数字鸿沟；要加快发展农村电商，通过壮大新业态促消费、惠民生；确定促进快递业发展的各项措施，培育现代服务业新的经济增长点。会议提出，力争到2020年实现5万个未通宽带行政村通宽带，3 000多万个农村家庭宽带升级，使宽带覆盖98％的行政村，并逐渐实现无线宽带覆盖，预计总投入超过1 400亿元。大型电商平台也已经在向农村发展。

马云的阿里巴巴有一个"千县万村"计划，未来5年计划投资100亿元，建立覆盖1 000个县和10万个行政村的电商覆盖网络。京东集团也推出了类

中国互联网产业发展与治理的方向

2015年12月16日，中共中央总书记、国家主席习近平出席第二届世界互联网大会并发表主旨演讲。演讲中提到的"互联网发展四项原则和五点主张"，首次向世界清晰阐述了中国治理互联网的思路，引起了社会和舆论的强烈反响。

当前，中国有6.7亿网民、413万多家网站，网络深度融入经济社会发展、融入人民生活，但还有一个现实也不容忽视，那就是我国有9亿农民，受文化素质和基础设施建设问题的影响，这里面的网民发展应该还有很大空间。

在习近平"五点主张"之中，第一就是加快全球网络基础设施建设，促进互联互通。预计到2020年，中国宽带网络将基本覆盖所有农村，打通网络基础设施"最后一公里"，让更多人用上互联网。还有"打造网上文化交流共享平台，促进交流互鉴"，以及"推动网络经济创新发展，促进共同繁荣"等等。

对于这样一系列的战略计划与行动布局，透露了未来农村发展的五大商机。

一是农村电商；二是农村物流；三是现代农业产品与服务业发展；四是农村文化娱乐传播；五是农村公共服务拓展。

数据来源：新华网

加快发展农村电商

根据中国政府网消息，2015年10月14日，国务院总理李克强主持召开国务院常务会议，决定完善农村及偏远地区宽带电信普遍服务补偿机制，缩小城乡数字鸿沟；部署加快发展农村电商，通过壮大新业态促消费、惠民生；确定促进快递业发展的措施，培育现代服务业新增长点。

会议提出，力争到2020年的时候，实现约5万个未通宽带行政村通宽带、3000多万农村家庭宽带升级，使宽带覆盖98%的行政村，并逐步实现无线宽带覆盖，预计总投入超过1400亿元。

数据来源：中国政府网

似计划，京东认为一个村至少要有 2 个农村推广员，推广京东商品，同时给农村电商网络推广员一定比例的经济回报。县以下乡镇农村与网络经济对接是中国县域经济建设的发展方向。2014 年全国农村网购 1 800 亿元以上，农村电商具有广阔的发展前景。阿里巴巴的相关统计数据显示，过去 3 年中淘宝的农村消费占比不断提升，从 2012 年第二季度的 7.11%，上升到 2014 年第一季度的 9.11%。

目前京东集团有乡村推广员近 30 万人，服务全国 31 个省、1 500 个县、近 30 万个村庄。作为京东商城深入农村的"毛细血管"，这些乡村推广员肩

"千县万村"未来3-5年规划
- 100亿元投资
- 1000个县
- 100000个行政村

农村电商为什么会这么热？

农村电商市场前景具有明显的广阔性

阿里巴巴的数据表明：过去三年，淘宝农村消费占比不断提升，从2012年第二季度的7.11%上升到了2014年第一季度的9.11%。

预测未来农村网购市场规模

2014年全国农村网购市场
总量达 1800亿元 以上
2016年将突破 4600亿元

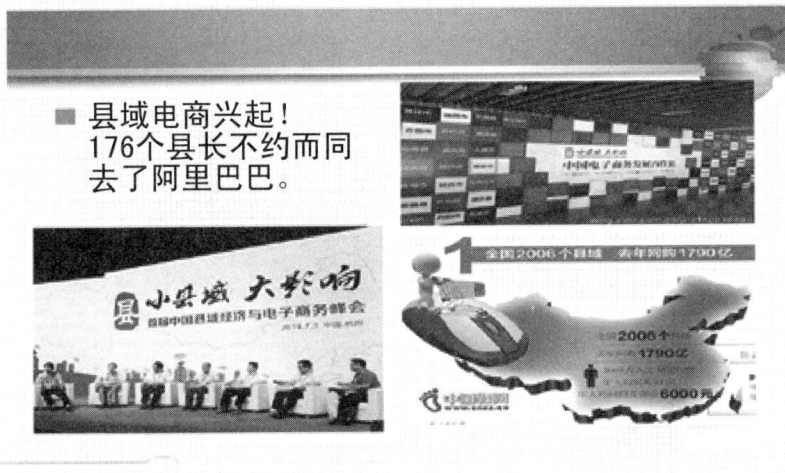

负着品牌推广、商品销售、金融服务、农资推广等多项使命，让乡镇农村的消费者享受与城市一样的商品和服务，惠及数亿农村消费者。同时，随着农村消费者网购需求的释放，乡村推广员也从商品销售、金融、农资等多项业务中获得收益，很多乡村推广员单月佣金超过本地平均工资。

2016 年 7 月，首届京东"互联网＋"县域经济培训班在北京开班，来自江苏、山西、陕西、贵州、辽宁、河南、内蒙古等 7 省（区）的县域农村电商主管县长、商务系统领导参加了培训。培训班依托京东农村电商的实践经历，通过政策解读、行业分析、案例实操等方式，为发展县域经济、农村电商提供成熟模式和智力支持，利用"互联网＋"的力量提振乡村地区经济活力。近期国家密集出台政策，希望电子商务发端于销售的业态能够沿着生产链向供给侧延伸。农村电商与当地农村第一、第二、第三产业深度融合，推动农民创业、就业，开拓农村消费市场，带动农村扶贫开发。在农产品销售方面，用自营、自有品牌、地方特色馆、O2O 等 4 种模式，帮助超过 1 000 个县的农特产品通过京东平台销往全国。

陕西省西安市户县石井镇栗峪口村全村有 208 户、876 人，栗峪口村京东乡村合作点就设在栗峪口村委会，尽管运营不久，名声已经远播。38 岁的栗峪口村村主任王利军在试运营第一天注册京东账号，几天内连续下了 3 单，分别购买 2 次儿童读物、1 次童鞋。他的评价是"东西不贵，送货快，品质有

"保障"。购买电视、洗衣机、冰箱等大型家电，线上购买比以往方便很多。截至 2016 年 3 月 31 日，京东在全国范围内拥有 7 大物流中心，209 个大型仓库，总面积约 430 万平方米，拥有 5 987 个配送站和自提点，覆盖全国范围内的 2 493 个区县，为商品快速安全送达提供了有力保障。

（二）电子商务已成为当前互联网经济的支柱

当前互联网的核心是电子商务和网络文化。电子商务已经成为当前互联网经济的支柱。

中国网购规模 2004 年为 81 亿元，2015 年为 4 万亿元，网购规模非常大，发展速度非常快。发展最快的是 2008 年、2009 年，现在也以 40%～50% 的速度快速发展。中国农村网络购物规模 2014 年为 1 800 亿元；2013 年农村网络购物用户的规模是 5 485 万人，网络购物使用率为 31.1%，2014 年就增加到了 7 714 万人和 43.2%，增长速度非常快。

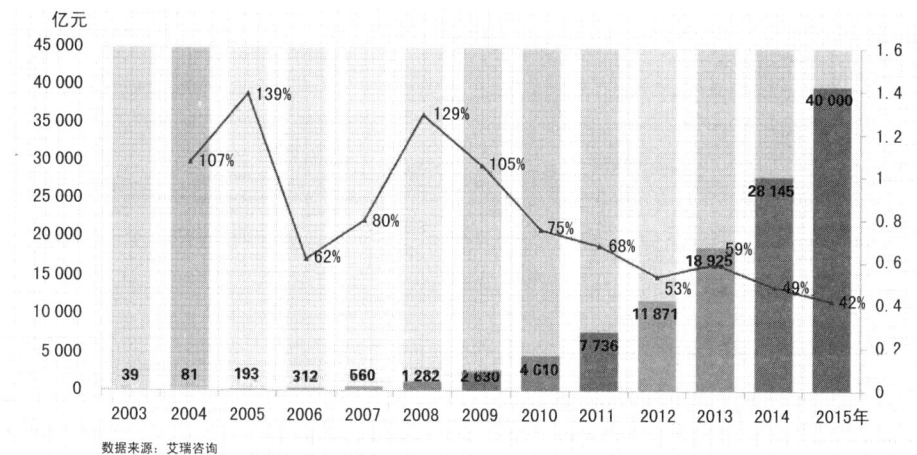

数据来源：艾瑞咨询

中国网络购物规模

城乡居民人均收入增长的数据如下图所示。从图中可以看出，农村居民人均纯收入一直比较低，低于城镇居民；2008 年前，城镇居民收入实际增长率一直比农村高。2008 年这两条增长线交叉。到了 2009 年、2010 年，农村居民收入的实际增长率高于城镇居民收入的实际增长率。交叉之后，农村居民一直比城镇居民的收入增长率高，两者的差距依然很大是因为农村居民实

中国农村网络购物规模

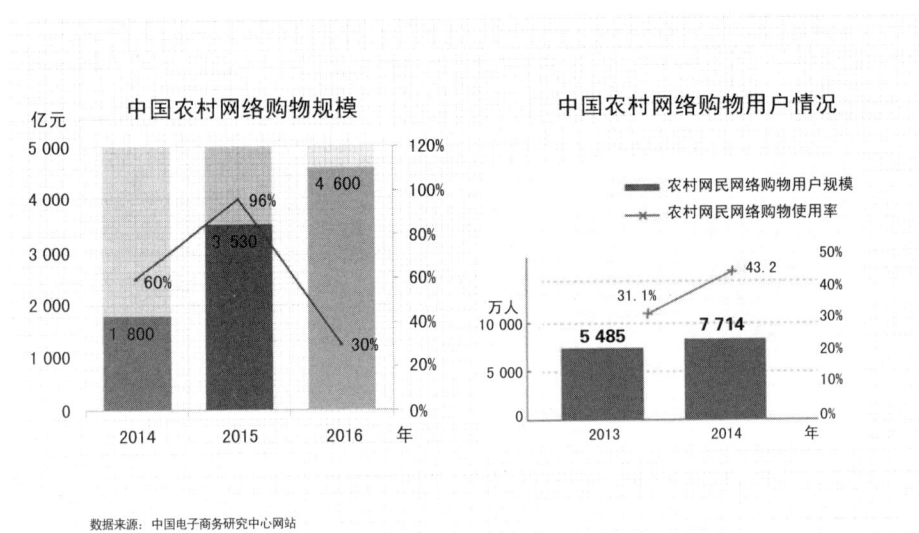

中国农村网络购物用户情况

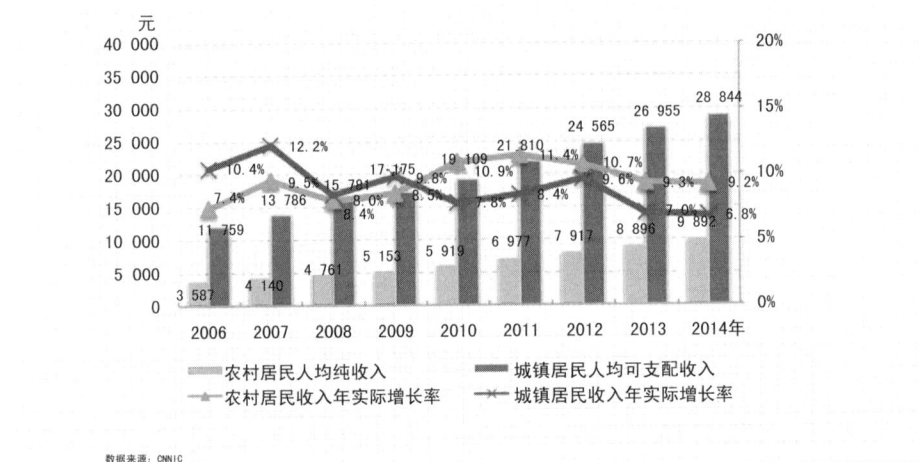

数据来源：中国电子商务研究中心网站

中国农村网络购物情况

数据来源：CNNIC

城乡居民人均收入比较

际收入的基数较小。

　　从城乡互联网普及率来看，2007 年农村是 7.4%，城市是 26.0%。2014 年农村互联网的普及率是 28.8%，城市是 62.8%。从城乡网民规模对比来看，2005 年农村网民数为 1 931 万人，城镇网民数为 9 169 万人；2014 年是农村网民数为 17 846 万人，城镇网民数为 47 028 万人。2014 年农村网民占全体网民数量的 27.5％，比 2013 年的 28.6％还有所下降，这是一个值得深入研究的问题。

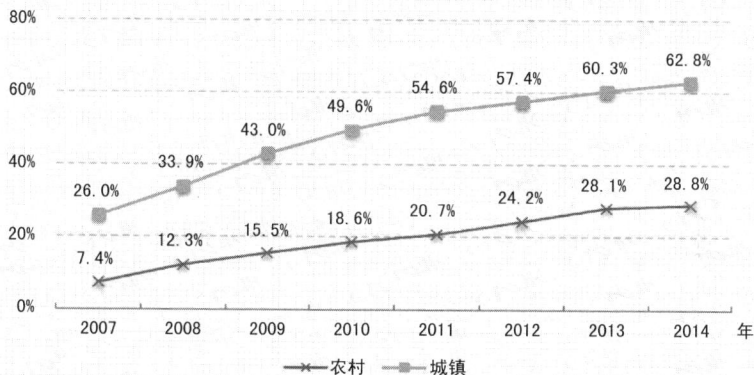

美国互联网普及率为85%。
数据来源：中国互联网络发展状况统计调查   2014.12

城乡互联网普及率

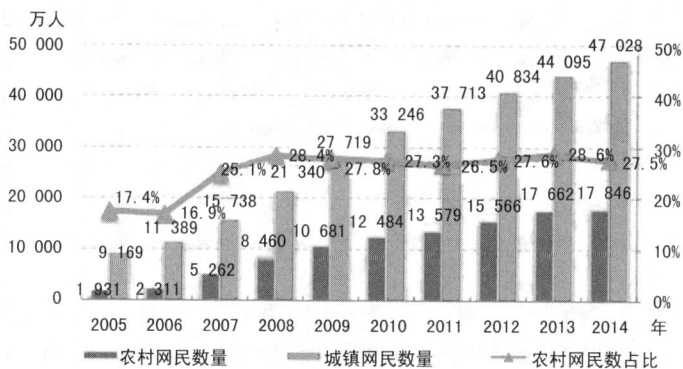

数据来源：中国互联网络发展状况统计调查   2014.12

城乡网民规模对比

从城乡网民网络购物用户规模及使用率的对比变化来看，2014 年农村网民网络购物用户 7 714 万人，城镇网民网络购物用户 28 428 万人；农村网络购物的使用率是 43.2％，城市的使用率是 60.4％，也就是说，农村网民中只有 43.2% 的人使用网络购物，城市网民中有 60.4% 的人使用网络购物。

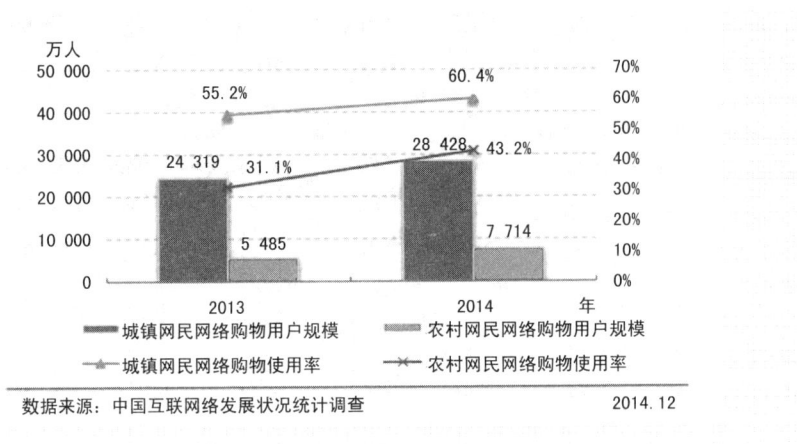

数据来源：中国互联网络发展状况统计调查　　　　　2014.12

城乡网民网络购物用户规模及使用率

网络购物出现以后，城乡数字鸿沟在扩大。2011 年，县及县以下的消费占全国消费的 32%，2014 年农村网购占全国网购的比例只有 6.4%。

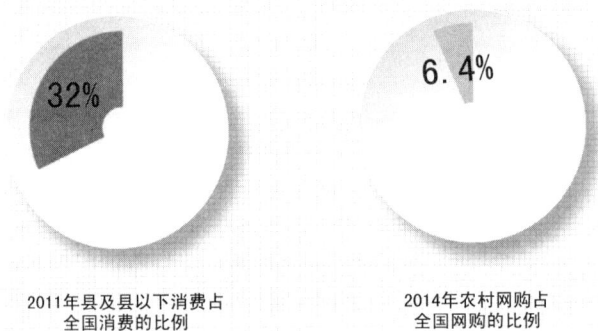

电商以及网络购物的发展导致城乡数字鸿沟进一步扩大

另外，乡镇农村家庭电脑普及率偏低，制约了农村群众上网。2005 年乡镇农村每百户只有 2.1 台电脑，到了 2012 年，每百户也只有 21.4 台，城市每百户是 87.0 台。同时，乡镇农村的电脑有相当一部分是城市淘汰的旧电脑，也就是说，农村不仅电脑普及率很低，而且性能也很差。在乡镇农村发展上网服务场所的机遇已出现，农民不会上网，电脑少、性能差，而上网服务场所的设备一流、上网技术人才一流，因此为农民服务、教农民上网、帮农民网购和网销，可以发挥最大作用。

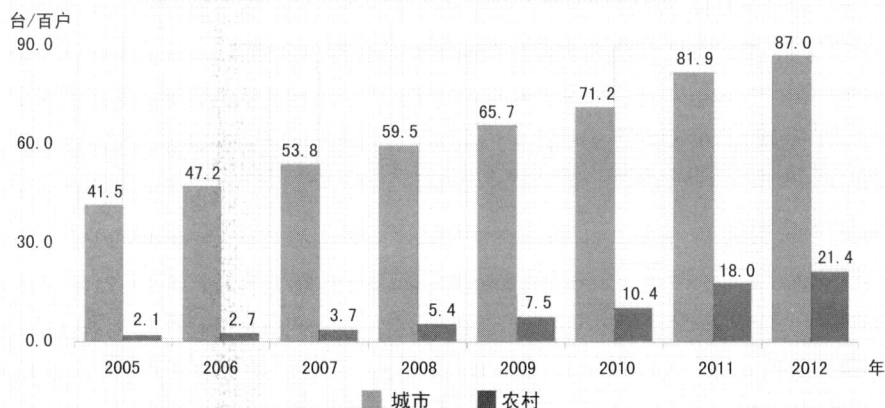

数据来源：《中国数字鸿沟报告2013》

2005—2012年中国城乡百户居民家庭计算机拥有量

（三）文化领域全面互联网化

2014年，数字出版实现营业收入3 387.7亿元，较2013年增长了33.4%；利润总额265.7亿元，增长了33.3%。2014年，数字出版增长速度在新闻出版各产业类别中继续名列前茅，总体经济规模超过出版物发行，跃居行业第二。网络动漫营业收入增长72.7%，领跑数字出版；移动出版增长35.4%，高于数字出版总体水平，互联网期刊与电子书增长10.2%，远高了新闻出版业总体水平。这表明新兴出版继续保持蓬勃活力，传统出版与新兴出版的融合发展进一步深入。

文化领域全面互联网化的具体表现可以参考以下图表。

项目	营业收入（亿元）	较2013年增减（%）
图书出版	791.18	2.65
期刊出版	212.03	-4.49
报纸出版	697.81	-10.15
音像制品出版	29.21	18.16
电子出版物出版	10.89	6.45
数字出版	3,387.70	33.36
印刷复制	11,740.16	5.82
出版物发行	3,023.76	11.55

新闻出版数字化

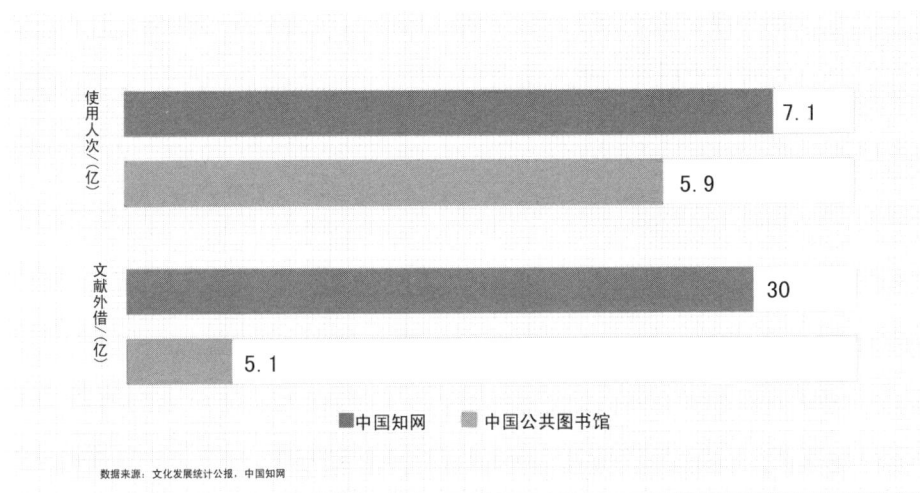

数据来源：文化发展统计公报，中国知网

读书人查阅资料主要依靠互联网

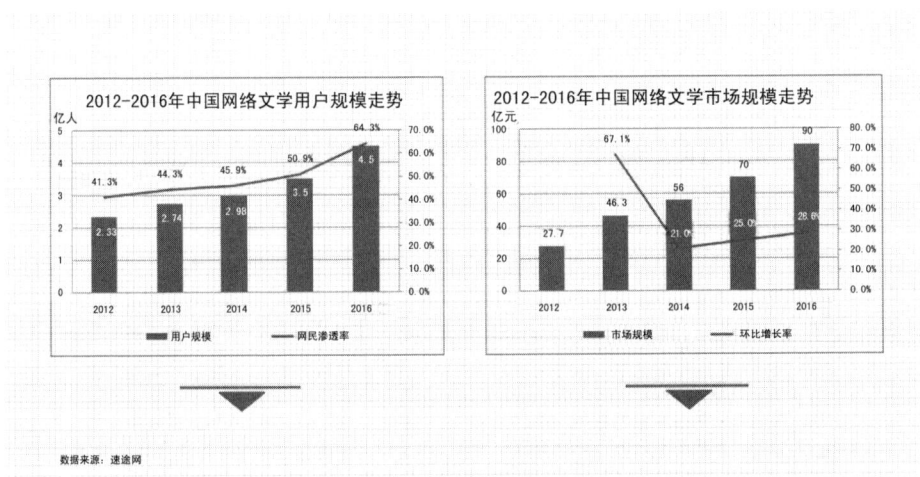

数据来源：速途网

网络文学强劲崛起

中国移动电台用户规模走势

中国移动电台市场规模走势

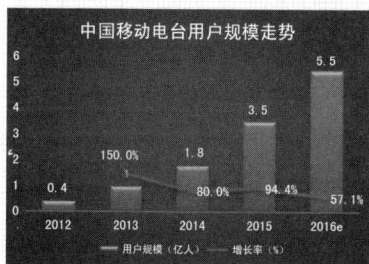

数据来源：速途网

音频之移动电台

2014年-2015年网络音乐/手机网络音乐
用户规模及使用率

网络音乐市场规模（亿）

数据来源：中国互联网络发展状况统计调查。　2015.12

数据来源：速途网、文化部网站

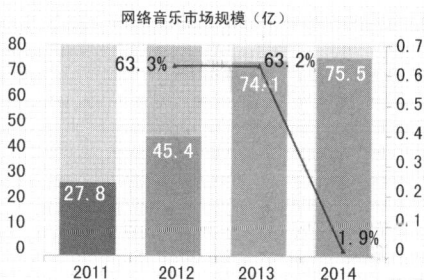

音频之网络音乐

157

2015年移动KTV市场份额占比

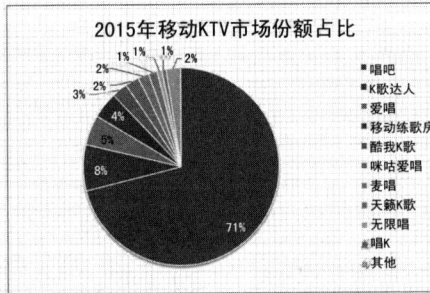

唱吧在2012年5月31日上线，上线10天用户数便突破100万人，单首用户作品收听量超过500万次；上线480天激活客户端数突破1亿人，2014年唱吧用户量突破2亿人。目前，唱吧有3亿累积装机量，3 000万月活跃人数。

数据来源：速途网

音频之 KTV

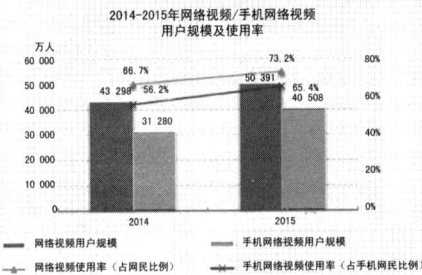

中国电视广告市场近期产生下滑

数据来源：速途网、文化部官网

视频之移动视频

中国游戏经历了十年高速发展期，玩家超过5亿人

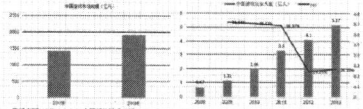

资料来源：TalkingData、中国新游戏工厂

中国游戏经历了十年高速发展期，目前存量玩家已达5亿人，然而群体庞大的游戏玩家们的社交需求却并未得到重视，一方面是因为过去网络的普及度不够发达，另一方面是因为传统游戏以单机为主并不需要太多游戏伙伴，网上攻略已经能满足玩家游戏通关需求。

2013-2017年中国游戏直播用户规模

数据来源：速途网、文化部网站

视频之网络游戏

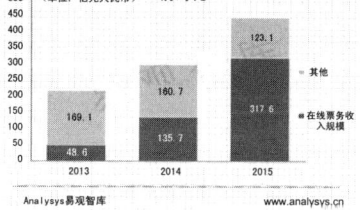

2013-2015年中国电影在线票务市场收入与内地总票房对比

Analysys易观智库   www.analysys.cn

电影预定 电影票团购 在线选座-百度糯米

看看www.nuomi39.sh正在热映电影
http://www.nuomi.com/movie

2016年6月购票网站销量前4名的影片：两部由游戏改编，两部编成游戏。

数据来源：速途网、百度糯米

在线电影售票

除上述应用外，上网服务行业在电竞、AR、VR、网络院线等许多方面也有广泛应用。
上网服务行业在不断吸纳新的网络文化资源，正在向综合化、多元化、产业化的方向拓展。

(四) 网络文化已成为占用国人可支配时间最多的产业

以下图表可简要说明网络文化已成为占用国人可支配时间最多的产业这一客观事实。

"互联网销售的不是产品，
是你占用用户的时间。"

—— 阿里巴巴集团高级副总裁高红冰

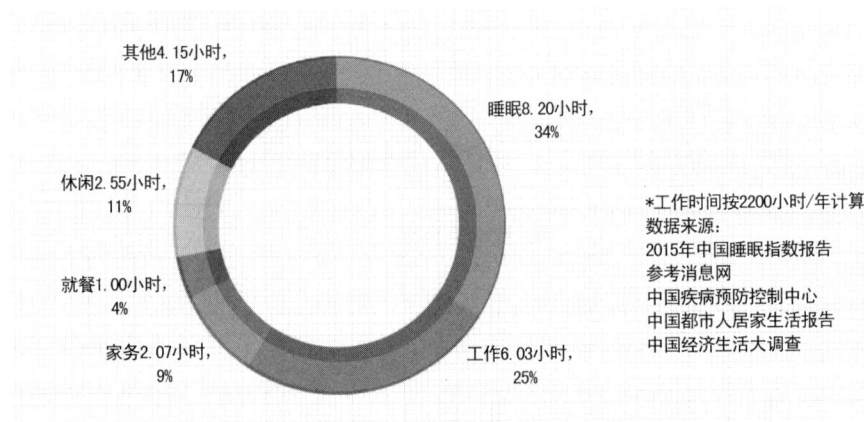

其他4.15小时，17%
睡眠8.20小时，34%
休闲2.55小时，11%
就餐1.00小时，4%
家务2.07小时，9%
工作6.03小时，25%

*工作时间按2200小时/年计算
数据来源：
2015年中国睡眠指数报告
参考消息网
中国疾病预防控制中心
中国都市人居家生活报告
中国经济生活大调查

中国人的时间分配

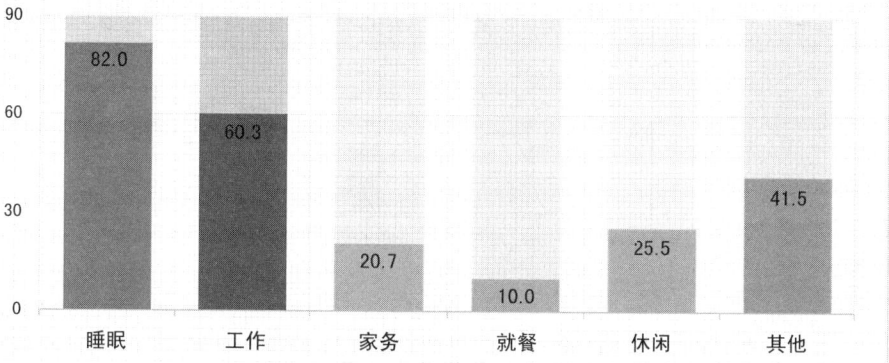

15～64岁10亿核心工作、消费人口时间总量（亿小时/天）

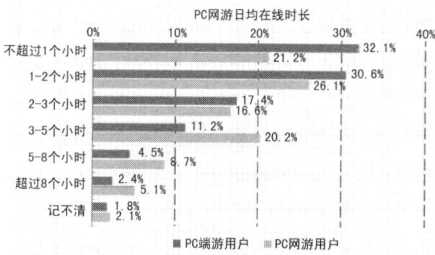

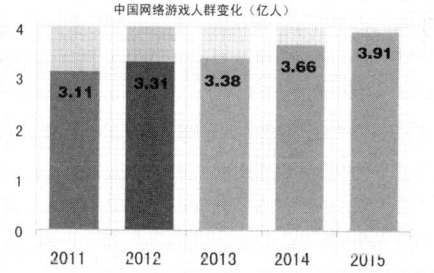

PC网游日均在线时长

网游日时间量7.76亿小时

数据来源：中国互联网络信息中心

中国网络游戏人群变化（亿人）

网络游戏时间总量（亿小时/天）

2012-2015中国年度人均阅读量

2014-2017年中国移动阅读市场活跃用户规模预测

数据来源:《2015年国人阅读数据报告》

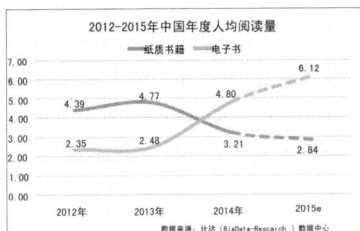

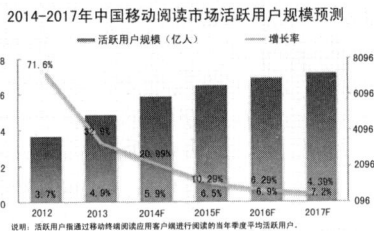

调查显示,2015年人均日移动阅读时间为65分钟,合计6.39亿小时。

网络阅读时间总量(亿小时/天)

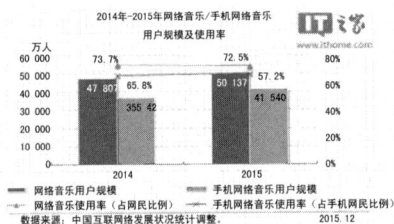

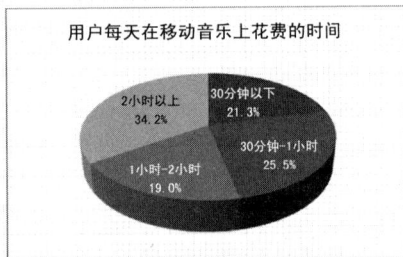

2014年-2015年网络音乐/手机网络音乐用户规模及使用率

用户每天在移动音乐上花费的时间

数据来源:速途网

网络音乐日时间量6.08亿小时

网络音乐时间总量(亿小时/天)

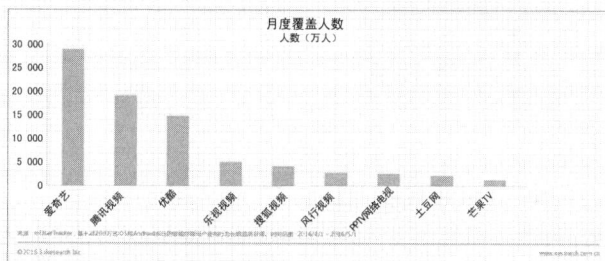

月度覆盖人数
人数（万人）

　　移动视频市场爱奇艺以27.6亿小时月使用时长占据42.4%的市场份额，在传统PC视频市场上，在观看时长方面，爱奇艺、优酷和暴风影音分别以20.7亿小时、13.2亿小时和7.6亿小时分列前三，合计视频播放时长超过110亿小时/月，日均3.67亿小时。

数据来源：艾瑞咨询

网络视频时间总量（亿小时/天）

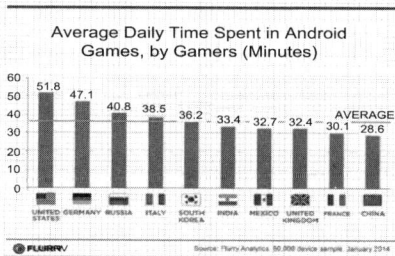

Average Daily Time Spent in Android Games, by Gamers (Minutes)

各国平均手机游戏使用时长（分钟）

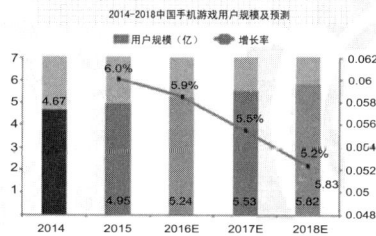

2014-2018中国手机游戏用户规模及预测

中国手机游戏用户数量（亿人）

手游日时间量2.36亿小时

手游时间总量（亿小时/天）

163

智能手机和4G网络+WiFi开启了网络文化市场的辉煌时代

每时、每地、每个人
都可消费、创作、分享，既是网络内容和形式的创作者、生产者，也可以是销售者、消费者，而且身份随时转换，自主参与互动。

创造出10亿小时级的天量网络文化市场
还在高速增长，未来将独霸10亿级市场
对每一个国人产生巨大的思想影响

1. 便捷性；2. 自主性；3. 娱乐性；
4. 互动性；5. 参与性；6. 智能性。

网络文化时间占用总量暴增的因素

最近，全国政协计划召开一次双周协商会，专题研究文化大发展大繁荣问题。为什么长期以来我国文化产业创造的产值占全国 GDP 的比重只有3.97%？中国共产党和政府大力推动文化产业发展，也出台了一系列国家和地方激励政策，为什么长期激励不起来？"十三五"期间，人们对发展文化产业寄予的希望最大，但可以预言的是文化产业不会有跨越性、突破性的进展。这里要研究的是党和政府在多大程度上按照产业经济规律去推动文化产业的发展。国际上公认的文化产业却按照意识形态铁律去领导、去发展，南辕北辙，发展不起来也就不足为奇了。此外，网络文化已经成为中国最大的文化产业项目，或者说文化市场经营项目全面网络化，网络文化拥有中国最大的文化产品集群，网络文化产品和服务已经占有中国人最多的阅读时间和视听娱乐时间。网络阅读已超过平面阅读，网络音/视频也超过了广播电视。有些行政管理人员除了只是强调加强管理，自己究竟花了多大力气去研究网络文化，并按照网络文化的特质和规律去促进网络文化产业发展呢？

国家应当重视网络文化的产业化发展。现在网络阅读比文字阅读占用时间多很多倍，最为明显的是车站候车室、机场候机大厅里，看书看报的人很少，人们几乎清一色在低头看手机。课间休息时大伙儿也在看手机。网络阅读已经远远超过传统文字阅读、平面阅读，包括看电视时间也被网络文化包围、蚕食，而且蚕食的速度在加快。

前不久一则新闻报道中说，中国知网高收费，北京大学教授上不起中国知网。虽然有这方面的呼声，但是莘莘学子还是离不开中国知网。资料显示，中国知网的年访问量是 7.1 亿人次，而中国所有公共图书馆的年读者量只有 5.9 亿人次。关于文献外借，中国知网是 30 亿次下载量，中国全部公共图书馆只有 5.1 亿册次外借。多数人查阅资料、做学问，主要依靠中国知网，而不是中国公共图书馆。

2015 年网络游戏人群为 3.91 亿，一次在线时间超过 8 小时的占 5.3%，属于网络游戏高烧群体。每天在网络上听音乐 2 小时以上的占 34.2%，这在过去不可想象，假如你儿子每天用 2 小时以上的时间听音乐，你会支持吗？中国原版《花千骨》改编自网络文学，中国网络播放量突破 200 亿次，而 2015 年全国 68 家卫星电视频道累计覆盖仅有 537.8 亿人次。

网络文化产品可以像阿里的商店一样，绕过原有的重重壁垒，通行天下

越南翻拍的《花千骨》，原版在越南网络播放量已破千万

中国原版《花千骨》，改编自网络文学。中国网络播放量破200亿次。相比之下的数据是2015年全国68家卫星电视频道累计覆盖仅有537.8亿人次。

乡镇和农村的家用电脑普及率远低于城市，乡镇和农村在上网服务场所上网的网民比例也低于城市，城市是 18.5%，农村只有 16.9%。

乡镇和农村公共上网服务场所偏少，设备陈旧，性能低下，上网服务场所理应为弥补城乡互联网鸿沟发挥关键作用，但是在乡镇和农村上网服务场所上网的网民比例持续下滑。2013 年占网民总数的 22.0%，2014 年为 16.9%，也就是说，农村网民在上网服务场所上网的比例，一年之内从 22.0%下降到了 16.9%，降幅是 23.2%。

2014年更需要上网服务场所的农村，网吧使用率反较城市为低

城乡网民使用电脑接入互联网的场所

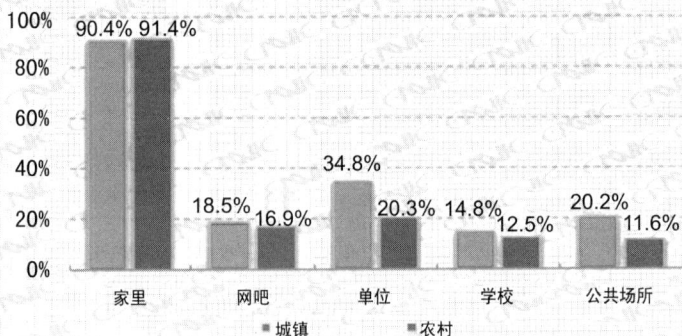

2014年农村在网吧上网客户比例从22%降为16.9%，降幅为23.2%

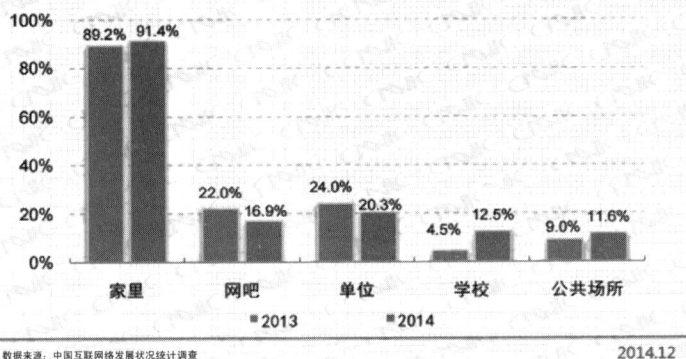

数据来源：中国互联网络发展状况统计调查   2014.12

为什么会出现城市提升，农村下降这种情况呢？乡镇农村上网服务场所的用户不少，但场所很少，乡镇农村上网服务场所只占全国总量的 4.1％，却占全国用户总量的 13％。也就是说，占总量 4％ 的上网服务场所，接待了 13％ 的上网用户。

乡镇农村占全国上网服务场所总量的4.1%，却接待了占总量13%的客户。说明乡镇农村在上网服务场所上网的需求较大，场所数量偏少。

场所区域分布

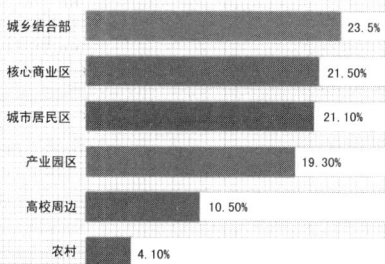

城乡结合部	23.5%
核心商业区	21.50%
城市居民区	21.10%
产业园区	19.30%
高校周边	10.50%
农村	4.10%

场所客源分布

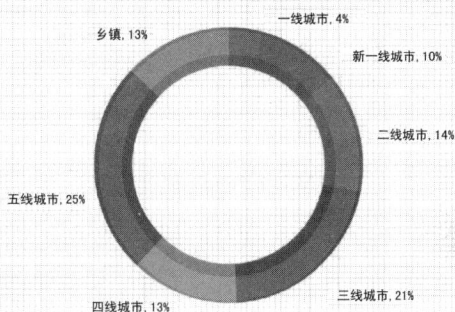

一线城市,4%
新一线城市,10%
乡镇,13%
二线城市,14%
五线城市,25%
三线城市,21%
四线城市,13%

数据来源：《2014年中国互联网上网服务行业年度报告》

2013年以来，全国上网服务场所转型升级，全行业结束了连续5年的经营业绩下滑，全面进入上升通道。上网人群由2014年的1.17亿，增加到2015年的1.2亿，一年时间增加了300万网民。但网民使用乡镇农村上网服务场所的比例却下降了23%，农村青壮年流入城市虽然是一个重要原因，但根本原因是乡镇农村上网服务产业的活力没有充分释放，转型升级滞后于城市，优胜劣汰的机制没有充分发挥作用。

任何一个行业的发展都必须吸引全社会最优秀的人才、最活跃的资本，如果先进生产力无法进入，就不能形成优胜劣汰的机制。目前一种新的围城现象已出现，乡镇农村困守的上网服务场所，收入不高，半不死活，既不鲜亮，也不生猛。外面想进的，因为与乡镇行政资源的生态关系，为维护"土围子"的既得利益，谁也不让进。实际上"土围子"早晚是要被攻破的，靠政策资源、行政资源讨生意、过日子的，其结局大多会付出萎缩自我生产能力、市场竞争能力、抗风险能力的代价。与其如此，倒不如建设有进有出、公平竞争、优胜劣汰的市场机制，形成一盆活水、一湾清水的市场生态环境。

三、乡镇农村上网服务场所的发展路径和未来趋势

中国上网服务行业曾经为国家经济增长做出过重大贡献，但是名声不好、形象欠佳，主要是接待未成年人问题，以及任何一个行业初级阶段存在的小、微、散、乱、差、脏等问题。在社会舆论一边倒的情况下，政府也只能采取打压、严管、重税的政策。2013年以来，文化部领导调整工作思路，转变领导方式，上网服务行业由限制发展、严格监管，转变为放开准入、规范发展、全行业转型升级，由打压的对象变成扶植发展的产业。上网服务行业郁积十几年的创造力、生产力、文化力一定程度上得到有效释放，新形象、新业态、新服务、新规范初步形成。

政策：打压、严管、重税　　　　形象：小、微、散、乱、差、脏、暗

过去的上网服务行业

前不久，公安部网监局领导到协会调研，他们说，过去严格监管网吧，经常在那里抓逃犯，现在要把网吧变成社区治安管理依靠的力量。网吧24小时营业是个优势，要把网吧和当地派出所、社区治安室联系起来，维护当地社区的治安，上网服务行业由过去受打击的对象变成被扶持依靠的对象，这是历史性的转折。

中国上网服务行业发生的变化可以由一组数字来说明。中国上网服务场所2001年约有6万家，2002年一下子发展到约11万家，此后几年低位徘徊。转型升级之后，上网服务场所数量一路攀升，2013年13.5万家，2014年

政策：规范、扶持、发展　　　　形象：整洁、明亮、清新、舒适

转型升级后的上网服务行业

14.2 万家，2015 年 15.2 万家，数量持续增加。

全行业营业收入，2009 年最高达 886 亿元，然后一路下滑，到 2013 年为 520 亿元，是最低点。2014 年出现拐点，开始回升至 570 亿元，2015 年达到 641 亿元。

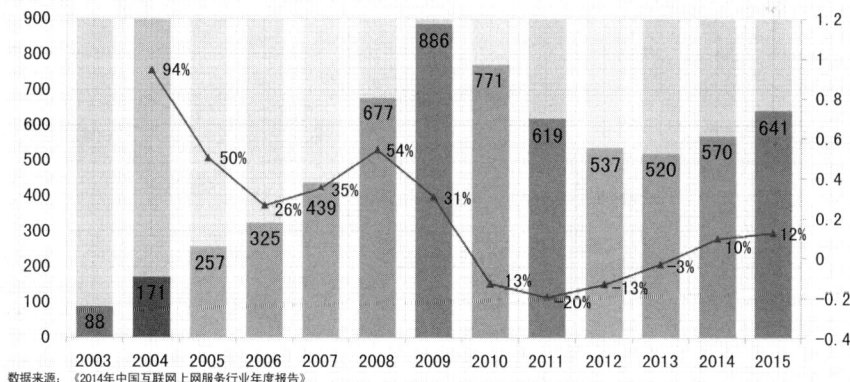

数据来源：《2014年中国互联网上网服务行业年度报告》

上网服务行业营收变化（亿元）

上网服务行业客户数量变化也很有意思。2001 年是 0.052 亿人，也就是 520 万人，2010 年最多，达 1.63 亿人，从 2010 年开始一路下滑，1.43 亿人，1.24 亿人，1.19 亿人，1.17 亿人，连年下滑。到 2015 年由谷底开始反弹，增长至 1.20 亿人，增加了 300 万人，这是非常不容易的。

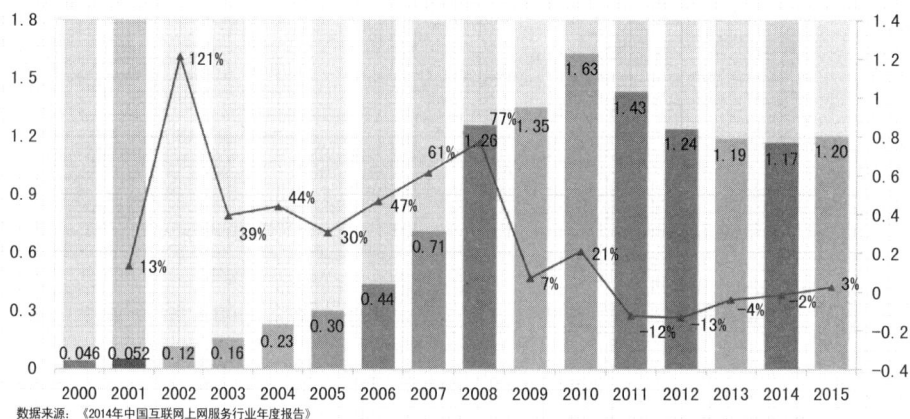

数据来源：《2014年中国互联网上网服务行业年度报告》

上网服务行业客户数量变化（亿人）

上网服务行业 2015 基本数据见下图。

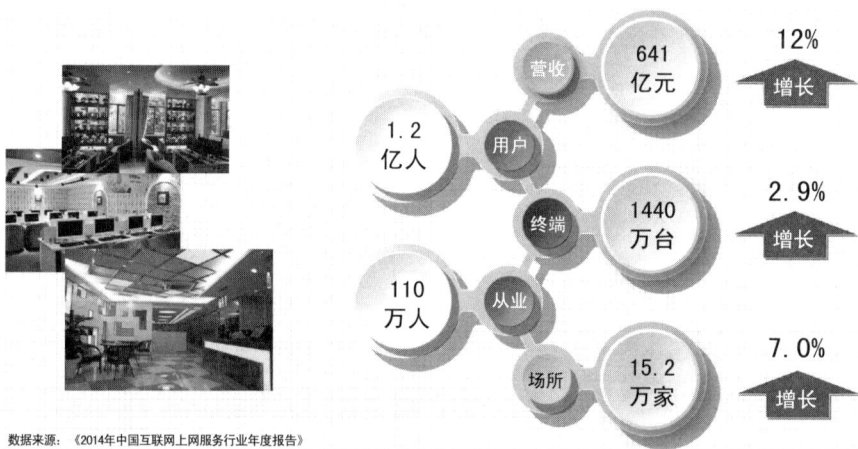

数据来源：《2014年中国互联网上网服务行业年度报告》

上网服务行业 2015 年基本数据

2015 年 1.2 亿上网服务客户的性别和年龄分布情况如下：20～29 岁的占 71％，20 岁以下的占 12％。18～30 岁的上网服务客户男性占 88％，女性占 12％。上网服务行业的最大优势是全国近 2/3 的 18～30 岁的男性青年在服务场所上网，每次平均上网 3.5 小时。全国 18～30 岁的男性人口 14 627 万人，其中上网服务场所客户 9 580 万人，占总数的 65％。谁拥有青年，谁就拥有未来。

60岁以上	1%
50~59岁	1%
40~49岁	3%
30~39岁	12%
20~29岁	71%
20岁以下	12%

88%　　12%

18-30岁上网服务客户

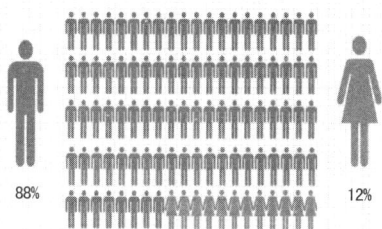

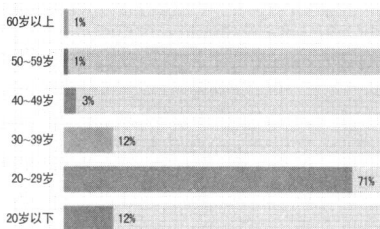

数据来源：《2014年中国互联网上网服务行业年度报告》

1.2 亿上网服务客户的性别、年龄分布

65%

中国近2/3的18-30岁男性青年在上网服务场所长时间使用互联网，平均每次时长超3.5小时。

- 场所18-30岁男性客户9 580万；
- 中国18-30岁男性人口14 627万；

数据来源：《2014年中国互联网上网服务行业年度报告》

上网服务行业的最大优势

15.2 万家上网服务场所遍布城乡，覆盖全国。这是在高德地图上随便找的一个城市——湖北咸宁。高德地图显示湖北省咸宁市共有网吧 282 家，咸宁建成区面积共 63.79 平方千米，平均每 0.23 平方千米一家网吧，通山县县城有 20 家网吧，通山县南林桥镇有 2 家网吧。

中国互联网的爆发性增长是在 2003—2005 年，这是行业发展的机遇窗口期，但是这三年中国上网服务场所被严厉打压，行业不仅没有发展起来，而且被打压到城市地下室和城郊结合部了。现在是发展乡镇农村上网服务场所的机遇窗口期。这个机遇窗口期错过了，就有可能由主角变配角、由焦点变边缘。所以我们必须把握行业发展的机遇窗口期，紧紧抓住政策机遇、市场

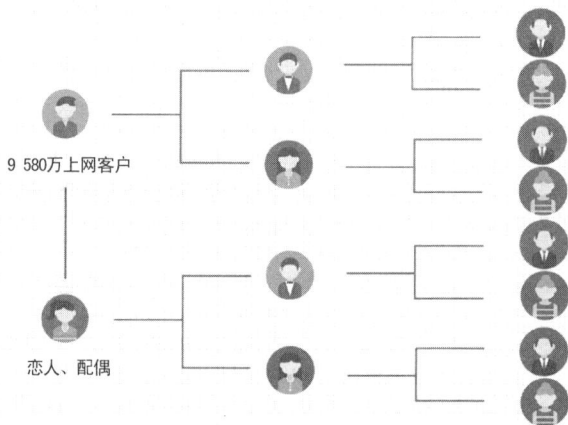

移动互联网时代、421家庭结构，让年轻的男性上网客户消费影响力极大

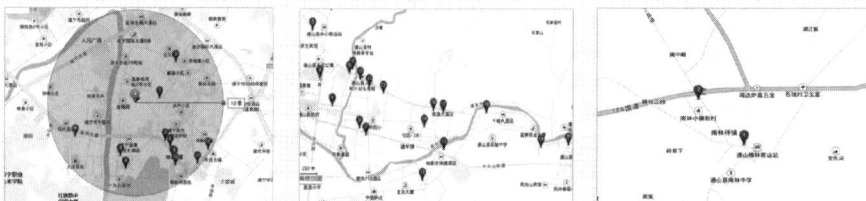

咸宁城区：1公里半径内12家网吧　　咸宁市通山县县城：共20家网吧　　通山县南林桥镇：共2家网吧

高德地图显示湖北省咸宁市共有网吧282家，咸宁建成区面积共63.79平方公里，
平均每0.23平方公里一家网吧。

数据来源：高德地图

15.2 万家网咖遍布城乡，覆盖全面、均匀

机遇、时代机遇、产业机遇。

抓住政策机遇，一是国家大力实施精准扶贫、精准脱贫战略，提高农村、农民的富裕程度；二是国家实施小城镇建设，乡镇人口相对密集，有利于网络经济以及上网服务场所发展；三是国家积极推进智慧城市建设、宽带中国建设，乡镇农村网络基础设施逐渐完备，为上网服务场所全面发展奠定了物质基础。国家政策能量充分、集中释放，调整产业结构，为乡镇农村经济和

第三产业发展注入了生机和活力。

当下中国乡镇农村经济社会的发展水平，已经超过 2000 年的城市发展水平，完全具备发展上网服务场所的条件。 2000 年城市人均收入 6 280 元，2016 年乡村人均收入 10 772 元。2016 年乡村人均收入比 2000 年城市人均收入高了 1.7 倍。2000 年城市网民总数只有 2 000 万，2016 年农村网民有 19 000 万，是城市 2000 年时网民数量的 9.5 倍。建成区面积，2016 年占乡镇总数 8.4％的 2 892 个重点镇，建成区的面积达到 1.1 万平方千米，2000 年城市建成区总面积只有 2.2 万平方千米。这里所说的是 2 000 多个重点镇，中国共有 17 000 多个乡镇，建成区面积远远超过城市。

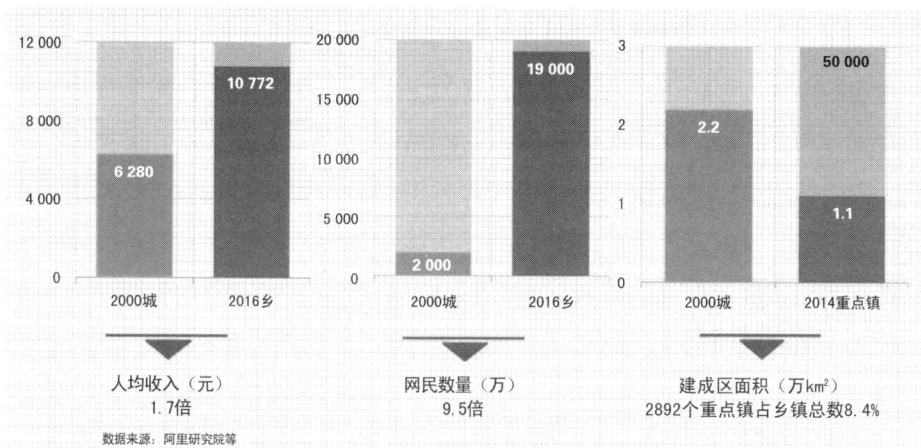

数据来源：阿里研究院等

乡镇 2016 年与城市 2000 年相关指标的对比

游戏行业营业收入 2003 年只有 13 亿元，2016 年游戏行业总收入 1 600 亿元，比 2003 年提高了 123 倍。网络经济规模，2003 年为 43 亿元，2016 年将达到 15 790 亿元，提高了 367 倍。网络购物规模，2003 年只有 39 亿元，2016 年预计达到 5 万亿元，扩大了 1 282 倍。现在乡镇农村上网服务行业发展的基础和社会经济环境比 2003 年的城市要好很多。

城市常住人口开始向农村转移，农村空心化问题将逐步解决。2015 年全国旅游行业投资报告显示，2015 年全国乡村旅游接待客户 20 亿人次，约占国内接待总数的 1/2，旅游消费总规模 1 万亿元，约占国内旅游总收入的 29％。

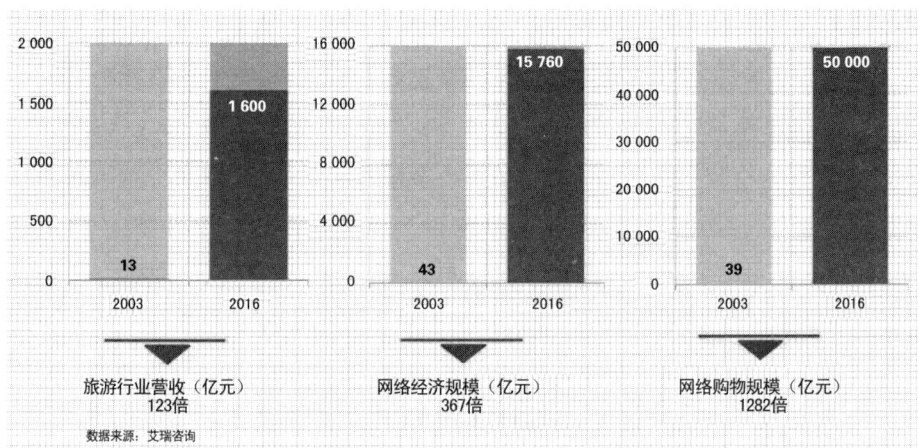

网络经济 2016 年与 2003 年相关指标的对比

乡村旅游市场火爆，也吸引了投资者的关注。2015 年全国乡村实际完成旅游类投资 2 612 亿元，投资内容从单一的产品建设，向乡村度假、历史文化村落、养生休闲山庄、旅游风情小镇等多种类型、多种业态的乡村度假产品拓展。农村的农家乐、民俗旅游等接待了中国一半左右的旅游人口。今后乡村旅游规模还将继续扩大。要善于抓住机遇，发展乡镇农村的景观农业、休闲农业、养生农业、互联网农业。

景观农业　　　　　休闲农业　　　　　养生农业

据《2015年全国旅游业投资报告》显示，2015年，全国乡村旅游接待游客20亿人次，约占国内旅游接待总量的二分之一，旅游消费总规划一万亿元，约占国内旅游总收入的29%。乡村旅游市场火热也吸引了投资者的关注，2015年全国乡村实际完成投资2612亿元，同比增长60%。投资内容从单一产品建设，向乡村度假村、历史文化村落、养生休闲山庄、旅游风情小镇等多类型、多业态乡村度假产品拓展。

乡村旅游以及城市常住人口开始向乡镇农村转移

洋快餐、建筑密集且来去匆匆的人和把人挤成相片的地铁，构成了北京等大城市最常见的景象。林立的高楼、车水马龙的嘈杂、人际关系的冷漠等，使人们已经不再向往大城市的灯红酒绿，转而希望放慢脚步，享受身边的风景。现在国内外都有一些人提倡慢生活，大城市常住人口，特别是老年人口开始向乡村转移，短期甚至长期居住在乡村养老。农村生活的优势在于有绿水青山、绿色食品、休闲氛围，生活居住成本较低，一般距城市 300 千米以内，有较好的医疗条件，这样的地方对城市老年人有一定吸引力。

前两天电视上报道，上海人到浙江乡村养老，包吃包住，一天 70 多元

慢食　　　　　　　慢城　　　　　　　慢生活

洗胃　　　　　　　　　　　　洗肺

洗血　　　　　　　　　　　　洗心

新农村第三产业发展方向

钱。上海人与乡村家庭建立了感情，一到热天就来到乡村居住，甚至长期居住在乡村养老。一位退休老工人说，自己每月 3 500 元退休金，没有老伴，也没有孩子，每月在乡村，全部费用 2 100 多元，还能剩 1 000 多元。老人最怕孤独，乡村的大家庭环境很适合老年人。中国已经进入老龄社会，未来 10 年城市老龄人口将超过 20％，上网服务行业只把眼睛盯着青年人甚至未成年人是不够的，必须在老龄社会到来之前，找到为老年人、为老龄社会服务的发展模式，这是社会以及行业发展的方向。

积极参与、大力推进乡镇农村公共文化、公共信息体系建设，提高文化、信息服务供给能力，是发展乡镇农村上网服务场所的基本路径。

学习借鉴发达国家小城镇建设的成功经验，上网服务行业应当首先在小城镇，包括一些城中村站稳脚跟，谋求发展。中国现有的 34 个行政区（不包括港澳台）共有 2 853 个县级单位，20 117 个镇，12 812 个乡，还有 662 238 个村。中国人口居住在城镇的 66 557 万人，占人口的 49.68％，居住在乡村的 67 415 万人，占 50.32％。中国的事情比较复杂，有些乡镇居住的人口，户口还是农村的，甚至有人在农村还有宅基地、自留地。这就是中国特色。

中国行政区划

共2853个县级单位，20117个镇、12812个乡、662238个村

至2016年2月，全国共有34个省级行政区（其中：23个省、5个自治区、4个直辖市、2个特别行政区），334（不含港澳台）个地级行政区划单位（其中：293个地级市、8个地区、30个自治州、3个盟），2853（不含港澳台）个县级行政区划单位（其中：872个市辖区、368个县级市、1442个县、117个自治县、49个旗、3个自治旗、1个特区、1个林区），40497（不含港澳台）个乡级行政区划单位（其中：2个区公所、7566个街道、20117个镇、11626个乡、1034个民族乡、151个苏木、1个民族苏木），662238（不含港澳台）个村级行政单位（省以下行政区划单位统计不包括港澳台）

数据来源：百度百科

中国农村人口

城乡构成

这次人口普查，居住在城镇的人口为66557万人，占总人口的49.68%，居住在乡村的人口为67415万人，占50.32%，同2000年人口普查相比，城镇人口比重上升13.46个百分点。这表明2000年以来我国经济社会的快速发展极大地促进了城镇化水平的提高。

人口的流动

这次人口普查，居住地与户口登记地所在的乡镇街道不一致且离开户口登记地半年以上的人口为26139万人，基中市辖区内人户分离的人口为3996万人，不包括市辖区内人户分离的人口为22143万人。同2000年人口普查相比，居住地与户口登记地所在的乡镇街道不一致且离开户口登记地半年以上的人口增加11700万人，增长81.03%；基中不包括市辖区内人户分离的人口增加10036万人，增长82.89%。这主要是多年来我国农村劳动力加速转移和经济快速发展促进了流动人口大量增加。

数据来源：2010年第六次全国人口普查

中国的建制镇有 17 000 多个，人口超过 10 万人的只有 56 个，主要分布在珠三角、长三角。中国乡镇尚未形成稳定、成熟的居住环境，基础设施不健全，公共服务落后，小城镇人口流向城市的现象还将持续一段时间。许多小城镇正在逐渐失去特色、失去传统、失去自然风景。现在珠三角、长三角的乡镇跟城市没有什么大的区别。长三角的个别乡镇还有点徽派建筑，珠三角的乡镇土地上基本是楼房、厂房。我曾到深圳的城中村考察，当年深圳开发，几百万人一下子涌来，没地方住，最胆大的老百姓就在自留地里建二层小楼，除自家住以外，其余的房间出租，收益很高。于是一哄而起，你盖 2 层，我盖 4 层，他盖 6 层，有人发现周边已经盖到了 10 层，于是自己又在小楼上加高。建设没有报批，钢筋、水泥不知道标号，两层的地基建 12 层。楼很高，过道很窄，当地人称为"伸手楼""握手楼"，开窗伸手就是别人家。这样的建筑谁敢发许可证、发验收合格证。

中国中心城市建设的豪华程度不逊于发达国家，小城镇建设却严重落后于发达国家。发达国家小城镇是最适宜居住、生活的区域，德国非农人口高达 97％，70％人口居住在 2 万人以下的小城镇。美国有 65％的人居住在小城市和小城镇。这些国家的小城镇是城镇化的高端，不仅基础设施和公共服务水平与城市相同，而且小城镇的人居环境比城市还要好，往往是中产阶级和

中国乡镇建设

中国建制镇有17000多个，人口超过10万人的仅有56个，主要分布在珠三角、长三角。中国小城镇尚未形成百姓稳定居住的场所，属于半成品的城镇化，基础设施不全、公共服务落后、人居环境差，小城镇人口流向城市的现象比较普遍。另外，许多水城镇正在逐渐失去特色、失去传统文化和美丽风貌。

小城镇发展不如城市并不是世界普遍现象。在许多发达国家，小城镇是城镇化的主要载体。德国非农人口高达97%，其中70%的城镇人口居住在2万人以下的小城镇。美国65%的人口居住在小城市和小城镇。同时这些国家的小城镇是城镇化的高端，小城镇不仅基础设施和公共服务水平与城市相同，而且许多小城镇的人居环境比城市还好。小城镇中居住的人群往往是中产阶层和富裕阶层。中国小城镇建设也必然向这一方向发展，这是不可逆转的历史趋势。

数据来源：住房和城乡建设部

富裕阶层居住在小城镇。中国小城镇建设也必然走高端城镇化道路。国外很多著名大学（如剑桥）就在小城镇，一些大企业也在小城镇，股神巴菲特也住在小城镇。一个小镇就是五脏俱全的小社会，很安静，很安全，适合享受生活。这是中国未来的发展方向。

国家提出城乡一体化统筹发展是从根本上缩小城乡差距的战略举措。城乡一体化应当是城乡基础设施建设一体化、公共服务一体化和民众权利一体化。当前乡镇农村最缺乏公共基础设施（路、电、气、水、暖及垃圾处理）。当前的最大问题是农村垃圾和污水处理，城市垃圾下乡，垃圾围城，再加上农村产生的现代垃圾，自然降解很难。另外，公共服务与城市的差距还相当大。公共服务包括医疗服务、文化教育服务、公共信息服务等，而这些都不是短时间内可以解决的。

城乡一体化建设并不排斥城乡差异化。乡镇农村最大的优势是绿水青山、贴近自然。差异化发展就要留住绿水青山，留住绿色生态环境，留住有机食物。只有差异化，才能留住城里人。未来中心城市，比如北上广深，发展最大的限制是高房价。四川一所艺术学院在成都温江，学院领导希望我去兼课，教画。"你要能来就在学院买房子，3 000多元一平方米，在我们这里买一套

中国乡镇建设

进入21世纪，中国中小城市和小城镇建设快速发展。目前，中国657个设市城市中，中等城市239个，小城市261个，中小城市占全国城市总数的76.1%。全国目前有建制乡镇19600多个，还有17000多个乡镇没有建制，原有260多万个自然村急剧减少。中小城市通过创新驱动、优化结构、集约发展、城乡统筹等举措，在规模扩展、功能强化、基础设施建设、经济发展、社会进步、人居环境改善等方面取得成效，已经成为中国经济社会发展的重要力量。

数据来源：住房和城乡建设部

房子的钱，在北京只能买一个厕所。"他的话让我怦然心动。未来中国小城镇一定会大有发展。进入 21 世纪，中国小城镇建设速度已经加快，通过创新驱动、优化结构、集约发展，已经成为中国经济社会发展的重要力量。

乡镇政府是国家政权组织体系中的最基层机构，既有辐射农村的行政权力，也有各级党政机构核拨的财税资源，乡镇农村上网服务场所建设必须依靠乡镇政府的行政资源、网络资源、物流资源、公共服务领域资源，建设好乡镇上网服务场所示范店，以乡镇示范店、中心店的示范作用、引领作用辐射农村。

与乡镇以及自然村信息服务中心建设相结合。乡镇基层组织、自然村以及农民的生产、生活需要互联网与世界沟通，与外出家人联系，与网络购物平台联系，购买家庭生产、生活用品，推销自产的农产品，可惜他们没有接触互联网的机会和技能。乡镇农村的上网服务场所应当主动承担起地方涉农网络培训、信息服务的任务，真心实意地为农民的生产、生活服务，成为农民可以信赖的朋友，这是基层上网服务场所转变形象、赢得人心、占领市场的正确道路。当前的问题一是上网服务场所不敢、不会与乡镇党委政府联系，主动请缨参与、介入基层网络信息中心建设；二是与县以下乡镇党委政府关系太密切，结成利

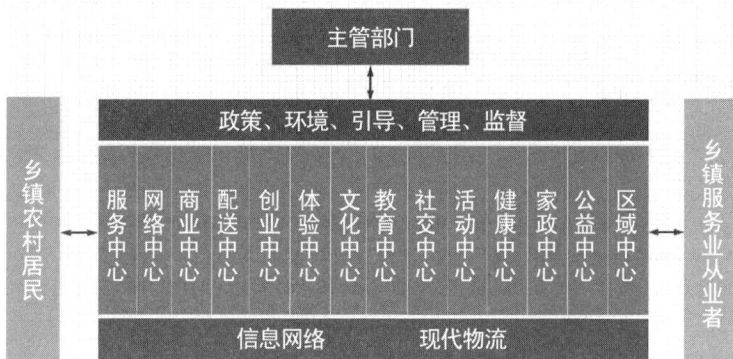

乡镇农村上网服务场所建设必须依靠乡镇各种资源

乡镇农村的上网服务场所建设重在乡镇，乡镇既有辐射农村的行政权力资源，
也有各级党政机构核拨的财税资源。

益共同体，限制其他优质资源进入。地方政府大多不愿意发展基层上网场所，
抱着多一事不如少一事的态度，上网服务场所也不愿意新的竞争者加入，双方
的"两不愿意"高度默契，致使县以下基层上网服务场所数量增长幅度长期落
后于城市的增长幅度，没有形成优胜劣汰、有进有出的机制，也没有利用农村
产业结构调整的契机，吸引乡镇农村优质资源进入上网服务行业。

利用乡镇农村上网服务场所为周边中小学校开展互联网教学服务。 由于政
策法规的限制，农村留守儿童在学校没有条件上网，又不能在上网服务营业场
所上网，使他们输在了起跑线上。乡镇农村上网服务场所一般上午比较空闲，
可主动与学校联系，培训老师熟练使用电脑，再与他们合作把学生的电脑课堂
搬入上网服务场所。有条件的场所可以不收费或者少收费，也可以与学校建立
网络教学定点场所、定点区域。只要上网服务场所真心为农村孩子服务，并与

有关部门做好协调工作，一切困难以及政策性障碍都是可以克服的。

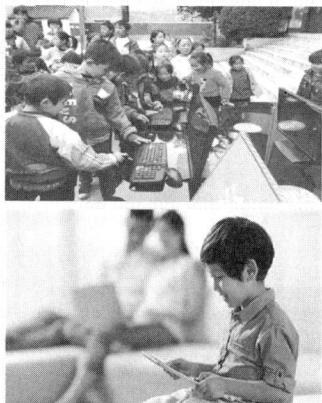

湖南省益阳市共有小学、初中856所（含242个教学点），不论计算机质量，拥有计算机室的学校只有365所，420所完全小学中仅有198所拥有计算机室，194所初中学校中167所拥有计算机室；计算机拥有量生机比中学32.8:1、小学82.9:1，城镇学校约10个学生1台，农村学校约100人1台，不到100名学生的教学点计算机几乎没有。

——湖南益阳市基础教育发展报告
2016年2月25日

与乡镇学校相结合，利用场所上座率较低的时间段，为学校开展互联网教学服务

乡镇农村上网服务场所要主动参与乡镇文化中心建设。 这些年来，在乡镇文化室建设方面，国家的投入不少，但成效不好。建成的乡镇图书馆已经破败，农村电影队放电影没人看。国家核拨农村电影放映经费时根据放映场次补贴经费，于是有人把放映机支在家里一天放几场，真正看电影的人没有多少。

供给侧改革是当今相当时髦的话题，其实基层公共文化服务体系建设最需要供给侧改革，甚至是根本性改革。破败不堪的农家书屋、观众寥落的放映场，仅责怪基层百姓管理不善是不公平的，供给侧失去了需求侧的声音，任何文化投入都将石沉大海。

破败不堪的农村图书馆，只剩书架，书早已不见踪影
（一）管理人员不到位，借阅图书存在一定难度。
（二）借阅设门槛，群众不服从管理。
（三）图书更新不及时，针对性不强。
（四）管理制度流于形式，图书资源流失严重。
——《河南文化产业网》

曾几何时，每当有电影放映队下张江，村民们必牵老携幼，搬着凳子拿着席子，早早赶往放映电影地点等候，现场一片欢声笑语。如今随着社会的发展，农村人的娱乐生活也多元化，曾经大受欢迎的乡村电影放映队也风光不再。记者在澄海一乡村所看到，现场除了坚守岗位的电影放映员外，只有寥寥二三个年老的观众依然在这里捧场观看。本报记者 陈史 摄影报道
——《汕头晚报》

农家书屋
60亿元 39万家

农村电影放映队
5万余支

数据来源：《2015年文化发展统计公报》

"六五"期间，国家就要求县县建文化馆、各乡镇建文化站、村村建文化室，各级文化部门为此进行了不懈努力，乡镇文化站建设也由 1978 年的 6 893 家发展到 1998 年的 45 853 家，2015 年依然维持在 44 291 家左右。

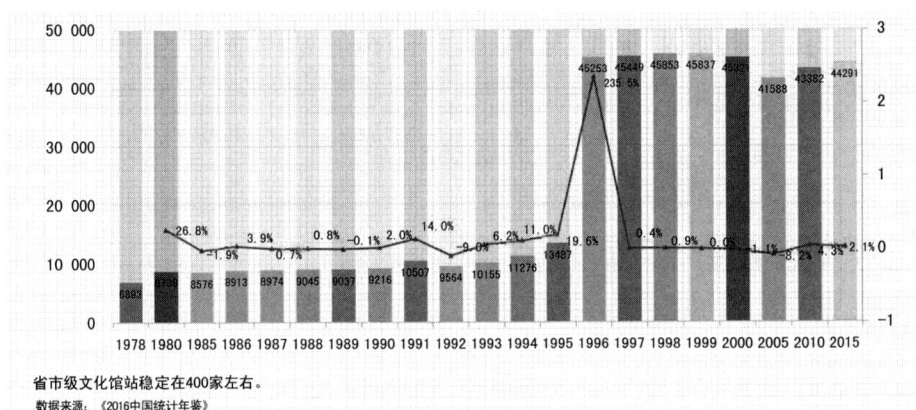

省市级文化馆站稳定在400家左右。
数据来源：《2016中国统计年鉴》

中国文化馆站数量变化

从 1978 年到现在，经过不懈努力，中国乡镇农村已经发生了巨大变化，政府部门还在用计划经济体制的思路、短缺经济时期的办法发展乡镇文化站（室），以为有了官办文化孤岛就占领了乡镇农村的文化阵地，这是否像唐·吉诃德大战风车一样可笑呢？实际上，已经建立的乡镇文化站（室）绝大多数没有专职文化干部、没有专项经费、没有专用开办场地。基层文化干部抱怨说：上头千条线，底下一根针，文化、广电、新闻出版都要在乡镇农村设"土围子"，基层不胜其扰。基层同志说，我们谁都惹不起。所以他们为各部门要求开办的机构都制作了像模像样的牌子，一间不大的场地，谁来检查就挂谁的牌子。官员走了摘牌走人，各奔东西。这样的事每天都在发生，今后相当长时期还将继续上演。究其原因，绝大多数基层组织是为了各部门每年下拨的一点经费，虽然少点，却聊胜于无。至于占领乡镇文化阵地的效果，官员们也心知肚明，当和尚总是要撞钟的嘛。

中央对地方文化项目的补助资金的确每年都有较大幅度的增长，但是相对于世界第二大经济体的实力、体量，补助资金的确太少了一点，更重要的

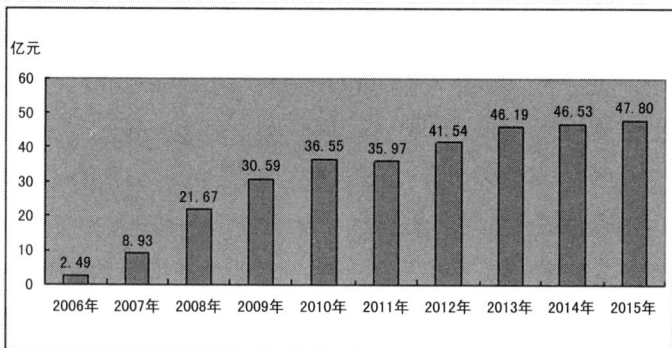

2006—2015 年中央对地方文化项目补助资金情况

是，补助项目、补助方式、补助金额没有与发展地方文化的效果挂钩。一般都是人头费开工资，项目费搞活动，财政资助究竟产生了什么效果谁也没有评估。于是就出现了国家没少花钱、群众没得实惠的尴尬局面。造成这种状况的根本原因就是市场机制没有发挥作用，优不胜，劣难汰，占据先天优越的机构即使丧失了艺术生产能力，也依然享受财政供养或者部分供养；即使国家明确要求向社会、向民营企业购买公共服务，地方党和政府的阳光雨露也还是很难落到民营企业的头上。

面对中国城市化进程提速，面对接近 3 亿农村人口进城务工，国家投入大量财政资金建设的 39 万余家农村书屋、5 万余支农村电影放映队以及 4 万余家乡镇文化站（室）已经很难正常运转，遑论发挥占领农村文化阵地的作用。但是国家又不能放弃农村文化建设，唯一正确的选择就是坚持实事求是，变更投入、管理机制，采取公私合营、民办公助或者政府购买服务的办法，让扎根乡镇农村的上网服务场所承担起基层公共文化服务任务。上网服务场所不可能包揽基层公共服务的全部职能，但是在信息化推动城镇化、城镇化加速信息化的今天，上网服务行业理应在农村信息化、现代化建设中发挥更大的作用。基层党政领导都很忙，多次被边缘化的上网服务场所也很难入他们的"法眼"，但是，全行业要有锲而不舍的精神、舍我其谁的气魄，主动出击，主动作为，以服务农民、服务基层的业绩使自己成为基层公共文化服务体系中不可或缺的力量。

我们没有能力让基层的党政官员不作为就让位、不换脑筋就换人，我们只能以奉献精神感动"上帝"，以卓越成就感动"公仆"，只有"公仆"龙颜大悦，乡镇农村文化建设的主人才能品尝"主人"的喜悦。中国老百姓向来怕官，殊不知在信息爆炸的时代官也怕民，让两害怕、两远离变为两结合、两拉近，这将是中国历史性的伟大转折。我们上网服务行业应当成为先行者，主动找当地党政部门寻求领导，为服务农民请命、请战，我相信全行业面貌就将实现全面更新换代、转型升级。

要积极推进与阿里巴巴、京东等大型电子商务企业的合作，使县以及县以下地区的上网服务场所成为电商辐射的末梢神经。"农村淘宝啥都有，购物就在家门口"，电商下乡，农村网购、网销，通过互联网让农产品进城、工业品下乡。乡镇农村上网服务场所应当成为大型电商的网络服务中心，可以辅导农民或者帮助农民网上购物、网上销售，帮助电商在农村扩大销售、培育市场、推销产品，也可以利用场所的空间建立电商的小微超市，开展电商物流存储配送等配套业务。

与阿里、京东等大型电子商务系统合作，成为电商辐射县以下地区的末梢神经网络

乡镇农村上网服务场所还应当成为农民在乡创业、农民工返乡创业的平台。创业天地广阔，途径多样，可以自主创业，也可以在家跟随式创业，既创业创造收入，又能够照顾家庭。跟随式创业应当成为"双创"的主力军，京东集团需要网络业务推广员，具有初中以上文化程度者，经过简单培训就

可以上岗。创业需要合适的办公场所,上网服务场所就是面向基层、面向农民的全天候办公场所。我到京东集团总部访问,几千平方米大开间网吧式办公场地以及忙碌紧张的员工令我感动。我与他们研究了如何利用双方的优势,开辟县以下农村电商网购市场。其实阿里巴巴和京东、腾讯都没有忘记中国乡镇农村,没有忘记具有后发优势的 8 亿或者 9 亿农民,他们恨不得加长再加长手臂与农民兄弟握手。京东集团计划在乡镇开设电商超市,培训农村电商网购推广员,他们在农村没有腿,电商网络没有能力完全辐射乡镇农村。他们的短板正是我们的长处,两者结合,强强联合,相得益彰。上网服务行业最为难得的是使互联网率先扎根乡镇农村,为农村培训了第一批熟练上网的操作人员和网络管理人员。任何互联网企业要想在乡镇农村发展,就必须重视乡镇农村上网服务场所以及网管技术人员、操作人员的巨大能量,任何互联网企业只有与乡镇农村的上网服务场所合作,才有可能赢得八九亿农民的巨大市场,才有希望成为中国互联网经济的超级霸主。

跟随式创业者是"双创"的主力军
需要开展业务和办公创业的场所　　京东总部写字楼　　转型升级后的上网服务场所

乡镇农村上网服务场所应当成为农民在乡创业、农民工返乡创业的平台

进入任何一家现代企业办公大厅,第一感觉就像是一家上网服务场所。让企业办公大厅网吧化,让网吧等上网服务场所办公大厅化,两者融合,错位发展,不仅能够提高办公大厅环境档次,人性化管理,而且为走出办公大厅的企业白领、"双创"精英提供了现代柔性办公、创业的空间,也为上网服务行业拓展了无限的发展空间。我可以预言,总有一天会有现代企业办公大厅引进网吧式服务,总有一天会有现代企业落户网吧等上网服务场所,这一天不会很远。上网服务场所的未来发展空间非常大,我对此充满信心。

四、总结

一、现在是上网服务场所在乡镇农村发展的最佳机遇期,有空间、有机会、有难度,全行业必须抓住机遇,以敢为人先的精神,下好先手棋,拓展新领域,创造新业态,打出新天地。

二、乡镇农村上网服务场所要承担传播网络文化的任务,让乡镇农村网民也能够像城市网民一样,在网络游戏、视频、音乐、文学领域冲浪、遨游,以现代网络文化占领乡镇农村文化阵地。

三、乡镇农村上网服务场所要和大型电商平台结伴而行,他们是泛电商、泛文化的,整合了大量的优质商品、文化、娱乐、教育、医疗、旅游、双创、公益等各类资源,我们线下场所要全方位对接优质线上资源。

四、借鉴而不是照搬城市上网服务场所转型升级的模式、经济,在整合发展、创新供给上下功夫,走出最适合乡镇农村需求的上网服务场所发展之路。

网络世界三分天下,上网服务行业占据了人流、信息流的优势,下一步要引进物流。乡镇农村上网服务场所应对接互联网经济的核心内容——网络购物和网络文化,各地上网服务场所应当成为所在区域信息流、物流和人流的汇聚地,紧抓周边居民生活服务、跟随式"双创"平台、网络文化娱乐三大板块,将上网服务场所打造成当地的商业中心、文化中心、娱乐中心、"双创"中心、服务中心和物流中心,立足乡镇,辐射农村,为农服务,良性创收,全心全意服务新农村建设,做市民下乡、农业进城的桥梁。让经营性上网服务场所服务和公共性文化信息服务对接,让网络文化和乡土文化对接,让电子商务和生态农业对接,让农产品进城与工业品下乡对接,让城乡在创新、协调、绿色、开放、共享的理念下一体化统筹发展。

中国未来发展的最大空间在乡镇、在农村。网络经济电商、物流、信息服务未来发展的最大机遇在乡镇、在农村。全行业再也不能错失网络文化、信息服务在乡镇农村发展的机遇窗口期,无论有多大困难,都必须从这里杀

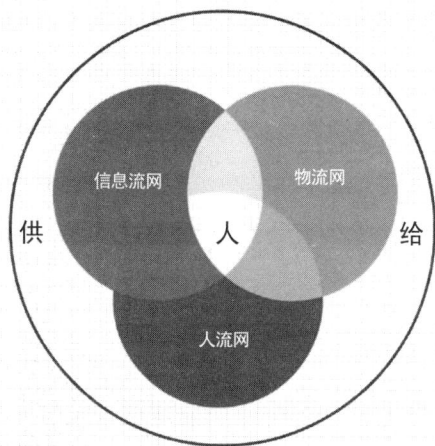

网络世界　三分天下

出一条血路，突出重围，在乡镇农村站稳脚跟，创造中国特色的乡镇农村上网服务场所。我们这支队伍是听党指挥、能打硬仗的队伍，是吃苦耐劳、肯于奉献的队伍，是有点阳光就能灿烂、有点泥土就能扎根的队伍，我们有顽强的市场开拓能力和抗击打能力，我们一定能够在中国网络经济社会发展过程中创造出属于我们的一片天地。

在清华大学举办的第一期"乡镇上网服务场所经营管理研修班"是乡镇农村上网服务行业的"黄埔一期"。"黄埔一期"是一个响当当的招牌，"黄埔"是培养干部的，是能够领兵打胜仗的干部，不是一般的大兵。你们身上肩负着行业的未来，是产业发展的希望。你们要按照这样的标准要求自己，率先垂范，积极推动乡镇农村上网服务场所转型升级，建设中国特色的乡镇农村上网服务场所，并使之成为中国新农村建设的一道亮丽风景。

网络世界，城乡一体。广阔天地，大有作为。

说明：2016 年 6 月 30 日，中国互联网上网服务行业协会在清华大学举办"乡镇上网服务场所经营管理研修班"。本文根据作者在研修班上的讲话整理。

文商共建　互联共享

今天，文化部文化市场司、中国互联网上网服务行业协会（以下简称协会）、京东集团联合召开中国乡镇农村上网服务场所转型升级现场会暨京东与中国互联网上网服务行业协会战略合作发布会，这次会议对于我们双方都是值得特别珍视、具有里程碑意义的大事，是文化产业与互联网经济的第一次全面对接，是现代互联网信息服务业与现代互联网物流业的第一次深度合作。今天的会议主题是"文商共建、互联共享"，这是全行业当前以及未来努力奋斗的目标。

一、中国上网服务行业转型升级的启示

中国互联网上网服务行业，也就是俗称的网吧、网咖，是中国互联网商用的先行者，中国互联网经济就是从这里扬帆起航的。它们承受了文明古国第一个吃螃蟹者能够经历的所有厄运、磨难，但是人民的刚需势不可挡，在一片围剿和打压声中，中国互联网上网服务行业 2003 年为国家贡献了 88 亿元的绿色 GDP，2009 年已经上升为 886 亿元。尽管如此，中国互联网上网服务行业的名声依然不好。2008 年，全国 42％的互联网用户在网吧上网，2010年在网吧上网的用户为 1.63 亿人。但是，中国互联网上网服务行业依然遭受打压。

2013 年行业协会成立之初，全行业营业收入从 2009 年的 886 亿元，跌至 2013 年的 520 亿元。也就是在这一年，协会与全行业经营者和员工，在文化部的领导下，开展了产业脱胎换骨的转型升级。经过 3 年的拼搏奋斗，全国

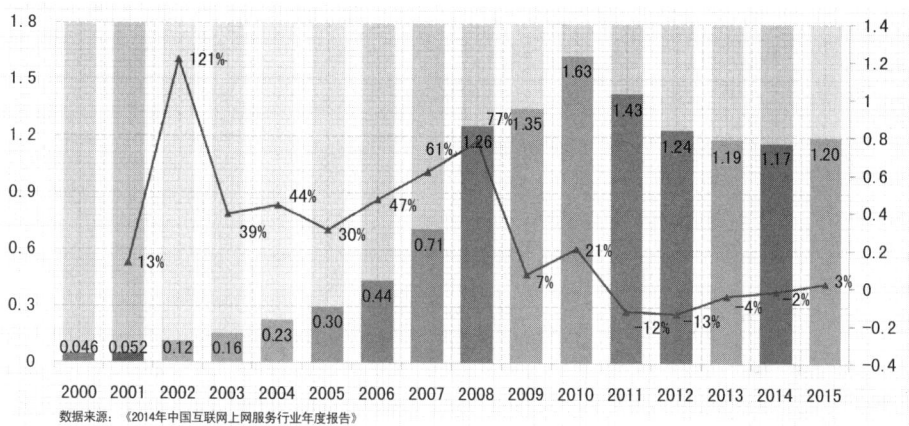

数据来源：《2014年中国互联网上网服务行业年度报告》

上网服务行业客户数量变化（亿人）

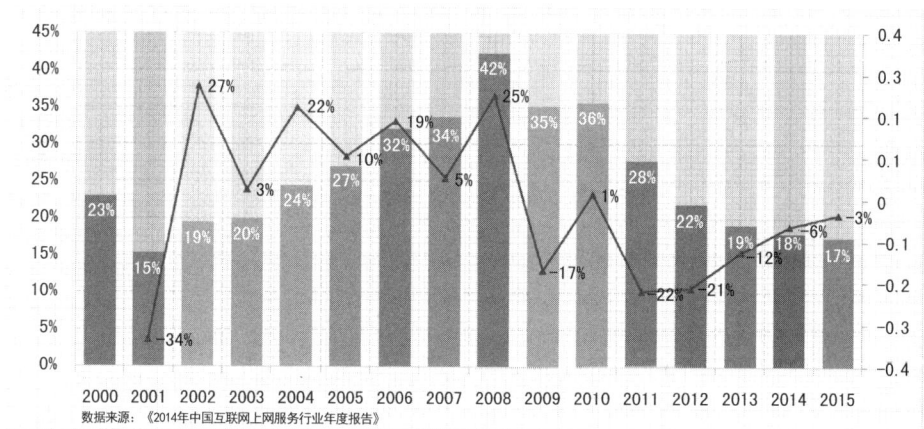

数据来源：《2014年中国互联网上网服务行业年度报告》

上网服务客户占上网人群比例

上网服务场所基础条件全面改善，服务质量和营业收入大幅提升，已经发展成为拥有 15 万余家场所、近 1 500 万台终端、服务 1.22 亿用户的现代文化服务体系。行业营业收入连续三年实现 2 位数增长，2016 年上半年行业营收达到 368.6 亿元，较 2015 年同期增长 22.3%。

经过 20 多年的发展，中国互联网上网服务行业已经成为中国最大的互联网线下营业体系，政府行政部门和社会公众也逐渐抛弃成见、偏见，比较准确地认识到了上网服务行业的性质和职能定位。**政府行政部门解放思想，转**

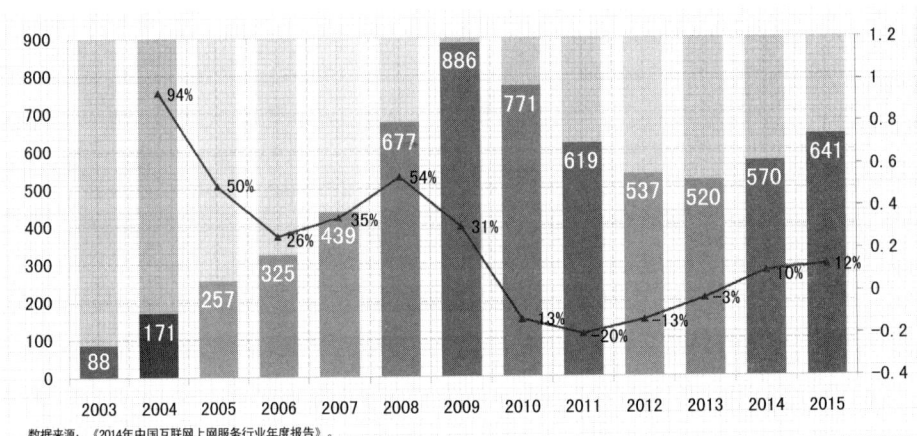

数据来源：《2014年中国互联网上网服务行业年度报告》。

上网服务行业营收变化（亿元）

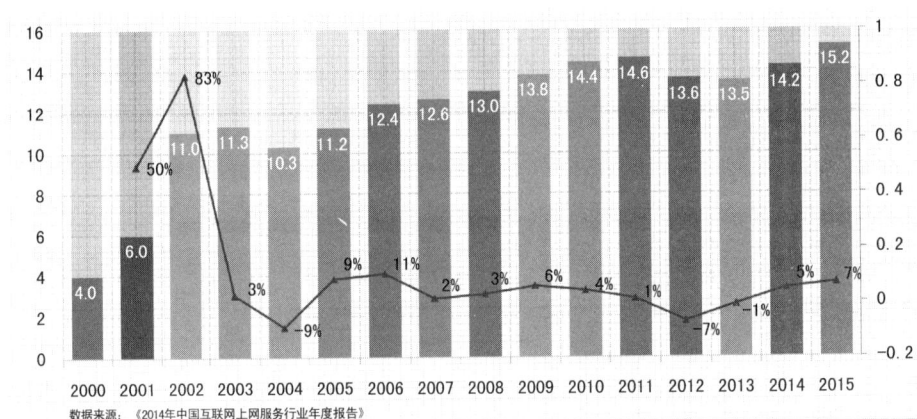

数据来源：《2014年中国互联网上网服务行业年度报告》

上网服务场所数量变化（万家）

变领导方式，从严管重税、围剿打压，转变为支持、扶持、引导、助力，释放政策红利，放开单体网吧审批权限，使全行业触底反弹，转型升级最明显的标志是场所数量、用户数量和行业营收总额全面大幅增长。

但是，我们也要清醒地看到中国互联网迅速发展给互联网商用先行者带来的危机。2008年，中国有42%的上网用户在上网服务场所上网，很多人是在上网服务场所第一次接触互联网。我经常说，中国上网服务场所是中国互联网行业的"黄埔军校"，为中国进入信息社会培养了第一批忠实用

2016年上半年发展情况

场所15余万家
平均500平米以上，紧邻社区、整洁明亮

终端近1 500万台
配置高端、操作界面可一体化设置

用户1.22亿
中国60%以上18—30岁男青年常年活跃在网咖

数据来源：《2014年中国互联网上网服务行业年度报告》

中国最大的互联网线下营业体系

户。然而今天在上网服务场所上网的用户只占全部上网用户的 17％。2013 年中国 18～24 岁的劳动人口 1.72 亿，2014 年中国人口红利出现拐点，进入负增长的下降通道，预计 2018 年 18～24 岁的劳动人口将累计减少 22.8％，他们中间的 70％左右是上网服务场所的忠实用户。因此，全行业必须增强忧患意识，进一步深度转型升级，才能使行业真正破茧重生。必须在坚持上网服务场所数量增长的基础上，更加注重场所环境和服务质量的提升；在坚持上网用户数量增长的基础上，更加注重用户结构优化。我们希望上网服务场所既是用户的消费场所，也是用户的创业、创造、创收场所，这是我们此次与京东合作的重要出发点之一。

上网服务行业转型升级能够取得不俗的业绩，除了要领导有方、执行有力，最关键的是社会公众转变观念，行业顺应时代潮流。2003 年中国网络游戏用户仅有 1 400 万，占人口总数的 1.08％，不明就里的人们可以说他们是少数，是另类。到了 2015 年，网络游戏用户达到 3.91 亿，与 2015 年 4 亿多的网购用户数量差不多，已经占人口总数的 28.5％，这表明网络游戏已经成为一种主流文化形态。人们已经逐渐改变了上网打游戏就是玩物丧志的传统

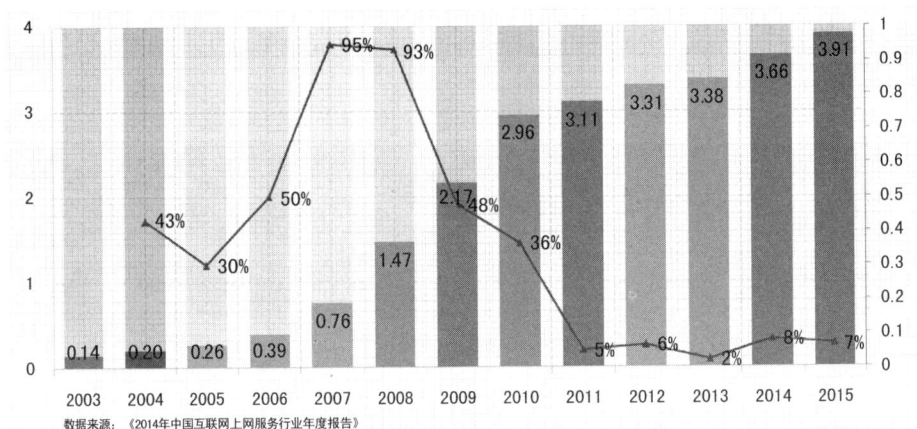

数据来源：《2014年中国互联网上网服务行业年度报告》

中国网络游戏人群变化（亿人）

观念。2010年，行业用户达到历史高点1.63亿，然后逐年下降至2014年的1.17亿，2015年止跌回升，反弹至1.2亿，2016年已经达1.22亿，比2014年净增500万客户。这是了不起的进步。美国大选，特朗普意外获胜，美国主流媒体大跌眼镜。出现这种情况的根本原因是美国人民放弃了金玉其外的传统精英政治、传统政客文化，转而选择更为真实、更为务实的"草根"。我们不反对人们追求、拥抱传统精英文化，同时，我们发现更多的人追求现代文化、游戏娱乐，也许他们没有上流社会高雅，但是他们很真实、很快乐。**游戏娱乐文化正在变为大众文化、主流文化，谁远离游戏娱乐文化就很另类，很少数。正是他们文化消费取向的成功转型，才为上网服务行业的发展创造了无数的商机。**同时，上网服务行业也要顺应潮流，为更多的上网用户建设、创造消费者渴望的消费体验。按照这样的思路，我们与京东精诚合作、深度合作，取得成功也是极其自然的。

二、中国文化产业长期低速发展的原因

2015年中国文化及相关产业增加值27 235亿元，占GDP的比重为3.97%，比上年提高0.16个百分点。如果文化产业达到公认的国家支柱产业标准，即占GDP的5%以上，就意味着中国"十三五"的5年内，中国文化

产业需增加 1.03 个百分点，年均增加 0.21 个百分点，现在看来难度相当大。2004 年以来，中国文化产业年均增长 0.2％以上的年头并不多，2004 年占 GDP 的 2.15％，2009 年占 GDP 的 2.52％，5 年增长 0.37％。高速发展是在 2010 年、2011 年，2010 年占 GDP 的 2.75％，比 2009 年增长 0.23％，2011 年占 GDP 的 3.28％，比 2010 年增长 0.53％。面对这样的发展势头，文化领域欢欣鼓舞，文化部制订了"十二五"期间产业倍增计划，结果 2012 年文化产业占 GDP 的 3.48％，以后又进入了低速发展区间，倍增计划遇阻。

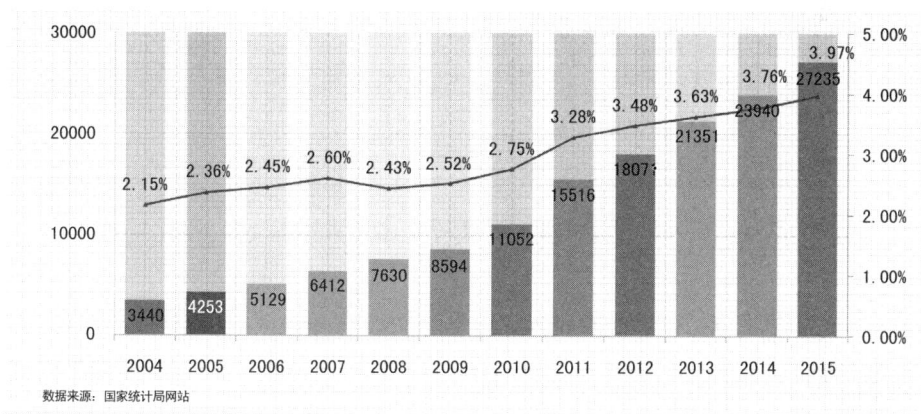

数据来源：国家统计局网站

中国文化产业增加值及 GDP 占比（亿元）

文化产业理应是一个国家的支柱型产业，发达国家文化产业增加值均占国

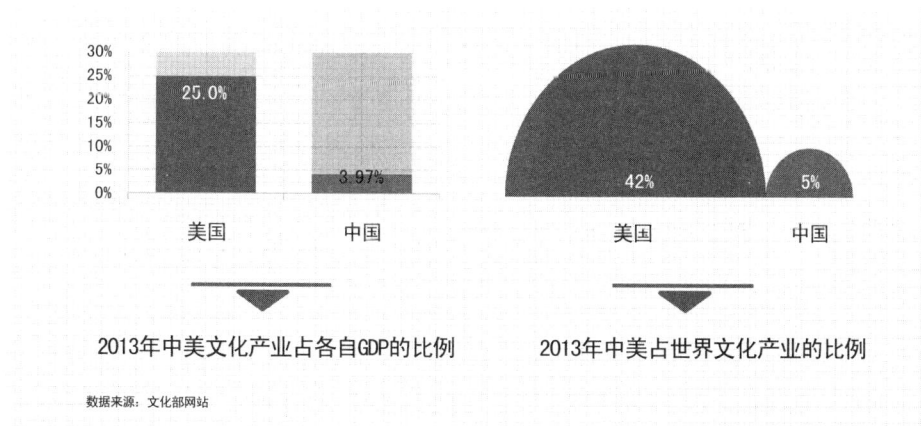

2013年中美文化产业占各自GDP的比例　　2013年中美占世界文化产业的比例

数据来源：文化部网站

中美文化产业发展对比

内生产总值的 10％以上。《文化软实力蓝皮书：中国文化软实力研究报告（2013）》指出，美国文化产业占 GDP 的比重已经超过 25％，而中国为 3.63％。美国文化产业占世界文化市场的比重为 42％，中国不足 5％，差距可谓明显。

对于文化产业的低速发展，搪塞者往往会归咎于底子薄、一穷二白，而实际上中国作为文明古国的文化资源在当今世界各国中应该是最深厚、最丰富的。中国文化产业长期低速发展不仅与世界各国文化产业发展成果很不相称，也与中国改革开放以来经济高速发展的速度、质量极不协调。说到底，国家以经济建设为中心，文化也不能以意识形态为中心，国家的中心只能有一个，文化以及文化产业决不能例外。因为文化和文化产业对各行业发展起着底层支撑作用和顶层拉动作用。

我们再来看一组数据。数据虽然很枯燥，却更能反映传统文化产业项目全面萎缩或者缓慢增长，更能反映互联网文化产业全面性、爆发性提速的强劲增长势头。

广告是对产业变化反应最敏感的行业之一。2015 年上半年，全国报纸广告同比减少 35.4％，电视广告同比减少 4.6％。互联网广告同比增长 36％，其中移动互联网广告同比增长 178.3％。这说明互联网，尤其是移动互联网的用户使用量在高速增长。

就场所而言，2015 年全国文艺演出总收入 258 亿元，同比增长 12％，全国电影票房 440 亿元，同比增长 48.7％，全国娱乐场所共实现营业收入 557.04 亿元，同比下降 49.0％，上网服务行业实现营业收入 641 亿元，同比增长 12.6％。2015 年网络直播市场规模约为 90 亿元，同比增长 66.1％。据证券公司一份市场分析报告预计，2020 年网络直播市场规模将达到 1 060 亿元，很快会超过文艺演出市场。类似的数字还有很多，不再一一列举。

我们发现，网络文化发展迅速，与互联网融合度较高的图书、电影和演出市场发展态势良好，图书和票务目前已经是京东成熟的业务板块，而与互联网渐行渐远的产业却发展困难，甚至大幅下跌。

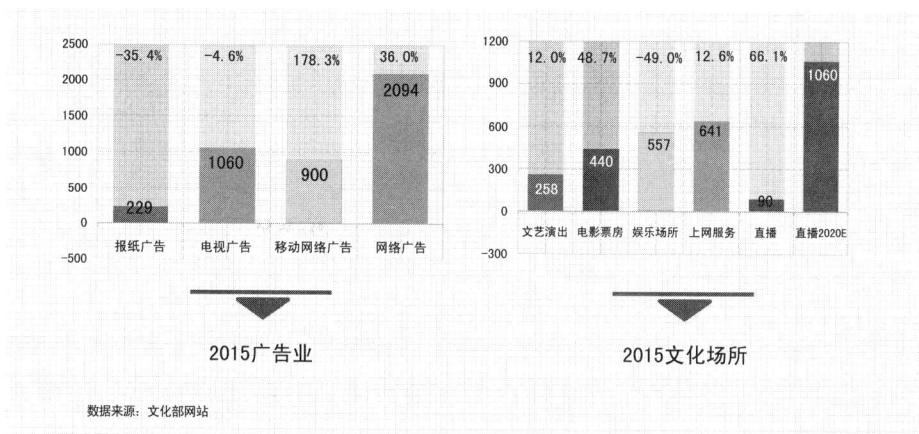

数据来源：文化部网站

文化产业发展的主阵地在转变

2014 年，一曲《时间都去哪儿了》受到追捧，用户的时间是不可能增加的刚性资源，是商家竞争的最后制高点。今天在很多人没有察觉的时候，网络文化已经悄然占领制高点，短短几年时间，20 多亿小时的日时间占用量还在不断攀升。这些数据和事实告诉我们，互联网虽然还是一个新生事物，来到我们身边的时间与源远流长的中国文化长河相比仅是一瞬间，但已经成为当代社会主流，尤其是近几年移动互联网兴起，进一步加快了这种趋势。任何的轻视或是抵抗都将是徒劳无益的。

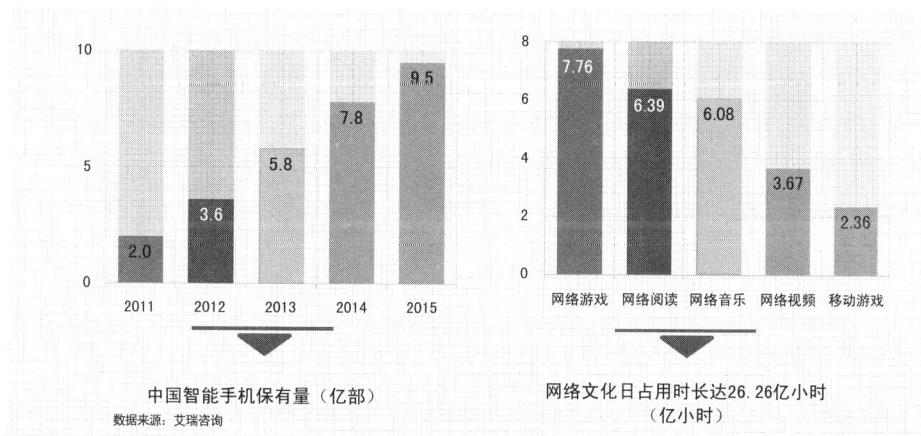

中国智能手机保有量（亿部）
数据来源：艾瑞咨询

网络文化日占用时长达 26.26 亿小时
（亿小时）

网络文化已成为占用国民时间的绝对第一

2016 年 11 月 11 日，在纪念孙中山先生诞辰 150 周年大会上，习近平总书记引用孙中山先生的名言"世界潮流，浩浩荡荡，顺之则昌，逆之则亡"，讲的就是这个道理。**互联网线上文化与非互联网创造、传播的线下文化产品和服务相比，在创作方式、呈现方式、传播方式等诸多方面，具有自身的特点和规律，既不能用计划经济的方式管理网络文化产业，也不能用管理实体经济、文化事业、文化产业的方式管理互联网文化、数字经济。中国文化产业长期增长缓慢，与管理思想不解放、领导方式陈旧有直接关系。**

长期以来，我国文化领域过分注重经营主体的性质，过分注重准入管理以及经营主体、经营过程的许可管理，极大地束缚了文化生产力的爆发和艺术生产力的释放。这样一套实践证明是比较落后的管理方式，搬到互联网文化领域，不仅行不通，而且办不到。互联网用户的原创内容、海量信息，是管不过来的，如果发一个微信朋友圈也要办理网络出版许可证，实在是让人无法想象的。政府应该管好网络文化平台，而不是直接管理数亿网络文化内容提供者中的每一个人。

三、中国互联网文化与经济共建的机遇

目前，中国正处于互联网文化与经济共建的最佳窗口期。

京东是中国互联网产业的杰出代表，上网服务行业和网络文化产业也是中国互联网经济发展的先锋。每一个文化要素的全面互联网化就是网络经济的一个里程碑。

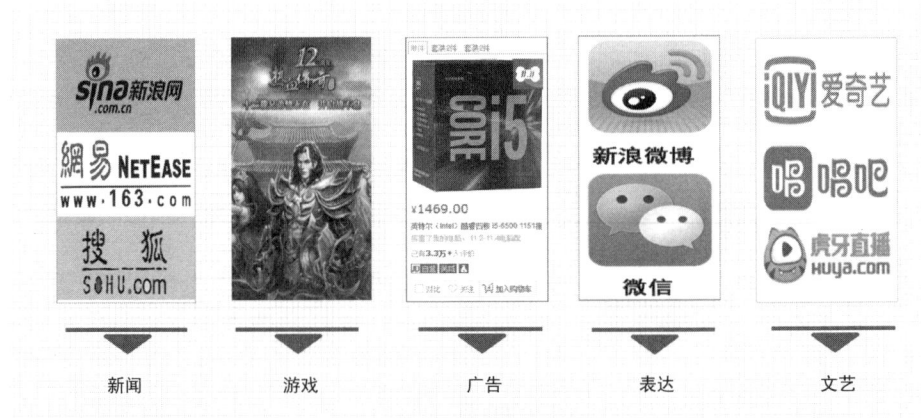

| 新闻 | 游戏 | 广告 | 表达 | 文艺 |

每一个文化要素的全面互联网化就是网络经济的一个里程碑

网络经济的消费升级、持续发展需要文化的拉动　　　　　文化是认同的基础

游戏文化　　居家文化　　时尚文化　　影视文化　　养生文化

新闻信息的互联网化，诞生了以新浪、搜狐和网易为代表的中国第一批大型互联网企业，并为百度等信息搜索公司创造了良好的发展环境。

游戏的互联网化，让盛大的《传奇》红极一时，带动了宽带、硬件等大量相关产业的发展，本世纪初 10 余万家上网服务场所的宽带上网费就为中国宽带发展提供了第一桶金。

广告的互联网化为网络经济的健康发展提供了持续的动力，而网络商品广告的规模化聚集，并辅以运营和快递物流体系，催生了像京东和阿里巴巴这样的电商平台，时至今日，它们已经成为拉动中国经济发展的重要引擎。

思想文化表达、传播的互联网化，出现了微博、微信。

文艺互联网化，让爱奇艺、唱吧、直播平台等成为当前最火热的互联网发展项目。

未来还有什么文化要素即将全面互联网化，这又将是一个什么样的里程碑？我认为下一个全面互联网化的文化要素就是文化场所，特别是上网服务场所，将是互联网线上线下融合发展的里程碑。

这几年移动互联网快速发展，让传统文化场所赖以存在的文化要素被快速抽离：移动阅读抽离了图书馆、阅览室的图书资源；移动视频抽离了电影院、放映点的影视资源；移动游戏抽离了上网服务场所的网游资源；移动KTV抽离了歌舞营业场所的歌曲资源；移动直播抽离了演出场所的表演资源。这让中国文化产业的数十万线下场所面临内容、用户被逐渐掏空的局面，而且速度极快，可谓猝不及防。如果现在不能痛下决心转型升级，就有极大的可能导致数十年辛苦经营的数十万家文化场所变得门前冷落鞍马稀。与此同时，线上的互联网经济也度过了蓝海竞争时期，进入白热化的红海竞争时期，大型互联网平台汇聚的数十万家实体经济的物质商品，也需要走进文化场所，走近最需要他们的用户，用文化为这些实体经济的物质商品赋予非物质的价值。

文化产品是精神产品，是最容易数字化的产品。数字化的文化产品，比如数字电影、数字音乐、网络游戏等，既没有质量也没有体积，这让文化场所拥有很大的空间可以承载线上经济走向线下。可以说，文化产业和互联网经济对双方而言都是急需的、唯一的，且具有很强的时效性，通俗地讲，就是"文商共建、互联共享"，是稍纵即逝的机遇，过了这个村就没有这个店了。

互联网文化和经济的合作共建，借助文化产业发展进一步拉动线上经济。京东商城的每一个栏目背后，都对应着一种文化形态、文化时尚、文化潮流，比如电脑和手机背后有游戏文化的拉动，如果没有游戏产业的高速发展，怎么会有电脑、手机的不断快速更新，这些耐用消费品用坏了不容易，但运行空间、速度不够用的情况却经常发生。是不够办公用吗？当然不是，是游戏速度不够了，视频存不下了。为什么选中式装修、买红木家具？为什么买时尚品牌的皮包、服饰？为什么买大屏幕的彩电？为什么买高端的运动自行车？为什么买西洋参滋补身体？为什么要理财而不是把钱存到银行？消费者每一个举动背后最深刻的动因，是消费者对某一文化的认同，并引发某一群体或者部分消费阶层的集体认同，于是时尚化的消费潮流开始形成，从而带动社会消费取向的形成和转移。所以未来的电商平台，不能是一个大集市，而应是一个多种优秀文化的辐射平台。在供过于求和品质成为共识的社会,性价比和品质不再是驱动社会群体消费的主要动因,而文化、时尚才是影响消费取向的最终因素。在以传统蒸馏高度白酒载誉世界的中国,喝红酒开始成为新潮,并迅速普及,其深层原因是中国中产阶级崛起、法国红酒文化东渐,以及生活品位提升、养生保健文化普及。让中产阶级家庭每晚喝150元一瓶的红酒而不是15元一瓶的果汁,基本动因是经济背景和文化氛围、生活时尚的变化。可以说,在物质生产全面过剩、文化产业稍显不足的今天,真正拉动消费的是大多数消费者对某一文化形态、理念的高度认同,一旦认同就具有一段时间内的相对稳定性,这才是创造需求、拉动消费的直接动力。

与此同时,文化场所也急需接入网络经济,以激活、盘活文化场所现有资源,上网服务行业与京东合作共建就是基于互联网经济的互联共享。双方的合作初步设计分两步走。

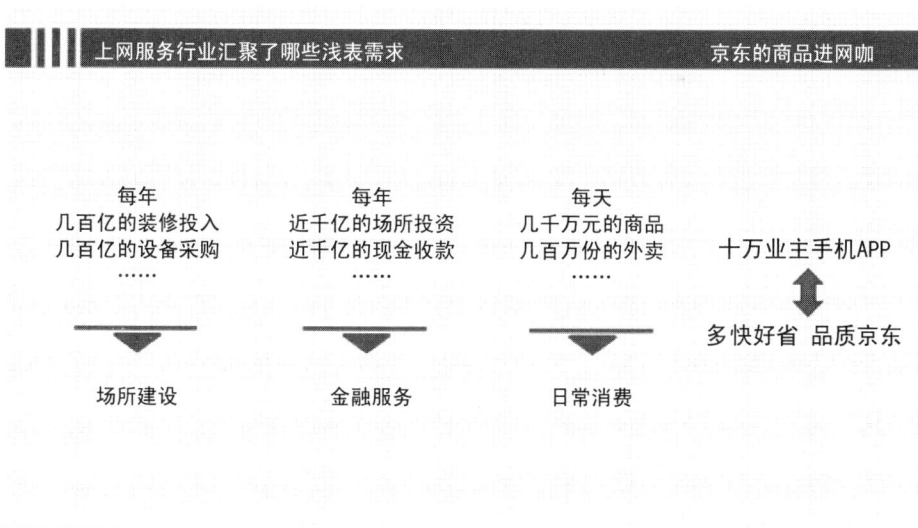

首先,让京东商品进入上网服务场所,通过为10余万网吧、网咖业主安装上网服务行业手机APP软件,让京东各项资源零成本地无缝对接到每一个场所,无论是装修建材、电脑设备采购,还是超市进货、金融服务等,都可以一触即得,享受京东对上网服务场所的全面行业服务。上网服务行业每年

上网服务行业汇聚了哪些深层需求			京东的平台进网咖		
大格局、大视野的顶层设计			多角度、多层次的电商创新		
吸引年轻人流	提供发展空间	汇聚业务内容	完善配套服务	建立周边连接	提升前进动力
电竞赛事 VR、AR 微院线 ……	自由职业者的空间 杜群电商的热土 ……	60%以上的结婚人口 万亿的家装市场 ……	24小时便利店 青年书店 网络药房 ……	0.3平方公里一家 自备冷藏冷冻设备 可24小时远程监控 ……	15余万家金融网点 1.22亿个421家庭 ……
▼	▼	▼	▼	▼	▼
最大的文化娱乐体系	最大的双创平台	最多的创业项目	最大的便利店体系	最大的自提网络	最大的金融服务体系

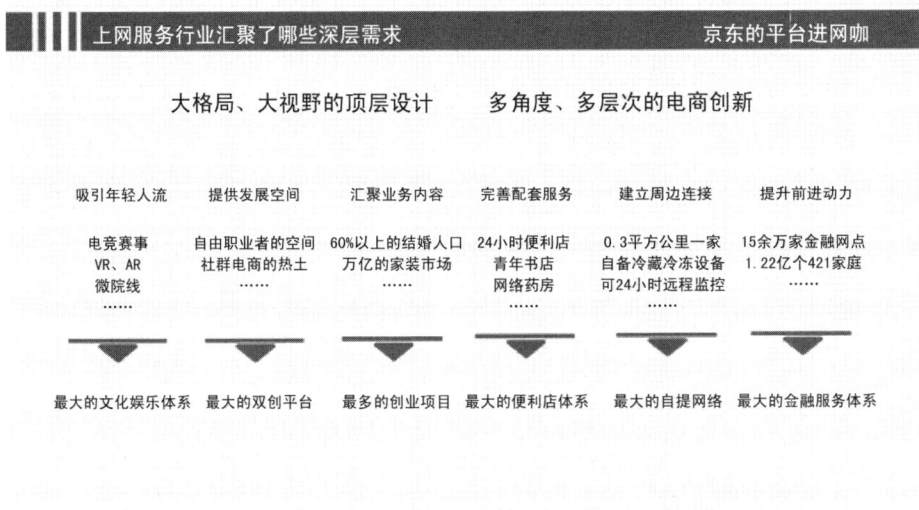

数百亿的装修投入和数百亿的设备采购、每年数百亿的快消品和餐饮销售，以及每年近千亿的资金流转可以通过多快好省、品质优良的京东平台，获得最佳的行业服务。京东的朋友担心 10 万个 APP 能不能装到位，我说只要你真是多快好省、品质优良，业主的安装要求拦都拦不住，更不要说还有文化部和各级协会的全力支持。关键是京东要做好内容，对于京东的能力我们是充满信心的。

其次，让京东平台进入上网服务场所，通过携手共建，实现优势互补，互联共享。

（1）打造最大的互联网文化娱乐体系，通过统筹益智、竞技、手游等多种资源，打造家家能参与、周周有比赛的标准化、赛程化的网吧、网咖专属电子竞技赛事，并推动 VR、AR、微院线等新娱乐扎扎实实地落地上网服务场所，吸引更多的年轻人参与。

（2）打造最大的"双创"平台，为年轻人提供发展空间。网吧、网咖的布局和配置与现代办公场所极为类似，是未来数以亿计自由职业者最便捷、最低成本的集中办公区。我到京东办公大厅参观，第一印象就是这是一间装备了现代互联网设施的网咖。进入上网服务场所的青年人可以娱乐与工作共享，租一个上网机位办公，可大幅度摊销开办公司的场地、设备成本，一些地方深度改革，以这样一个机位就可以注册公司，无形中增加了场所收益，促进了"双创"发展。

（3）依托京东平台汇聚真实的业务需求和清晰的盈利模式，实现互联共享。以家装市场为例：上网服务场所的用户80％左右为18～30岁的年轻人，占同龄总人口的60％以上，这就意味着60％的婚庆家装市场，可以达到万亿规模。家装设计师可以依托京东平台的建材和施工能力，在上网服务场所为身边聚集的准备走进婚姻殿堂的用户提供服务，就有可能分享万亿规模的市场份额。如果每个场所有2名家装设计师参与，就可能成就30万的跟随式创业者。

（4）上网服务场所为长期工作、娱乐的用户提供完善的生活配套服务，并向场所周边社区、乡村群众辐射。依托京东平台，24小时便利店、青年书店、网络药房等每一种业态在上网服务场所的落地，就是10余万家的京东标准化连锁店，可以让场所顺畅地接入多个万亿规模的市场，获得全方位的发展。同时场所非常好的网络条件，能够为多种实时技术监控手段提供条件，便于京东对供应链的整体把控。

（5）大约0.3平方千米、周边居民5 000人左右的一家上网服务场所，与京东自建的现代物流体系对接，可以打造最大的快递自提网络，场所自备的冷藏冷冻设备，更可为生鲜自提提供基础条件。生鲜市场不仅有超过6万亿的规模，更是居家生活的每日必需品。做好生鲜自提服务，可以建立起与周边群众最紧密的连接，吸引大量人流，充分释放场所全方位的服务能力。

（6）通过京东金融和支付渠道的支持，为上网服务场所的经营者、消费者和周边群众提供方便、快捷、安全的互联网金融服务，让所有业务顺畅运行。

这次协会与京东的战略合作不是单方面的需求，也不是某个具体部门、某个具体业务的需求，而是中国社会经济发展总趋势的需求。这是一项极为复杂的系统工程，战略价值和工作量都极为巨大，需要大家众筹智慧、顶层设计、相向而行。高层领导的关注和决策对成败起着关键性的作用。

俗话说万事开头难，走完了这艰难的两步以后，协会与京东的合作共建才有可能进入新的境界。我们的目标是顶层设计、深层合作、基层开拓、平层发展，实现双方的文化认同、生态融合。京东的文化内核是国民京东、品质京东、正道成功，要让京东的文化内核进入上网服务场所，让拥有数亿用户的上网服务行业与京东共同拥有强大的文化内核。中国上网服务行业是文化产业，是文化场所，文化始终是行业规范、产业发展的灵魂。上网服务行业的核心竞争力是装备了现代互联网设施的文化服务场所，场所空间和遍布城乡的网络体量，具有毋庸置疑的绝对优势。上网服务场所发展的第一阶段是信息服务，第二阶段是基于互联网信息的商品服务，第三阶段是场所综合服务。每一发展阶段的灵魂仍然是文化，提高场所的文化内涵，仅仅打造企业文化是不够的，我们必须站在社会责任和企业长远发展的角度，为全社会提供方方面面、丰富多彩、积极向上的精神文化内容和物质文化产品。

四、中国调整产业结构的出路

未来第三产业的根基是文化产业　　　　文化产业成为支柱性产业是其他产业的共同要求

转变发展模式的根本在于发展第三产业

发展第三产业的根本在于发展文化产业

发展文化产业的根本在于发展网络文化

发展网络文化的根本在于融合网络经济

京东是辐射中外的电商巨头，上网服务行业是遍布中国城乡的互联网线下接收场所，双方的巨大体量以及深度合作形成的全新业态，将对中国产业结构调整、经济融合发展产生深刻影响。因此我们有必要把这次合作放到国家乃至全球经济发展的大背景下，研究深度融合的发展方向，奠定合作共赢的坚实基础。

改革开放以来，中国经济经过30多年的快速发展，在一些领域还是粗放型发展，已经到了全面调整产业结构、转变发展方式的历史节点。中国成为全球第二大经济体，作为第二产业的工业以及装备制造业功不可没。但是，当下中国第二产业的产能已经严重过剩，直接表现是第二产业就业人口从

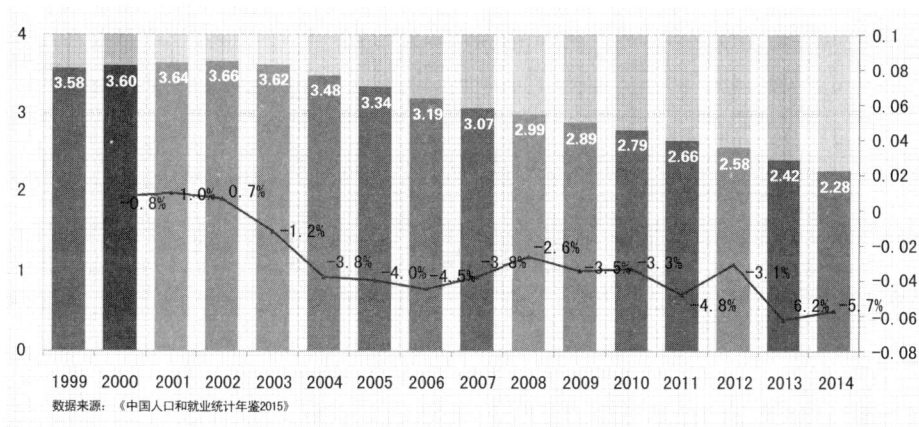

数据来源：《中国人口和就业统计年鉴2015》

中国第一产业就业人口数量（亿人）

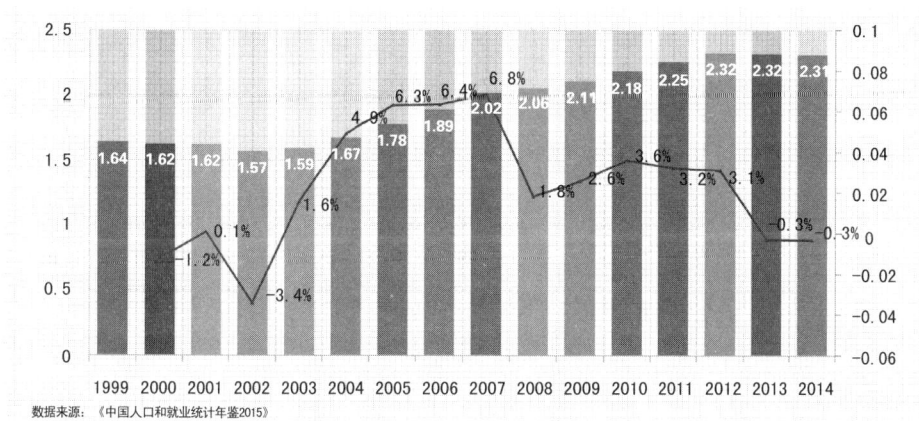

数据来源：《中国人口和就业统计年鉴2015》

中国第二就业人口数量（亿人）

203

2014 年以后出现下降，第一产业就业人口从 2004 年以来已经连续大幅下降，可以说，中国已经无法延续粗放发展的既有模式，必须顺应国际经济大循环的总体趋势，向第三产业转型升级。

转变发展方式，最需要关注的是就业问题。相比于美国三大产业的就业

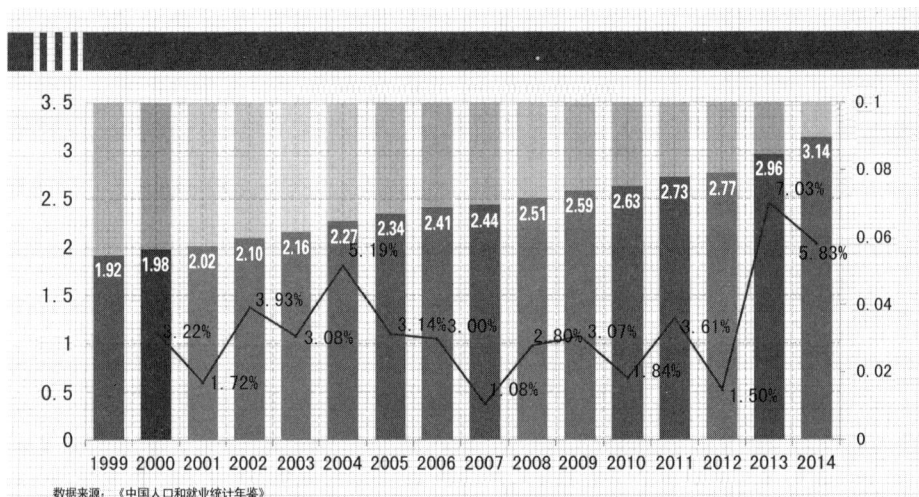

中国第三产业就业人口数量（亿人）

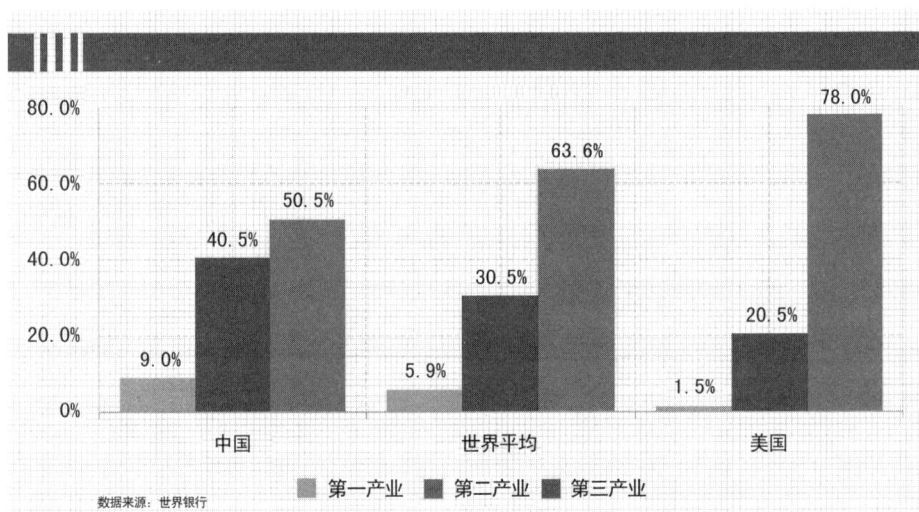

三大产业 GDP 占比对比

204

比例，在中国第一、第二产业就业机会减少的大趋势下，第三产业就业人口虽然从 1999 年以来持续增加，已经分别超过第一、第二产业的用工人口，但是第三产业仍然存在数亿就业缺口。未来 10 年间，新增就业人口和从第一、第二产业分流的就业人口流向第三产业的速度将进一步加快。基于互联网化的碎片式就业、多重式就业是中国社会大量吸纳就业人口为数不多的重要选择之一，依托互联网的自由职业者大量出现，为上网服务场所经营业态的转型和京东电商模式的创新打开了充满阳光的宽广通道。

第三产业的就业机会必将围绕着文化产业展开。按照美国三大产业的就业人口比例，2％的农业人口和 12％的工业人口就可以满足全社会的物质商品生产，其余的主要是非物质产品的生产和为物质产品赋予非物质的价值，而且文化产业创造了占 GDP 总量 25％以上的经济规模。由此也可以看到中国发展文化产业的巨大空间。**中国转变发展方式的根本在于发展第三产业，发展第三产业的根本在于发展文化产业，发展文化产业的根本在于发展网络文化，发展网络文化的根本在于融合网络经济。**从这个意义上说，我们双方都面临着巨大的发展机遇，也肩负着巨大的社会责任。

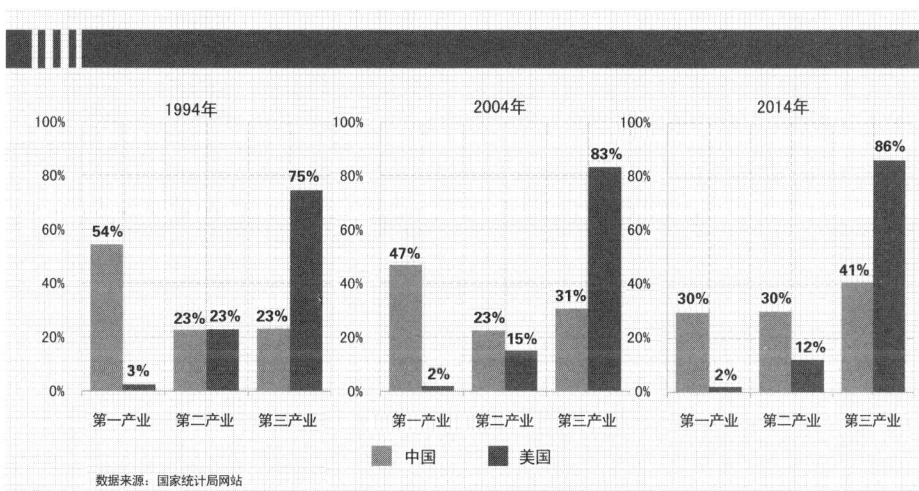

中美三大产业就业比例对比

为进一步调整产业结构转型升级，推动第三产业发展，国家审时度势，提出了"互联网＋"和网络强国战略。

实施"互联网＋"和网络强国战略，是中国从世界制造业中心向世界互联网中心跨越的战略举措，也是由中国制造向中国创造转型的战略机遇。高速发展的互联网让以吃苦耐劳、勤劳勇敢著称的中国人眼花缭乱，同时也创造了极大的市场空间和稍纵即逝的发展机遇。互联网经济领域也是"江山代有人才出，各领风骚三五天"，且每一个互联网经济形态的创新都是颠覆性的，既不可能天下通吃，也不可能长久霸盘，也就是说，互联网商业形态也有发展的天花板，需要不断突破，向新业态拓展，或者向未开垦或未深度开垦的领域拓展。电商平台也即将第一次遇到自身发展的天花板。2015 年中国网络购物用户人均消费 9 592 元，同年中国人均可支配收入只有 21 966 元，说明网购用户的消费能力已经被开发得不低了。

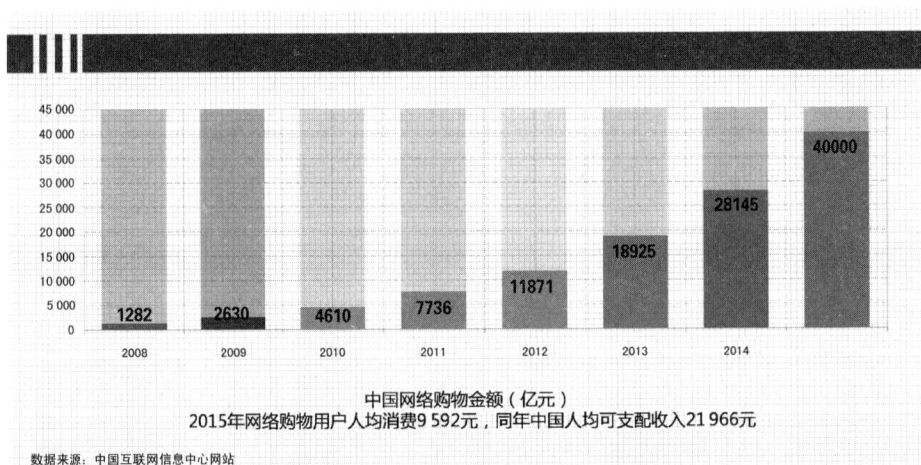

中国网络购物金额（亿元）
2015年网络购物用户人均消费9 592元，同年中国人均可支配收入21 966元

数据来源：中国互联网信息中心网站

"互联网＋"也会遇到发展的天花板

从这几年某电商平台的"双 11"销售数据来看，达到当天销售额一半的时间节点越来越早，从 2013 年到 2016 年，分别是上午 12 点、11 点、9 点和 7 点；这 4 年的销量增长分别是 83％、63％、60％、32％。虽然不少厂商都在亏本促销，但从数据上可以看到，靠价格刺激拉动电商销量的持续时间和效果都在随时间流逝而不断衰减。从另一个统计数据可以看到，某电商平台

的男士西服套装，200 元价格段的最高月销量 17 000 多套，而 500 元价格段的只有 294 套，说明电商购物的低端化、同质化问题急需解决，网络经济也需要消费升级。

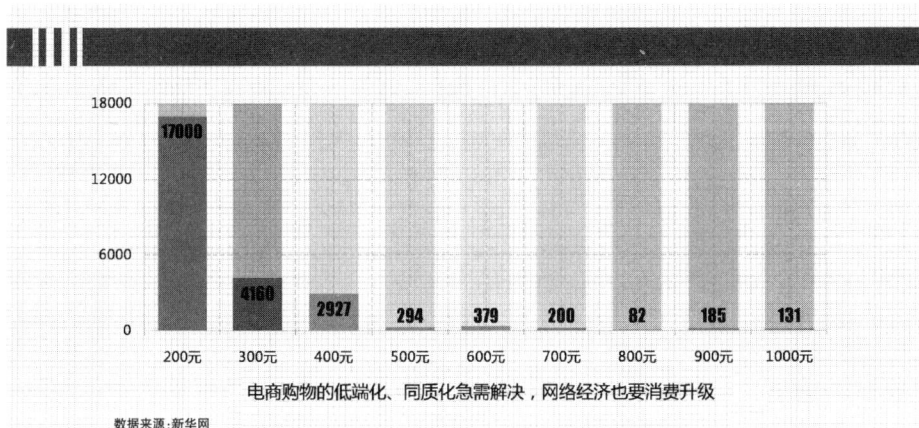

电商购物的低端化、同质化急需解决，网络经济也要消费升级

数据来源：新华网

某电商平台男士西服套装各价格段单品冠军销量（套/月）

那么如何解决？一是要进一步发展经济，不断提高劳动者的经济收入和社会保障水平，让老百姓敢消费、有钱消费。二是进一步加大力度拓展网购群体。截至 2016 年上半年，中国上网用户 7.10 亿，互联网普及率为 51.7%，而美国、韩国的互联网普及率都超过了 80%。中国网购用户 4.48 亿，仅占上网用户的 63.1%，显而易见，网络经济未来的发展空间和拓展潜力不可限量。

今天会议的主题之一是促进县乡农村上网服务场所转型升级，服务农民，服务基层，这是与国家新农村建设以及精准扶贫、精准脱贫战略紧密相连的大事。当前，最根本的办法就是将广大乡村群众、数亿未加入互联网体系的人变成互联网用户，让他们通过互联网跨越城乡数字鸿沟，享受工业品下乡、农产品进城的红利，享受与北上广深一样的网络文化服务。早些年，我一直喜欢一首抗战歌曲《到敌人后方去》，八路军、新四军到敌人后方去，是因为敌人后方空虚，在敌后开展武装斗争可以最有效地打击敌人。今天的互联网经济城市强，农村弱，到最需要互联网的农村去就是我们与京东共同的发展方向。上网服务场所曾经是城市互联网用户的孵化器，当下应当重点深耕乡村，与京东合作共建，一定能够更加高效地完成这一任务。

互联网是什么？有人说是一种技术，有人说是一种连接。**我认为，互联网首先是国家投资建设的公共设施，理应全民共享；其次，上互联网是公民权利，公民有权使用公共设备，共享现代文明的积极成果；最后，互联网是一种全新的生产资料、生产关系的组织模式，一种所有可数字化资源的组织模式。**在这个社会组织模式构建的网络内与网络外，人们掌握的生产资料、生产方式、生活方式以及发展机会是完全不一样的，网络越大、越完善，这种差距就会越大。2016年上半年，中国网络用户7.1亿人，在地域分布上，城市网络用户占总数的73.1%，5.19亿人；农村占26.9%，1.91亿人。我特别关注这一组数据，2013年农村网络用户占全体网民数量的28.6%，2014年占比27.5%，2015年占比26.9%，呈逐年下降的趋势。2014年农村网购仅占全国网购用户的6%。这是很不正常的。城市在网络体系内用户快速发展，农村网络用户偏少，更多的人没有上网，因此，在互联网经济高速发展的今天以及更为高速的明天，网络外人口将无法享受互联网经济带来的网络红利，乡村贫困人口的脱贫难度也会相对越来越大，网络扶贫刻不容缓。

京东和上网服务行业不仅在发展条件成熟的城市拓展合作，提高上网服务场所的综合服务能力，也高度重视新型城镇化和精准扶贫工作。县以下乡村的上网服务场所要充分利用遍布乡村、扎根基层、贴近农民的先天优越条件，紧紧围绕"三农"做文章。第一要务是教会农民兄弟姐妹上网。利用场所的空间、设备和网管技术服务人员，教他们互联网知识和技能，让他们拥有使用互联网的公民权利。其次才是带有商业色彩的经营行为，拓展市场空间，发展潜在用户。只要我们真心实意地为他们谋利益，他们才会为行业创利益，只要我们一心一意为他们谋福祉，行业才会有厚积薄发的不竭动力。未来京东和上网服务行业合作共建，将成为欠发达地区从农业时代向网络时代跨越的桥梁，成为工业品下乡、农产品进城的枢纽，在思想文化、生产方式、生活模式等多方面服务于乡村群众，帮助他们跨越城乡数字鸿沟，全面融入现代网络体系，在帮助乡村群众拓宽文化视野、提高工作能力和生活水平的同时，也为中国网络经济注入全面、可持续发展的生命力。

我们将以京东 1 600 余个县级服务站为基础，将 7 万余家县乡农村上网服务场所与京东的服务站就近对接，使这些县乡农村上网服务场所成为店面式的京东乡村推广员，享有京东的多项优惠条件，其中优质场所经双方协商将发展为"京东网络服务站"，在实现场所自身发展的同时，也能更好地服务当地群众，不仅能够提升当地的文化娱乐水平和信息消费能力，也能够服务于当地的精准扶贫工作。

上网服务行业与京东合作共建是中国最大的线下互联网营业体系和中国最大的线上自营式电商平台的全面对接，两者具有与生俱来的互补性。双方的资源都是唯一的，也是有高度时效性的，谁也等不了谁，因为市场要求我们都要高速前进，因为农民兄弟姐妹需要实现他们上网的权利。双方的有效对接符合国家的整体布局，顺应未来社会与经济发展的历史潮流，有着重要的战略价值。

上网服务行业与京东合作，就意味着在京东平台上发展的 10 余万实体经济厂商参与合作，就意味着 10 余万家遍布城乡的上网服务场所参与合作，以双方合作共建为纽带和桥梁，让 20 余万家曾经各自为政、相距遥远的企业，包括生产企业、流通企业、实体企业、服务企业，能够由此联通、对接，让实体空间与虚拟世界合作、共享，这是一件前无古人的伟大事业，值得我们为之奋斗。

上网服务行业与京东合作，双方高层业务人员已经进行了 9 个月的密切接触和卓有成效的工作，无论是框架构建、运营机制，还是项目落实、市场推广，都形成了一套比较成熟的制度设计和工作方案，但是让方案落到实处，让普惠的理念真正惠及百姓，特别是农民兄弟姐妹，还有更多、更为复杂的工作等待着我们。今天的合作签约仪式仅仅是开始，是出征上路的誓师会，尽管有时候我们也感到十分辛苦，然而机会稍纵即逝，发展的窗口期极为短暂，我们没有时间歇脚，必须快马加鞭，砥砺前行。

今天我们有幸共聚一堂，参与、见证中国文商共建的历史进程，这是精神文明、物质文明第一次实实在在在互联网领域会师、结盟，合作共建，互联共享，无论你来自哪一个领域，都应当坚持以经济建设为中心，心无旁骛地倾听时代的声音、倾听中国未来发展的声音。要以改革的精神、创新的理念面对互联网创造的新生事物。

历史的经验值得借鉴，借鉴成功并赢得成功，应当成为进一步理性选择的依据和强大动力，而不能背上成功的包袱，为维护既得利益而反对变革。IBM 坚持做大型计算机，虽然它的个人计算机最初占有 80% 的市场份额，但是依然设法打压个人计算机市场的发展，希望继续扩大大型机的发展空间，但新兴的个人计算机的刚性需求是不可抗拒的，结果 IBM 从 1984 年税后净利润 65.8 亿美元迅速衰落到了 1992 年的巨亏 50 亿美元；Intel 坚持做计算机芯片，漠视智能手机的发展，智能手机也是势不可挡的时代潮流，今天在智能手机市场上，它的占有率只有 1% 左右。今天，互联网文化产业的规模已经远远超过传统文化产业，传统产业我们不会放弃，也没有必要放弃，同时，我们也应当以同样的态度和政策对待新兴的互联网文化产业。如果因为互联网文化形态与传统文化不一样，甚至有些"另类"，就打压和遏制各种新兴的网络文化新事物，就会扼杀中国在国际文化领域弯道超车的机会。中国数以亿计的网游用户、直播用户是中国最大的文化财富，在用户创造内容的互联网文化时代，他们不仅在消费文化产品，创造营收，更是在贡献文化产品，创造市场。他们所汇聚起来的创造力，在打破发达国家用语言、传播途径等建立起来的文化壁垒面前具有压倒一切的力量。我们自己不能压制这种力量，而且也无法扼杀这种力量，时代必须倾听生产力的声音、倾听中国未来发展的声音，因势利导，让他们朝着正确的方向更快地发展。

京东与上网服务行业也同样要以改革的精神、创新的理念高度重视电商模式和上网服务场所的转型升级。京东要从强调多快好省的京东转型为注重品质的京东，这是京东经营境界的一次跨越。中国数亿的网络文化活跃人群，尤其是 2 亿多新兴的中产阶级消费者，已经不再简单地关注获得某一商品的价格，而更关注商品和消费的品质，他们不会满足于京东为他们提供的现成的商品和服务，他们会根据自己的兴趣、理念、消费能力，开发属于自己的生活方式、生存方式、生产方式。因此，京东未来的发展战略也是把住两头，一头是抓住已经进入网购空间的用户群体，特别是要关注中产阶层这个庞大群体，满足并提升他们的消费层次和品位。另一头是深入最需要互联网的基层群众之中，关注乡镇农村和城市底层消费者的需求，从扫网盲开始，使之进入网购大军。也就是说，守住既有阵地，开拓空白新区。关注未来电商模式的转变，不断适应互联网经济新态势，在很大程度上需要进一步线上与线下配合、线上虚拟空间与实体空间互动，这也是京东与上网服务行业协会合作共建、互联共享的深层原因。京东集团就是一个五脏俱全的小社会，未来发展以及与上网服务行业全面合作要有顶层设计，京东各部门也应当制定全面对接的整体规划，给出一揽子方案。上网服务行业更要高度关注市场变化，根据双方合作的顶层设计和整体规划，在场地装修、人员配置、设施设备等方面，进行全面调整，为京东业务全面、高效地在上网服务场所安营扎寨做好一切工作。同时在合作共建中探索加速磨合、整体提高的商业模式。

人类社会发展的历史告诉我们，事物总是向越来越复杂的方向发展，事物越复杂，参与的群体越多，协作化程度越高，产业化规模也越大。京东与中国上网服务行业的战略合作只是中国文商共建、互联共享的起点，未来中国文化产业全要素与互联网经济全领域的深度融合，将为中国社会经济发展树立起里程碑。因此，我们必须以更宽广的胸怀、更高的智慧，面对改革开放新时期、互联网经济新阶段的新问题、新态势，坚持创新发展、协同发展、绿色发展、共享发展的理念，实现产业、行业、企业全面、高效、跨越式发展，为实现中华民族伟大复兴的中国梦做出我们这一代人的艰苦努力！

说明：本文根据 2016 年 11 月 14 日中国互联网上网服务行业协会与京东集团战略合作发布会上的演讲整理。

迎接中国互联网文化产业大潮

面对中国互联网文化奔涌而来的大潮，我想起了北宋文学家苏轼的一首词：

《念奴娇·赤壁怀古》

大江东去，浪淘尽，千古风流人物。故垒西边，人道是，三国周郎赤壁，乱石穿空，惊涛拍岸，卷起千堆雪。江山如画，一时多少豪杰。

苏东坡不是历史学家，却以最形象的笔墨，提示了进化论的发展史观。我的演讲就采用这样的视角和思路，阐释当下中国激烈变革时期文化传承发展与互联网文化产业现状和趋势。

一、思想不解放，文化生产力很难解放

改革开放以来，中国政府高度重视文化繁荣、产业发展，国家层面暖风频吹，大力释放政策红利、财税红利，国家艺术发展基金、地方文化产业集团纷纷成立，但为什么中国文化产业发展的质量、速度与政府、业内专家以

及人民群众的期待仍然相距甚远呢?

| 2013年潜在文化消费 | 2013年实际文化消费 |
| 47 026亿元 | 10 338亿元 |

数据来源:《中国文化消费指数报告2013》

　　中国人民大学文化产业研究院在北京首次发布"2013中国文化消费指数"。据其测算,中国内地文化消费潜在规模为47 026.1亿元人民币,而当前实际文化消费规模为10 338亿元,存在超过3.6万亿元的文化消费缺口。文化消费的增长得益于居民收入稳定增长的带动。按照国际经验,当一个国家人均国内生产总值达到3 000美元时,居民消费进入物质消费和精神文化消费并重时期;超过5 000美元时,居民消费将进入精神文化需求的旺盛时期。2010年,我国人均GDP超过4 500美元,文化消费正步入快速增长期。据预计,到2020年,全国文化消费需求总量将达16.65万亿元。

　　虽然原因可能有千条万条,但是根本原因就在于思想不解放,文化生产力未能充分释放。文化艺术创作、积累和文化产业开发、营销具有区别于物质生产、工业生产的特点和规律。解放思想就是要求按照文艺创作规律繁荣文艺创作,按照文化产业规律发展文化产业。文化艺术贵在创新,重在积累,急功近利很难出现文化高峰和艺术经典。

首先，文化产业的源头是文艺创作。文艺创作是艺术家个性化的创造性劳动，带有浓厚的艺术家个人主观色彩，因此必须大力提倡解放思想、创作自由。1985 年，时任中央政治局常委的胡启立代表党中央发表了《在中国作家协会第四次会员代表大会上的祝词》，其中特别强调了"创作自由"。现在对创作自由反倒很少提及了，对文艺创作规律也较少涉及。仅有美好的愿望和急切的心情不能发展文化产业，仅有"假、大、空"的口号也无助于文艺创作。发展文化产业首先必须繁荣文艺创作，繁荣文艺创作必须按照文艺创作规律制定文艺政策，尊重知识、尊重人才、尊重规律。

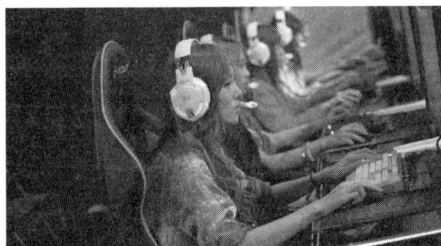

其次，解放思想，重点发展以"互联网＋"为主要形式的文化信息传输服务业。以网吧为例，2016 年上半年营业收入 368.6 亿元，比 2015 年同期增长 22.3％，比文化艺术服务业营业收入 125 亿元高出 2 倍。由于上网吧的青年 80％以上是在玩网络游戏，因此家长认为影响学业，官方认为玩物丧志，于是网吧行业长期处于被打压的状态。文化信息传输业 2016 年上半年营业收入 2 502 亿元，同比增长 29.7％，这样强劲的增长势头如果能善加引导和扶持，未来就会具有极大的发展空间。

最后，解放思想，把互联网最新生成的思想文化业态纳入文化以及文化

彩铅吧　+关注　关注：197,191　贴子：711,221
热爱彩铅的朋友们！彩铅画里有一个世界。　目录：艺术

汉服吧　+关注　关注：694,783　贴子：12,456,590
汉民族传统文化的传承和推广　目录：民族文化

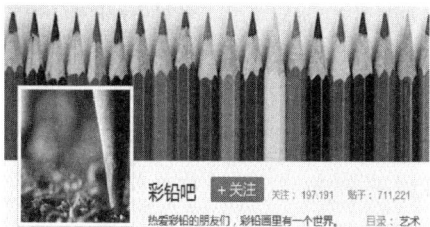

产业发展范畴。最近以脸书、微信、微博、YouTube、百度贴吧等个人连接式、交互式业务为代表的思想文化交流方式进入全面、爆发性增长期，已经成为互联网思想交流、文化创造、艺术表达的主要形式。无论是政府文化部门还是文化专家学者都应当抛弃对传统文化、精英文化的孤芳自赏，转而走进互联网文化前沿，与年轻人一起在互联网文化大潮中冲浪。

深受美国总统奥巴马喜欢的《纸牌屋》于2013年2月1日在美国Netflix网站上全球同步首播，成为网络剧发展的里程碑。
数据来源：中国产业信息网

2015年中国出台新规，要求保有量为7 000万台的智能电视封闭访问互联网的功能，以确保电视只能收看指定频道，但与此同时可随时随地访问互联网视频的智能手机保有量已达9.2亿。

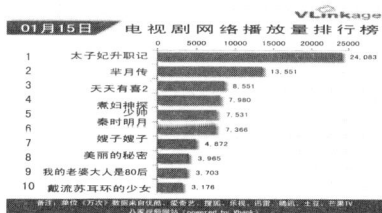

1月15日（周五）全国网晚间电视剧收视Top20			
	名称/频道	收视率%	市场份额%
1	天天有喜之人间有爱/湖南卫视	1.78	4.71
2	搭错车/山东卫视	1.58	4.15
3	呼噜小精灵三/中央电视台少儿频道	1.09	2.96
4	煮妇神探/浙江卫视	1.09	2.85
5	陆军一号/中央电视台综合频道	1.07	2.91
6	我的极品老公/中央台八套	0.00	2.72
7	少帅/北京卫视	0.73	1.93
8	戴流苏耳环的少女/安徽卫视	0.61	1.61
9	少帅/上海东方卫视	0.49	1.28
10	狐影/四川卫视	0.48	1.26

01月15日	电视剧网络播放量排行榜
1	太子妃升职记	24.083
2	芈月传	13.551
3	天天有喜2	8.551
4	煮妇神探	7.980
5	秦时明月	7.531
6	嫂子嫂子	7.366
7	美丽的秘密	4.872
8	我的老婆大人是80后	3.965
9	我的老婆大人是80后	3.703
10	戴流苏耳环的少女	3.176

2016年1月15日，电视最高栏目收视率为1.78%，约2 300万人观看。
数据来源：媒力中国、Vlinkage

2016年1月15日，纯网络剧《太子妃升职记》，开播当日播放量超2.4亿。

互联网生成的全新业态虽然来势汹涌，但是并不可怕，大潮奔涌之时，有些许泥沙也是正常现象，随着水流的冲刷，泥沙终将被淘汰。我们不是说对互联网文化产业大潮不要管理，只是说不能按照计划经济体制的思路

管理不能按照传统文化产业的办法管理，更不能动辄设立主体资格、创作行为的行政许可、资格证书。要坚持依法管理、动态管理，以发展的眼光、包容的心态解决发展中的问题，发展才是硬道理。

二、按照既定模式文化产业很难跨越性发展

中国人向来善于吸收融合。辣椒在明朝中期传入中国，现在四川、重庆以及大半个中国的大厨，没有辣椒几乎就不会做菜；西装，清朝末年传入中国，现在不仅官方规定西装是正装，而且连装修的农民工也穿西装了。

中国有源远流长的历史文化，"五四"以后，激进的中国人对中国传统文化进行了历史上最彻底的清算。中华人民共和国成立以后，在一边倒的政策抉择下，按照苏联模式建设精英文化和事业文化，你演我看，国有小众创作，大众欣赏，按计划经济体制发展文化事业。改革开放以后，中国人认识到了事业文化发展模式的局限，于是文化领域进行了几轮体制改革，主要任务是把艺术生产、文化产品推向市场，把事业文化改制为企业文化、产业文化，这项改革目前仍然在路上。

学习苏联的沉重代价使中国人警醒。当美国好莱坞、迪士尼娱乐文化强势来袭的时候，中国人也像欧盟一样，维护中国传统文化、民族文化以及世界文化的多样性。

随着中国文化产业发展，我们发现，越是试图抵制美国文化产业，有的人却越是瞄着美国娱乐文化的生产方式，于是某种程度上就越是会不知不觉地走上美国产业文化道路。

按照美国文化产业模式发展中国文化产业，只能亦步亦趋地跟在人家后

边追赶，而且很难赶上。2015 年中国文化及相关产业增加值 27 235 亿元，占
GDP 的比重为 3.97％，比上年提高 0.16 个百分点。如果文化产业达到公认
国家支柱产业标准，即占 GDP 的 5％以上，就意味着中国"十三五"的 5 年
内，中国文化产业需增加 1.03 个百分点，年均增加 0.21 个百分点，现在看
来难度相当大，可能性非常小。

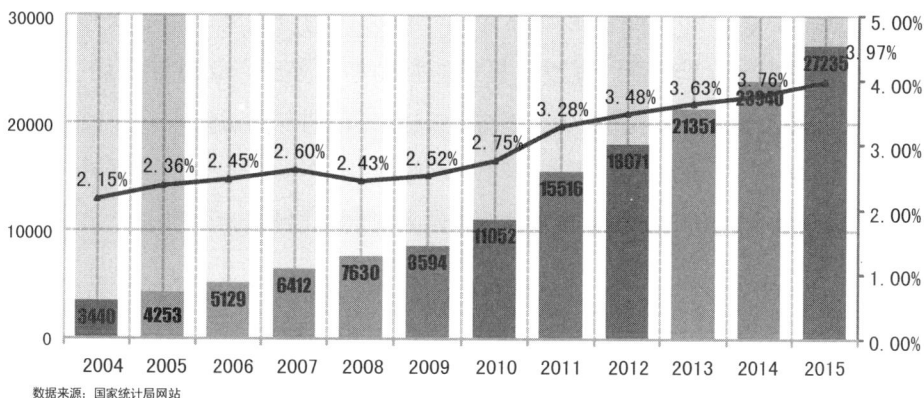

数据来源：国家统计局网站

《文化软实力蓝皮书：中国文化软实力研究报告（2013）》指出，美国文
化产业占 GDP 比重已经超过 25％。占世界文化市场比重为 42％，中国不足
5％。美国文化产业还按每年 10％以上的增幅发展。

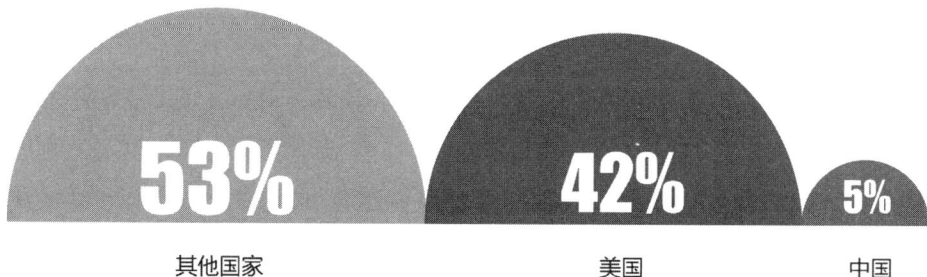

53% 其他国家   42% 美国   5% 中国

"大江东去，浪淘尽，千古风流人物"，无论是事业文化，还是产业文化，都曾创造辉煌，但是没有一种文化模式可以永垂不朽、放之四海而皆准。事业文化已然过时，产业文化已经成熟，仍然具有发展空间。随着互联网的高速发展，互联网文化以及产业形态已经横空出世，带领世界进入大众参与、全民创造、交互式分享的互联网文化时代。

数据很枯燥，却更能反映传统文化产业项目的全面萎缩或者缓慢增长，同时互联网文化产业全面、爆发性提速的强劲增长势头。2014 年，图书出版实现营业收入 791 亿元，较 2013 年增长 2.65%；期刊出版实现营业收入 212 亿元，同比下降 4.49%，报纸出版实现营业收入 698 亿元，同比下降 10.15%。数字出版实现营业收入 3 388 亿元，同比增长 33.40%。

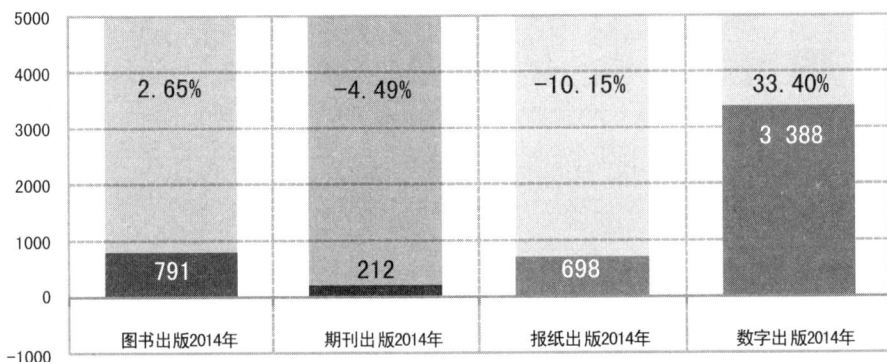

2014 年，实体唱片市场规模为 6.15 亿元，同比下降 5.4%；数字音乐市场规模达 491.2 亿元，同比增长 11.5%。2015 年全国文艺演出总收入 258 亿元，增长 12.0%，2015 年网络直播市场规模约为 90 亿元，同比增 66.1%。据证券公司一份市场分析报告预计，2020 年网络直播市场规模将达到 1 060

亿元，很快超过文艺演出市场。

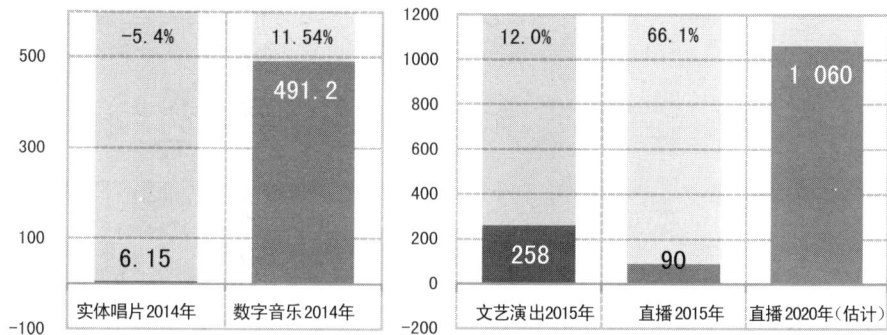

2015 年全国歌舞厅、卡拉 OK 厅、电玩城等娱乐场所共实现营业收入
557 亿元，同比下降 49.0％；上网服务行业实现营业收入 641 亿元，同比增
长 12.6％。2015 年全国电影票房 440 亿元，同比增长 48.7％；动漫业产值已
突破 1 200 亿元，同比增长超过 20.0％；游戏产业达到 1 407 亿元，同比增长
22.9％。

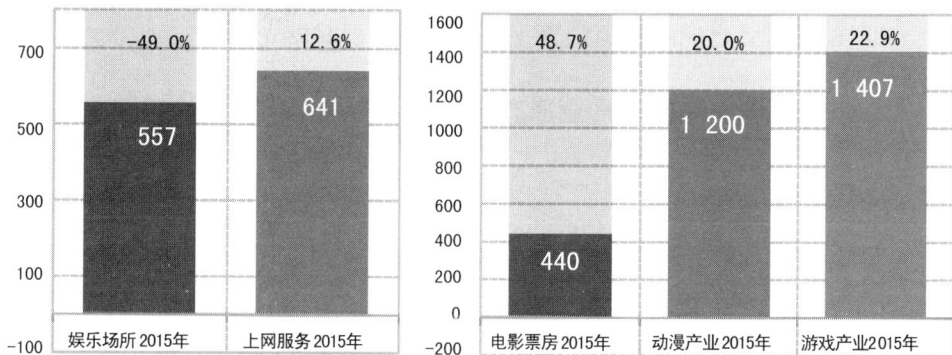

2015 年中国电视剧市场规模为 152 亿元，同比增长 17.0％；2015 年中国
在线视频市场规模达 368 亿元，同比增长 50.2％。2015 年上半年，全国广播
广告收入 75 亿元，同比减少 0.39％，电视广告收入 536 亿元，同比减少
2.06％。2015 年，互联网广告增长 22.00％，规模为 2 094 亿元，其中移动互
联网广告突破 900 亿元，同比增长 178.30％。

类似的数字还有很多。引用这些数字是试图说明，国家投入极大的政

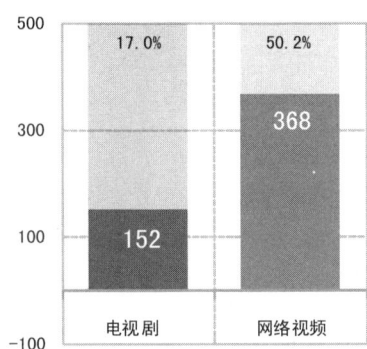

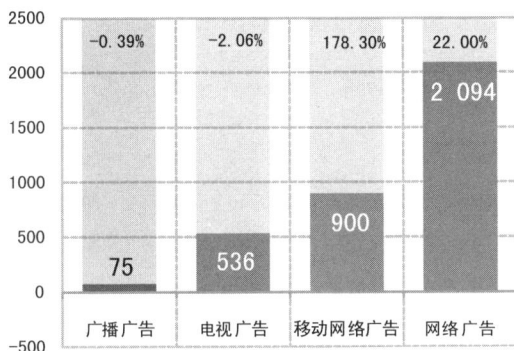

策、财税、人力资源发展传统文化产业，但传统文化产业依然发展缓慢，甚至全面回落。我们不能由此否认国家发展文化产业的极大努力，有些传统产业项目回落也符合文化领域新陈代谢的规律，我们期待国家继续以更大的投入发展传统文化产业。同时，也期待国家和主流意识形态能够正视互联网文化产业的强劲崛起以及由此产生的社会文化现象，把新兴业态纳入文化产业发展的范畴，在政策上给予更多倾斜，让它们在给社会贡献绿色 GDP 的同时，也能感受国家文化产业政策的雨露阳光。

三、互联网文化以及产业形态是很难用传统文化概念体系涵盖的

互联网不仅改变了社会生产方式、生活方式以及思维方式，也改变了艺术创作、文化生产以及文化产品传播的传统模式。文化是什么？信息时代的到来使我们在对文化以及产业形态的认识不断深化、提升中解构对传统文化的认知。

人是一切社会关系的总和，文化是人与人、人与自然交流的总和。在信息时代，文化及其产业形态的最大特点是在交流中创造、体验、分享。

传统文化体系构建在政府认可、权威认可、体制限制、层级结构的基础上。

传统文化体系构建：

政府许可

权威认可

体制限制

层级结构

互联网产业结构体系打破了权威许可、认可，打破所有制限制以及层级结构限制。

互联网使世界进入知识、信息爆炸时代。每一个掌握互联网工具的人都在关注别人、表达自己、分享感悟，每一个人都可以成为文化生产的小单位。互联网文化已经进入 UGC（User Generated Content）时代，也就是用户生成内容以及交流、分享内容的时代。

互联网使世界进入知识、信息爆炸时代。每一个掌握互联网工具的人都在关注别人、表达自己、分享感悟，每一个人都可以成为文化生产的最小单位。互联网文化已经进入 UGC（User Generated Content）时代，也就是用户生成内容以及交流、分享内容的时代。

微信朋友圈每天上传图片 10 亿张，每天播放视频 20 亿次。脸书每天新增 32 亿条评论、3 亿张照片；推特（Twitter）每天新增 2 亿条微博，约有 50 亿个单词，比《纽约时报》60 年的词语总量还多一倍。世界最大的视频平台 YouTube 每天新上载 7 万小时视频，40 亿次浏览量，2 个月 YouTube 上载的视频就超过了 ABC、NBC 和 CBS 电视台自 1948 年以来播出内容的总和。IDC 报告显示，预计到 2020 年，全球数据总量将超过 40ZB（相当于 4 万亿 GB），这一数据量是 2011 年的 22 倍。在过去几年，全球数据量以每年 58% 的速度增长，未来的增速会更快。

近年来，社会公众参与网络创作、艺术生产的热情空前高涨。以不同形

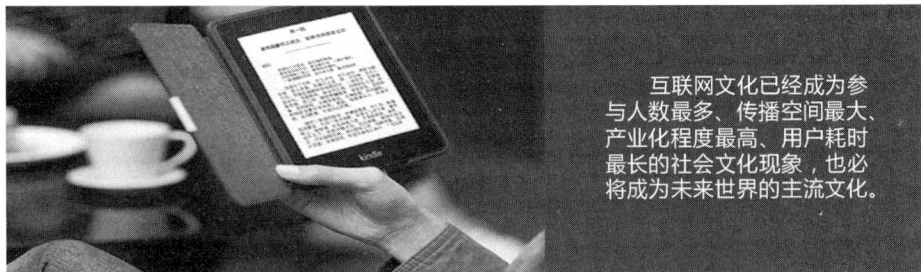

互联网文化已经成为参与人数最多、传播空间最大、产业化程度最高、用户耗时最长的社会文化现象，也必将成为未来世界的主流文化。

式在互联网上发表作品的作者超过 2 000 万人，注册原创网络文学作者 200 万人，通过网络创作获得经济收入的作者超过 10 万人，已经发表的网络文学作品数量已经超过中国当代 60 年纸媒发表文学作品数量的总和。

截至 2015 年 6 月，中国网络视频用户 4.61 亿人，其中手机用户 3.54 亿人，通过手机接收网络视听节目的用户占总量的 76.7%。最近一年，新上线网络视听节目 334 万条，占在线视听节目总量的 1/3 左右。浏览视听节目已经占互联网流量的 70% 以上。

网络视听、文字、图片等新兴多媒体服务已经成为网民日常生活必需品。

网络文化已经成为占用用户可自由支配时间最长的产业。2015 年日人均移动阅读 65 分钟，合计日阅读时间为 6.39 亿小时。2015 年网络音乐用户 5.013 7 亿人，占网民总数的 72.8%，手机网络音乐用户 4.164 0 亿人，占手机网民总数的 67.2%。用户接收移动音乐每天花费时间 2 小时以上的占总数的 34.2%，网络音乐日占用时间总量为 6.08 亿小时。

中国网络视频、网络音乐、网络文学、网络游戏等网络文化产品用户 4.8 亿人，网络文化产业规模超过 1 500 亿元，同比增长 200%。网络直播是 2015 年新兴并呈爆发式增长的市场。2015 年，中国在线直播平台接近 200 家，拥有 2 亿多用户，大型直播平台高峰时段，同时在线用户接近 400 万人，2015

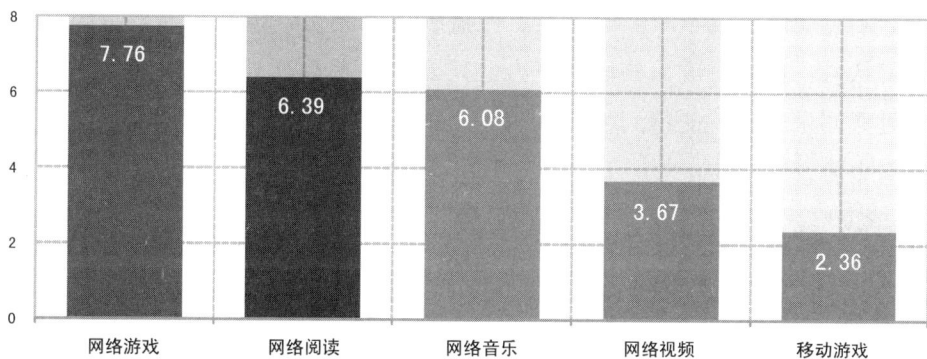

网络文化时间占用总量（26.26 亿小时/天）

年市场规模约为 90 亿元。易观智库发布的《中国移动阅读市场趋势预测 2014—2017》显示，截至 2014 年年底，中国移动阅读活跃用户数比 2013 年环比增长 20.9％，达 5.9 亿人，市场收入规模 88.4 亿元，预计 2017 年市场收入规模将突破 150 亿元。

互联网文化个体参与度高、网络覆盖率大，在海量信息超限流动的同时，也创造巨大商业价值，互联网文化产业必然成为文化产业主体，创造最大产业经济规模。

四、在互联网世界感受中国创造、倾听中国声音的时代已经来临，中国将成为世界互联网文化的引领者

互联网文化以及产业被中国主流社会接受以后，经历了三个阶段。在第一阶段，政府希冀利用互联网传播现实的文化产品和服务，是精英文化的大众欣赏。第二阶段是互联网内容创造与传播的大众体验，精英文化已经属于小众，互联网文化产品以通俗化、多元化吸引大众体验。第三阶段是精英与大众共创、共享的多元化时代。互联网特征决定互联网文化的草根性、异质性、易变性、交互性、自我表现性以及个性化、去精英化的特性，不再受限于资本、生产工具、传播载体和渠道，以及政府的许可、权威的认可，创造力成为核心竞争力，只要思想上有真知灼见，形式上为老百姓喜闻乐见，就能得到群众认可，就能从海量内容、众多创意、无数创造者中脱颖而出。

"乱石穿空，惊涛拍岸，卷起千堆雪"，互联网文化以及产业形态以排山倒海之势呼啸而来，对于全世界都是全新的，没有传统事业文化模式、美国产业文化模式可以借鉴、依傍，必须靠中国人的智慧，创造属于中国的互联网文化产业模式

其一，截至2016年6月底，中国网民数量达到7.10亿，连续9年排名世界第一。2015年中国智能手机用户总量已接近9.2亿，排名世界第一，排名第二的美国仅有1.653亿智能手机用户。预计2018年中国智能手机保有量将达到12.2亿部，占世界总保有量25.6亿部的将近一半。

联合国宽带委员会报告称，到2015年，全球使用中文上网的用户人数将超过使用英语的用户人数，成为网络第一语言。预计到2020年我国信息数据总量将占全球21％，而且还将不断提升。这为中国互联网文化产业弯道超车提供了重要机遇。届时西方国家多年来用英语打造的文化霸权、文化壁垒将化为乌有。21世纪出生的新生代伴随互联网而成长，他们将逐步在互联网空间，进而在现实空间，成为掌握社会发展方向的核心群体，必将全面占领互联网文化及产业主阵地。

他们将以强大的文化自信，积极、直接地表达自己的思想观念，展示自己的聪明才智，并与志趣相投、认知相近的朋友，或者是相互对立的网民，跨越地域、时间进行交流、碰撞，分享思想文化火花。这让我想起春秋战国时期的诸子百家、百家争鸣，其特点是朝野绽放的思想观念交互式碰撞、借

鉴、吸收、融合，创造了滋养中国乃至世界两千多年的思想资料。中国知识

> 其二、中国是文明古国，具有与生俱来的民族文化创造力。两千多年的封建统治，中国人文化创造力被严重异化、扭曲、压制，改革开放的现实社会，网络世界的自由空间，使中国人一改传统含蓄、内敛、淡泊、空灵的表达方式，文化力再一次被充分释放。

分子"位卑未敢忘忧国"的思想传统与交互式思想创造高度契合，我们完全有理由期待出现一个诸子百家、诸子千万家的时代。

互联网文化产品的差异化消费取向，带动了不同分享型社区网站的发展，同时社交娱乐产品呈几何级数增长，引领网络文化创造，B站弹幕就是年轻群体的"专属"消费形态。B站是哔哩哔哩网站的简称，是国内首屈一指的"年轻一代潮流文化社区"。从小众爱好者团体到5 000万忠实用户，B站为我们呈现了横跨社区平台、游戏、演唱会、影视投资、经纪管理、周边商品等产业链上下游一体的创新模式。如今，B站日访问量已近千万，其中海外访问量超过百万，其意义已经超越了"二次元"人群的简单聚集，其背后所代表的庞大文化圈层及"非主流""亚文化"的再定义引发社会的广泛关注。B站根据网络组织扁平化、群体聚集分众化的社区特点，以网络传播ACG文化为主，以年轻人，特别是"90后""00后"群体为主。现在B站已经成为国内最大的以青年群体为主的分享社区，在青年流行娱乐文化圈不仅具有超强吸引力，且以其层出不穷的内容产品，引领着网络文化创造新潮流。

目前唱吧累计装机量3亿，月活跃人数3 000万。截至2015年年底，唱吧用户录制歌曲15亿首，每晚22：00—24：00同时在线录歌最高人数达400万。收听、收看超百万次的作品，也给创作者带来了不菲的收入。

互联网文化具有草根文化与精英文化的双重属性，具有交互式融合、异质换位发展的动态特点。一些原创性思想观点经过实践检验可能成为中华思

中国会成为互联网文化的引领者

唱吧移动KTV的APP于2012年5月31日上线，上线10天用户数突破100万，单曲作品用户收听量超过500万次。上线480天激活客户端数突破1亿。2014年唱吧用户量突破2亿。

90后死宅集中营 A站B站为何如此火爆？

其三、"群体性孤独""代际消费鸿沟"催生互联网社交性娱乐新产品、新形态，成为大众文化生活、行为方式。网络拉近人与人的空间距离，却同城不相往来，路径依赖带来了群体孤独的社会心理变化，网民似乎更加渴望网络交流、深入沟通、群体互动。

想文化宝库的一部分。一些互联网文化艺术作品也完全有可能在大浪淘沙中成为文化艺术经典。

让互联网文化产业大潮尽情地汹涌澎湃吧，中国人将傲立潮头！

说明：2016年9月13日初稿于湖南长沙旅邸，9月22日在珠海横琴国际文化产业论坛发表演讲。本文根据演讲稿整理。

虚拟现实的时态进步

自从 2012 年谷歌的眼镜盒子面世以后，VR（Virtual Reality，虚拟现实）技术和 AR（Augmented Reality，增强现实）技术开始受到业界关注。2015 年年底开始，VR 就成为业内外高度关注的热词，热得发烫，红得发紫。2016 年被业界称为 VR 元年。中外研究机构、商业公司可谓八仙过海，各显神通，从不同方面研究、探索 VR 技术开发和商业利用的无限可能。Oculus、HTC、索尼等业界大鳄纷纷推出具有内容体验和交互手段的 VR 产品，并借助强大的资本支持和市场推广能力，使 VR 进入井喷式的集中爆发期。今天的高峰论坛必将为 VR 产业热潮升温添彩，成为推动中国虚拟现实技术和产业发展的里程碑。

由虚拟走向现实、由现实进入虚拟，是人类原初社会就已经产生的梦想。黄土高坡上的中华民族从来不缺乏想象力，《木兰辞》是南北朝时期无名氏的作品，"旦辞爷娘去，暮宿黄河边，不闻爷娘唤女声，但闻黄河流水鸣溅溅。旦辞黄河去，暮至黑山头，不闻爷娘唤女声，但闻燕山胡骑鸣啾啾。万里赴戎机，关山度若飞。朔气传金柝，寒光照铁衣。将军百战死，壮士十年归。"《木兰辞》创作的南北朝时期，饱经战乱的黎民百姓，渴望出现叱咤风云、杀敌报国的女英雄。借助《木兰辞》的优美诗句，木兰女扮男装、替父从军的故事，鲜活而久远地进入民族的记忆之中。后人读《木兰辞》，即使是在和平时期，也会在放飞的想象中创造一个英姿飒爽的木兰形象，就像一百个人读《红楼梦》就会有一百个林妹妹一样。由现实进入文学艺术的虚拟空间，由虚拟空间的平面艺术，借助以人物演绎故事的戏剧、戏曲形式，再次鲜活地进入观众的视野，是文学与艺术立体呈现方式的一次转换。

中国戏曲中表现女扮男装的剧目不少，现存以木兰为主角的作品，最早当是晚明文学家徐渭的《四声猿·雌木兰替父从军》。作者形象地表现了国家危难时刻，木兰毅然替父从军、疆场擒敌。"我杀贼把王擒，是女将男换。这功劳得来不费星儿汗。"徐渭塑造了一位豪情万丈的女将领形象。近现代以戏曲、戏剧形式表现木兰从军的作品更多。电影故事片进入中国以后，"木兰从军"就成为中国早期电影故事片的重要题材。1928 年电影故事片《木兰从军》问世。1939 年，中国人再次拍摄同名电影故事片，以木兰从军的故事，鼓舞中国人的抗战意志。由戏剧转化为电影也是以人物演绎故事的立体呈现方式的转换，只不过借助于电影虚实交融的场景和蒙太奇的手法，让观众更具有身临其境的艺术体验。1998 年由美国迪士尼公司出品的电脑动画电影《花木兰》，运用中国式的场景绘画，美国式的故事情节，再一次诠释了这一经典故事。动画电影《花木兰》除运用了动画片的新技术外，还加入了大量的中国传统文化元素，给中国人带来了不一样的花木兰形象。可爱、活泼、聪明、调皮，这些性格通过富有中国风情的动画表现出来，让花木兰的形象不再像民歌中那样面目模糊，恢宏的气势、温馨的场景、迷人的色彩和感人的情节，让观众犹如置身其中。追逐梦想是人的本能，电影的身临其境固然很震撼，但是观众毕竟是身在其外的看客，他们希望亲身参与、深度沉浸在交互式、智能型的虚拟环境之中。VR、AR、MR（Merged Reality，混合现实）技术就从不同的角度和方式，为消费者创造了亲临的真实环境、进入真实故事的参与体验和互动感受，是人类由现实进入虚拟空间、增强现实空间的可贵尝试，也是人类想象力呈现方式的更高层次的转换。

采取类似 VR 头盔、眼镜的形式，全方位沉浸式体验包括视听、嗅觉、触觉等感觉的虚拟现实概念，是 1935 年美国一位小说家率先描述的。美国军方最为敏感，第二次世界大战以后就开始研究虚拟现实技术，20 世纪 60 年代出现了用虚拟现实方式进行模拟飞行训练的尝试。80 年代初，美国军方研发了 Simnet（虚拟战场系统），通过多维成像、数据采集，经计算机技术等高科技手段合成处理，就可以把美国与欧洲等一些国家的军事设施，通过计算机以仿真、模拟的形式连接起来，使不同地域的部队以及军事设施能够在异地、实景的虚拟空间进行训练。比如连接各种型号的飞行器、炮车、军车模拟器，就可以使分隔异地的飞行员、操作员在虚拟空间进行实时交互式对抗训练。进入 90 年代，一些发达国家的公司、厂商开始利用虚拟现实技术研发民用产品，其中日本任天堂等公司推出了利用虚拟现实技术研发的大众游戏项目。

由于虚拟现实技术受制于数据处理、显示分辨率、信息传输等核心技术的限制，因此早期产品设备体积大、价格昂贵，而且分辨率低、沉浸感差，很难普及商用。资料显示，1993 年，美国一家公司就曾开发出一款头盔眼镜虚拟现实产品，头盔上安装一块 5.7 英寸的屏幕，像素为 240×240，重量 3 千克，售价 6 800 美元。无论头盔重量、市场价格，还是虚拟效果，都是消费者难以承受的。近年来 VR 技术逐渐升温，得益于计算机软硬件技术的突破性发展，已经投入市场的几款高端设备，不仅清晰度更高，而且轻巧便携，佩戴简单。比如新款三星 Gear VR，像素为 2 560×1 440，视觉效果接近高清，总重量仅有 318 克，市场反映良好。

丑小鸭长成白天鹅，VR 在默默无闻中终于出落成亭亭玉立的美少女。孩子大了，热心人都在给 VR 找"婆家"。很多领域都试图利用虚拟现实技术一显身手。《2016 年中国数字创意产业发展报告》（以下简称《报告》）为我们展示了 VR 的应用前景。

第一是 VR 游戏。《报告》认为，VR 作为新技术运用到游戏当中，其沉浸感和交互性可以为用户带来完全不同的游戏体验。目前中国游戏用户规模为 5.34 亿人，VR 潜在用户规模可观。根据 Gartner 2020 全球 4 000 万主机头盔类 VR 设备出货量测算，全球 PC/主机端游戏市场将超过 40 亿美元；再加上手机盒子普及型产品的用户量，VR 游戏有望近 1 亿的活跃用户规模，游戏软件营业收入接近百亿美元。

第二是 VR 影视。相比传统影视节目，VR 影视可以呈现 360°的画面效果，通过扭头、转身实现 360°观影体验，提高观影整体沉浸感，同时通过观众在一定范围内的运动产生互动效果,增强影视作品与观众的互动性,提升娱乐体验。VR影视主要有3种体验形式:影院体验式、全景体验式及局部全景体验式。

第三是VR视频与直播。VR演艺与直播可以提高演出直播展示效果,无法到现场观看演出的用户,可以通过VR视频,选择更多变的视角全景跟踪观看。VR直播广泛应用在演唱会、体育比赛、新闻报道中,具备较好的互动性和体验感优势。

第四是VR教育。VR与教育相结合,不仅能更好地实现远程教学,还能直观地展现更多内容。将VR应用在技术、操作类教学案例上(如医学、生物学、物理学、化学等),实验操作可以摆脱空间、材料、工具的限制,用户可以随时随地进入教学环境参与教学,提升教学效率和体验感。未来基于VR技术的虚拟校园、虚拟教室、虚拟考场、虚拟图书馆等,可以大大提升教学的趣味性和互动性。

第五是VR社交。VR社交产品尚未成型,但一直是人类对虚拟现实的最终幻想。

第六是VR旅游。VR旅游可以帮助用户体验无法触及的领域,如南北极等极端地区。VR旅游可以丰富旅游选择,削减旅游成本,为用户提供虚拟的旅游体验。VR旅游不受时间限制,可以作为日常生活中放松身心的一种方式。

第七是VR设计。VR设计可以帮助设计师更直观地感受工业硬件、室内装修、建筑、城市规划等设计效果。VR技术可以打破用户时空界限,营造各种虚拟场景,模拟特殊情境,达到特殊的用户体验,丰富人们的生活。

《报告》仅列上述7个领域的用途,其实军方永远是新技术的探索者和首发者,军方研发的新技术,总是在民用领域获得超值回报。

随着各行各业互联网进程的加快,"VR+"将融入到社会生产、生活的各个领域。VR技术商用有无数种可能,最大的可能是在不放弃小众、不放弃专业领域应用的前提下拥抱大众,在影视、游戏、娱乐等领域实现利益最大化。这也是众多商家巨头云集虚拟现实产业的根本原因。

美国高盛公司的一份研究报告预测，在 VR、AR 应用方面，视频游戏将是 2016 年的核心领域。我同意高盛的观点，VR 与室内视频游戏具有天然的血脉联系，VR 技术商用的第一落脚点应当是上网服务场所。其原因如下：

第一，PC 端视频游戏一直是上网服务场所的主打项目，80% 左右的客户以视频游戏为主，而且始终变化不大。早期网络游戏绝大多数是个人体验的趣味性、娱乐性游戏，近年已经逐渐向竞技性、群体性方向发展，出现了 5 人一组或者 6 人一队的电子竞技。从 1997 年第一款网络游戏 UO（网络创世纪）到《传奇》，从《魔兽世界》到 2011 年的《英雄联盟》，网络游戏已经走过 20 个年头，到了应当在游戏内容、形式以及体验方面发生革命性变革的时候了。电子竞技是网络游戏的竞技化发展，是游戏组织结构以及形式的变革，VR 才是室内视频游戏革命性的更新换代。腾讯、完美世界、网易、巨人、盛大等网络游戏巨头纷纷加入 VR 游戏开发队伍，按照路径依赖的逻辑，它们绝不会忽视盈利丰厚的网络游戏根据地而另谋出路。现在市场上即使比较高端的几款 VR 产品，满足猎奇还可以，尚不具有长时间吸引游戏玩家反复、深度、沉浸体验的设备和游戏内容。主要问题是呈现技术不成熟，游戏资源偏少、内容单一、画质欠佳，导致游戏玩家长时间、多次体验动力不足。但是，我相信这些问题是 VR 产品初级阶段的必然现象，可以预见，VR 将再一次重演网络游戏初出茅庐的故事，并在不远的将来，也就是 3 年之内，在中国上网服务场所二次爆发。

第二，中国上网服务场所经过 3 年的转型升级，场地环境、设施设备、服务功能已经改造完善，具有引进 VR 游戏的全部条件。2015 年是上网行业的电子竞技年，各地按照电子竞技的对战要求，改造场地环境，大多数场所符合电子竞技训练、比赛的要求。VR 设备无论是单机还是组机，占用空间不大，上网服务场所完全可以划出特定空间投放 VR 设备。更为可贵的是大多数上网服务场所经营者高度认同引进 VR 设备。据顺网科技《2016 网吧大数据报告》调查，多数网吧经营者、从业者认为引进 VR 对网吧经营有利；

75.69％的网吧经营者认为引进 VR 对提高网吧营业收入有利；64.47％的网吧经营者考虑在网吧引进 VR 设备。66.83％在网吧上网的客户对 VR 感兴趣，希望体验内容以游戏为主；59.39％的客户希望早日体验 VR 游戏。可以说，上网服务场所引进 VR，软硬件条件已经具备。

第三，上网服务场所每年有 1.2 亿客户，80％以上是 18～25 岁的青年。场所的主力消费群体与 VR 游戏的主力消费群体高度契合，这是文化市场领域其他任何项目都不可比拟的独特优势，也就是说，VR 最忠实、最广大的玩家在上网服务场所游戏。

第四，目前市场上比较高端的几款 VR 设备以及与之相配套的游戏内容已经具备投放上网服务场所进行商业运作的可能。PC VR 头盔是目前上市的 VR 产品中比较成熟、用户体验比较好的设备。国外厂家 Oculus、HTC VIVE、索尼占据市场主导位置，国内厂家大朋 VR、3Glasses 也在市场上有一定的影响力。它们的产品在分辨率、延时、刷新率方面基本能够达到用户的初步要求。在游戏内容方面，随着 Oculus 和 HTC 消费版本的上市以及 Gear VR 用户的增多，各路游戏开发商纷纷进入这场游戏视觉盛宴。截至 2016 年 9 月，在 Steam 这一 VR 游戏平台上已经有超过 600 款 VR 游戏。在 Steam 的十大最佳游戏中，30％兼容 VR，现在 Steam 上的 VR 游戏，大部分支持 HTC VIVE 和 Oculus 设备，其中由 Survios 开发的 3A 级 VR 游戏《Raw Data》创造了上市首月销售额超过 100 万美元的不俗业绩。VR 市场推广的成败得失取决于成熟的硬件设备和足够诱人的游戏内容。最近，广东中山世宇公司推出一款《全民枪战 VR》，把在全球拥有 5 亿注册用户的 FPS 电子竞技手游《全民枪战》，与美国 Virtuix 公司开发的 Omni 跑步机结合起来，同时引进 HTC VR 眼镜头盔，并开发了与游戏匹配的枪械，于是一款由市场成功产品强强联合的 VR 硬件、软件产品组合横空出世。为 VR 量身定制的专用游戏产品固然非常必要，但是成本较高、周期较长，把现有成熟产品结缘组合、升级改造，不失为 VR 初级阶段的应急办法。

另据《报告》披露，国内 VR 体验馆 2014 年成立，经过一年多的发展，在全国范围内已拥有 2 000 家门店，国内线下影院经过数十年的发展周期，现存 5 500 家，对比来看，VR 体验馆具有成本低、占地面积小的优势，更受用户欢迎；国内 VR 体验馆单次消费额一般在 10～30 元，定价亲民化。《报告》为我们描绘了 VR 诱人的前景，我对 VR 未来在上网服务场所的发展满怀信心。

现阶段 VR 进入上网服务场所还处于商业化初级阶段。据《2016 年中国互联网上网服务行业发展报告（第三季度）》显示，目前全国约有 300 家 VR 网吧、网咖，助推 VR 市场覆盖率。如深圳眼界科技（简称 EMAX）打造的"VR 实验室"，HTC 与顺网科技合作，在较大上网服务场所搭建 VR 体验区等，使 VR 设备直接拥抱大众，吸引众多消费用户。VR 试水网吧效果并不理想，也在意料中。VR 虚拟现实是涉及多学科高度综合、交叉整合的科学技术，需要数据采集、获取与处理，分析与建模、绘制与呈现、传感与交互等多方面技术，同时需要硬件平台与装置、核心芯片与器件、软件平台与工具、软硬件标准与规范，以及虚拟现实的各领域内容和应用系统开发等多方面的协调配合，才能达到虚拟现实的沉浸感、交互性、智能性、逼真性。当前 VR 体验者出现的眼花、头晕，主要是存在一些技术瓶颈尚待突破、完善。

随着计算机软硬件技术的进步，虚拟现实核心技术的突破也只是时间问题。目前市场上几款比较高端、成熟的 VR 设备，大致可以实现 2K（2 048×1 152）的分辨率，90Hz 的刷新率，不低于 20ms 的延时，虽然距最佳的虚拟现实体验还有相当距离，但基本具备落地上网服务场所商业经营的初步条件。如果在上网场所全面普及或者建设独立的专业体验店，那么还需期待核心技术进步创造的成熟产品。根据上网服务场所 VR 体验者反馈，一是舒适程度不高，头盔以及装备仍然显得太沉、太笨重，特别是女性和儿童反映较多；二是安全感有待提高，相当一部分初次体验者会出现眼花、头晕的生理不适反应（70％的女性会出现不适）；三是头盔等设备多人、反复使用不卫生，特别是头盔，上一位体验者玩得大汗淋漓，下一位再佩戴会感觉非常不舒服，即使经过简单的消毒处理，感觉也很湿黏，有异味；四是适合儿童的产品很少，不利于家庭成员体验交流；五是进入市场的 VR 产品主要是单人独立的游戏，而且游戏体验过程零交流，群体娱乐的吸引力较弱。英特尔表示，它们正在努力提高处理器的计算能力，目标是两眼 4K 分辨率、240Hz 的刷新率以及 7ms 的延时。ARM 公司高层也表示，ARM 的下一代 GPU Bifrost 会朝着 4K 分辨率、120Hz 的刷新率、4ms 的延时方向努力。在市场经济条件下，消费者就是上帝，他们已经渡过了短缺经济时代的物质匮乏、文化饥渴，丰富、完善的市场形态已经使他们能够由着性子"挑肥拣瘦"，好玩的游戏自然有人去玩，用户体验不好的游戏，即使商家喊破嗓子，也不会形成消费热点。VR 设备在上网场所推广、经营效果未能尽如人意，主要也是硬件技术与节目内容的问题。

当前我们需要怎样的 VR 游戏产品？这是一个极富个性化的题目，每个人的爱好、性格、情趣、品位不同，接受的文化传统、接触的社会氛围不同，需求差异就会有天壤之别。但是，即使在天壤之别的差异泡沫中，也会沉淀下来比较稳定、接近本质的基本属性。概括地说，VR 是高科技产品，必须借助高科技手段创造轻便、舒适的硬件产品，游戏内容足够震撼、超级感动的软件产品，同时，将一个人孤独的 VR 发展为一群人交流、感染快乐的 VR。

VR 游戏与其他游戏的联系如下：

一是游戏目的的共同性。古今中外人类游戏无论内容以及形式如何千差万别，本质属性都是以游戏的形式传承知识、技艺和生产、生活技能以及社会规范，共同的目的是追求快乐、健身、益智、秩序、协调。电子游戏、网络游戏、电子竞技也是工业社会、信息社会培养和训练劳动者的劳动技能、群体协作能力的形式之一。首先，快乐是游戏的第一属性。体验者在愉悦中释放并感染着情绪，积累、储存、更新能量。也可以说，游戏的深层机制是负面情绪与正面情绪、负能量与正能量的对冲介质，是一个精神能量发泄、充填、吐故纳新的过程。其次，游戏是健身、健脑、益智、提神的方法。最后，游戏是适应社会生产、生活的技能、秩序、规范、智慧。也许现代游戏开发商还没有这样的文化自觉，但是任何广为流传的游戏都有或多或少、或明或暗的体现。消费者最聪明，他们花钱、出力、劳神，首要考虑就是我能得到什么。在这一点上 VR 游戏与其他游戏几乎没有区别。

二是人类的审美天性与共性。人类希望看到最隐秘的事物，社会权威越是不让看越要先睹为快；人类希望体验不可能实现或者很难实现的事情，中央电视台《挑战不可能》节目收视率很高，就是契合了当下大众的这一心理诉求。在文明社会，人的意愿是不可能全部满足的，尤其不能以损害他人和公众利益满足少数人的意愿。调整社会利益群体关系的唯一准则是法律法规，既然坚持依法治国，就要依法办事，法律是上线，也是底线，更是红线。的确，VR 表现情爱、性爱也许超过现有的任何一种呈现方式或者载体，但是根据中国现行的法律法规则免谈。遵纪守法是讨论任何问题的基础和前提。除此之外，无论是网络游戏、电子竞技，还是 VR、AR，可以表现的主题、题材皆海阔凭鱼跃，天高任鸟飞。归结一点就是紧紧围绕人的想象力，理想、梦想、幻想，科幻、梦幻、魔幻，古今中外，穿梭时空，上天入地，神游八极。既能够高度沉浸体验身临其境的感受，又能够在虚拟空间与特定场景的人物、动物、怪物互动交流。人们崇尚英雄，而且是钢筋铁骨、充满灵性的超级英雄；人们充满对探索神奇世界，特别是探索太空以及外太空世界的渴望；人们希望领略异域风光，深海的马里亚纳海沟、北冰洋的冰峰冰川、险象环生的热带雨林，如果再加上一点英雄救美、探险、寻宝、追凶的故事就更刺激了。总之，要超出正常人的想象力，险峻风光＋科幻魔幻＋英雄美人＋公平正义，也许就是这类神话故事、童话故事、动画故事、夜话故事的永恒主题。

三是 VR 游戏要有获得感。人们常常用开卷有益、不虚此行一类的词语说明人的获得感，电子游戏、网络游戏、电子竞技满足了人们的此类愿望。好莱坞的电影固然很吸引人，但是即使是电影发烧友也很少一部电影短时间内看 2 次以上。但是，网络游戏《英雄联盟》却使上亿人乐此不疲，持续玩，玩上瘾。也许 VR 在 3 年内也能够开发出"爆款游戏"。这类游戏要让人们在挫折中进步，在失败中成熟，在竞技中胜出，在交互式、群体性竞技中拥有成就感、满足感。同时，获得感还应当有实实在在的获得，打得好的可以升级；更换的装备可以交换；对抗、陪练、打比赛达到一定程度可以成为职业选手、专业选手；专业选手退役以后可以到俱乐部、战队当教练、解说、裁判或者担任竞赛组织以及经营管理工作。这里不能不申明，任何游戏都具有或者鲜明或者隐晦的政治倾向，游戏的政治倾向应当体现在游戏过程的扬善惩恶、除暴安良、公平正义、守望相助、扶危济困等普世价值中，而不是贴上什么主义的标签。贴标签最简单，也最愚蠢。

现有的包括几款高端的游戏产品都处于 VR 内容的初级阶段，大部分 VR 内容平台的视频是将已经出品的影视内容进行转码，生成具有 3D 效果的视频。2016 年 3 月，暴风魔镜称自家平台有超 2 万的 VR 影视资源，其实绝大部分属于转码视频，据说全景视频只有 700 部。炒冷饭、吃冷饭固然可以充饥，但是不会让人满足，市场需要为 VR 量身定制专业产品。但近期出现的可能性较小。其主要原因为：首先，VR 出现时间较短，专业工作者还没有完全掌握 VR 的技术特性以及最佳呈现方式，要讲好 VR 故事，开发足够优秀的"爆款游戏"，还需要多方共同努力。其次，VR 视频制作难度高，渲染量大，制作费用昂贵。一部 VR 影视短片《救命》（Help），只有短短 5 分钟，制作费竟耗资 500 万美元。最后，VR 的核心技术是图像处理，要拍摄 360°全景视频，就要有全景视频拍摄设备和视频资料的拼接处理设备及方法，才能生成适于 VR 播放的 360°实时动态可见世界。而且，还要通过高科技的传感设备，让用户能够获得沉浸于另一个虚拟世界的体验，并能够在虚拟世界中与虚拟环境实现交互。技术难度大，是当前 VR "爆款游戏"以及 VR 电影迟迟不能出现的基本原因。

对于 VR 以及有关虚拟现实产品的发展方向以及未来前景，业内人士迷惘大于清晰，观望多于参与。通过研究全球的市场格局以及中国互联网经济、游戏产业发展的昨天和今天，我们有足够的信心预言 VR、AR、MR 的未来。

（一）虚拟现实产品或者产业的最大赢家是中国

当前的虚拟现实的相关产品非常火爆，已经进入群雄逐鹿的时代。截止到

2016 年 9 月，共有 68 家上市企业以及 96 家投资机构涉足 VR、AR、MR 等产品的开发应用领域。据《光明日报》记者介绍，阿里巴巴成立 VR 实验室，同步推动 VR 内容培育和硬件孵化；暴风 TV 发布首款 VR 电视；华为发布其第一代眼镜产品。不仅互联网和硬件生产企业钟情 VR，内容生产商也纷纷加入 VR 布局的混战——华谊兄弟入股 VR 主题公园公司圣威特，要在苏州打造《集结号》VR 体验；光线传媒入股 Dream VR，尝试影院里的社交；网龙网络公司推出 VR 创客教室及 VR 沉浸式教室⋯⋯VR＋旅游、VR＋影视、VR＋教育。目前，VR 已经渗透到各个领域，各行业的创作、生产和商业格局或因 VR 的出现产生不小的变革。VR 年的 VR 足够火爆、足够热闹，也赚足了世人的眼球。当然迷惘、观望、担心者也大有人在。我之所以充满信心是基于以下考虑：

（1）清朝乾隆皇帝拒绝了英国使团带来的工业文明成果，使古老的中国与工业革命对接推迟 100 多年，中国人追悔之余痛感再也不能与科技进步成果失之交臂，于是以异乎寻常的敏感和热情关注、参与全球科技发展，这是民族文化自觉和科学精神的觉醒。长期保持下去，中国人就会在中华人民共和国成立 100 年的时候，引领世界科技创新潮流。

（2）中国的 VR 热潮中的确存在过分重视商业价值、商业开发运作的倾向，对 VR 核心技术的研发和深耕明显投入不足。中国人压抑几千年的商业动能短时间集中爆发，现在还没有完全走出爆发区，即使走出来了，还有爆发冲击波造成的逐渐衰减的惯性，可喜的是中国的阿里巴巴、盛大等商业巨头已经发现现存的倾向，转而与国外技术团队合作，参与 VR 核心技术研发。

（3）VR 热潮最大的诱惑力和赢利点是 VR 游戏，90％以上的开发商、投资者为了 VR 游戏巨大的赢利能力奋力一搏。据报道，中国互联网巨头腾讯和阿里巴巴近期市值都突破 2 万亿港元（约合 2 578.9 亿美元），已经跻身全球一流企业阵营。榜样的力量是无穷的，后来者蜂拥而来、接踵而至也就再平常不过了。

（4）中国游戏产业已经超过美国、日本。据市场研究公司 Newzoo 的数据显示，2015 年中国游戏产业收入 222.2 亿美元，在游戏收入排名前 100 名的国家中高居榜首，美国、日本分别以 219.4 亿美元和 123.6 亿美元排名第二位、第三位。中国有 7 亿多互联网用户，5 亿多电子游戏、网络游戏玩家。中国网络用户仅占总人口的 50％左右，美国网络人口已经占总人口的 80％左右，中国网络用户以及游戏玩家的发展空间巨大，据外国媒体预测，未来 10年，中国游戏产业规模有望达到 1 000 亿美元。

（5）现有的 5 亿多电子游戏、网络游戏玩家是中国成为全球游戏产业最大赢家以及 VR 产业最大赢家的核心竞争力。网络游戏的开发成本高，如果局限在小众娱乐，很难摊销成本，实现赢利。网络游戏是面向不同国界、不同宗教、不同政治信仰的大众游戏项目，中国海量的游戏玩家使任何一款足够吸引人的产品，都可以在大众、群体的无数次游戏中赚得盆满钵满。中国拥有世界最多、最铁杆的玩家群体，正因为如此，中国互联网巨头也才能成为全球顶级玩家，腾讯公司也才有足够的经济实力把荷兰游戏开发商 Supercell 收购在旗下。2016 年 9 月 9 日《环球日报》刊载《日经中文网》9 月 8 日文章，原题为《中国娱乐产业"爆买"日本 IP 潮来临》，《环球时报》后加的题目是《中国爆买瞄准日本动漫》。文章援引手冢制作著作权事业局局长清水义裕所说，中国市场规模远超日本，增长速度也很快。中国企业甚至说预算要多少有多少，不用担心。于是就有了"中国企业瞄准日本知名 IP（知识产权）的爆买浪潮正汹涌而来"的说法。同时，清水义裕认为中国人正在参照日本原作，学习角色设定和故事布局等，快速追赶日本……100％由中国制造的娱乐内容在日本走红或许不会太遥远。

以上报道说明，曾经的动漫游戏巨头公司还是非常清醒的，中国巨大的游戏市场规模就是核心竞争力，中国乃至世界商业巨头之所以对 VR 一哄而上，就是看中了中国游戏市场的巨大商业价值。于是，中国 VR 市场进入战国时代，群雄逐鹿，烽烟四起。一哄而上是好事不是坏事，优胜劣汰的市场规律必然把最精良的设备、最精彩的节目推上王者宝座。即使初级阶段攻克核心技术的不是中国团队，出品最美 VR 内容的也不是中国公司，但是中国公司有能力购买版权和关键技术，而且有能力购买世界最强的公司。这不是狂言，而是中国作为世界最大游戏市场符合逻辑的发展脉络的必然趋势。我们应当珍惜机遇、把握优势，不要把宝贵的优势拱手让人，或者索性丢到泥潭里去。

在全球市场，中国处于绝对优势的领域极少，机遇千载难逢。在世界娱乐行业，中国电影超过美国好莱坞的可能性极小，动漫超过日本、电子竞技超过韩国的可能性极大，原因在于互联网以及游戏群体的智慧和热情。与《中国爆买瞄准日本动漫》联排的还有一篇文章《中国城市消费将改变世界》，这是《环球时报》转载捷克世界报业辛迪加9月8日的文章，原题为《中国城市为何将推动全球增长》。文章说：随着投资拉动型增长已成强弩之末，如今中国和全球的增长都将依赖中国的城市消费者。到2030年，城市居民将推动91％的全球消费增长。麦肯锡最新研究预测，中国700个城市将在目前至2030年期间为全球城市消费增长贡献7万亿美元，贡献率达30％。对于外国媒体类似的报道，相当一部分国民持以下两种态度，一是认为这是"毁"我们，制造"中国威胁论"或者"中国崩溃论"；二是觉得是在"捧"我们，很受用、很陶醉。这两种态度都无大错，关键是中国人要在清醒、客观地分析世界发展大局和趋势的基础上，建立属于中国人的自信。自信而不自满是中国实现第二个100年远大目标的征程中，应当时时敲响的警钟。

（二）VR、AR、MR，谁将是未来市场的主导产品

这是业界非常关注，也是决定企业研发走向的大问题。负责任地回答这样的问题是相当困难的。按照复杂问题简单化的原则，还是先从概念自身入手。

虚拟现实，简称VR技术，是一种基于可计算信息的沉浸式交互环境，利用电脑和其他智能计算设备模拟创造一个三度空间的虚拟世界或者虚拟环境，为用户提供在特定范围内生成的视觉、听觉、触觉等一体化的感官体验，就像身临其境一样。

增强现实，简称AR技术。通过全息投影，在显示屏幕中将虚拟场景与现实世界叠加，用户可以通过设备互动，同样可以产生与VR类似的感官体验。

混合现实，又称为融合现实，简称MR技术。结合真实世界和虚拟世界的特点，创造全新的场景环境和可视、可感的三维世界。物理实体与数字对

象共存并实时交互作用，以模拟真实物体、场景，是虚拟现实技术的进一步发展。在美国旧金山举行的 2016 年英特尔开发者大会（IDF16）上，英特尔 CEO 柯再奇首次公布开发融合现实技术（Merged Reality），该项目称为 AL-Loy，致力于实现 VR、AR 的融合创新。

VR、AR、MR 的本质特征都涉及人与现实世界、虚拟世界的关系。VR 的视觉呈现方式是阻断人眼与现实世界的连接，通过设备实时渲染的画面构成全新的虚拟世界，而且人可以与虚拟环境中的对象进行交互式配合。AR 的视觉呈现方式是不阻断人眼与现实世界的连接，叠加全息影像，加强视觉呈现，也就是在真实环境中加入虚拟的影像信息。MR 是在综合两者的基础上，在虚拟世界、现实世界和用户之间创建一个交互反馈信息的系统，既可以将真实的人置于真实的场景中，也可以在真实场景中加入虚拟现实，以增强用户体验的真实感、交互性体验感。

这 3 项技术中，VR 比较成熟度优于 AR、MR，现在投放市场的几款高端设备基本上可以达到商业化水平，其技术难点——由于延时、不同步而造成的眩晕问题，也有望最早实现突破。但是一项技术的成熟有待于多种技术成果的高度融合，任何一项技术成为短板都可能拖累技术成果的全面进步，因为整体水平是由短板决定的。另外，据一些研究报告显示，美国高科技公司 Magic Leap 投入数十亿美元研究 AR 技术，虽然没有推出设计样品，但是已经受到业界的广泛关注。业内人士估计 AR 是电影的升级换代产品。MR 还在研发之中，后来者有可能居上，但是 MR 并不是虚拟现实的终极产品。未来 3R 互有借鉴融合，可以并行发展，而且还将开发出更多类似的功能，甚至还有超出我们想象的"黑技术"。

未来的 3R 功能开发也会有无数种可能，大脑风暴的最大成果是当前人类无法实现或者根本不可能产生的技术、灵感就在无数种偶然与必然的碰撞中脱颖而出。仅就 VR、AR 技术而言，就是要创造高度逼真、高度人文的视觉沉浸感，创造实体行为的系统仿真，使人与自然、人与故事、人与虚拟环境融为一体，互动参与。这样的技术完全可以运用于网络游戏、电影、社交通信等拥抱大众的领域，同时覆盖专业、小众。无论是网络游戏还是电影，最佳的落脚点都是上网服务场所。2015 年是上网服务行业引进电子竞技年，2016 年是行业引进电影和微电影年。虽然由于管理体制等多种原因，2016 年行业引进电影和微电影不是很顺利，但是我们可以预言，大众观影的时代已经过去，小众观影时代即将到来。2016 年出现了一个新词"私影"，也就是电影、微电影进入网吧、网咖等较为私密的空间，较为私密的几个朋友可以聚在一起看电影。也就是说，VR 游戏进入上网服务场所，作为网络游戏的升级产品是顺理成章的；AR 等影视节目也是小众观影时代的升级换代产品，同样也有极大的可能进入上网服务场所。

业内外都为 3R 经济描绘了诱人的前景，预计可以形成巨大的市场规模。我也对 3R 经济信心爆棚，但是，我不希望用美妙的"钱"景预期一切，中国的商业气氛已经够浓郁的，就像雾中又夹杂一些霾。在浓重的雾霾天，虽然看不到天上的月，可我还是想谈谈像月色一样朦胧的"梦"。我有一个梦，距现在已经很遥远了。在很早很早以前，我爱上了一个女人，爱得很深，后来她离我远去，出走浩渺的月宫。那里房子很大，却很冷，虽有玉兔陪伴，她依然很寂寞。她的名字叫嫦娥。我一直想把她带回中国，回到我们曾经并不宽敞的家。我知道实现这个梦并不容易，但是我依然期望 VR、AR、MR 高速发展，借助于虚拟现实、增强现实、融合现实的一切技术，在我的有生之年圆了我的梦！

说明：2016 年 10 月 20 日，中国游艺机游乐园协会在上海会展中心举办 VR 产业高峰论坛。作者应邀在论坛上发表题为《实现虚拟现实的中国梦》的演讲。本文根据演讲稿整理。

第三章　在中国文化产业和互联网经济形态中看游戏经济

　　网络游戏和电子竞技是中国改革开放以来最活跃的社会文化现象，虽然蒙受诟病最多，但是贡献也最大，已经成为中国在文化产业领域超越西方发达国家的领军产业。我们有责任以实事求是的态度和勇气，揭示中国游戏经济的"文化苦旅"。

- 与智力竞技携手共赢
- 智力竞技　全民健身
- 电子竞技娱乐与社会文明进步
- 智力竞技　开发最强大脑
- 由趣味走向竞技　由职业直通产业
- 扎根基层　面向世界
- 游戏经济的文化苦旅

与智力竞技携手共赢

其实我是不适合演讲这个题目的。一是我从来不好棋牌，"五棋一牌"一样都不会。二是我智力偏弱，网络语言称此为"脑残"。从上小学一年级开始我就是典型的"学渣"，一年级连续读了三年。虽然 1982 年我考取南京大学研究生时，我家的老邻居开始夸我小学一年级基础打得好，但这件事一直是我心中挥之不去的痛，从不愿与别人分享。三是我长期在文化部从事文化行政管理工作，在业内被称为文化学者，与体育沾边，却没有做过深入研究，也没有操练经验。如果从大文化的视点看，文体不分家，接缘多于对立，我就此谈谈关于智力竞技的点滴想法。

棋牌在中国的历史非常悠久，古时候中国人把棋牌游戏统称为"戏"。虽然说中国人从来不缺乏幽默感，但是对游戏娱乐还是深恶痛绝的。从《史记》到《汉书》《后汉书》，都把游戏娱乐归入"奇技淫巧"，中国人对游手好闲、好逸恶劳深恶痛绝，其原因与中国人的生存环境直接相关。

我国大部分地区冬季寒冷，夏季炎热，自然条件不适合种植多季作物。古代人赖以为生的传统谷物都是低产作物。宋朝人引进占城稻，早熟、高产，这就使我国水稻种植区域增加了一季收成。明朝初年，我国引进了玉米、马铃薯、地瓜、花生等高产作物，基本上解决了百姓在风调雨顺年景的吃饭问题。

中国人口超过 1 亿是在明朝前中期实现的，明朝末年中国人口数达到 2 亿。清朝近 300 年中国人口数增加至 4 亿 5 千万。明清时期中国人口数大幅度增加，这与食物增多，大致能够保障生存基本需求有直接关系。艰苦的生存条件，要求老百姓一年忙于耕种劳作，老天帮忙，才能有口饭吃，而游手好闲、铺张浪费，则直接威胁中国人的生存。所以中国人历来反对、排斥、厌恶游手好闲、奇技淫巧、华而不实。中国老解放区改造"二流子"的方法，就是把游手好闲、好吃懒做的"二流子"集中起来学习、劳动，不劳动就没饭吃。改革开放极大地解放和发展了社会生产力，中国人终于告别了短缺经济时代，人民群众生活水平提高、居住条件改善、闲暇时间增多，在这样的背景下我们需要回答如何利用闲暇时间开展智力竞技娱乐活动，提高国民素质和生活质量的问题。

一、为包括棋牌在内的游戏娱乐活动、智力竞技活动正名

第一，游戏娱乐活动是知识、经验、技能的传承。关于艺术的起源，有模仿说，有游戏说，等等。我坚持多元起源说。农耕经济社会，农业耕作、生活知识等的经验，是一代一代积累和传承的，先民们通过游戏、舞蹈等各种形式，把耕种、渔猎、战争的技巧传授给下一代。先民的经验、知识是不断积累的，不同时代游戏传承的内容与形式会有差异，但是传承知识、经验、技能的基本功能没有改变。

第二，游戏娱乐活动、智力竞技活动是人际交流的主要形式。马克思说人的本质是一切社会关系的总和，很多人认为这个定义不靠谱，其实人最大的社会属性就是一切社会关系的总和。中国人善于与人交往沟通，也喜欢群体性的游戏娱乐，通过游戏娱乐、智力竞技活动，交流思想、增进感情、扩大视野。人际交谊性是游戏娱乐的第二大功能。

第三，游戏娱乐活动、智力竞技活动讲究规则、秩序。历朝历代统治阶级都希望臣民讲究规则，讲究规则就是分等级、别贵贱、守规矩。一个社会如果没有规则，没有法律约束，没有道德规范，没有行为方式准则，这个社会必乱无疑。**任何一种游戏，包括棋牌游戏都必须有规则，参与者必须按照规则出牌、下棋，游戏才能正常进行。棋牌竞技游戏就是培养人经过深思熟虑，按照规律办事，按照规矩行动。人类社会就是通过游戏娱乐的方式普及**

社会公众的法治观念、等级制度、规则意识的。讲究规则是人与人、人与社会和谐相处的基石。

第四，游戏娱乐活动、智力竞技活动培养了参与者的进取精神。游戏，特别是棋牌游戏，是智力游戏，参与者通过游戏拓展、挖掘、挑战自己的智慧。在挑战自我的过程中发现潜能、提升自我、完善自我。棋牌竞技游戏分级别、讲段位，不断挑战自我，不断过关升级，也许并没有得到多少实际利益，然而对于成功的追求与渴望仍然推动参与者不断进取。因此从这个意义上说，游戏娱乐、棋牌竞技，也是塑造人类灵魂的工程师，而且随着社会文明的进步，必将成为与竞技体育比翼齐飞的智力竞技项目。我们甚至还可以说，当今时代，"亮肌肉"的竞技体育正在走向少数人，而"亮智慧"的智力竞技正在拥抱大多数人，不分性别、不分年龄、不分国界。

二、推广智力竞技活动，为所有参与者选择最适宜的运动场地和活动形式

1. 第一个难题：产业推广

以棋牌为主要内容的智力竞技既然具有无与伦比的智力开发优势，那么如何推而广之，让智力竞技项目走出国家体育总局棋牌运动管理中心的高楼深院，走出几百位专业选手、专业人员的小圈子，去拥抱大众，这是我们必须破解的第一个难题。

破解难题是我的短板，但是笨人也有笨办法。我一直思考佛教从东汉时期传入中国，几百年时间是如何遍布大江南北的。一种外来的宗教信仰，不仅迅速在中国土地扎根繁衍，而且在百姓的灵魂深处安营扎寨。公元5世纪前后，魏晋南北朝的南朝时期定都南京，有一句诗"南朝四百八十寺，多少楼台烟雨中"，令我吃惊的是，以南京为中心的并不广袤的土地上，竟有480多座寺庙，供信众朝拜，由僧人弘法。寺庙是他们肉体与精神的根据地。同样，推广智力竞技也必须建立适合它们安身立命的运动场地。经过前一阶段互联网上网服务行业持续不断地推动转型升级，相当一部分上网营业场所已经具备了从事智力竞技比赛以及大众娱乐的场地条件。

近年来，我们致力于上网服务营业场所的服务环境建设，发出让上网服务营业场所明亮整洁起来的倡议书和服务环境规范，全行业进入了以"亮洁革命"为标志的标准化时代。最近，中国互联网上网服务行业协会在推进服务环境等级评定的基础上，与国家体育总局中国棋牌运动管理中心制定了电子竞技场地环境服务标准。全国14多万家上网服务营业场所经过升级改造，20％以上已经具备了开展电子竞技、智力竞技比赛以及大众娱乐的标准条件。我们将打开山门，欢迎棋牌等电子竞技、智力竞技项目进入上网服务场所。只要有适宜的场地落脚生根，我相信无论是经营者，还是棋牌等智力竞技活动的参与者与组织者，就会有足够的智慧和魄力，让场所与智力竞技扭在一起，共同活跃繁荣起来。

2. 第二个难题：如何从小众走向大众

棋牌等智力竞技活动如何从小众走向大众，出路依然在上网服务营业场所。上网服务营业场所是网络虚拟空间与现实物理空间结缘的平台，具有分布空间广泛性与参与群众广延性的双重特点。上网服务营业场所遍布城乡，每年在这里上网的消费者有1亿多人，其中80％是18～25岁的青年，他们是当今社会最有活力的群体，是最具扩张性和辐射力的群体，也是智力竞技活动的中坚力量。同时，智力竞技活动没有年龄限制，也没有门槛限制，无论多大年龄，无论是爱好者，还是专业选手，都可以找到热爱的项目和同乐的对手。2014年北京联众公司牛刀小试，以洛阳市上网服务营业场所为依托，举办棋牌竞技大赛，报名参赛的各级选手20多万人，其中20％左右的选手是50岁以上的中老年人，最高年龄的选手70多岁。他们第一次走进上网服务营业场所，发现曾经一直排斥的网吧竟然这样整洁、舒适、高雅。和年轻人在一起竞技娱乐，他们感觉一下子年轻起来了。通过智力竞技活动，吸引不同年龄层次的消费者进入上网服务营业场所，不仅可以提高场所上座率，也可以改变社会公众对网吧的误解和偏见。上网服务营业场所的基本功能是面向社会公众提供信息服务的现代服务场所。

让大众走进以上网服务营业场所为主体的运动场地，从事智力竞技活动，

是人类运动方式的历史性进步。首先让大众进得来、留得住，关键要在培训和组织竞技比赛上下功夫。培训首先要"扫盲"，其实，想学棋牌的人不少，各地少年宫以及社会上办班培训的学费很高，大多数家长为了开发孩子智力，会让孩子参加培训。如果有了网络培训课堂，学员定期在上网服务营业场所集中学习、集体辅导，我相信家长会发现网吧培训的比较优势。办班培训的效果也许比网络培训效果好些，但毕竟人数有限。网络培训聘请的是经验丰富的名师，而且，利用网络空间的无限性，智力竞技活动参与者才能真正由小众走向大众。

其次，要为不同层次的爱好者，甚至是专业选手讲棋、解棋。如果说培训是以普及为主的话，讲棋、解棋就是在普及基础上的提高。智力竞技活动的进取性决定了每一位爱好者、专业选手都有提高技艺的强烈渴望，摸清他们的脉搏，适应他们的需要，由名家、名师为他们释疑解惑，或许会影响他们终生的棋牌爱好。

最后，为了使棋牌竞技活动进入上网服务营业场所以后能够留得住，规范、活跃、繁荣起来，协会在狠抓行业场地环境建设，提高服务质量的同时，还专门成立了培训部，重点培训棋牌竞技比赛的教练员、运动员、解说员、裁判员，我们将采取分级培训、分片培训、分类培训的办法，为经过培训考核的合格者颁发执业证书。目的是推进全行业的正规化建设，使智力竞技各项活动在上网服务场所规范、有序地进行，并为与国际接轨做好准备。

3. 第三个难题：内容丰富，形式有趣，过程规范

棋牌等智力竞技活动能够在上网服务营业场所落地生根，开花结果，需要破解活动项目的丰富性、活动形式的趣味性，以及组织过程的严密性、规范性这个难题。棋牌等智力竞技活动，项目内容的丰富性永远是第一位的。老人喜熟，青年求新，这是规律，按规律办事才能少走弯路。因此，必须经常组织不同规模、不同层次、不同类别的竞技比赛活动。棋逢对手，智力竞技活动本身具有足够的趣味性和吸引力，既可以挑战自我，又可以挑战对手，特别是旗鼓相当的对手。活力来源于活动，任何一个组织、场所、项目，有

活动就有活力，持续不断地组织活动就有了可持续发展的活力，这也是一条规律。2015 年，协会动员全行业除了支持全国智力运动会和其他单位组织的智力竞技比赛活动外，还组织了全国智力竞技比赛，预赛在基层，决赛在北京。我们也支持各地方协会与当地体委或者棋牌运动中心合作，组织区域性的各类比赛，轰轰烈烈，扎扎实实。

此外，要为参加各级比赛的选手颁发证书，还应当授予获奖者一定的等级证书，以满足参赛者智力竞技不断进取、不断升级的要求。就像和尚头上的戒疤一样，听说烫戒疤是很疼的，著名画家史国良曾在庙里当和尚，烫戒疤时都疼哭了，著名画家张大千也曾在庙里当和尚，住持要给他烫戒疤，他想了 3 天跑了。为什么烫戒疤这么疼还有人烫，这是和尚修行等级的标志，或者说是修行过程的一个标志性、阶段性的成果。这也是人类追求进取性的表现。智力竞技比赛也应当有类似段位晋级的标志以及晋级制度，而且与未来的就业、上学联系起来，使他们在上网服务营业场所参加比赛，不仅具有取得智力成果的成就感，而且助力未来发展，这样吸引力就大了。

三、开垦一片适宜开展智力竞技活动的沃土

1. 沃土的第一个特点：要有深厚的群众基础

我以前也翻过奥数的书，有一种感觉，这都不是正常人想出来的题目，我不是骂奥数，我是说这都是"超人"想出的"歪"点子。看了奥数之后我心中陡然一阵悲凉，不仅题目看不懂、做不出，甚至对自己的智力都产生了怀疑，我是不是真的"脑残"了？所以这样的题目是不可能普及的，能够普及到大众中间的一定是大众喜闻乐见的东西。大众最广泛地参与，就是智力竞技活动最深厚的群众基础。

2. 沃土的第二个特点：一定要有规则、有底线

任何一项智力竞技活动都有规则，规则体现了项目设计者的智慧。这个问题容易理解，那么如何理解智力竞技活动的底线呢？我认为底线就是防沉迷、防赌博。比如说德州扑克，我虽然不会玩，却多次听说比较敏感，因此

在规则设计上要兜住底线，不要击穿底线，也就是说，设计者在机制、规则
设计以及组织过程中能够规避可能出现的偏离，守住防沉迷、防赌博的底线。
只要坚守住底线，类似德州扑克的项目仍然可以成为一种益智性、趣味性的
智力竞技项目。

　　**最后我还要特别强调，最适宜开展智力竞技活动的沃土在上网服务营业
场所。网络无处不在、无时不在，网吧遍布城乡、社区，贴近大众，上网服
务营业场所是虚拟空间和实体空间接缘的现实空间，是智力竞技活动最大的
运动场地，也是参与人数最多的智力竞技平台。**近几年，我们坚持上网服务
营业场所转型升级，提出了让场所明亮起来、整洁起来、清新起来、温馨起
来等一系列技术标准。2014 年，全国互联网上网服务营业场所不仅结束了连
续 4 年经济规模萎缩的历史，而且扭亏为盈，经济规模比 2013 年增加了
9.6％，场内电脑增加了 17.1％。在这里上网不仅内容丰富多彩、健康规范，
而且网速和上网设备也是世界一流的。经过前期的升级改造，各地都出现了
一批具有智力竞技、电子竞技比赛规定标准的场地，完全适合大众开展智力
竞技娱乐和比赛活动。协会将与国家体育总局中国棋牌运动管理中心等有关
单位合作，每年依托上网服务营业场所共同举办各种类型的智力竞技比赛活
动。共同举办对于我们双方是强强联合、优势互补、合作共赢的选择。体育
总局可以由此打破传统棋牌专业竞技的局限，利用上网服务营业场所拥抱大
众，发展群众智力竞技运动。协会以及行业也可以通过引进智力竞技运动等
丰富内容，增加场所吸引力、上座率，提高社会效益和经济效益。以内容、
形式的丰富性引领全行业转型升级，以消费群体结构的兼容性重塑全行业的
社会形象，我相信经过我们一段时间的不懈努力，上网服务行业在政府行政
部门的领导下，在社会各界的广泛支持下，一定会有广阔而长远的发展前景。

　　我坚定支持在上网服务营业场所开展智力竞技活动。举办智力运动会，
对我有好处，有道是近朱者赤，我与智力超群的诸位多接触、多学习，也许
"脑残"还有痊愈的希望。

　　我非常期待！

附件：圆桌会议环节嘉宾论坛

圆桌会议环节嘉宾论坛：

智力竞技与上网服务行业转型升级

国家体育总局中国棋牌运动管理中心副主任（简称"棋牌管理中心"）陈泽兰
中国互联网上网服务行业协会会长（简称"协会"）　　　　　张新建
北京联众公司 CEO　　　　　　　　　　　　　　　　　　伍国樑
上海网鱼网咖公司　　　　　　　　　　　　　　　　　　姚　亮

主持人：关于"线上棋牌培训"棋牌管理中心有什么想法？

陈泽兰：关于网络教育方面，我们更强调与北京联众公司共同打造中国智力联盟网，在这个平台上我们会推出很多内容。从初级到中级，到解决问题的产品，就像中医的望闻问切诊断。比如很多棋手到一定程度会遇到瓶颈，就说我下到这儿就不知道怎么办了。我们可以找非常有名的棋手，如聂卫平、古力、常昊，帮助他诊断一下这盘棋在哪一方面是欠缺的，比如在收官欠缺还是在中盘欠缺，类似的产品我们可以推出很多。对于青少年的培训，我们可以学习一些训练营的办法，可以让胡荣华带一些学生，柳大华带一些学生，训练 7 天之后，让这些孩子们共同地再去参加一些比赛。这样的培训会是多方位和多产品的，会打破原来传统意义的培训模式，给青少年提供很多棋牌类的培训。

大家都知道桥牌的培训市场在青少年当中是短缺的。很多家长认为琴棋书画从传统意义上来讲是高雅艺术，但是玩牌是很不好的活动，家长愿意让孩子学棋，却不愿意让孩子学牌。实际上，桥牌对于培养青少年的团队意识，培养孩子的交流、沟通能力起着非常好的作用。但是桥牌学起来也是有一定难度的。因此，针对桥牌，我们为青少年推出了非常迷你型的、带真人视频效果的教学。在将来的培训中，配套产品将会非常多样化。

张新建：协会成立以后，按计划与棋牌管理中心、北京联众公司专门成立一个培训机构，重点培养电子竞技的教练员、运动员、解说员和裁判人员。

通过分类培训、分片培训，提高上网行业组织各种赛事的整体水平。

主持人：从体验经济角度比较网吧与 KTV、影院什么异同。网吧除了游戏之外，还有没有其他的内容拓展领域？

张新建：首先，KTV 等文化市场项目，消费对象定位在商务人士和青年群体，在当前社会背景下，单纯定位于商务人士的项目都有所萎缩。萎缩是正常的，但是如果转变思路，把 KTV 面向社区大众，就会有广阔空间。

其次，关于与影院的比较。今年电影营业总额为 286 亿元，其中一半左右是外国影片的收入，中国影片 600 多部，只有 100 多部在院线影院放映。以全国 600 多部影片而论，从整体上看全行业亏损。影院的体验方式逐渐萎缩，有的院线已经提出与上网服务行业合作，比如把影院的一个大厅专门布置成电子竞技比赛场所，方案一出，非常受欢迎。

再说说上网服务行业。1995 年春天，网吧落户中国。经过 20 多年的长途跋涉，走过了草根发展阶段，现在已经到了转型升级阶段。经过 1 年多的努力，行业结束了经营规模连续 4 年的萎缩，2014 年经营规模上升了 9.6%，且每年的经营规模都超过 600 亿元。上网服务行业没有上市公司，这对全行业来说非常蹊跷。上网服务企业没上市，为网吧服务的网管系统、装修公司已经上市，这是很不符合规律的。现在，北京联众公司等企业，包括一些证券公司愿意与协会合作，进入上网服务行业。协会专门成立金融分会，吸收各种资金，为网吧投资。投资者说，他们一直在找投资洼地，后来才发现洼地就在我们身边，网吧天天见，怎么从来也没有想过要投资网吧。投资公司经过核算，发现投资网吧半年或者 8 个月就能回本，曾经被忽视的产业被他们发现，特别是上海网鱼网咖，现在好多投资人追着投资。金融界的朋友们，希望你们在关注股票的同时，也关注一下上网服务行业。

陈泽兰：我简单给大家介绍一下，体彩今后也是可以进入网吧的。我们习惯的概念是买体彩去体彩站，这种方式将会更新换代，体彩将来可以以游戏的形式去竞猜和购买。大家可能会看到类似于赛车系统的彩票，系统事先提供赛手的资料，比如他得奖的几率可能是 70%，也可能是 30%，让你去买号。实际上这，也是一个随机的东西，完全可以在网吧里进行。在网吧里开一个机器，24小时提供买彩的服务，这就是体彩的新品种。

张新建：我透露一个好消息，我们愿意吸引更多的股民到网吧炒股。证券大厅下午3点钟结束营业，这正是网吧上客的时候，把两个接缘的场所和职能结合起来，未来的发展空间非常大。现在有些证券公司已经跟协会联络，希望把网吧模式、网鱼网咖模式引进证券大厅。早动手，不吃亏。

姚亮：网咖具备非常强的社交属性，三五个朋友一个包房，大家可以在一起玩游戏。从这个角度看，电影的社交属性不是特别强，就是说在整个观影过程当中，你的人际交流是受限的。我们可以大胆地预测，未来影院会走向衰落。现在我们也在尝试做VR眼镜，未来会更加虚拟，VR眼镜未来会投放到网鱼网咖的门店里，或者走入百姓的家里，你可以足不出户就轻松体验完美的观影体验。网鱼网咖目前主要以电子竞技作为主营方向，未来我们会有更多的发展方向。所以我们未来可以走平台化运作方向，平台需要内容填充，像联众目前主要走以内容为主要平台的生态圈一样，未来它会跟我们进行更加深度的合作，也会把它的内容投放到我们的平台里。

主持人：关于单项体育的市场化问题，棋牌管理中心招商或者招标的时候最关心的问题是什么？为什么最终选择了联众？

陈泽兰：我们和联众的合作，开始于4月份进行的一个公开的招标，我们完完全全地按照财政部的有关招标程序，把招标内容放到了网上，按照固定的工作日（时限）招标。实际上，做棋牌游戏的厂商有很多，比较有名的有几十家，在这几十家当中有非常大的品牌，比如说腾讯，腾讯在互联网棋牌的行业中绝对是老大，市场占有量达到70％以上。同时也有专业的互联网企业，比如联众，也有博雅这些专门做棋牌类的厂家。一定选大的还是一定选专的，我们并没有固定的选择模式。

实际上，我们在合作方式上是走了一点弯路的，我们曾找到一个做棋牌的厂家合作，但是几年下来效果不是很好。在总结了经验之后，我们决定采用公开、公平、透明的状态，让大家自由地来竞标。在竞标的过程中，我们通过专业的评标小组来进行评选。当然在这次招标过程当中，一共有三家对我们感兴趣，其中，联众从设计方案到从收益的角度的分析，大大优于其他两家，所以我们通过非常公平的方式选定了联众作为我们的合作伙伴。

主持人：智力体育是否与传统的体育不一样，更偏向于参赛的一个赢利模式？未来的赢利模式能不能类比传统的体育行业？

陈泽兰：不知道有没有人看过《奥林匹克大逆转》这本书。大家都知道奥林匹克，却很难想象奥委会曾经面临破产。这个大逆转实际上就是电视的介入，电视的介入给奥运会带来了一个飞跃式的发展。

有人也曾经预计，在今天这个时代，想再次逆转就需要互联网的介入。应该说在"互联网＋"时代，棋牌具有得天独厚的优势。棋牌项目不仅有参与性，而且有观摩性，参与者喜欢围棋，他肯定会追看围棋的转播。

同样，他是桥牌的粉丝，是二打一的粉丝，是麻将的粉丝，也会去关注这些他本身就参与的赛事转播。我们将来不仅仅是做像体育类经典赛事可观性的转播，还要做教学式的转播。比如我们看一个高手在下棋，有的时候你会不明白为什么他走这一步，我们可以在转播的过程中为大家讲解这一步的深意。这会让很多棋类爱好者有一种醍醐灌顶的感觉，这对棋类爱好者技术的提升也是非常显著的。

因此，赛事转播将有非常广阔的空间。随着互联网的介入，观看赛事会非常的便捷，随着手机端转播视频的发展，大家可以随时随地看到你想看到的赛事转播。

我们有非常广阔的赛事资源，我们可以把我们存的棋谱、名家名局做一个统计，就像大数据的概念。随便点开视频库，或者网络资料，就可以学到很多的东西。可以预计，随着互联网和体育的结合，智力体育产业可能会形成一种爆发式的增长。

伍国樑：以上所说的模式包括两个特性：观看性和参与性。参与性我觉得不需要证明了，中国百姓的棋牌参与度非常高。

观看性是需要钻研的，有没有观看性从我们的角度来说，只要找对了主持人，节目方式做好了，就非常有观看性。比如天津电视台刚才说，全年收视排名第一的是我们的斗地主节目，重庆电视台也出现过类似情况。棋牌这个项目你花心思去做创新，它不单具备未来挖掘参与的商业模式，同时观看的整个商业模式一样能挖掘到。

主持人：网吧都需要身份证登记，只有成年人才能进去。如果我们要对青少年进行互联网教育，肯定需要开放资质，请问是独家开放给网鱼网咖，还是采用怎样的合作模式？

陈泽兰：我们和网吧之间的合作并不是独家的。将来我们和中国互联网上网服务行业协会要提出我们的系列的认证标准，包括场地环境以及相关的工作人员，要有一部分执裁人员保证赛场的公正性。同时我们正在和教育部门申请，将来我们的推广工程是和教育部门共同合作的，可能叫"整进整出"。例如，由老师带队，星期六9点至11点带着一队小学生进入有资质的网吧参加学习和考试，到11点学生由老师带出来，保证让家长放心。这个平台我们是独家的，网吧只是从我们的平台接收到这样一个培训内容。参与是公开的、开放的，只要是有资质的都可以参与，不仅仅是网吧，比如说地方的围棋协会、一些培训机构，都可以组织这样的一些比赛。当然这些机构和这些赛事都必须经过我们的教育推广工程的认证，只要是进入了这个体系，都可以进入到这样一个非常便捷的考试体系和竞赛体系当中。

张新建：再透漏一个消息。2013年国务院办公厅转发民政部文件，要求政府以购买服务的方式购买公共文化服务，提供给百姓。近年来，有一些地方政府，特别是乡镇政府通过购买服务方式，让一些网吧承担乡镇公共文化服务功能。通过政府购买服务承担乡镇公共文化服务职能的网吧，应当辟出一定的区域，为留守儿童，特别是农村的留守儿童提供上网服务。我们在转型升级中，协会和棋牌管理中心合作，制定了电子竞技场地标准，根据标准对现有网吧进行改造，使之具备棋牌竞技场地的规定条件，也可以采取城市网络夏令营、冬令营的形式，由老师或者家长组织陪伴，让未成年人进入网吧参加培训、比赛。也就是说，整体上守住18岁以下的未成年人不进网吧的底线，同时具备条件的场地也应当为未成年人开辟一个属于他们的绿色上网空间。

主持人：未来 3 年或者 5 年之后，线下 O2O、线下赛事、视频和传媒等板块的赢利模式可能是怎样的？

伍国樑：其实赢利模式非常丰富，因为最传统的棋牌游戏产生的收入在未来也有很大的增长空间，因为我们觉得未来的商业模式在传统棋牌游戏上也会有变化。如果是在没有整个棋牌产业推动的情况下，可能变化的空间不大，但是现在棋院也可以有新的一些想法、有新的赛事、新的定义等，我们就会发现原来最传统的棋牌游戏的商业模式也会产生变化。

第二，除了棋牌游戏以外，你会看到这个板块里面有很多的商机。比如说，电视直播是有收入的，所以体育赛事直播权的收入是非常大的。我知道有一些顶级的制作人现在在跟电子竞技的公司洽谈，希望做最主流的电子竞技节目，这些直播权是非常昂贵的。WPT 里面差不多有一半与转播、与赞助商有关。所以在一个成熟的环境下电视转播可以产生收入，因为一方面可以卖产权，另一方面可以获得赞助商的投资，而且这些都是非常可观的数字。

除了以上这些，教育也是很大的市场。我们评估大概是几百亿元规模，仅围棋可能就有几百亿元的教育规模。可以预见，网吧会成为大众的学习空间，并延续至考试、考级等环节。包括会员制度、证书的颁发，一切服务都会比现在更有效率、更好地为最终的用户服务。每一个板块本身它已经能单独产生不错的利润，最核心的板块会形成一个协同效应，把每一个板块的力量进一步扩大，形成良性循环，未来潜力是非常大的。

说明：2015 年 7 月 21 日国家体育总局棋牌运动管理中心、中国互联网上网服务行业协会联合举办全国智力体育产业论坛，作者发表演讲。第二环节是圆桌会议论坛，作者作为论坛嘉宾与参会的专家、学者对话。为了保持论坛的完整性，作者演讲稿后附圆桌会议论坛的对话内容。原文发表于《中国上网服务》2015 年第九期。

智力竞技　全民健身

感谢国家体育总局棋牌运动管理中心邀请我参加今天的高峰论坛。我从小喜欢运动，曾经是业余田径运动员，爆发力、柔韧性为我以后的职业生涯累积了宝贵能量。后来我长期从事文化行政管理工作，与专业乃至业余体育渐行渐远。我参加今天的论坛是出于长久对体育的情愫。社会文明的进步，不断拓展着文化的广延性，智力竞技、棋牌娱乐，同属大文化范畴。站在解放思想、跨界创新的立场上，我就体育与文化的穿越、交融以及产业化发展问题，从文化角度谈谈智力竞技、全民健身以及体育产业、文化推广的点滴感悟。

与大家交流三个问题：第一，寻找迷失本相的娱乐游戏；第二，认识棋牌竞技娱乐游戏的本质；第三，不断拓展棋牌竞技娱乐游戏的发展空间。

一、寻找迷失本相的娱乐游戏

全国第三届智力运动会落户山东，这多少有些出乎我的意料。在中华文明发展史上，传统文化对包括棋牌竞技在内的一切游戏和娱乐是比较排斥的。山东是中华文明的发祥地之一。古时候，人们遇到的首要问题是生存问题。我们的祖先希望所有中国人都要脚踏实地，耕田劳作。由于生产力低下，人们如果不能每天从事农耕生产，就难以维持一个部落、一个族群或者一个群体的生存。因此，中国人从来就反对游手好闲、好逸恶劳，反对奇技淫巧、华而不实。生存权是人类的第一权利，生存高于一切，生存是硬道理。

我们的祖先从来都不反对挣钱，挣钱是为了谋生，也是一种生存方式。

挣钱和智力竞技、棋牌游戏是什么时间连在一起的，我没有考证。以中国人的聪明才智，大约不会很晚，有了游戏，有了贫富差距，大概就有聪明人开始尝试了。曾经有一位老人说，君子喻于义，小人喻于利。这位老人祖籍也是山东，他就是曲阜的孔夫子。老人的话已经是圣贤书了，但是他眼中的君子依然寥寥，而小人芸芸。就是因为古往今来的一帮芸芸众生把棋牌娱乐与挣钱、博彩搅在一起，于是就有了赌博。任何事情与赌博混在一起，名声就彻底坏了，更何况是以游戏娱乐的方式挣钱。人们玩都能挣钱何必辛辛苦苦地"锄禾日当午，汗滴禾下土"。这是涉及主流社会价值导向的大问题。

任何一个社会都不能耽于娱乐。贪图安逸便会荒废实业、危及民生。然而无论统治阶级如何倡导勤劳致富，却总有一些人期望一夜暴富、不劳而获，甚至是以娱乐游戏的方式博彩、暴富，也就是赌博。世界各地的赌场都能看到同胞的身影，是中国人特别好赌，还是人的本性中就有一种赌博心态？是因为棋牌游戏造成了中国人的赌性，还是中国人的赌性与游戏相联系形成赌博？这些问题涉及人类学、心理学、社会学等很多学科理论，需要科学研究、理论探讨，不能以简单粗暴的谩骂、高压方式代替理性的分析和批判。

我是1989年到文化部工作的。当时文化部成立了文化市场管理局，我是第一任娱乐处负责人。虽然我对棋牌娱乐一窍不通，我却在多年的职业生涯中见证并参与了中国文化娱乐行业的发展历程。记得在20世纪90年代，电子游戏机进入了中国市场，一路火爆的同时引起了社会公众的强烈声讨。人们说电子游戏机是"电子海洛因"。进入21世纪，网络进入了千家万户，改变了社会生产形态和人的生活形态，甚至改变了人的思维。网络游戏受到青年人的追捧，于是又衍生出"网络海洛因"的概念。我非常奇怪，难道国人的词汇就这么贫乏？任何可以妖魔化的事物都以"海洛因"来形容。记得当年一位母亲声泪俱下地呼吁救救孩子，把她的孩子从"网络海洛因"的毒害下解救出来。现在我的心灵依然在震颤。但是，最近几年"母亲"的声音小了，音频的突然降低令人感到蹊跷，仔细调研才发现，随着电子竞技的高速发展，中国健儿已经能够在世界电子竞技大赛中攻城略地，拔得头筹。以刀塔 2 为代表的世界电子竞技大赛，奖金居然比奥运会冠军的奖金高 10 倍，甚至是 20 倍，最高奖金折合人民币约 6 000 万元。由于电子竞技可以挣钱，玩出名堂还可以挣大钱，所以社会舆论的反对声音小了许多。

据国际电子竞技协会统计，现在全世界电子竞技游戏玩家大约 15.5 亿人，2016 年世界电子竞技创造产值约 860 亿美元。以《英雄联盟》为例，全世界有 6 700 万玩家，中国玩家就有 3 200 万人。6 700 万人玩《英雄联盟》，也就是说，全世界每 100 人中就有一个人玩同一款游戏——《英雄联盟》，这在互联网以前的时代是完全不可想象的。由于孩子玩游戏能挣钱了，所以家长的反对声音小了；由于娱乐游戏是一个非常巨大的产业，已经成为一座宝藏，所以政府部门的热情高了。那么能挣钱、能创造财富，就是娱乐的本质吗？我认为，长期以来我们的社会对娱乐游戏，包括其他形式的竞技性娱乐，有三大误区。第一个误区是娱乐游戏与游手好闲连在一起，耽于娱乐、游手好闲的人，在人们的印象里，绝不是什么正经人。第二个误区是游戏与赌博连在一起，赌博在人们的印象中已经与吃喝嫖赌抽、坑蒙拐骗偷归为一类，即使不是罪恶，也与罪恶仅仅是一步之遥。第三个误区是娱乐游戏产业化发展，作为文化产业的娱乐游戏业也能够创造物质财富让人不能接受。历代中国人都是非常务实的，人能够拒绝快乐，却不能够拒绝财富，能够为个人和社会创造财富，为什么要反对呢？那么，娱乐游戏的本质是创造财富还是益智娱乐呢，或两者都不是？今天，在解放思想、实事求是的旗帜下，应当为竞技娱乐、棋牌娱乐、娱乐游戏正名，寻找娱乐游戏的特点、规律以及本质属性。

二、认识棋牌竞技娱乐游戏的本质

娱乐游戏是人的天性，是人的本性，凡属天性的东西都是不可抗拒、不可逆转的。世界上唯有"二老"是不能得罪的，一位是老天爷，一位是老百姓，老天爷代表天性，老百姓代表人性，娱乐游戏是天性与人性的统一体，尤其不能等闲视之。电子竞技以及利用互联网进行棋牌竞技、娱乐游戏，是当今随着信息社会和网络技术的进步而产生的游戏形式，我们应当如何认识，如何面对？

第一，棋牌竞技娱乐游戏是开发人类智力的有益活动。随着社会生产力的发展、人民生活水平的提高，以及人类寿命的延长，社会公众闲暇时间逐渐增多，如何支配闲暇时间，是社会文明进步的标志性指标。有一位哲人说，人吃不饱饭，只有一种烦恼，人吃饱了饭，倒生出无数种烦恼。不错，已经解决温饱进入小康的中国人民，虽然以勤劳勇敢、吃苦耐劳著称于世，但是世世代代辛劳、节俭的中国人，也完全有理由共享改革开放的积极成果，以健康文明的生活方式，享受日益增加的闲暇时光，提高生活质量和生存质量，减少社会性、群体性困惑引发的烦恼。于是我建议"拥抱"棋牌竞技娱乐游戏，至少这是人们享受闲暇时光的不错选择。

棋牌竞技娱乐游戏的本质是什么？首先，它是一种开发智力的游戏。智力游戏不仅仅靠运气，主要靠智能，而且是不断提升智能进行游戏。智力和技能是游戏的核心。其次，棋牌竞技娱乐游戏是讲等级的、分段位的，任何一代统治阶级对于能够讲等级、别贵贱、分高下的娱乐游戏项目都非常在意。由此可以建立社会的等级规范、公序良俗。说到底，讲等级、别贵贱、分高下的国民造反的概率就小得多。最后，棋牌竞技娱乐游戏是培养、训练人们生存、生产、生活技能的重要途径。通过竞技训练、智力开发，引导人们不断进取，提升智力，提高国民素质，可以说，智力运动，与提高国家软实力紧密相连。

第二，棋牌竞技娱乐游戏是有规则、有秩序的群体交流活动。人是一切社会关系的总和，人与人的关系、人与社会的关系、人与自然的关系中，最难的是处理人际关系问题，也就是人和人打交道的问题。前几天我看到一则报道，是关于海外留学人员学成归国创业的调查，问卷调查他们回国创业遇到的最大困难是什么。他们中大多数人说最大的困难是不会跟政府官员打交道。我作为一个曾经的政府官员非常难过，一方面我担心官僚主义伤害了莘莘学子创业报国的热情，另一方面我期望他们熟悉国情，提高与外界的沟通协调能力。**棋牌竞技娱乐游戏是有规则、有秩序的群体活动，可以培养参与者的人际交流能力，与不确定个体或者群体的沟通协调能力，使参与者在娱乐游戏中融入群体、融入社会，创造和谐、快乐的人际小环境，这种小环境是和谐社会大环境建设的基础。**这就是棋牌竞技娱乐游戏的意义。

第三，棋牌竞技娱乐游戏培育超越生存状态的精神修养。比如，围棋讲究整体、把握大局的思想观念，统揽全局，大处着眼小处着手；象棋讲究丢卒保车的生存技巧。讲究温文尔雅的精神追求和中和深厚的竞技状态，既是古代社会有德君子的道德修养，也是现代人的精神境界。我们的社会的确有些浮躁，但是与其喋喋不休地抱怨浮躁，愤世嫉俗，不如在棋牌竞技娱乐游戏中首先让自己沉静下来，在浮躁的社会中修行、修炼，通过竞技娱乐，提高审美能力和道德情操。

第四，棋牌竞技娱乐游戏的本质特点是创造快乐、寻找快乐、享受快乐。一位哲人说，在这个世界上除了死亡是痛苦的之外，其他的人生都是快乐的。**快乐是一种生活体验，也是感官享受。快乐的心情不是谁恩赐给你的，而是你自己寻找的，如果你找不到，就自己去营造快乐。娱乐游戏的本质就是要创造快乐，并在快乐中提升自豪感和生命质量。**人生在世，谁都不能避免挫折，甚至是磨难。所谓挫折教育，就是提升每一个人的忍耐力、承受力和应变能力。棋牌竞技娱乐游戏也是培养参与者胜不骄败不馁的精神气质，胜败乃兵家常事，即使挫折、失败，依然开拓进取，依然笑对人生，追寻快乐生活。谁不想快乐呢？谁能拒绝快乐呢？

第五，棋牌竞技娱乐游戏是文化产业、体育产业的重要部分。文化产业的核心是内容创造和文化产品在流通领域传播，满足人类的精神需求。因此，发展文化产业和体育产业，不仅是为了创造 GDP，也是提高国家软实力的大事。在发展文化产业方面，中国与一些发达国家差距很大。美国文化产业产值占 GDP 的份额大约是 30%，日本占 20%，欧盟国家占 10%～15%，韩国占 15%。中国文化产业的产值占 GDP 的份额是 3.97%。占比较大的城市是北京，占 GDP 的份额为 13.1%，山东应当与全国水平持平。也就是说，在这一轮调整产业结构、转变发展方式的过程中，我们必须大力发展服务贸易，必须重点发展文化产业，以满足小康社会的国民不断扩大、日益增长的精神需求。

三、不断拓展棋牌竞技娱乐游戏的发展空间

棋牌竞技、棋牌游戏、棋牌教育最深厚的基础在人民群众之中。国家体育总局中国棋牌运动管理中心旗下集中了中国最顶尖、世界一流的棋牌选手，但是这毕竟只是竞技体育、精英体育、小众体育。如何张开双臂去拥抱大众，是当前发展体育产业和文化产业需要特别重视的问题。

第一，棋牌竞技、智力游戏应当走出小圈子，张开双臂拥抱大众。以棋牌为主体的智力竞技是益智的，是文明的，也是现代社会民众有益的休闲方式之一。棋牌以及其他智力竞技项目和赌博有严格的区别，两者的楚河汉界是明晰的。现代科学技术、现代文明水准也能够通过制定游戏规则等多种方式，从体制和机制上与赌博明确切割。剔除了竞技游戏的一些不良内容、赌博形式以及成瘾因素，棋牌竞技娱乐游戏完全可以拥抱大众，成为推动和谐社会发展的正能量。

第二，互联网为棋牌竞技娱乐游戏走向大众、走向民间创造了完备的条件和广阔的空间。我与国家体育总局中国棋牌运动管理中心陈泽兰副主任几年前就酝酿实施桥牌进校园项目。经过多年努力，桥牌的确进入校园了，也取得了不俗的成绩，但是仍然没有脱离小众的圈子，与互联网互连互通的海量用户相比，校园中的人数还是微乎其微的。通过互联网就可以拉近老百姓与国家、国际一流棋手以及与国家棋牌运动管理中心的距离，让三者无缝对接。前不久，北京联众公司在大连举办了棋牌竞技游戏暑期夏令营，围棋国手网上讲棋，全国各地青少年在网上跟随国手学棋，一次就有几万人甚至几百万人参与，由小众拓展大众，我认为这是提高中华民族智力竞技水平的重要途径，也是提高中国软实力的有力举措。

第三，上网服务场所，也就是我们俗称的网吧，为全国智力运动提供了

遍布城乡的运动场地和服务。20年前，营业性上网服务场所进入中国，就像一切外来事物进入中国一样，总是水土不服，一波三折。特别是2002年6月16日发生在北京蓝极速非法上网场所的一场大火，吞噬了20多条鲜活的生命。于是一场波及全行业的治理整顿席卷全国，政府采取严管重税的政策，希望营业性上网服务场所迅速萎缩，直至消亡。任何事物的发展都有其自身规律，上网服务场所在整顿中规范，在高压下发展，非但没有消亡，而且遍布城乡，其根本原因是信息社会对上网服务行业的刚需。在外打工的青年、人在旅途的游子，都需要通过网络，接触亲人、接触外面的世界。刚需是不可战胜的，也是不可扭曲或者逆转的，所以我说上网服务行业是有点阳光就能灿烂、有点泥土就能扎根的行业，刚需为行业注入了不竭的动力。

近年来，在"互联网＋"的旗帜下，上网服行业全面转型升级，全国登记注册上网服务场所14.3万家，电脑接收终端1 370万台，经济规模近600多亿元，2014年比2013年营业收入总额增加了9.6％。上网服务行业转型升级的核心内容是从全面改善场地服务环境入手，不拼装修设备的"高大上"，重点提升场地服务环境。现在场地已经干净、整洁、明亮了，下一步就是为全国智力竞技运动会提供遍布城乡的场地环境以及场地服务。使智力竞技有集中、规范的场地，上网服务场所引进高素质消费群体。消费群体结构的改善不仅能够形成新业态，而且可以转变行业形象，提升从业尊严。一举多得，何乐而不为？2014年8月，全国协会制定了上网服务场所环境服务规范，2015年协会将与棋牌运动管理中心一起，建立可以从事棋牌运动、电子竞技的上网服务场所的技术指标。我相信未来上网服务场所将以全新的面貌迎接全国智力竞技运动会。我们准备好了，欢迎大家加入！

最后，我不得不强调，全国上网服务场所每年有约1亿18～25岁的青年消费群体。谁拥有青年谁就拥有未来。通过协会与棋牌运动管理中心合作，可以组织更多青年和各阶层群众进入上网服务场所，参加棋牌竞技、电子竞技比赛以及其他娱乐游戏。组织中小学生的网络棋牌夏令营、冬令营，组织农村留守儿童进入网络空间，为此，协会专门成立了培训部，建立了网络公共服务平台，培训棋牌竞技、电子竞技的运动员、教练员、解说员、裁判员。为竞技智力运动组织更多的参与者，建立更严密的管理规范，未来就有更广阔的发展天地。

棋牌竞技、电子竞技、智力竞技、娱乐游戏，本质都是创造快乐的。今天，我经常听到青年特别是白领阶层倒苦水、诉挫折，觉得怀才不遇、生不逢时，实际上你我正在经历中国历史上最好的时期，必须珍惜现实生活的每一天，甚至是每一个瞬间。如果某一天你觉得有些不如意、不顺心，有些郁闷的时候，请你走进上网服务场所，拥抱棋牌，开心竞技，创造属于你的快乐人生。

人生不能不快乐！

说明：2015 年 9 月 15 日国家体育总局棋牌运动管理中心在山东枣庄举办第三届全国智力运动会体育产业高峰论坛，作者发表演讲。本文根据演讲录音整理。

电子竞技娱乐与社会文明进步

今天有两大主题，一是上海网鱼网咖公司与北京联众公司联合建设以电子竞技娱乐为主要特色的北京网鱼电竞馆，正式落户京城；二是在举办揭幕仪式的同时，组织了以"网络时空，竞技娱乐"为主题的产业高峰论坛。文化部、国家体育总局领导莅临会议，足以说明电子竞技娱乐游戏已经纳入国家主管部门的发展范畴，健步登上大雅之堂。

我追寻娱乐游戏本相，力图为电子竞技、棋牌竞技、智力竞技等竞技娱乐游戏谋求一块并不辽阔的发展空间。**娱乐游戏是人的本能、人的天性，而且与其他哺乳动物的本能和天性几乎没什么差异。本能和天性既不可战胜，也不可取代或者扭曲，就像能量守恒定律所说，既不会凭空产生，也不会凭空消亡，只能从一种形式转化为另外一种形式，从一种物体传导给另外一种物体。也就是说，所有的天性和刚性都是不可泯灭、不可替代的。**当然，能量守恒定律还有限定条件，在封闭的系统中总能量保持不变。按照发现能量守恒定律的托马斯·杨的观点，娱乐游戏就是人类释放能量与聚集、积累能量的过程，就像人体的新陈代谢一样。因此，娱乐游戏从来就有或者明确或者隐晦的功利目的。无论是远古的洪荒时期，还是农耕经济时代，乃至当下的工业化和信息化社会，娱乐游戏总是与交流、传承知识、训练技能、开发智力等功利目的有着或多或少的联系。由于不同历史时期的生产力发展水平不同、社会文明进步程度不同，娱乐游戏的内容、形式也会有很大差异，但是，通过娱乐游戏方式传承知识经验，训练谋生或者生存技能的基本功能是一以贯之的。

清初著名画家石涛说,笔墨当随时代。也就是说,同样是中国水墨画,由于时代不同,艺术家创作的主题、题材以及表现技法也会随之发生变化,用现代汉语表述叫"与时俱进"。同样,娱乐游戏的内容和形式也会随着时代的进步而不断创新发展。在农耕经济时代,娱乐游戏主要是角力、竞技、益智、交流,进入工业社会、信息社会,也将产生与之相适应的娱乐游戏内容和形式,这就是电子游戏、网络游戏、电子竞技和上网服务场所。这些娱乐游戏设备以及操作技艺,既是工业文明、信息革命创造的积极成果,也是通过操纵设备娱乐游戏的方式,训练和培养参与者进入工业生产、信息社会所必需的生产技能和谋生手段。

就是因为互联网在全世界迅速普及,而我国宽带建设滞后,家庭接入困难,接收终端的家庭普及率偏低,于是部分人首先选择了社区、街道的营业性上网场所,在这里他们第一次"拥抱"互联网,跨过了信息社会的第一道门槛,以至上网服务场所的爆发或增长。我不否认他们进入上网服务场所是从网络游戏、棋牌游戏开始的事实,但是,正是网络游戏开始了他们电脑操作的启蒙。他们在游戏中锻炼操作技能、技巧,这是信息社会的基本技能,也是谋生手段。他们中的很多人在工作、生产以及生活环节,充分发挥了上网服务场所修炼的技能和聪明才智,并形成了当代最为时髦的"互联网思维"。我在中央美术学院给研究生上课时,总是与他们说起互联网和上网服务场所,从来没进过网吧的研究生不足 20%。我们是否可以这样说,上网服务行业以及电子游戏、网络游戏、电子竞技游戏,培训了中国进入工业社会和信息化社会的第一代人的电脑、网络操作技能,也成为他们的谋生技能。上网服务行业为中国工业化和信息化的公众普及、技能提升做出了重要贡献。

对于上网服行业以及电子游戏、网络游戏在中国 20 年的发展境遇,可谓一波三折。行业初创阶段,法规严重滞后,行政管理落后,经营管理不规范,仅仅归咎于行业以及经营业者是有失公允的。即便如此,即使存在这样和那样的现实问题,全行业每年向社会贡献 800 多亿元的经济总量,接纳 100 多万人就业,带动了上下游产业 1 000 多亿元的经济规模。上网服务场所是信息时代年轻人的精神家园，它以稚嫩的身躯为以经济建设为中心的中国创造着物质财富，贡献着绿色 GDP。

我们的行业也是幸运的，虽然在很长一段时间里，电子游戏、网络游戏、上网服务场所被妖魔化、被边缘化、被"海洛"因化，遭到了全面整治、打压，但是历史很快翻过了这悲催的一页，我们并没有经历漫长等待。"沉舟侧畔千帆过，病树前头万木春"。随着互联网的普及以及信息社会的快速发展，现在政府行政部门以及社会公众已经很大程度上消除了对上网服务业的误解和偏见，已经能够比较客观、公正地评价上网服务行业为中国信息社会所做的卓越贡献，而且政府行业主管部门率先高举转型升级大旗，引导上网服务行业顺应中国调整产业结构的滚滚洪流，推进全行业跨越性发展。今天的揭幕仪式和产业论坛就是行业转型升级的阶段性成果，也是政府行政管理部门对行业实实在在的支持。

随着生产力水平的提高和社会文明的进步，进入全面小康社会的人民文化娱乐的时间会越来越多，用于文化娱乐的消费资金也越来越多，这是一个不可逆转的历史趋势，也是中国改革开放以来社会文明进步的直接反映。作为互联网与文化艺术相结合的产业，面对人民群众日益增长的文化娱乐、信息消费需求，上网服务行业必须进一步解放思想、振奋精神、开拓进取、全面转型升级，为社会公众提供更为文明健康、丰富多彩的文化娱乐服务和信息消费服务。

前几年，就在社会舆论对电子游戏、网络游戏、电子竞技妖魔化、边缘化、"海洛因"化，并群起而攻之的时候，我们的东邻——日本重点发展以弹子机为特色的电子游戏产业。在 20 世纪末，这个"电子海洛因"的产值超过了汽车工业。进入 20 世纪，同样是我们的东邻——韩国大力发展网络游戏，仅电子竞技一项，2004 年的营业收入就达到 40 亿美元，现在每年创造的产值将近 100 亿美元。下面有一组数字，我愿意与大家分享并简要分析：2015 年中国的 GDP 达到 11 万亿美元，排名世界第二；日本达到 4.3 万亿美元，排名第三位；韩国达到 1.36 万亿美元，排名第 14 位。其中各国 GDP 中文化产业的比重，日本文化产业占 GDP 总量的 20%，韩国占 15% 以上，中国只占 3.77%。《光明日报》载，我国文化产业增加值是 21 351 亿元，从总量计算与韩国非常接近。如果大家感觉换算困难的话，还有一个数字更为直观，2010 年中国电竞用户 6 500 万，年产值只有 1 亿美元，相当于韩国的 1%。这就是差距，一个无法回避的差距。

改革开放以来，我国社会生产力得到了极大解放、充分释放，我国第二产业很多领域走在世界前列，但是我国的文化产业却长期没有长足发展，原因何在？**根本原因就在于文化领域的领导者脱离解放思想、实事求是的思想路线。思想不解放，文化生产力就不能解放，这是被改革开放 30 多年的历史所反复证明的事实。**一些高喊解放思想的领导同志恰恰自己的思想没有解放，而且还在阻碍全社会思想解放的历史进程。在他们声嘶力竭的假大空中，其僵化、教条、陈腐的观念，依然污染着改革开放的文化环境。

这样的历史应当结束了。我记得杜甫诗云，"无边落木萧萧下，不尽长江滚滚来"，当信息时代的春风向我们扑面而来的时候，我们已经准备好了，我们已经迫不及待了。机不可失，时不再来。在过去的岁月，我们已经多次错过可以大有作为的战略机遇期，可以脱颖而出的窗口发展期，这使一个文明古国、文化资源大国始终处于文化产业的弱国地位，在文化产品进出口的服务贸易领域长期处于严重逆差状态。这一波发展电子竞技和上网服务行业的战略机遇窗口，我们再也不能错过了！

我们只要始终坚持以经济建设为中心，以发展工业和装备制造业的精神状态和投资力度发展文化产业，我国文化产业就一定能够在深化改革中突出重围，在改革攻坚阶段创造佳绩。为此我们提出以下建议：

第一，必须建立电子游戏、电子竞技和上网服务场所的国家标准。建立国家标准和行业标准是一个行业、一项产业成熟、规范的标志，也是与国际同行业对接的端口。我国电子游戏、网络游戏、电子竞技以及上网服务场所，经过 30 年的探索实践，已经形成了一套比较成熟、完善的游戏规则和制度规范，已经具备上升为国家标准、行业标准的全部条件，必须集全行业之力抓紧完成。要在全行业建立用法律、制度和机制规范行业的基本思路，在游戏、游艺产品创作、生产以及市场流通的全过程中，从制度和机制上剔除可能造成社会不良影响、可能对未成年人成长造成不利影响的各种因素，使我国电子游戏、网络游戏、电子竞技、上网服务行业成为被国际广泛认同、被国内大众普遍接受的朝阳产业。

第二，必须建立网络游戏、电子竞技的职业化通道。网络游戏、电子竞技，既可以为参与者在其他行业就业打下基础，也可以作为独立职业赖以谋生。以上网服务场所为基础单位，由一定区域或者具有共同爱好的经营者组成网络游戏、电子竞技的俱乐部，通过俱乐部制联赛，过关选手逐级上升，可以从俱乐部、地方军打到国家队伍，由业余选手提升为专业队员、职业选手。这类职业选手退役以后，也可以在各层级的比赛中担任裁判员、教练员、解说员。打通网络游戏、电子竞技的职业化道路意义重大，不仅解决了一部分青年的就业问题，还在更广阔的领域进入专业化、竞技化发展提升的快车道，并形成一个规模宏大的文化产业项目。

第三，必须尽快缩短在网络游戏、电子竞技领域与发达国家的差距。凭借聪明才智中国人已经在世界顶尖大赛取得佳绩，未来的竞争、竞技更加激烈，国家应当有计划、有组织地发现和培养优秀选手，参与国际竞争。网络游戏、电子竞技是世界的通用语言，体现着一个国家现代文明、科技进步的水平，让中国选手在国际竞争中脱颖而出，就是以最形象的语言和事实，讲述当代中国人的中国梦、中国故事。这样的中国梦不是虚无缥缈的乌托邦，而是已经发生的中国现实，是鲜活而生动的中国故事。

第四，必须以网络游戏、电子竞技和上网服务场所的转型升级为中心，带动周边产业全面发展。在上网服务场所开展网络游戏、电子竞技活动，是互联网产业链条的末端，也是互联网传输软件与上网接收设备的集合点。互联网上游产品是网络游戏、电子竞技游戏的内容开发，主要的消费群体在上网服务场所。网络接收终端设备在上网服务场所的总量已经超过1 400万台（套），最先进的设备主要在上网服务场所，而且每年更新设备超过总量的

30％。每年设备更新的经济规模超过 200 亿元。同时，上网服务场所又是现代信息服务业的终端，是互联网虚拟空间与接收实体空间的集合点，场地租赁、装修以及提供的冷热饮料、简单餐食，都拉动了信息消费和物质消费的高速增长。

第五，必须大力加强中国电子竞技的职业道德建设和行业尊严建设。网络游戏、电子竞技的国际大赛、高额奖金，固然有诱惑，但是我们从事这项活动，主要因为网络游戏、电子竞技是现代科技、现代文明的标志之一。文明古国的后代必须继承和发扬中国优秀文化遗产，但是我们任何时候都必须站在世界经济、政治、文化的潮头，不仅是大潮的观潮客，而且是潮头冲浪的弄潮儿。

我们的祖先因为生产力低下造成了贫穷落后，不敢娱乐游戏，没时间娱乐游戏，朝野主流价值观都在抵制娱乐游戏。今天，我们要在前人的基础上，追寻娱乐游戏的本相，坚持娱乐游戏的宗旨。**当代的网络游戏、电子竞技是现代文明的重要组成部分，体现着一个国家、一个民族的智慧、技能和道德规范。我们必须站在现代化、国际化、产业化、素质化的高度，发展既具有中国特色又能与国际接轨的网络游戏、电子竞技，使之为当代社会传承文明、增长智慧、修身养性、提高素质服务。**因此我们提倡建立和完善从业者的职业修养和道德规范。要逐渐形成这样的社会共识，从事网络游戏、电子竞技的人是当代社会有修养、有品位，而且比较新潮的人。

娱乐游戏是在人际交谊中追求人生快乐和社会和谐的文化项目，也是调整产业结构、转变发展方式应当重点发展的产业。因此我建议，地不分南北，人不分老幼，不拒绝快乐与和谐的朋友们团结起来，为了人类，也为我们伟大祖国更美好的明天，奋斗！再奋斗！

说明：2015 年 11 月 15 日北京网鱼电竞馆举行开业典礼，中国互联网上网服务行业协会举办 2015 互联网上网产业发展高峰论坛，主题是"网络时空·竞技娱乐"，作者发表演讲。本文根据演讲稿整理。

智力竞技　开发最强大脑

　　看江苏卫视《最强大脑》节目，我深有感触。几位或者十几位的加减乘除运算，几秒钟时间，选手不使用任何计算工具，就能心算出正确结果，了不起，的确是最强大脑。但是，即使是最强大脑，在超强大型计算机面前，这类计算也只能算小儿科，为什么还要这样训练。我想根本目的还是对人类自身潜质、潜能的再开发、再认识，挑战不可能。《挑战不可能》《最强大脑》都是电视益智类节目，都是通过闯关、竞赛的形式，向人类智力和操作能力挑战，这两个节目收视率居高不下，说明社会公众对智力以及技能训练的关注，对最强大脑、智慧开发的渴望。

　　大脑，无论是否最强，都是人类最重要的器官之一，大脑健康、大脑保健、大脑运动，关系着人类生存、生产、生活的能力和质量，因此，**智力竞技理应作为全民健身运动的基本内容，以有效地开发、利用、保护人类大脑。**智力竞技活动包括很多益智项目，如电子竞技、棋牌以及网络棋牌竞技项目，其共同特点都是大脑与手脚配合带动全身的游戏娱乐竞技活动，培养或者训练参与者的敏感性、协调性、灵活性，健心、健脑、健身，提高脑力劳动水平和操作工作技能、质量。

　　与人类大脑发育或者开发水平紧密相连的是人的精神修养、性格气质，智力竞技就是一项培养和提升参与者精神境界的游戏娱乐竞技活动。人在社会中犹如船在大海上，总有风平浪缓的静谧、惊涛骇浪的凶险，要做到宠辱不惊、气定神闲着实不容易。智力竞技就是通过无数次的成功与失败，培养、训练胜不骄、败不馁的精神修养。在现实生活中人们容易面对成功，却很难面对挫折，而挫折恰恰与人生相生相伴，如影随形，智力竞技就是在参与者经历无数次的挫折、失败中，认识山外有山、天外有天，只有战胜挫折、不断进取，才能够驾驭自己，面对世界。高手对决，巅峰博弈，输赢不在技巧、技能，而在精神修养、性格气质决定的临场爆发。

智力竞技也是人类与自然规律、自然现象世世代代持续进行的一场斗争。我向来忌讳运用"斗争"这样残酷、冷酷的词汇。人类是自然物，必然遵循自然生长规律。岁月留痕不仅是留在脸上的皱纹，还有我们看不见却深深刻在大脑沟回中的印迹，至少相当一部分人的大脑会随着时间的流逝而萎缩、退化。1960 年，中国人的平均寿命为 45 岁，2015 年已达 77 岁，老年痴呆症就是随着人类寿命的增长而普遍高发的疾病。据统计，目前中国约有 900 万老年痴呆症患者，他们的余生都将深受不可逆转的痴呆、退化、失忆、生活不能自理的折磨和困扰。智力竞技活动就是人类以游戏形式与智力退化、大脑萎缩进行抗争的活动。据我所知，我国现阶段对这种现象的认识仍然很肤浅，应对手段以及有效药物很少，也很初级，这是我们不得不面对的残酷现实。因此，我们必须未雨绸缪，从青壮年开始就关注和预防老年痴呆症，通过智力竞技的形式，健脑、健身，提高全社会对智力竞技、脑力保健的意识，延缓或者减轻病症带来的痛苦以及医疗负担，增长社会公众的幸福指数和生存质量。

智力竞技娱乐游戏活动是最便捷的全民健身、健脑项目，需要器材以及游戏工具，却对场地没有多少特别的要求，那么又何以与中国互联网上网服务场所紧密相连？道理也很简单。信佛的、信基督的人可以随时修行、祈祷，为什么还要去庙里烧香、教堂礼拜？其实宗教信仰是以精神信仰为纽带，把拥有共同信仰的人联系起来。同时，人类本能中还有一种人与人在适宜的场地环境进行近距离或者面对面交流的需求。因此，信众参与性与场地仪式性从来就与宗教信仰活动不可分割。智力竞技活动也是这样。上网服务场所遍布城乡，经过前期转型升级、环境整治，全国上网服务场所已经普遍宽敞明亮起来，清洁舒适起来。2015 年是全行业的电子竞技年，很多场所根据开展电子竞技活动的要求和标准，对场所环境以及网管服务进行了升级改造，完全可以为网络智力竞技比赛和游戏娱乐活动，提供最好的场地、设备、服务。上网服务场所是青年人的精神家园，青年在这里"弄潮""冲浪"，智力竞技项目进入上网服务场所就是与中国最活跃的青年群体无缝对接。我们将与主办单位密切合作，组织不同项目、不同区域、不同年龄区间的消费者参与智力竞技活动。各地上网服务场所组织智力竞技比赛，像《星光大道》一样每周产生周冠军，逐级上升月冠军、年度总决赛冠军。人民战争最深厚的伟力在民众之中，同样，智力竞技推广的最大空间、最活跃的力量也在互联网上网服务场所。我们与智力竞技联手既是为上网服务场所引进新的经济增长点，又是为智力竞技搭建平台，发展全民健身运动。

在上网服务场所被"妖魔化"的日子里，有些人悲观地认为营业性上网服务场所夕阳西下，终将沉没于茫茫暗夜之中。经过近 3 年的全行业转型升级，上网服务行业不仅停止了连续 4 年的西沉，而且经济总量连续两年大幅度增长，2015 年行业营业收入 641.7 亿元人民币，比上一年增长 12.6%。上网服务行业如果与智力竞技、全民健身运动相结合，无异于如虎添翼，现在我们可以有充分理由告诉"夕阳"论者，智力竞技、全民健身没有止境，大脑开发、智慧提升没有终结，中国互联网上网服务营业场所永远不打烊。

说明：2016 年 2 月 20 日，中国互联网上网服务行业协会举办的全国智力竞技全民健身行动和网络围棋训练营启动仪式上，作者发表演讲。本文根据演讲录音整理。

由趣味走向竞技　由职业直通产业

——中国棋牌竞技和电子竞技全面发展的战略构想

　　"全民健身·趣味棋牌"竞技化发展战略，是一个很具刺激性的题目，提神、醒脑，也是一个富有挑战性的题目，值得我们为之奋斗一生，或者说倾毕生之心力揭榜研究。因为这个题目关系着人类对自身智力、体能、智慧的认知程度和人工智能的开发水平，也关系着增强国家综合国力、提高国民素质和文化软实力的大战略。

　　棋牌竞技娱乐是一个高智商的游戏，或者说是开发高智商、培养最强大脑的游戏。李清照不仅是文学家、词人，写出了"庭院深深深几许""薄雾浓云愁永昼"这样的千古佳句，还是一位棋牌竞技高手。她说："予性喜博，凡所谓博者皆耽之，昼夜每忘寝食。但平生随多寡未尝不进者，何？精而已。"李清照说她天性好赌博，凡是赌博游戏就沉迷其中，无论白天黑夜每每废寝忘食。但是平生赌博无论多少，每赌必赢，是什么原因呢？因为她对赌博有精深的研究和造诣。宋高宗绍兴四年（公元1134年），逃难到临安的李清照已经惶惶然不可终日，忽然传来金兵进攻的消息，于是她随逃难人群沿钱塘江逆流而上到金华，住在一位陈姓朋友家里。刚刚安顿下来，李清照又想起赌博游戏，由于南渡之际，流离迁徙，赌博的棋牌都散失了，虽然很少再玩，但是从未忘记，于是就在"更长烛明"的夜晚，给亲朋好友讲解博弈游戏的各种玩法。她认为"采选、打马，特为闺房雅戏"，于是就边讲边让人画下来，写下游戏规则，每一条规则后还有文采灿然的说辞，这种"命辞打马"的游戏方法，就是李清照首创的。她不仅是堪称"赌神"级的玩家，而且撰写了《打马图序》《打马赋》《打马图经命词》等研究著作，是今人研究宋朝棋牌游戏不可多得的重要史料。后人很难把这位高智商、高情商、高颜值的绝代佳人与赌博、赌神连在一起。然而，李清照即使酷爱赌博、沉迷赌博，也没有因此而玩物丧志，就是这样一位失去丈夫的弱女子，逃难漂泊之中，仍然写下了"生当作人杰，死亦为鬼雄。至今思项羽，不肯过江东。"的豪放诗句，令两宋男儿为之汗颜。李清照对于自己在博彩方面的实力以及对于打马游戏的贡献是十分自信的，她在《打马图序》中说，我这样做就是要"使千万世后，知命辞打马，始自易安居士也"，也就是要让后人知道"命辞打马"的游戏方式是我李清照创造的。然而李清照以后的正人君子却没有这样的自信，他们不愿意把心中的女神与赌神、赌博，甚至沉迷赌博联系在一起。在两宋以及后来的文人笔记中对于李清照赌博的才能和贡献很少记载，即使有也是一笔带过了。

因为中国人勤劳、朴实，世世代代在并不丰腴的黄土地上春种秋收，只有种瓜得瓜，种豆得豆，心里才踏实，生活才有保障，所以对于以游戏博彩、赌博，不劳而获，并不认同，认为即使赢了也不光彩。因此，中国人历来反对赌博，历朝法律也打击赌博。其实朝廷打击的赌博与民间的博彩游戏是有法律界定的。以棋牌等器具、游戏技巧获取钱物数额较大或者很大，就构成了刑法规定的赌博要件，是否入刑，关键是看赌博数额的大小，而且历朝刑法对赌博数额的规定也不相同。由于棋牌竞技游戏的娱乐性、趣味性、刺激性，所以棋牌博彩游戏一直都在民间流传。由于赌博数额多少难以界定，多少年来，民间以棋牌游戏博彩、赌博的活动就像时隐时现的大山潜流一样奔流涌动。潜流失去阳光的辉映一切都黯然失色，民间棋牌竞技游戏在潜流的裹挟下也败坏了名声。

棋牌竞技娱乐游戏在中国的历史可以上溯到没有文字记载的远古时代，趣味的吸引、博彩的刺激，对于有些人来说简直是挡不住的诱惑。然而，趣味游戏走向博彩、赌博也就走进了误区，踏入了雷区。走出雷区，踏上坦途，让潜流、暗流在阳光下奔涌，棋牌竞技娱乐游戏由趣味化走向竞技化是唯一正确的选择。只有让棋牌娱乐游戏在阳光下竞技，才能趋利避害，扎根在人民群众之中。我们今天研究趣味棋牌竞技化的重大意义也在于此。

竞技化首先必须标准化，包括国际标准、国家标准、行业标准。第一是棋牌器材标准化。参与者共同认可，谁也不能做手脚。第二是游戏规则标准化。通用规则，统一标准，减少偶然因素，手气不能决定胜败，以最大限度地提高竞技性、技巧性。第三是评价体系标准化和公开化。全部过程、游戏技巧可以公开裁判，同时裁判过程也有仲裁机构和规则、标准。标准化是趣味游戏走向竞技化道路的第一块基石。有了行业共识、广泛认可的标准，就可以按照统一标准举办各种比赛，选拔出优秀选手或者爱好者。

其次是职业化和段位制度。按照规定标准举办各类棋牌竞技娱乐竞赛，包括网络游戏、电子竞技大赛，产生高手，其中过关斩将的佼佼者就可以成为职业选手。所谓职业化，就是专业选手可以棋牌竞技、电子竞技游戏为职业，作为谋生的手段，不求大富大贵，至少可以养家糊口。开拓职业化通道，就是通过层级比赛向上通，打到国际，专业选手退役以后，向下通，走向民间，深入基层，指导俱乐部专业或者业余选手以及周边朋友、其他民众下棋、打牌。上下打通，实现职业化，也就距离产业化不那么遥远了。

段位制度是由国家或者行业按照一定标准和规则，对棋牌、电子竞技选手能力、水准的评价形式，也是以一种段位等级制度对选手以及业余爱好者的能力、水准，给予标准化、固定化、标志化的肯定。李清照说："慧则通，通则无所不达，专则精，精则无所不妙。""夫博者，无他，争先术耳，故专者能之。"李清照认为自己之所以逢赌必赢，就是因为"专"而"精"。同时她说明博彩的趣味性就在于以游戏形式鼓励参与者争强好胜、追求上进。段位制度、通关升级，也是选手技艺能力、竞赛水准的社会认可形式，也可以说是一种标志性符号。围棋、象棋率先实行了段位制，各种扑克竞技以及网络游戏、电子竞技还没有实行段位制。为了推动棋牌竞技、电子竞技运动水平，并参与国际同类比赛、竞争，实行段位制利大于弊。

如果棋牌竞技娱乐比赛只是为了选出几个职业运动员或者顶尖高手，那么即使十二分重要也不能称为战略，凡是在国家层面能够称为战略的，都是关系国计民生的大问题，这就回归了"全民健身·智力竞技"的重大主题。

人机大赛中，韩国围棋顶尖高手李世石与阿尔法狗人机对战，作为世界上最智慧的大脑之一，却以1∶4的悬殊比分告负，这样的事实是我们始料未及的，也让每个关心人工智能进步和人类可持续发展的人，心里都沉甸甸的。虽然阿尔法狗也是人类智慧与创造的结晶，但是如何让人工智能不被邪恶所利用，这是人类最为忧心的问题。就像第二次世界大战期间希特勒也组织世界上最优秀的科学家在研制原子弹，假如希特勒率先使用原子弹，战争结果将被改写。假如再出现一个掌握最先进人工智能的疯子，那么改写一段历史也并不是完全没有可能。因此我们必须考虑人类的前途命运，必须通过全民健身、智力竞技活动，开发人类的最强大脑，提高国民科学文化素质，推动国家软实力的建设。

令人遗憾的是，我们的社会包括一些能够参与顶层设计的领导，很少能从战略高度谋划棋牌发展的竞技化、职业化、产业化问题。教育界从来没有把棋牌、电子竞技作为专业学科教育进行研究和建设，人们更愿意以昨天的知识，教授今天的学生，面对未来的世界。我们不能对进入全面建设小康社会决胜阶段的中国人以及他们火热的现实生活视而不见，对高科技飞速发展，改变人类的生产方式、生活方式和思维方式的世纪命题充耳不闻。2015年10月，文化部项兆伦副部长在一家企业考察座谈，要求我们研究如何给那些因为打电子游戏未能考上大学的孩子一个圆梦的机会，圆他们一个大学梦。按照这样的思路，我们对中国乃至世界棋牌、电子竞技教育状况进行考察，发现电子竞技一枝独秀的韩国，2007年就在全南科技大学建立了电子竞技系，每年招收选手学生，通过学历教育进行培训深造。最近几年，电子竞技国际大赛总能看到韩国优秀选手攻城略地的身影，中国著名电竞战队几乎都有韩国选手参加。中国体育教育系统从来没有棋牌、电子竞技学科。中国的棋牌、电子竞技选手大多是自学成才或者师徒相传，对棋牌竞技历史、理论、标准等诸如此类的问题缺乏最起码的研究。根扎多深，树长多高，我们不能期望盆景中长出参天大树。所以，**我呼吁必须把具有几千年历史、拥有几亿人参加的棋牌、电子竞技纳入现代高等教育、职业教育体系。加强基础理论研究，规范现代教学大纲，用现代化的教育理念和教学方式，培养面向现实、面向大众、面向世界的专业人才，提高棋牌、电子竞技的整体水平，推动人类智力发展、全民健身运动以及棋牌、电子竞技活动的普及和提高。**

　　中国棋牌、电子竞技的标准化、职业化、学科化是最终走向产业化的基石。产业化是棋牌、电子竞技发展战略的必然选择，也是走出小众拥抱大众，走出小圈子走向大世界的唯一出路。棋牌、电子竞技职业化、产业化道路也许有千万条，但最可行的道路是与中国互联网上网服务营业场所相结合，这是棋牌、电子竞技走出小众拥抱大众的捷径，也是中国互联网上网服务行业协会与中国棋牌运动管理中心合作的主要原因。中国上网服务行业能够给这个世界提供什么，创造什么？

　　第一，中国上网服务行业拥有 15 多万家遍布城乡的上网服务场所和中国最先进的上网设备，我们能给棋牌、电子竞技活动提供最佳场地。

　　第二，中国上网服务场所上网消费客户超过 1.2 亿人，80% 以上是 18～25 岁的年轻人。我们能够通过上网服务场所，组织中国当代社会最年轻、最有活力的选手，开展棋牌、电子竞技活动。与中国上网服务行业合作是棋牌、电子竞技产业化的战略举措。谁拥有青年，谁就拥有未来世界。

　　第三，中国上网服务行业协会将以上网服务场所为基础单位，通过举办不同类别、不同区域以及不同形式的各种比赛，选拔最优秀的选手参加国家、国际比赛，提高棋牌、电子竞技的竞争力、影响力，成为中国棋牌、电子竞技活动普及与提高相结合的最强推手。

　　第四，中国上网服务行业协会将与国家教育机构合作，设立能够纳入国家教育体系的专业学科，开展棋牌、电子竞技的学历教育和专业培训，让优秀选手能够系统深造、提高。

　　第五，棋牌竞技、电子竞技与上网服务行业相结合，就打开了标准化、职业化、学科化以及产业化的通道。上网服务场所组织战队或者选手通过逐级比赛，让高手脱颖而出，由业余转为专业，在国家、国际获得名次的高手也可以通过培训、深造，继续拼搏；如果选择退役也可以到专业俱乐部、战队以及在上网服务行业组织的各类比赛中，担任教练员、解说员、裁判员以及竞赛组织管理人员。

从趣味化走向竞技化、从职业化走向产业化，形成中国棋牌、电子竞技全面发展的环形通道，是中国棋牌竞技化战略构想的最佳方案，是中国互联网上网服务行业转型升级、整体提高的难得机遇。如果放眼国际、国内两个大局，我们可以毫不夸张地说，这是开发最强大脑、推动经济发展、造福人类社会的重大产业项目。

蓝图已经绘就，道路已经开通，未来的道路不管遇到多少问题、纠葛、艰难、坎坷，我们都义无反顾，砥砺前行。因为目标吸引着我们，事业召唤着我们。我们已经把恐惧和失败留给了我们的敌人，我们只能拥有胜利。

最后胜利必然属于人类的最强大脑！

说明：本文根据 2016 年 3 月 31 日在国家体育总局中国棋牌运动管理中心举办的全民健身、趣味棋牌竞技化战略新闻发布会上的演讲录音整理，作者又有增删。

扎根基层　面向世界

今天是星期六，本来是应当休息的日子，这么多新闻界的朋友聚集一起，参加中国电子竞技娱乐大赛新闻发布会，因为你们知道这是中国历史上第一次经国务院文化行政部门备案批准的全国性电子竞技娱乐大赛。你们见证了创造历史的现实瞬间，但是我相信这珍贵的瞬间终将与它的创造者、见证者一同进入史册。

中国的传统文化向来对娱乐文化非常排斥，在传统的"正人君子"看来，娱乐、游戏就是玩物丧志、自甘堕落。这不能全怪我们的祖先太传统、太保守，因为人首先要解决的问题是生存，生存权是人权的第一要义。

中国大部分地区夏季炎热，冬季寒冷，中国人种植的传统谷物都是低产作物。宋朝引进每年两熟的占城稻，早熟且高产，但是在北方黄土高原的山岭、坡地是不适于种植水稻的。中国历史上人口最大增幅发生在明朝，明朝引种玉米、地瓜、土豆、花生等农作物，棉纺织技术广泛普及，中国人开始有了基本温饱的生存条件。秦皇、汉武、唐宗、宋祖都是中国历史上最伟大的君王，在差不多1 000多万平方公里的土地上，生存人口一直徘徊在八九千万人之间。中国历史上人口超过1亿发生在明朝，明朝末年超过2亿人。清朝差不多达到了4.5亿人。民国年间战乱、天灾人祸以及外敌入侵，直到中华人民共和国成立，人口依然是4.5亿人。人口的爆发性增长是在中华人民共和国成立以后，特别是改革开放以来。明朝以后人口增加1倍，差不多用了300年，清朝人口翻番的周期也用了近300年时间，中华人民共和国成立以后人口翻番也就是30年左右的时间。根本原因是从明朝开始中国大多数人具备了温饱的条件，人口迅速增加。严峻的生存环境，使我们的祖先必须面朝黄土背朝天，顺着垄沟刨食吃，才能维持基本的温饱，同时也形成了摒弃玩物丧志的传统观念。

改革开放以后，中国人口高速增长，主要原因是生存条件、生存环境的极大改善。改革开放使中国人走进新时代，在全面建成小康社会的决胜阶段，我们从来没有像今天这样离实现中华民族伟大复兴的目标如此之近。**当我们接近世代中国人的光荣与梦想的时候，我们就不能忘记与寻梦、追梦、圆梦一起成长的娱乐游戏。无论是原始社会、封建社会，还是工业社会、信息社会，游戏、娱乐都是人的天性，也是人类生存、生产以及生活技能、知识训练传承的主要途径。电子竞技、棋牌竞技是信息社会人类游戏的主要形式，其基本功能也是培养信息社会劳动者的生产技能、谋生手段。**网络游戏、电子竞技不仅给信息社会的劳动者打印了第一张入场券，同时作为文化产业的重要组成部分，也为社会创造了未来不可限量的国内生产总值。据统计，2015年中国有5.43亿游戏人口，电子竞技人口1.2亿，他们每年给国家创造了1 407亿元的经济规模。据我所知，这比中国钢铁和煤炭行业全部利润的总和还要多一点，而且绿色、环保、无污染。

时代变了，中国人的生存环境变了，传统观念也必须随之改变，否则孩子们就会指责我们老脑筋、"花岗岩脑袋"。这种说法我们当然不愿意接受。生产力发展了，劳动者在同样的时间内创造的劳动价值提高了，用于休闲娱乐的闲暇时间、消费资本也随之增加。以怎样的内容和形式打发闲暇时间，直接体现社会文明的进步程度。同样，自主选择、自由支配闲暇时间的内容和形式也是社会文明进步的体现。我们的社会以及深爱孩子的家长，是否也应当在法律和道德的框架下尊重孩子们的选择，以更包容、更宽容的心态给他们留下更多自由和选择的空间。时代变了，生产力、生产关系已经发生了重大变化，劳动的内涵、外延也发生了变化，从前的老夫子很难想象玩电子竞技可以创业，陪打网游可以谋生，甚至网游主播、解说都进入了高收入阶层。对于青年人正当、刚性的需求，对于他们另辟蹊径的创业、就业，仅仅因为你看不惯就指责他们玩物丧志，也不公平。网络游戏人群每年为和谐社会贡献了1 000亿以上的经济规模，依然受到来自所谓道德良心的谴责、批判，这也不公平。

近年来，中国互联网上网服务行业协会一直致力于电子竞技发展，我们确定2015年是中国上网服务行业的电子竞技年。这一年，我们坚持以电子竞技为抓手，通过发展电子竞技、改善场地环境、更新场地设备，提高服务质量。2015年，我们还组织了各种类型的电子竞技大赛。这样做的目的就是要将电子竞技、棋牌竞技活动纳入国家的全民健身计划，让1亿多青年参加的文化娱乐活动在国家支持、鼓励的层面健康发展，为开发人类最强大脑、增强国民科学文化素质做出贡献。

我们举办全国电子竞技娱乐大赛，实际上也是2015电子竞技年的延续。第一个特点，大赛是一个开放、兼容的平台，是为各网络游戏厂家和各互联网上网服务单位、各企业共同搭建的平台，它们可以通过这个平台绽放自身风采。这个平台的大门是永远敞开的，我们愿意给网络游戏制作、营销企业以及其他互联网企业、"互联网＋"企业提供机会，让我们携起手来共同为中国电子竞技和全民健身运动贡献一份力量。

这次大赛的第二个特点也非常鲜明：扎根基层，面向世界。大赛以上网服务场所为参赛基础单位，它们具备规定条件，就可以申请参加或者与其他场所组团参加大赛，通过层级比赛逐渐产生全国大赛优秀选手。我们把这次大赛出口直接连接世界电子竞技大赛。我们希望通过这次群众性的电子竞技娱乐大赛，选拔一批优秀人员，使他们由业余进入专业，进入世界电子竞技领域建功立业。

这次大赛的第三个特点：这是一次电子竞技普及与提高相结合的大赛，是夯实基础走向高端的通道，也是建设电子竞技完整产业链的一次尝试。我们与国家体育总局的区别在于，国家体育总局是专业的、竞技的、高端的，我们是群众的、普及的、基层的、娱乐的。我们两方配合起来，对接起来，中国电子竞技优秀人才的蓄水池就是川流不息的一池春水、一湾活水。中国电子竞技产业链就可以形成闭环的产业通道。我们通过层级比赛把选拔出来的优秀人才输送给各级专业竞技队伍，参加国内、国际电子竞技大赛。专业优秀选手退役以后，可以通过互联网上网服务单位组建的战队、俱乐部，进入基层场所成为教练员、裁判员、解说员和指导员。

我们对这次大赛充满期待，希望中国电子竞技通过这次大赛名正言顺地登上大雅之堂。首先，打造一个在世界，至少在亚洲具有良好信誉的电子竞技娱乐大赛；其次，通过大赛打通电子竞技职业化、产业化的发展通道；最后，大赛要成为中国电子竞技走向世界的天梯，顺阶而上攀登高峰。

目标远大，责任重大。我希望与在座的新闻界朋友、业内外同仁共同努力，为信息时代蔚蓝的网络天空，架设一道五彩缤纷的彩虹，成为中国文化产业领域最亮丽的风景！

说明：本文根据 2016 年 4 月 9 日在中国电子竞技娱乐大赛新闻发布会上的演讲录音整理，作者又作修订。

游戏经济的文化苦旅

当下互联网已经非常发达了，网上查阅资料也很方便，然而当年坐冷板凳抄卡片、集报纸、搜集资料的积习一直未改。我也经常在网上浏览、下载资料，总觉得讹误较多，做学问、写文章还是要靠正规出版的纸质资料。报纸资料剪下来，过一段时间分门别类整理，就可能形成比较系统的研究脉络。

中国是文明古国，对游戏娱乐一直怀有挥之不去的成见，无论是电子游戏，还是网络游戏、电子竞技都经历了难以言说的磨难和坎坷。倒是外国人对中国网吧以及游戏、电子竞技的一些报道、评述比较客观。我最近把载于《环球时报》《参考消息》等传媒刊发的有关文章集中起来，发现近期的一系列外电报道对我们正确认识游戏经济在中国新时期的文化苦旅很有意义。

一、中国网吧转型升级成果受到外国媒体关注

2015 年 12 月 10 日《环球时报》转载了美国"主板"网站 12 月 8 日文章《中国重塑网吧形象，不容易》，原题为《中国有足够多的非法网吧》。

> 一名年轻女孩从北京某会议中心旁走过，穿着一条紫色长裙，踩着"恨天高"。这似乎提醒了连锁网吧"网鱼网咖"的经理王大鹏，他赶忙掏出手机，向我展示一款应用程序。"顾客可利用程序选择女孩一起打游戏。"他说，"只要女孩自认为很漂亮且擅长打游戏，那么价格由她来定。"

> 这种服务听起来并非多么高雅，但已成为中国此类高档网吧为有别于非法竞争对手而采取的众多措施之一。后者不但导致整个行业名声受

损，还促使政府正开展为期 3 个月的整顿行动。据报道，尽管中国城区的网吧大都遵纪守法，但许多城郊和农村地区的网吧缺乏监管。这次网吧整治活动旨在发现不为顾客提供清洁和宽敞空间的网吧，并将吊销严重违规者的营业执照。

中国禁止任何未成年人进入网吧，但文化部表示许多网吧对此置若罔闻。另外，无休无止的烟雾缭绕、成排的电脑前坐满连续几天都未离身的青少年，这些都是人们对中国网吧的固有印象。

距离"网鱼网咖"不太远的"好风景"是一家相对普通的网吧。虽然自从北京 2015 年 6 月在全城实施"禁烟令"以来，该网吧已禁止吸烟，但多年的烟熏火燎仍使烟味难以消除。网吧经理董鹏（音）说，竞争对手并非"网鱼网咖"等高档网吧，而是更惹人嫌的非法网吧。

为净化并维护环境以符合整顿活动的严格要求，董鹏强迫铁杆电脑游戏迷洗澡。"当有人 24 小时不间断打游戏时，我们就要求他在附近免费洗个澡，我们已为他们买好澡票。"他说，"如果他们不听，我们就切断电源。生意确实更难做了，但我们必须遵守规定。"

（杰米·富勒顿撰，王会聪译）

作者杰米·富勒顿也是一个"标题党"，本来全文比较客观地报道了中国网吧的发展现状，却要加上一个耸人听闻的标题"中国有足够多的非法网吧"。对此中国人已经习惯了，这是美国等西方国家主流媒体报道中国的一贯做法，姑且按下不表。不过文章透露了足够多的客观信息，值得我们玩味。

从《中国重塑网吧形象，不容易》这篇文章看，中国网吧转型升级工作已经引起外国人的关注。自 1995 年上网服务营业场所出现以来，上网服务行业一直是互联网新技术、新装备的应用服务中心，拉动了相关产业快速发展，培养了一大批互联网忠实用户，为互联网产业在各领域快速发展奠定了坚实基础，但是中国互联网商用的先行者一直饱受争议。出现争议的原因是多方面的，主要是社会公众担心网吧会影响未成年人的学业以及可能出现的网瘾，上网服务场所经营管理不尽如人意也是重要原因。2013 年以来，中国互联网上网服务行业在文化部的领导下，启动全行业、全产业链转型升级，经过几年的努力，上网服务行业整体面貌焕然一新，绝大多数场所整洁、明亮、清新、时尚起来，已经成为互联网时代优质的文化服务体系。

从这篇报道中我们至少可以看出以下三点：

首先，转型升级后的网咖，其良好的服务环境催生新业态。网鱼网咖的会员 APP——"鱼泡泡"，推出不到 2 年，已有 80 万注册用户，占其 400 多万会员的近 20%。除了网鱼网咖，还有杰拉网咖的"杰客联盟"APP 等，很多类似功能的 APP 已经成为中国网咖市场最新的营销模式。这些"鱼泡泡""杰客联盟"等 APP 用户，可以通过手机约"漂亮女孩"在网咖当游戏陪练。这种新生业态虽然是合法合规的业务，但因为是新出现的业态，难免让人惊异一番，甚至产生并不切合实际的联想。中国上网服务行业有 1.22 亿用户，如果每 100 人有 1 个陪练，每人每月支付 50 元的陪练费，就可以创造 122 万人的就业岗位。电子竞技是中国政府正式承认的第 99 个体育项目。电子竞技私人教练、陪练与健身房的私人教练工作性质类似，为什么在健身房一对一或者一对 N 的私人教练，与客户时而传出绯闻却仍然快速发展，而且社会舆论已经包容了各类绯闻？为什么网络游戏、电子竞技邀约陪练、私教大多只是在互联网上陪练，根本没有肢体接触，就受到正人君子的非难？说穿了还是游戏惹的祸。一个鼓励勤劳、敬业的文明古国怎么会容忍玩物丧志呢？如果从社会法治角度来看，网络邀约陪练、私教，无论双方是男是女都是合法的。如果从发展经济角度来说，随着互联网的快速发展，相关新业态不断出现，陪练、私教在网咖里出现，可以为中国创造大量第三产业新型就业岗位，相当于几十家大型钢铁工厂的用工量，却没有产生碳排放，对社会经济、生态环境的贡献率不言自明。可惜有些"绝顶聪明"的"智叟"就是不愿看到。

其次，中国城区网吧遵纪守法，加强场地服务环境建设，努力提高服务质量效益，改变了一些人对网吧的固有印象。转型升级后的城市网咖有很好的赢利模式，经营者和从业人员珍惜自身形象，自觉遵守国家法律法规。比如上篇报道中所说的场所内严格禁烟，劝长时间上网的用户离开网吧休息并为其买好澡票。在喊了几十年"为人民服务"口号的国度，服务业意识、服务质量仍有待提升。上网服务场所经营者居然能够自掏腰包为上网用户买好澡票，这在中国任何一个服务行业都是闻所未闻的。这样的天大好事居然在中国民营化程度最高的上网服务行业出现，说明行业转型升级为场所发展开创了更高层次的发展道路，场所经营者已经能够自觉抵制不合理收入，努力提高经营场所的人性化管理水平，以维护来之不易的大好局面。

最后，中国政府加大力度整顿网吧市场，取缔非法网吧，但是有些城郊和农村网吧仍然缺乏监管，还有非法网吧存在，影响了行业形象和市场秩序。 在转型升级相对滞后的农村地区，上网服务行业提升空间依然很大。一方面是总体供给不足，4.1%的农村上网服务场所接待了13%的用户；另一方面是农村上网服务场所的转型升级工作亟待开展。当前乡镇农村经济发展水平以及人口平均收入，已经在一些指标上超过了10年前城市的水平，上网服务行业完全可以像多年前在城市普及互联网应用一样，再一次在乡镇农村普及互联网应用技术，帮助更多农村群众跨越城乡数字鸿沟，全面融入现代网络体系。在帮助他们提高文化视野、工作能力和生活水平的同时，也为中国网络经济注入源源不断的新活力，甚至可以说中国互联网经济最深厚的资源在乡村。

二、中国互联网经济的引领者是网络游戏

在这个题目下有三篇文章值得关注。

第一篇是2016年9月8日《环球时报》刊载该报驻英国特约记者纪双城的文章《中国互联网巨头成全球"顶级玩家"》。

中国两家互联网企业腾讯和阿里巴巴，近期市值都突破2万亿港元（约合2 578.9亿美元），外媒称它们已经跻身全球一流企业阵营。分析称，这两家企业所代表的中国互联网产业仍然前景良好，有进一步与国际一流企业竞争的潜力。

7日，腾讯股价收盘报213.20港元，微跌0.84%，不过市值依然超

过 2 万亿港元。阿里巴巴也在美国的资本市场大涨。7 日开盘，阿里巴巴股价微跌 0.3％，截至记者发稿时，报 103.72 美元。而 6 日，阿里巴巴股价报 103.78 美元，创 2015 年 1 月以来新高。

英国《金融时报》报道称，据投资银行摩根大通最新发布的报告显示，在过去 3 个月，中国互联网蓝筹股价格平均上涨 25％。虽然中国互联网增长"人口红利"接近结束，但这意味着大平台（BAT）之间的竞争，将会由数量（用户数）转向质量（用户黏性和参与度）的竞争。

对于中国互联网企业的前景，《金融时报》给予积极的预期。报道称，今年第二季度，美国脸谱网 60 亿美元营收几乎都来自广告。而腾讯则仍依赖游戏和会员费营收，占其总营收的 3/4，特别是手游营收同比增长 1 倍以上。

分析认为，中国的互联网渗透率还不够，使用互联网的人口刚过一半，相比之下美国的比例为 4/5。此外，中国用户使用移动互联网的比例更高，而这正是中国互联网企业的长处所在。

纪双城是一位优秀记者，他从互联网两大巨头腾讯、阿里巴巴近期在金融市场的市值变化，敏感地得出了中国互联网巨头成为全球"顶级玩家"的结论，很不容易。我们的任务是深刻分析为什么中国能成为世界互联网产业的"顶级玩家"。回答这个问题并不难，其根本原因是中国拥有全球最大的互联网市场，拥有世界上最多的网民。这些网民很多是从上网吧玩网络游戏入手进入互联网天地，可以说中国上网服务行业是中国互联网经济的孵化器、助推器，培养了中国一代又一代的网民进入信息社会。中国上网服务行业红火时期有 42％的网民、93％的网络游戏玩家在网吧上网，并由此学习网络知识，熟练掌握网络应用技术。

互联网节点数量的平方就是网络价值，且网络中的节点数量不应只是用户数量。中国互联网除拥有世界最多的 7.1 亿网民外，还有世界最大的产能、世界最大的贸易额、世界最大的储蓄额、世界最大的物流总量等一系列资源，这些资源中的每一个有机要素，都可以是一个网络节点。所以中国互联网，尤其是移动互联网规模之大，已经像星云中心一样，具有对数字化资源最强、最快的吞噬能力。正是基于这样的能力让资本市场看好中国互联网产业前景，使阿里巴巴、腾讯这样的中国大型互联网平台企业市值高企。

由于中国人的敏感、勤劳、智慧，美国人创建的互联网一经进入中国，很快就完成了入乡随俗的本土化改造，在互联网应用领域，显然是"早熟的儿童"，已经走在世界前列。当前互联网发展的路线图是按既有的成熟模式快速吸纳乡村的数字化资源，实现互联网城乡全覆盖。同时，不失时机地快速吸纳海外数字化资源，向互联网相对薄弱的发展中国家，特别是亚非拉等不发达国家和地区拓展、延伸，提高互联网的海外覆盖能力。未来互联网经济的发展必定是基于全球的，中国人口总量、经济发展总量为互联网超常规、跨越性发展奠定了深厚基础。我们在珍惜并不断巩固中国来之不易的互联网经济规模的同时，也要按照"一带一路"的战略构想，把互联网经济的触角伸向海外。中国上网服务场所曾经是中国互联网商用的先行者，亿万中国人从这里走出来，汇入当代世界互联网发展的滚滚洪流。当下上网服务场所还要再次成为中国互联网行业"走下去"——走进基层的先锋，成为"走出去"——走向海外的先锋。"走下去"是基于7万家县域以及乡村上网服务场所，推动乡镇农村互联网领域的全面发展，做工业品下乡、农产品进城的桥梁。积极配合精准扶贫战略，推动中国农村人口、资源快速数字化、互联网化，扩大中国互联网规模，进一步加重中国互联网"顶级玩家"手中的筹码。"走出去"就是要整合全球上网服务领域的资源，着手将世界范围内的上网服务场所发展成中国互联网"走出去"的线下平台体系，促进世界各地可数字化资源加入中国互联网体系，让中国互联网"顶级玩家"手中的筹码更多。全球经济发展和竞争模式已经因互联网超速发展而改变，由原来以占有和开发资源为主战场的竞争，转换为互联网虚拟世界数字化资源占有、开发、利用的竞争。我们必须快速扩大中国互联网资源容纳量，并提高资源利用效率，在全球互联网经济竞争中始终下先手棋、占主导位。

第二篇是2015年12月29日《环球时报》援引美国福布斯12月27日文

章，原题《中国在一项产业上击败美日，中国或许仍在许多产业上落后于美国和日本，但在游戏市场上却击败了这两个国家》。《环球时报》另拟题目《游戏产业，中国击败美日》。

　　市场研究公司 Newzoo 的数据显示，2015 年中国的游戏产业收入达到 222.2 亿美元，在游戏收入排名前 100 名的国家中高居榜首。在该榜单中，美国和日本分别以 219.4 亿美元和 123.6 亿美元的游戏收入分列第二和第三位。

　　中国的游戏收入超过美、日有两个原因。首先，大多数游戏都是在线游戏，而中国是世界上最大的互联网市场，截至 2015 年拥有近 7 亿网络用户。其次，腾讯和阿里巴巴等互联网巨头都在利用其强大的网络影响力，开发和发行各自的网络游戏，并且通常能击败外国同行。

　　尽管目前断言中国游戏能否通过全球市场的考验尚为时过早，但美、日、韩等国的游戏制作公司该引起注意了。

　　　　　　　　　　　　　（帕诺斯·默多库塔斯撰，王会聪译）

第三篇是《环球时报》2016 年 7 月 11 日文章《电游或成为中国最佳文化出口》，援引自澳大利亚《悉尼先驱晨报》7 月 10 日的文章《电子游戏或将成为中国的最佳文化出口品》。

　　腾讯收购芬兰游戏开发商 Supercell 后，该公司成了执全世界千亿美元电游市场之牛耳的发行商和批发商。不过，该收购的最持久影响或许与经济没多大关系，而是与文化有关。

　　近年来，北京斥巨资补贴从事创意艺术的企业，以着眼在境外施展"软实力"。此举尚未取得显著成效。但中国的电子游戏产业 2014 年起跻身全世界第一，即将成为最有价值的文化出口之一，并可能取得中国娱乐业过去从未取得的成功。

　　尽管中国大多数流行电游是由国内发行商改编的舶来品，但基于传统主题的游戏仍大受欢迎并不断演进。此外，与影视制片方不同，中国的游戏公司基本可避开审查，这赋予其更多创意自由。迄今中国游戏开发商大多关注迅速增长的国内市场，忽视了海外玩家。但随着超快增速的行将结束，要扩大市场份额，就需放眼国外。

诚然，中国的影视剧和音乐剧普遍未能走红海外，这让人没太多乐观的理由。但与前者不同，电游更易被外国受众接受，中国的一些新游戏已在韩国流行并准备进入美国市场。

目前断言中国电游将如何影响全球文化尚为时过早。中国的鸿篇巨制有可能热销全球，但更有可能的是，游戏开发商将出口当代中国的价值观和忧思。中国的电竞选手已然蜚声东亚，他们将成为全世界选手的偶像。换言之，如今全球文化的重启按钮已按下，该轮到中国人登台表演了。

（艾明德撰，崔晓冬译）

《游戏产业，中国击败美日》《电游或成为中国最佳文化出口》给我们很大启示。中国任何一个行业能成为世界第一，背后都有深刻的必然逻辑和艰苦的开拓过程。尤其在文化领域，面对西方文化强权的语言壁垒、传播壁垒、政策壁垒等数不胜数的壁垒。中国基于互联网发展的游戏经济，有一股独大的体量及独特的文化形态，完全有能力跨越一切人为壁垒，为在文化产业领域"弯道超车"创造了难得的发展机遇，值得我们格外珍惜并深入分析。

（一）游戏是人类无法抗拒的本能需求

人类最深层的心理机制被称为"目标反馈系统"，所有生物都具有这种心理机制，但是人类使之升级为"因果关系"。因果关系不是世界本质，而是人类思维的逻辑工具，也是人类解释世界万物的工具。大千世界并不都能用简单的因果关系解释，对于蛮荒的自然现象、神秘力量，原始先民创造了一套带有因果逻辑的解释，于是神话体系、巫术仪式产生。如果缺少合理的解释，至少是部落群体认同的解释，人们的精神世界就会坍塌。巫术的本质是通过仪式满足人们内心解释和控制世界的渴望。这种具有因果关系的目标反馈系统对原始人的生存极为重要，人类通过反复、快速反馈感受系统，调整、迭代和优化自身动作，使之生存能力更强、生产效率更高。

工业文明、后工业文明以及工业智能时代，高科技、智能技术完全可以改变传统的反馈机制。比如用手机拍照，依然需要听到"咔嚓"一声，这种声音是原始机械照相机的特征，拍照听不到"咔嚓"声就没有完成感，所以工程师对手机也设计了"咔嚓"声。电动汽车已经没有马达，可是人们习惯一脚油门踩下去，汽车反馈的一声轰鸣，所以电动车不得不设计一声轰鸣，让人感受惯性反馈。更典型的是高档汽车的车门，现代工业技术早就能做到关车门一点儿声音都没有，如今高档轿车关门的声音仍是非常厚重的"砰"的一声，其实"砰"是声学工程师调出来的，它不是关车门时本应该有的声音。现代技术已经使人类的生产、生活发生变化，而人类的反馈系统还没有适应，需要新的技术补足现实，形成与传统相近，即时、快速、鲜明的反馈。

与原始先民相比，现代人的目标系统更复杂。比如考北大、清华，莘莘学子必须从小学，至少是中学就要长年累月地、"十二分"地刻苦学习，追求周期很长，考上的概率很低。这就要调动学生远见、理想、勤奋、毅力等特质，具有这类特质的考生是少数，大多数人因为无法获得相应的快速反馈，无法预期努力学习与追求目标之间的因果关系和实现距离，于是就出现了"学霸"与"学渣"的分野。有一个经典段子，一个男孩追求一个女孩，苦苦追求了一年，女孩死活不答应，男孩没办法，只好放弃。女孩反过来问："你为什么不追求我了？"男孩说："你倒是给我一个进度条，让我知道距离成功还有百分之多少啊！"这是典型的"直男"思维。进度条是电脑操作系统的伟大发明。电脑内部操作我们看不到，也不需要知道，但是看到进度条，5%、20%、60%……心里就踏实。能够不断接受目标反馈，就可以等待逐渐迫近的目标。

用手机软件在朋友圈与朋友比赛暴走，原本没有毅力减肥的人也开始暴走。因为每走一步都能看到具体数字，也能看到与他人的距离，于是懒人被激活了。在微博出现之前很多人懒得动笔，微博再一次激活了中国人的写作热情，因为每发一条微博马上就有人评论、转发，粉丝一个一个地攒起来，构成细密、直接的反馈系统。作家写几十万字的长篇小说固然可以功成名就，但是没几个人能够承受长期耕耘的孤寂，以及功成名就的不确定性，于是他们还是选择即时反馈的微博。大众创业、万众创新之所以形成热潮，是因为创业有进度条，即市场对公司的估值，公司每年的营业额都能给创业者反馈，让大家知道自己成功了多少。和尚修行的标志之一是头上烧戒疤，如果修行者没有修行程度的标志反馈，内心修行是很难坚持的。

同理，网络游戏之所以诱人，是因为网络游戏的开发者、参与者利用计算机技术构建了一个与现实世界相对独立的虚拟世界，参与者在网络游戏中的每一个动作都能做出最迅捷、最丰富的反馈，随时随地爽一把，玩的就是心跳。有一游戏行家说："关掉游戏的声音，游戏可玩性就大幅下降。"他的解释是："游戏的声音和画面设计，不是为了让我们觉得好听或者好看，只是让玩家觉得有操控感，一举手一投足，游戏世界马上反馈。"所以电子游戏、网络游戏有三套系统，第一是徽章系统，第二是分数系统，第三是排行榜系统，这三套系统的本质都是反馈。徽章是对成绩的反馈，达到一定等级会取得相应名号，代表过去的成绩；分数是利用计分系统，每做一个动作得多少分、扣多少分，当下即可获得反馈；排行榜则是未来追求的典范和目标，也是一种激励机制。三套系统相互配合，对于过去、现在、未来，虚拟世界都给予可以量化的即时反馈。现在很多年轻人说："我要，我马上就要!"这是玩游戏长大的一代人自然的心理结构。在现实社会，农民务农，春种、夏耘、秋收、冬藏；工厂打工，天天努力工作，月底发工资，年终再给一笔奖金，反馈都很漫长。现实世界的远期激励系统与虚拟世界的即时激励系统构成了强烈反差，这也是孩子们特别喜欢游戏世界的主要原因。

（二）计算机技术让网络游戏发展到全新高度

游戏的参与者越来越多。目前，网络游戏已经是海量真实个体的虚拟映射。网络游戏之所以大行其道，是因为游戏已经是 UGC（User Generated Content，用户创造内容）模式，用户的参与感无与伦比。游戏公司开发出一个游戏平台，设计场景和游戏规则，成千上万的用户注册成游戏角色加入其中，目前顶级游戏的活跃用户已经过亿，遍布各国。这些角色扮演者的操作，让游戏过程和结果由每一个参与者的真实个体所决定，网络游戏的代入感和不可预测性是以往任何游戏所无法达到的。一场足球赛 22 人上场，大部分人是看客，而网络游戏所有人都可参与，每个人都能对游戏的发展施加自己的影响。可以说，以网络游戏为骨干的电子游戏是人类有史以来规模最大、参与度最高、公平性最强的游戏模式。2003 年中国网络游戏用户仅有 1 400 万人，占中国总人口的 1.08%，他们是少数，是另类，到 2015 年网络游戏用户达到了 3.91 亿人，与 2015 年的 4 亿多网购用户数量差不多，已经占总人口的 28.5%，这表明网络游戏已经成为一种很多人参与的主流文化。

游戏的生命周期越来越长。以往的游戏，如一盘棋、一场球赛，数小时结束，即便通过联赛制，大半年一个赛季的结果也出现了。而一款网络游戏的持续性可以长达数年，甚至更长。游戏的长期性，可以让新用户不断加入，让顶级游戏成为吸纳玩家的"黑洞"。以用户为节点的游戏网络，其网络价值等于节点数量的平方，一款 1 亿人参与的游戏，其价值是一款 1 万人参与游戏的 1 亿倍。所以各种资源会快速向优质顶级游戏汇聚，使这款游戏不断完善、不断发展，进一步吸纳玩家，延长游戏生命周期，形成良性循环。未来的网络游戏世界，游戏数量将越来越少，生命周期会越来越长，玩家数量会越来越多，形成滚动发展的态势。可以预测到一款 10 亿数量级用户参与的网络游戏就会在近几年出现。

游戏的真实度越来越高。一方面，随着技术的进步，尤其是 VR 等新技术的不断成熟，游戏将呈现给用户越来越真实的场景，让用户在有限的生命时间内增加多种不同的人生体验。另一方面，随着一款游戏的参与者越来越多，在同一年龄段人群中，玩这款游戏或者在游戏中有一个角色的玩家已经变成多数，这些人可以在游戏平台中长期交流、配合，最终往往发展成线下的聚会、协作，因此游戏将成为同龄人社交的重要手段。网络游戏对未来现实世界的影响现在还很难估量，我们从现在开始就应当积极推进网络游戏应用以及价值体系的整体研究，深入探索。

（三）网络游戏将对现实世界产生影响

世界上的事很奇怪，有时候真理掌握在少数人手里，但是大多数人的意志却意味着潮流、民意。对于现实世界，主观认识、客观标准都可能存在偏颇，有时候大多数人的意志可以改变世界。如果游戏娱乐是小众文化，可以称为不务正业的话，那么大多数人都在游戏娱乐时，就成为大众文化，这个时候就很难说清谁是大众，谁是另类；谁是大路，谁是岔道；谁是现实，谁是虚拟。

这样的状况在人类历史上发生过很多次。当年耶稣带着十二门徒传教的时候，在正宗犹太教看来，它是一个邪教或者小教派，是岔道。当基督教在整个欧洲开枝散叶，在全世界拥有几亿教徒的时候，我们还能说它是岔道吗？基督教拥有自己的历史、文学、艺术创作、社会阶层、现实财富，甚至一些人格榜样。在中世纪的欧洲一个人如果不是基督徒，就是走在岔道上了。所以，人数多少可以决定主次。同样的场景出现在今天：一个认为玩游戏没出息的人与一桌人吃饭，其他人都玩过《魔兽世界》，只有他没玩过，顿时他就会觉得自己很"low"，人家说什么都听不懂。再比如打高尔夫球，商人往往在饭桌上谈球，在球场上谈生意，打高尔夫球是一个通向他们生意世界的入口。如果你不懂高尔夫球，你跟他们在餐桌上就谈不了球，在球场上就谈不了生意。

网络游戏为什么具有不可抗拒的诱惑？

第一，当代社会每个人都很忙，当年大学的同窗，现在生活在同一个城市也很难见面。当一个寂寞的个体需要邀约伙伴消遣一下的时候，在现实社会也许不容易，但是在互联网上凑够几个志同道合者玩网络游戏易如反掌，无限延伸的网络游戏从来就不缺人玩。

第二，普通人能够在网络游戏中获得现实世界无法实现的幸福感。幸福感说起来有点儿缥缈，心理学上有一个词叫"心流"。一个人沉溺于当下做的事情，忘了外面时间，就进入了"心流"状态。网络游戏玩家大多数都有这样的体验，十几个小时一晃就过去了。"心流"其实是一种精神平衡沉浸状态，是挑战与熟悉技艺之间的平衡。如果挑战太难，玩家就会焦虑；如果挑战太容易，就会感觉无聊。处于焦虑和无聊之间，就容易进入"心流"状态。

网络游戏最大的好处就是难度可以调节，每一个玩家都可以找到适合自己智力和体力的游戏，并很方便地进入"心流"，从而获得幸福感。

第三，网络游戏满足了玩家的成就感和自豪感。《游戏改变世界》一书举了一个例子：2009 年，西方《光环 3》游戏的第三个版本里发起了所谓的"第三次战役"——地球人奋起反抗外星人的攻击。游戏动员玩家——所谓的地球战士 1 500 万人，超过现在全球职业军人的总和，去消灭 100 亿个外星人。当玩家消灭第 100 亿个外星人的时候，游戏群落发布通告说，所有玩家代替地球人抵挡了外星人的残忍攻击。这时玩家会产生一种自豪感，觉得自己很伟大，为拯救地球做出了贡献。在现实世界中，你支持的球队夺冠，你的国家拿到奥运会金牌，科学家拿到诺贝尔奖，好消息传来，人们不都为之感动、产生自豪感和成就感吗？网络游戏就满足了玩家的自豪感、成就感。

第四，网络游戏编织的虚拟社会社交圈必然在现实社会落地，社交虚拟世界转化为现实社交世界。网络游戏打破物理空间限制，天南地北的人可以跨越地域、国别、民族、信仰的限制，在没有限制的空间交流。同时，为了深度交流、提高战斗力，长期协调配合的玩家就会相约线下交流沟通，形成群体性的俱乐部、战队。至于在线下聚会以及在现实生活中的协作发展，如一块儿做生意、一块儿创业，他们更有想象力。现实的丰富性、离奇性总能让我们拍案惊奇。网络游戏生态圈的故事在游戏社群里大规模发生，其频率、密度和强度远远超过非游戏玩家的想象。

第五，网络游戏玩家可以获得真实收入。游戏竞技高手的年收入是多少？游戏解说的年收入是多少？这些一直是外界困惑的问题，然而现实往往超载想象。对于一位游戏解说者来说，年收入上千万元早已不是什么稀奇事。他们的收入不是抢来的、骗来的，也是诚实劳动所得，只不过他们的劳动与传统农民务农、工人打工不同而已。如果你非要用"骗"字，那么写小说的、排话剧的、拍电影的，他们挣的钱不也是编一个故事"骗"来的吗？以下围棋、下象棋为生的棋手不也是靠下棋"骗"钱吗？有一个成语"巧取豪夺"，我一直不以为然，在现实生活中"豪夺"是不合法的，但是"巧取"并不违法。靠体力"豪夺"的时代已经让位于智能社会靠智力创造价值的智能时代。更何况玩家依靠网络游戏诚实劳动，无生产资料占有、无环境污染，就能实现就业，维持一家生计，有什么不好？未来集中就业的大工业、大建筑工地会越来越少，自谋职业的自由职业者会越来越多，美国的自由职业者已经占就业人口的34%。只要守法就业、创业、谋生就是贡献社会。

（四）网络游戏对未来世界必将产生更大影响

我们是谁？我们从哪里来？我们到哪里去？这些是人类社会的元问题。《有限和无限的游戏》一书从游戏的角度重新解释人类文明历程，是近年来智慧浓度很高的研究成果。本书提供了一个非常独特的视角，认为人类文明包括商业、政治、法律、经济、战争，其实都是游戏。人类历史上触及这个命题的聪明人很多，比如德国的社会学家马克斯·韦伯说："人是悬挂在自己编织的意义之网上的动物。"只有人类去追寻那些形而上的精神世界，甚至仅仅是自己想象的意义，并且把自己的生命挂在上面的时候，人才成为人。如果理解了马克斯·韦伯的观点，再看网络游戏的本质，就是利用现代计算机技术，在制造意义方面领先现实社会一步的精神领域。

人类世界到哪里去？会不会经历第二次大迁徙，或者从真实世界向虚拟世界大移民？会不会像电影《黑客帝国》演绎的那样，每个人脑子里都插一根电极，从此生活在虚拟世界？我的观点是，人类社会不会。人类世界是这样创造历史的：如果有人创造了一个比较领先的意义世界，真实世界就会赶上去，而从来不会逼着人类丢弃自己的家园，进入一个全新的空间。孔夫子的儒家学说，是领先于春秋战国之交的意义世界，跟着他老人家周游列国的人不多。当儒家思想变成朝野接受并独尊的思想，中华文明甚至东亚世界都接受了他的思想时，就是真实世界用自己的步伐和节奏赶上了他构建的意义世界。这也是人类不断提升自我的一个方式。当下所谓的"牛人"，就是他的意义世界和大众的不一样。比如勤奋读书，有人是怕老师骂，怕家长打；有人是为考大学升官发财；还有人是"为中华之崛起而读书"。"中华之崛起"就是一个想象的共同体，是构建的一个意义世界。

网络游戏对真实世界的影响之一是把游戏世界迅捷、快速、绵密的反馈机制，移植于现实的生产、生活。比如微软，做了多种语言操作系统，bug（漏洞）一定不少，如果专门找一个团队来挑 bug，肯定非常困难，错误率很高。于是微软就在公司内部把这项工作变成一个游戏——全世界的微软员工，谁挑出来的 bug 最多，就给谁奖励。前些年英国公布了国会议员平时报销的账目，账目很琐碎，一堆发票如果让专业的监察机构或者记者调查核对，根本没有可能。但是老百姓不怕麻烦，因为他们终于有机会玩一局"警察抓小偷"的游戏。果然，老百姓找出了一大堆议员的经济问题，有些议员甚至被判刑。所以，游戏思维、游戏玩法，也在改变政治生态。

《游戏改变世界》列举了大量例子，包括老百姓用游戏的心态免费帮科学家计算，推动科学研究进程等。游戏思维也在改变人类教育。奥巴马上台后提出，一定要把游戏变成下一代美国人的学习方法。比如美国纽约有一些中小学搞一个实验，叫"学习的远征"，就是把枯燥的课堂教学变成游戏，让孩子用游戏的方法学习。如果有这样一所小学，孩子们早上到学校，没有早读，没有课程表，直接进图书馆，老师已经把题目放在一些神秘的书里，第一个游戏就是把这些题目找出来，这是下一个关口的通关钥匙。如果你会做这些题目，就可以直接进入下一个环节；如果不会做可以请教老师，老师在教室里等着你。但是要请老师上课，你要花游戏里面的点数来支付费用。如果你能说服其他小朋友跟你一起去请教老师，可以平摊点数，这岂不是锻炼了说服和协作的能力？老师讲完课之后，会向学生提几个问题，如果回答正确可以把点数挣回去……这就把学校教育完全变成游戏。这样环境下长大的孩子，会对知识有强烈兴趣，有好奇心，会协作。这个世界绝对不会让我们放弃生活进入游戏，而是使生活本身变成一局很好玩的游戏。

三、中国电子竞技横空崛起将改变历史

这个题目也有三篇文章具有内在逻辑性，从不同层面展示了电子竞技在中国的艰难历程以及势不可挡的发展趋势。

第一篇文章是《环球时报》2016 年 3 月 31 日发表的《中国电子竞技在矛盾中发展》，援引自美国《纪事》网络杂志 3 月 29 日文章《中国电子竞技的矛盾》。

2008 年，两名职业运动员手举奥运圣火在海南进行传递活动。但这两人看起来并不像运动员，因为他们没有发达的肌肉和黝黑的皮肤。但对于电子竞技爱好者来说，这一刻代表胜利，因为这意味着官方对电子竞技的认可和尊重。

如今，电子竞技类游戏在中国拥有大批忠实拥趸，在地方比赛中取得佳绩或者在公共服务器上积分最高的人都有机会成为职业玩家。2012 年和 2013 年，世界电子竞技大赛在中国昆山举办，据报道现场观众就达 10 万人以上，在线观众更是达 1.5 亿人次。

然而，中国电子竞技的职业面无法掩盖民众对这项运动的普遍偏见。中国不仅在管教"网瘾"青年方面走在前列，而且对认为与"和谐社会"相违背的游戏内容进行严格审查，而电竞推广者则竭力将"健康"电竞与所谓的不健康且"容易上瘾的"游戏分开。

那么，这样的国家是如何成为电竞界领军者的？最近几年，"软实力"频繁被中国政府提及。日本和韩国在这方面处于领先地位，它们的游戏、动漫、流行乐和电视剧在全球吸引大批粉丝。相比之下，中国的流行文化未能打入全球市场。那么，通过利用庞大电脑用户和网游玩家所带来的潜力，以及将自己包装成电竞界的重要一员，中国或许能够制定出改变这种文化不平衡的战略。

中国政府还利用电子竞技为一些鲜有人关注的地方带去游客。比如，已经有高规格比赛在冷门地点如昆山、银川举行。通过举办电竞比赛吸引全球目光，中国欲打造一个高科技娱乐的强国。

（玛塞拉·萨贝尔维茨撰，张旺译）

第二篇文章是《环球时报》2016 年 08 月 15 日发表的《"创纪录"奖金显示电竞业潜力》，由该报驻德国特约记者青木和该报记者赵觉珵、姜乐共同撰写。

910 万美元，这是 13 日结束的第六届 DOTA2 国际邀请赛（TI6）上，冠军中国 WINGS 战队的奖金数额，这一数字创造了世界电子竞技历史上最高冠军奖金。作为目前全球最大的电竞赛事之一，2016 年 DOTA2 国际邀请赛奖金总额超过 2 000 万美元。巨额奖金的背后，是全球电子竞技产业的飞速发展。

近年来，全球电子竞技产业一直保持着持续高速增长的态势。荷兰市场研究公司 Newzoo 此前发布的《全球电竞增长报告》显示，2015 年全球电竞市场收入达到 3.25 亿美元，2016 年这一数据有望增长 43% 至 4.63 亿美元。Newzoo 在报告中特别提到，中国与韩国在 2016 年将占全球电竞市场收入的 23%。

"中国发现电竞行业"，德国《经济新闻报》15 日报道称，中国 WINGS 战队获得电竞冠军是中国电竞行业发展的一个缩影。中国正引发一股电竞产业投资热潮，包括互联网巨头腾讯、阿里巴巴等都盯上这个庞大的未来产业。

艾瑞咨询分析师李抑扬 15 日告诉《环球时报》记者，2015 年中国电子竞技整体市场规模达 269 亿元人民币，其中，电竞游戏收入达 245 亿元，电竞赛事收入近 3 亿元，直播平台等衍生收入达 20 亿元，已成为世界最大的电竞市场之一。

作为电竞行业的"运动员"，目前中国已出现一批顶尖职业选手，他们的收入也相当可观。李抑扬称，一线电竞选手年收入都是百万级的，有些选手仅签约费就高达 200 万元，此外收入构成还需加上直播平台签约费、工资、代言费以及赛事奖金等。

早在 2003 年，电竞就已经被国家体育总局认定为体育项目，而中国电竞业的发展也有政府的推动。3 月 19 日，国家体育总局宣布成立中国移动电竞产业联盟，由国家体育总局体育信息中心主办的首届中国电子竞技嘉年华也将于 11 月举行。

与此同时，一些城市也将举办电竞赛事作为带动旅游业发展和提升城市形象的一种手段，如银川自 2014 年以来成为 WCA 世界电子竞技大赛的永久举办地。

第三篇是《环球时报》2016 年 4 月 9 日刊登文章美国《福布斯》双周刊网站 4 月 8 日文章，原题：《在中国，运动、游戏和电子商务融为一体，有望成为万亿美元产业》，《环球时报》后加的题目是《体育＋游戏＋电子商务＝万亿美元》。

为了让足球中国梦成真，中国掀起了大手笔开支的浪潮，以吸引世界级运动员和教练员来到中超联赛。中国还建设了数千家培训机构，并与国际足联一同发展各个层级的足球运动。

在这背后是私人企业和政府要把"体育经济"打造成为拉动内需的主要驱动力，而国内消费将在未来 30 年内成为中国经济增长的重要支柱。政府希望到 2025 年中国体育产业规模能够增长到 8 000 亿美元。

大多数人都认为，万亿美元的产业路线图是国内联赛发展、外国联赛投资、观众数量和参与度不断提升以及特许产品销售的综合体。

半年前，在嗅到通过推动中国体育梦而从中获利的商机之后，阿里巴巴集团成立了阿里体育，旨在将科技、电子商务和体育融为一体。耐克和阿迪达斯等体育品牌，以及英超、美职篮、中国本土联赛等专业联赛都希望通过科技手段增加营收。阿里体育与它们都达成了合作关系。

19 岁的迈克尔·刘（音）也在追逐体育梦，尽管是在不同的舞台。他每天晚上都会坐在电脑前练习网游《英雄联盟》，希望有朝一日能够加入中国顶尖电子竞技队伍。中国电子竞技产业规模已达 220 亿美元，有 4 亿电子游戏玩家，产业规模在未来 10 年内有望达到 1 000 亿美元。这也是中国梦的一部分。

腾讯公司是中国电子竞技产业巨头，业务遍及电子竞技产业各个领域，包括联赛、网络直播、锦标赛和超级明星战队队员等。它也想像阿里体育一样，集商务、市场、比赛、品牌、队员和装备于一身。

所有这一切都将促进体育、科技和游戏产业的融合，并有望在 2025 年达到 1 万亿美元的经济规模。

（迈克尔·扎库尔撰，伊文译）

《中国电子竞技在矛盾中发展》《"创纪录"奖金显示电竞业潜力》《体育＋游戏＋电子商务＝万亿美元》三篇文章揭示了网络游戏正向电子竞技快速升级，由于中国游戏产业的坚实基础，中国人的聪明才智在这一长期备受冷落的领域激情绽放。

（一）中国电子竞技在矛盾中发展的原因

《中国电子竞技在矛盾中发展》的作者是一个聪明的美国人，她发现中国对电子竞技的普遍偏见，又发现中国为提高软实力，欲打造一个高科技娱乐的强国并发展电子竞技，矛盾显而易见。为什么会出现这样的矛盾？中国是如何在矛盾中发展电子竞技的？这样的问题她又抛给了我们。

回答这样的问题，必须从电子竞技自身说起。电子竞技脱胎于网络游戏，是网络游戏的竞技化发展，是利用电子设备作为运动器械进行的人机之间、人与人之间的智力、技能对抗性运动，因此电子竞技具有娱乐与体育的双重特点，是穿越互联网、传统媒体、大众消费的文化体育项目。问题就出在电子竞技脱胎的母体——网络游戏身上。文明古国的中原文化对于娱乐游戏的偏见是由来已久、根深蒂固的，网络游戏一经出现就遭到社会舆论的强力排斥，再加之网络游戏初级阶段的内容问题、沉迷成瘾问题以及上网服务场所的规范管理问题等被人为放大，于是网络游戏就成为主流意识形态中几乎人人喊打的"网络海洛因"，脱胎于网络游戏的电子竞技自然受到牵连。

1998 年，随着韩国宽带网络技术、网咖的发展，出现了星际争霸等全国游戏大赛。2000—2001 年，韩国电视频道开播游戏节目，组织世界第一支战队，并进入体育项目产业化的发展阶段。中国政府的确有"能人"，就在全社会的一片质疑声中，2003 年 11 月 18 日，国家体育总局正式批准电子竞技成为中国第 99 个体育项目；2008 年，国家体育总局整合各体育项目，将电子竞技重新定义为第 78 个体育项目。电竞行业逐渐受到关注。中国"能人"的高明之处就在于既有先见之明，又能审时度势。在 2003 年以后的若干年，电子竞技在民间顽强发展，而不太高明的一些部门却大张旗鼓地整治"网瘾"，并对游戏内容进行严格审查。"能人"对此既没出手，也没出声。"而电竞推广者则竭力将'健康'电竞与所谓不健康且'容易上瘾'的游戏分开"，马塞拉的解读没有错，一个法治国家的任何现象都不能用一个似是而非的概念混淆视听。法律决定罪与非罪。然而这种"无法无天"的行政行为还很有市场，竟招来一些"权大于法"们的喝彩。2008 年是中国改革开放进程中一个重要的时间节点，国际金融危机全面爆发，中国不是国际金融危机的重灾区，却着实吓出一身冷汗，紧急出台一揽子救市方案，于是"能人"发现机会来了。因此，韩国的一份研究报告把 2009—2013 年作为中国电子竞技的初步发展阶段，2014 年进入极速发展阶段，2015 年电子竞技人数已达 1.2 亿人。中国电子竞技用户 76.1％ 为男性，19～35 岁比较偏年轻的年龄段占整体用户的68％。中国电子竞技用户的月收入为人民币 6 380 元，网民平均月收入为人民币 4 648 元左右，具有较强的消费潜力。88％的用户经常接触电子竞技内容，其中 96.8％有意向参加电子竞技比赛。中国"能人"非常清楚，电子竞技的受众年轻人居多，是真正的朝阳产业，但是行政行为也要进行成本核算，以实现利益最大化、风险最小化。该出手时就出手，该出手时才能出手。他们在国际金融危机以后出手是基于以下因素：

一是发达国家电子竞技发展很快，国际大赛火爆炫目，中国选手的竞技水平已经展现出可以在国际大赛争金夺银的实力。

二是中国以经济建设为中心，政府官员要在激烈竞争中有所作为必须拿地方 GDP 说话。于是一些偏远地区率先搞起大数据、电子竞技大赛等比较前卫的项目，多少带点博弈色彩，但是他们赢得先机，先声夺人。宁夏地处我国西部欠发达地区，是只有 600 多万人口的自治区，2014 年银川市政府就以超前的意识，力排众议，率先举办世界电子竞技大赛全球总决赛，并使其永久落户银川，现在已经成功举办 3 届，是中国电子竞技发展的"圣地"，也是银川市一张最现代、最前卫的城市名片。

三是人民群众的刚需是不可战胜的。2014 年全球共有 2.06 亿人通过现场、网络和电视关注电子竞技比赛，超过篮球、足球等传统体育比赛的单项观众人数。其中 0.89 亿人为核心用户（经常观看电子竞技赛事并参与相关活动），1.17 亿人为偶尔观看电子竞技赛事的普通用户。以电子竞技游戏中的代表产品 LOL（英雄联盟）为例，2014 年 Riot 公布全球 LOL 玩家数量为 6 700 万人，相当于全球每 100 人中就有 1 名 LOL 玩家。2016 年电子竞技观众总数达 3.35 亿人左右。在全球的 3.35 亿电子竞技观众中，中国观众为 1.7 亿人（占比 50.7%）；在全球 1.45 亿电子竞技核心观众中，中国电子竞技核心观众为 6 200 万人（占比 42.7%）。无论是从参赛人数、观众规模，还是从媒体热度等方面来看，中国都已成为全球电子竞技产业最具潜力的市场。

四是中国电子竞技产业展现了诱人的"钱景"与前景。2015 年中国电子竞技市场的广义规模达到 269.1 亿元，随着电视转播的逐渐开放、广告赞助金额增长、粉丝经济价值的提升、竞猜博彩的放开等因素的推动，未来市场规模有望实现跨越式增长。从用户规模来看，中国 2015 年电子竞技用户在 1.2 亿人左右，预计未来整体用户规模将达到 2.8 亿人。2015 年全球电子竞技行业收入为 3.25 亿美元（包括游戏开发投资、赞助费、在线广告收入、赛事门票等），全球电子竞技产业的广义产值（包括上游游戏销售、中游赛事和俱乐部运营以及下游粉丝经济）则已达到 500 亿美元左右。（数据来源于中国产业信息网《2016 年中国电子竞技市场规模现状及发展趋势预测》。）

电子竞技的火热吸引了大量资本进入，赛事奖金上涨明显。在 2011 年 DOTA2 国际邀请赛中，冠军 Navi 赢得 100 万美元奖金，这是电子竞技史上首次出现百万美元级别的奖金；2015 年 DOTA2 国际邀请赛总奖金 1 800 万美元，再次刷新电子竞技赛事总奖金纪录。2015 年全球电子竞技赛事奖金高达 7 100 万美元，同比大幅增长 97%，其中美国与中国的赛事奖金已超越韩国，名列前两位。电子竞技赛事奖金的大幅增长，从侧面反映了整体电子竞技市场的飞速发展。其中 DOTA2 项目的总奖金已超过 NBA 季后赛等传统竞技体育赛事奖金，位居全球体育赛事前列。

有诸多利好消息，电子竞技发展面临的矛盾是不是就解决了呢？问题的复杂性就在于，虽然电子竞技能够产生巨大的经济效益，但是电子竞技又是有内容的文化体育项目，具有一定的意识形态属性。在中国，管意识形态的很少理会经济，管经济的又没法管意识形态。中国以经济建设为中心，唯有文化例外，是以意识形态为中心。改革开放以来中国文化产业长期缓慢发展，原因也在于此。意识形态问题属于形而上问题，弹性很大，界定不难，有些项目只是与传统有距离，有些作品因为主管领导看着不舒服，就可能面临厄运。其实，意识形态问题也没有"意识形态"们描述的那样复杂，在依法治国的今天，法律是准绳，是底线，一切领域依法办事，而不是依长官意志办事，所谓的复杂问题都会迎刃而解。中国改革开放只能前进，绝不会后退；中国以经济建设为中心，谁都不能例外，绝不会动摇。从这个意义上说，我对中国电子竞技的未来发展充满信心。

（二）建设中国电子竞技产业链的金字塔结构

美国《福布斯》双周刊网站的文章原题为《在中国，运动、游戏和电子商务融为一体，有望成为万亿美元产业》，对比看《环球时报》后加的题目就显得不够准确，"运动"包括"体育"，却不仅限于体育，长期以来国内按照行政主管部门的管理范畴界定体育，显然很多没有列入国家体育项目的民间群众活动，比如北京公园晨练的项目也是运动。其次《体育＋游戏＋电子竞技＝万亿美元》，"等于"与"有望"是有区别的。原文"中国电子竞技产业规模已达 220 亿美元，有 4 亿电子游戏玩家，产业规模在未来 10 年内有望达到 1 000 亿美元。""所有这一切都将促进体育、科技和游戏产业的融合，并有望在 2025 年达到 1 万亿美元的经济规模。""有望"不是"等于"，同时，"有望"是有前置条件的，即"促进体育、科技和游戏产业融合"，几大要素融合以后才"有望"。我这样咬文嚼字是因为美国人经常不着边际地给世界画一个中国的"大饼"，再以此宣扬"中国威胁论"。中国人好听甜言蜜语，又把人家画的"大饼"拔高，岂不是授人以柄。其实我对遥远的"大饼"数字从来不感兴趣，还是按照生产力的声音、世界潮流，脚踏实地砥砺前行更为实际。

不过《福布斯》双周刊网站的文章没有错，把电子竞技周边的几大要素融合起来，形成完整的产业链，其未来发展前景的确有望达到万亿美元的经济规模。围绕电子竞技的产业链呈金字塔结构：

第一层，基础层，是遍布城乡的网吧、网咖、电子竞技馆等场所，它们是最具竞技氛围、最具人文精神的电子竞技场所。开展电子竞技活动最大的体量、最深厚的基础在基层。在中国电子竞技的发展历史上，上网服务场所因其自身优势和社交潜力，一直承载着培育网络游戏"草根"的基地、电子竞技专业人才的摇篮以及电子竞技热潮风向标的使命。近年来网游竞技化趋势明显，竞技类游戏是中国游戏用户的主要休闲娱乐方式，活跃度最高的 PC 端游戏大多数是竞技类游戏。电子竞技用户社群聚集上网服务场所，带动场所用户结构向中高端层次转移，酒水、咖啡消费也随之提高。随着 VR 等虚拟现实技术的突破，电子竞技用户有望在虚拟视觉空间中实现对大型场景的直接操控体验，这无疑是充满吸引力与颠覆性的游戏方式。庞大的用户基数为电子竞技在中国的发展提供了有利条件。

由此沿阶而上。

第二层是在基础层上形成的电子竞技俱乐部、电子竞技战队。他们由一些实力雄厚的游戏公司、网吧、网咖连锁企业和机构组建，由基础层遴选出来。现阶段中国有电子竞技俱乐部、战队 1 万多家，已经成为中国发展电子竞技的核心力量。

第三层是电子竞技培训、学历教育、学术研究以及业余和专业等级认定。中国传统棋牌项目在高等体育院校不设专业，国内优秀棋牌选手多是自学成才或者师徒相传，严重影响了竞技水平提高和学术研究的深入。目前中国发烧级的电子竞技运动员、爱好者就有近 3 000 万人，庞大的游戏玩家群体亟须专业化、正规化培训。我一直认为教育部较为保守，但其最近也受到中国电子竞技热潮的深度感染，2016 年 9 月，"电子竞技运动与管理"出现在教育部 2016 年的 13 个增补专业中。让人不得不对今天的教育部刮目相看。各地专业院校都在"蠢蠢欲动"，可惜缺少最起码的专业师资。因此，短期师资培训成为当务之急。

全国协会自成立以来就一直高度关注电子竞技的发展，确定 2015 年是全行业的电子竞技年，在把电子竞技引入网吧、网咖的同时，高度关注电子竞技培训教育工作。当前韩国全南大学是世界唯一设立电子竞技院系的大学，主要培养电子竞技运动员，于是我们组织专家进行考察，并与全南大学建立协作关系。我们计划与国家开放大学合作，全面开展电子竞技运动员、教练员、解说员、裁判员以及组织管理等多专业、多层次的培训教育。此外，为庞大的业余电子竞技群体设计段位晋级标准以及程序，使群众性电子竞技娱乐活动不断升级提高。庞大的基数、急切的需求构成了更为庞大的电子竞技培训教育产业。这一点虽然在《福布斯》双周刊网站的文章中没有谈及，但是我认为电子竞技培训教育产业在中国电子竞技产业金字塔结构中处于承上启下的重要地位，直接关系到中国电子竞技活动的普及与提高。

第四层是国内外电子竞技产品博览会。电子竞技产业的核心环节是内容，具有电子竞技内容开发能力以及相应的生产、制作、传播能力，是产业链条的核心竞争力。电子竞技无论是日常游戏还是大型竞赛、直播都需要最先进的网络设备，博览会就为电子竞技内容推广和设备营销搭建了一个平台。如果博览会能够与大型赛事结合起来，就可以打造一个带有标志性的行业品牌活动。作为游戏行业风向标的中国国际数码互动娱乐博览会于 2016 年 7 月 28 日—31 日在上海举行，参展企业超 900 家，游戏产品超 4 000 款，参观总人数达 32.55 万人次，同比增长 19.2%，均创历史新高。其中 7 月 30 日入场人次达 10.8 万，创历届单日入场人次之最，说明电竞行业正迎来前所未有的发展契机。

第五层是层级电子竞技大赛和直播、转播。2012 年和 2013 年世界电子竞技大赛（WCA）在中国昆山举办，2014 年以后宁夏银川成为世界电子竞技大赛全球总决赛的永久举办地。2016 年全国行业协会经文化部备案核准，与英伟达公司联合举办全国电子竞技娱乐大赛，2016 年国家体育总局信息中心主办中国电子竞技嘉年华。2014 年以后，由于社会资本的进入，电子竞技直播平台迅速发展，明星主播火爆。72% 的游戏用户经常玩电竞游戏，89% 的用户热衷于收看电竞视频，电竞内容的观赏性、娱乐性和互动性让许多用户即使不玩游戏也愿意观看电竞直播。44％的用户每天都看游戏直播，71％的用户日均观看超过1小时，用户黏性明显高于其他内容的视频。预计未来一段时间当红明星主播是吸引用户的重要因素之一。电子竞技正朝全民化、多元化、市场化、娱乐化方向发展。

以上五层呈金字塔结构，塔尖是国际大赛、职业联赛、全国大赛，所谓层级大赛，是指业余选手、电竞爱好者从基层网吧、网咖打起，通过基层、区域比赛，打到全国、国际大赛，形成一路过关斩将的上升通道。电子竞技已经被国家体育总局认定为体育项目，国家体育总局无疑是电子竞技体育比赛的主管部门，处于塔尖的位置。电子竞技又是具有游戏娱乐性质的文化市场项目，上网服务场所是电子竞技游戏娱乐的主要场所，是金字塔结构最宽阔的塔座。电子竞技是有内容的竞技游戏，塔座以及通向塔尖的内容又属文化部的管理范畴。两者之间在管理范畴上有接缘、重合的部分，但是不矛盾，塔座是基础，基础不牢地动山摇。塔尖是产业制高点，娱乐游戏的终极目标是能够成为体育竞技项目。塔座是浩浩荡荡的普及性群体活动，塔尖是顶级大赛体育竞技的名次。体育竞技是靠名次说话的。中国电子竞技超级红火，有一种因素我们不能否认：2015年DOTA 2国际邀请赛，中国5支代表队包揽2~6名，赢得778万美元奖金；2016年中国战队一举夺冠，将910万美元的创纪录奖金收入囊中。骄人战绩引爆电子竞技在火爆中持续升温。塔座、塔尖虽然由两个部门分管，但是由于电子竞技内容的缘故，又把两大部门紧密地联系在一起，优势互补，相得益彰。

以上五个层次环环相扣，构成了完整的产业链。上网服务场所作为产业链的基础，为群众性电子竞技活动提供场地服务，同时也通过湖北盛天网络公司提供的战吧屯竞，使场所特别是连锁企业能够自己临时由用户组队比赛。举办电竞游戏赛事等活动，早已成为场所业主最常用的促销手段之一。随着电竞产业渐入佳境，电竞与上网服务场所如同鱼与水的关系，息息依存，繁荣与共。实力强大的场所特别是连锁企业，经过多次层级比赛，形成相对固定的战队和电竞俱乐部。他们参加区域性比赛，使脱颖而出的佼佼者打向全国大赛、国际大赛。于是就出现以下几条通道：一条通道是由业余打成专业选手，参加高端比赛；一条通道是在国内、国际大赛争金夺银的高端人才，退役以后可以从事电竞培训、教育工作，成为讲师、教授；一条通道是专业选手退役以后，转业成为教练员、裁判员、解说员以及竞赛组织者、管理者。退役的专业人才至少可以重回基层，指导基层战队、俱乐部提高成绩，参加比赛或者组织比赛。这样就形成了能上能下、有进有出、新陈代谢、生机勃勃的一池春水，整个电竞产业就是自我循环的完整链条。

四、网络直播将改变中国人的生活

网络直播在 2015 年的报刊上还称被为网络 DJ，2016 年以后统一称为网络直播。这里也有三篇文章很值得研究。

第一篇文章是 2015 年 10 月 28 日《参考消息·网络 DJ 迷倒中国年轻人》，转载日本《朝日新闻》10 月 27 日记者延与光贞的报道，原题是《网络 DJ 俘获中国年轻粉丝》。

网络 DJ 在中国年轻人中颇具人气。他们在互联网上播放自制的节目，有的 DJ 还有不少粉丝，收入可观。而网络 DJ 的流行也从一个侧面反映出年轻人的孤独。

有一头及腰的栗色长发、画着精致妆容的 23 岁网络 DJ "蛋糕小姐"坐到电脑前开始"直播"，立刻就有粉丝点击收听。这间位于广东省广州市的录音室由一间音乐学校的教室改装而成，设备只有带小型网络摄像头的电脑和简单的音响。

"你喜欢吃蛋糕吗?""会不会做饭?"粉丝的提问出现在电脑屏幕上，"蛋糕小姐"微笑着回答并与他们聊天，在话题的间隙则插播音乐。

粉丝们用向网站运营公司购买的虚拟货币来购买网页上的鲜花、汽车等虚拟礼物送给 DJ。这些礼物可以兑换成现金，网站运营公司分三成，DJ 分七成。得到的高价值礼物越多，DJ 的收入也就越高。

"蛋糕小姐"去年毕业于广州一所大学的英语专业，曾在一家贸易公司就职，但有广告模特经历的她认为事务性工作不适合自己，半年后就辞了职。随后，她在微博上被星探发掘，今年5月开始成为一名网络DJ。

为了建立固定的粉丝群，网站运营公司希望她每天在固定时间播放节目，但也没有强制要求。她的月收入为五六千元人民币，超过大学毕业生的平均水平。"我觉得我的可爱可以成为卖点，"她说，"老思想的人可能觉得我们很荒唐，但为什么不利用年轻，快乐地挣钱呢？"

据业界人士介绍，网络DJ起源于在互联网上对网络游戏进行实况解说的人，大约在10年前就有人喜欢跟解说者聊天，也开始出现年轻的女性解说者。而网络DJ人气暴涨则是在最近几年。

《朝日新闻》援引中国媒体的报道称，中国有50万到100万网络DJ。他们中有些人擅长唱歌跳舞，不过大多数都是靠偶像装扮来吸引眼球的年轻女性。在广州市经营三家网站的32岁老板钟华业表示，形象好、性格容易亲近、有唱歌或舞蹈等才能是聚集人气的决定性因素。DJ可以使用网站提供的录音室，也可以花大约两千元买设备在家做节目。多数DJ的月收入都在千元级别，也有人气DJ年收入可达千万元。

钟华业说："网络DJ的粉丝多是普通年轻人、中年男性和沉迷网络的宅男等，不过赠送昂贵礼物的都是富豪或者官二代。中国有很多有钱的闲人。"

一名在广告公司做设计工作的24岁男性表示他每天都会收看网络DJ的节目，并称"也没有女朋友，算是消遣吧。送礼物是对DJ的肯定"。他每月收入八九千元，其中近10%被用来送礼物给DJ。

第二篇是2016年7月27日《环球时报》文章《孤独感助网络直播女王赚大钱》，转引自澳大利亚广播公司7月26日文章，原题为《中国社交媒体的"直播女王"们靠在线直播生活致富》。

中国社交媒体的网红拥有世界上最大的观众群，中国的网络直播经济价值高达110亿美元，比这个国家的电影业还要赚钱。

齐蕊（音）是名学生，具备成为网红的所有素质：妙龄十九、天生丽质，能滔滔不绝地聊足球这项在中国很受欢迎的运动。她说："用智能手机表现自己的天赋，让大家认可你，是件好事。"

推特直播这种全球性应用在世界范围才有 1 000 万用户，而在中国，仅五大网络直播应用就拥有 8 500 多万活跃用户。李大鹏（音）也是一名拥有数千粉丝的网红。白天他在北京郊区一家商店做销售，晚上常常花几小时对着手机唱歌或与粉丝聊天。

尽管很多一线网红直播的都是生活中一些无聊琐事，但是仍大受欢迎。与西方不同，中国的直播平台允许观众给喜欢的主播送可换成钱的虚拟礼物，人气高的网红月收入可能超过 2 万美元，是中国大城市平均月薪的 13 倍。

特蕾西（音）是名记者，一直关注网络直播的发展。她说："调查显示，网络直播的观众 2/3 是男性。观众并不关心直播内容是什么，只关心直播的女孩是不是漂亮。"大城市中年轻人之间的疏离助推了他们对交流的需求。

越来越多的中国年轻人被迫去到"没有灵魂的大都市"工作。他们中一些人是网络直播的死忠粉，网络直播在中国会越来越受欢迎。李大鹏说："每个人都会有空虚和孤独的时刻。"

（比尔·伯特尔斯撰，徐珍珍译）

第三篇是 2016 年 3 月 14 日《环球时报》文章《网络女主播成为当红职业》，转引自新加坡亚洲新闻频道 3 月 12 日文章，原题为《中国女性将网络女主播视为报酬丰厚的职业》。

20 岁的孙丹妮（音）是一名全职网络主播，每月收入是中国大学毕业生平均工资的 6 倍。她在网络摄像头前与粉丝聊天并唱歌，每天 9 小时。如今在中国，这种有人坐在摄像头前并将任何特定举动都进行直播的网络主持活动，正迅速成为一个兴隆生意，是备受一些年轻女性追捧的职业。

"我以前干的是朝九晚五的销售工作。当一名网络主播更具挑战性"，孙说，"即便在线下也须与粉丝互动，否则他们就会忘记你，主持人太多了。"

生意好的月份，孙能挣到 4 700 美元，其中 80％ 来自粉丝发送的"礼物"。这些"礼物"可折现，相关互联网公司和网络主播经纪公司从中抽成。网络直播是项正蓬勃发展的产业。一家网络主播经纪公司透露，自 2013 年开业以来，该公司利润以每年 50％ 的速度增长。

"80 后和 90 后的娱乐需求无止境"，某娱乐公司的助理经理肖顺武（音）说，"大多数观众都是不善交际的电脑迷，且绝大多数为男性。他们下班后需要找到释放压力的地方。这是一个相对重要的群体。"该娱乐公司有网络主播 300 余人，收入最高者每月可挣到 3 万多美元。

鉴于中国男"光棍"人数或将在 2020 年达到 3 000 万，未来 5 年内，中国网络直播行业有望以每年 80％ 的速度增长。

（Valarie Tan 撰，王会聪译）

从《网络 DJ 迷倒中国年轻人》《孤独感助网络直播女王赚大钱》和《网络女主播成为当红职业》等文章可以看出，以网络直播为代表的新型互联网文化娱乐项目正在飞速发展。如果说吃不饱饭只有一种烦恼的话，吃饱饭就会平添出无数种烦恼。这句话我在很多场合引用过，出处已经记不清了。中国改革开放的最大成就是一个发展中的人口大国解决了历史上最大的难题，即吃饭问题、温饱问题。于是进入小康社会吃饱饭的中国人就生发出无数种新鲜、多样的诉求。当代中国是最接近世代中国人伟大目标的时期，也是利益诉求最多，满足与失望胶着，孤独、焦虑、追求、获得感最强烈的时期。以上三篇文章给我们以下印象：一是"中国有很多有钱的闲人"；二是"每个人都会有空虚和孤独的时刻"；三是越来越多的中国年轻人被迫到"没有灵魂的大都市"工作，大多数直播观众是不善交际的电脑迷，绝大多数是男性，他们下班后需要找到释放压力的地方，所以女主播成为"当红职业"；四是中国男光棍人数或将在 2020 年达到 3 000 万，未来 5 年中国网络直播行业有望以每年 80％ 的速度增长。"群体性孤独""代际消费鸿沟"，催生互联网社交性娱乐新产品、新形态，互联网生活方式已经成为相当一部分年轻人的行为方式。网络拉近人与人的空间距离，却同城不相往来，路径依赖带来了群体孤独的社会心理变化，网民似乎更加渴望网络交流、深入沟通、群体互动，于是网络直播勃然兴起。

由于我是做学问出身，喜欢追根溯源，一直追寻网络直播的源头，《环球时报》一篇驻日本记者张妮的专访《听日本"弹幕鼻祖"聊直播》，堪称指点迷津。弹幕直播是一家视频网站 Niconico（简称 N 站）发明的。这个集视频上传、自创频道、直播、线下活动等为一体的网站，从 2006 年创办至今，创造了多个日本乃至世界网络直播历史的第一次。比如，举办虚拟歌星初音未来演唱会、直播中国"9·3"阅兵。在整体创新氛围并不浓厚的日本，这家互联网公司显得十分突出。N 站创办之初，除提供类似 YouTube 的视频上传平台外，最大的贡献在于发明了弹幕，因为网友留言已成为与原帖一样具有原创性、可读性、可看性的资源，让它与视频同步滚屏播出，这种"抱团观看、集体吐槽"的模式，极大地提升了网民的参与感。N 站最大胆的尝试是2010 年 11 月为深陷非法政治献金丑闻的日本民主党代表小泽一郎提供直播平台，并直播 2015 年中国"9·3"大阅兵、2015 年春晚、2016 年全国人大开幕式和杭州 G20 峰会。N 站网络直播最火的还属游戏直播，以及很多有演艺特长的网红。N 站 77% 的收入来源于用户付费，11% 来自广告。该网站有注册用户 6 000 万，其中付费用户 250 万，每月人均付费额约合人民币 32 元。

中国的 Bilibili 网站，中文名称为哔哩哔哩，简称 B 站，从 2009 年创立至今，已经成为国内首屈一指的"年轻一代潮流文化社区"，日访问量已近千万，忠实用户 5 000 万。弹幕产生的原因是多元的，但是我认为孤独感即使不是最主要的原因也是相当大的原因。现代社会人们为了生活四处奔波，少小年纪，背井离乡，只身穿梭在城市的水泥深林、车水马龙，面对奔涌的人潮、高耸的大楼、轰鸣的厂房，会感觉人很渺小，人被城市、工厂、建筑吞噬了，远离家乡的漂泊感、陌生感、失落感、孤独感就会油然而生。我曾经画过一幅画《孤独的鸿雁》，一只大雁在水中孤独地游，也许飞在天空感受不到孤独，就像人们在繁忙的职场没时间孤独一样；下班以后，拖着一身疲倦回到蜗居，绝大多数人选择宅在家里或者寄居的小屋，吃一点简餐或者再加一瓶啤酒以后，思绪伴着五味杂陈的感觉就会不期而至。我为《孤独的鸿雁》配了一首诗，其中有两句："孤独是焦虑者的炼狱，孤独是思想家的疆场。""享受孤独吧，孤独是自由的温柔乡，放飞孤独吧，孤独是创意的孵化场。"后来我又画了一幅抽象表现主义的作品《逍遥》，配诗云：

> 逍遥河上逍遥津，
>
> 逍遥泛舟逍遥人。
>
> 浪迹天涯皆不是，
>
> 逍遥放飞逍遥心。

画完配诗，诗完依然意犹未尽，又写一段文字："郁闷、焦虑、抓狂，是现代社会的时髦症候，好心情坏心情都是心情，正能量负能量皆可变量。关键在于拿得起，放得下，想得通，忘得快，力拔山兮放下方为俊杰，功高盖世淡泊可以明志。淡泊不是逍遥的全部，逍遥必须淡泊。"对于一个初出茅庐的青年，体会这种感觉着实早了点，我们也很难向他们准确地言说，于是他们选择弹幕，寻找志同道合的朋友和现实社会未能满足的存在感、成就感、满足感。

孤独是因为有话要说，却无从说起。"90后""00后"是在互联网环境下长大的，互联网思维的差异性、异质性、草根性、个性张扬性，都使他们抛弃精英化的表达方式，就像美国大选抛弃正统精英的希拉里，选择看起来"不靠谱"的特朗普一样。他们不屑于主流表达的"两报一刊"，也反感媒体表达"对口型"的众口一词，于是他们选择在弹幕空间的"另类"表达。根据中国互联网信息中心的调查，43.8％的网民喜欢在互联网上发表评论，其中10～19岁的网民网上发言的积极性最高，占50.2％。其次是20～29岁的网民，比例高达46.6％。文明古国的子民喜欢表达、善于表达，也有丰富的思想需要表达。春秋战国时期"诸子百家"就是中国思想表达的集中绽放，只不过汉朝"独尊儒术"以后，自由的思想表达被压制了两千多年，中国人给世界的印象是内敛、淡泊、怯于言说、羞于表达。互联网出现以前，现实社会民众表达渠道单一，表达内容需要权威、体制认可和规定途径，现实的

自由表达依然受到主客观诸多条件的限制。互联网和互联网思维打破了各种
羁绊，网络空间发自内心的"另类"表达与刷存在感的心理需求互为表里。
于是中国人久已压抑、沉寂的表达欲和浓郁的思想犹如岩浆在僵硬的地壳下
汹涌奔突，终于在改革开放的大潮中喷薄而出。这是人民的胜利，也是人类
文明的进步。

为什么中国人特别不耐孤独？这是一个非常深邃的问题，你孤独着你的
孤独，我寂寞着我的寂寞，没有一个集体认同的答案。其实，在中国传统文
化中就有社会精英众人皆醉我独醒的孤傲、穷则独善其身的坚守，然而现代
人经历的工业社会、城市文明，其丰富性、复杂性与农耕经济时代的田园牧
歌几乎不具有可比性。当代中国社会理论超常发展，建设和谐社会，推动经
济发展，是中国人民共同的目标。在一些政治家看来，献身于伟大理想和崇
高政治信仰的人就应当心无旁骛，没有任何一点私心杂念，这对于一些特殊
的人也许可以，而芸芸众生的普通人就没有这样纯粹，他们需要一块哪怕很
小的绿洲安放他们的心灵，一个灵魂可以徜徉的地方。这样的要求并不过分，
但是就是这样一小块绿洲在当下中国仍然是极端的稀缺资源。

当代青年感觉特别孤独寂寞，与他们的生存环境有关。进入小康社会的
中国，中华民族绵延不绝的血缘关怀、代际传承精神再一次大放异彩，在半
个世纪计划生育、独生子女的政策下，家长对独子倾注了更多的关爱，管得
太宽、太严、太细，子女在青春期的激烈反抗中，也习惯了这种教育方式和
家庭环境，并形成了严重的依赖心理。他们反抗家庭无微不至的干预，又享
受由此带来的实惠，却没有勇气走出独立承担的一小步。然而，大多数人中
学毕业后被迫离开无限呵护的家，为了生活四处奔波，似乎一夜之间就被抛
入现实的洪流，独立承担生存、发展的责任。他们无疑要经历很长一段时间
的适应过程，需要付出痛苦的代价。因此，经历苦难的老一代认为现代的孩
子是在蜜罐里泡大的。而衣食无忧、少年不知愁滋味的后生却是一肚子苦水，
走向社会以后，他们感觉很忙、很累、很烦、很郁闷，挫折感、孤独感几乎
与他们的成长历程形影不离。当他们感觉最无助的时候，最需要心理关怀，

最需要亲朋好友搭把手。人生的沟沟坎坎任何人都会遇到，旁人、社会人搭把手就会过得容易些，但是大千世界这样的"手"并不多。

当一个人甚至一群人感觉孤独寂寞的时候，他们就走到了一个可以多重选择的多岔路口。如果意志坚定、引导得法，绝大多数人会在孤独寂寞中"加持"自己，累积继续前行的能量，也会有极少数人在孤独寂寞中沉沦，甚至误入歧途、走向极端，成为和谐社会的破坏力量。因此，弹幕正是他们追求真理、追求光明、追求释放的最佳途径。主流社会要有起码的宽容，应当充分利用现代传媒为他们解疑释惑；指责甚至打击只能把他们推向更激烈的叛逆。

为什么中国人特别愿意在互联网上表达？这个问题同样很深邃。

首先，中国正处于1 000年来最深刻、最激烈的变革之中，变革激荡文明古国的春潮滚滚，中华儿女心潮澎湃，春潮与心潮扭合缠绕，奔涌而来，每一个中国人都有太多的话要说。改革开放的闸门打开了，关闭已经不可能。

其次，中国传统儒家思想的深刻影响。"修身、齐家、治国、平天下"是中国人的理想，"风声雨声读书声声声入耳，家事国事天下事事事关心"是中国人的精神。因此，中国人特别关注国家大事，对国家有信心，对民族负责任，爱国之心、报国之志溢于言表。这是中华民族伟大复兴的宝贵财富，民心可用。如果他们选择了沉默，结局只有两个，要么在沉默中爆发，要么在沉默中灭亡，这样的结果都不是我们愿意看到的。话剧《茶馆》里有一招牌"莫谈国事"，这是黑暗的民国年间。当今莫谈国事不好，妄议国事也不好，让一个毛头小伙子能够拿捏一个恰当的分寸，也着实不容易。一个"小愤青"，说几句过头话完全没有必要大惊小怪，只要不是恶意破坏民族团结、国家安全、社会稳定，就不要上纲上线。一位B站的忠实粉认为，弹幕并非全新玩意儿，它颇像古代典籍的批注，正如金圣叹批注《水浒传》，脂砚斋批注《红楼梦》，不过是而今书变成了视频，批注进化成了弹幕罢了。

最后，中国作为一个发展中的人口大国，受制于经济发展水平和传媒许可制度的双重影响，现实社会中民众的发表渠道比较单一，限制了表达诉求的有效空间。因此，B站的弹幕形式就成为以青年为主体的互动交流文化社区，75％以上的内容来自于社区"居民"的自发上传，单就视频内容而言，2015年每月上传数量就有18万条。

中国人喜欢在互联网上直播、在弹幕上表达是好事，不是坏事。我们要相信中国人特别是中国青年的基本素质、觉悟，他们不仅是当今而且是未来中国社会的正能量。《我在故宫修文物》是故宫90周年的纪录片，央视播出不温不火，上传B站竟奇迹般迅速爆红，2周内实现近百万播放量。《那年那兔那些事》是团中央微博推荐的动画片，B站播出同样吸引了很多"爱国小红粉"和"历史政治科普君"，他们的表达都非常主流、积极、正能量。说明中华人民共和国成立以来中国主流价值观已经得到社会的普遍认同，社会健康的公序良俗已经形成。在互联网时代，让一些不和谐不发声已经不可能，即使有些刺耳的声音，社会舆论会正确认识，有效抑制。互联网像一条自然的河流，有纠错、自净功能。更何况极端情绪、不良倾向在底层发酵，比公开暴露更危险。

据艾媒报告显示，2016年在线直播用户实现爆发式增长，2016年年底用户数达3.12亿人，未来数年内也将维持高速增长，至2018年在线直播用户数将接近4.6亿人。巨大的体量就会产生更为巨大的能量，中国能量、中国力量、中国声音将转化为改变世界的核心力量。中国数亿网游用户、直播用户是中国最大的文化财富，在用户创造内容的互联网文化时代，他们不仅在消费文化产品创造营收，更在贡献文化产品满足市场。他们所汇聚起来的创造力，对打破西方大国的文化壁垒具有压倒一切的力量。我们自己不能压制这种力量，而是要以经济建设为中心，倾听时代的声音、倾听生产力的声音、倾听中国未来发展的声音，因势利导，让他们朝着正确的方向更快地发展。

要善待直播，善用直播，直播也是一种互联网社会的生产方式、生存方式。网络直播吸取和延续了互联网优势，网上现场直播，可以将产品展示、相关会议、背景介绍、方案测评、网上调查、对话访谈、在线培训等内容发布到互联网上，利用互联网直观、快速、形式多样、内容丰富、交互性强、地域不受限制、受众可划分等特点，加强活动现场的推广效果。现场直播以后，直播内容还可以随时为用户继续提供重播、点播，有效延长了直播时间和空间，发挥直播内容的最大价值。同时，网络直播也是新兴的高互动性视频娱乐形式，主播通过视频录制工具，在互联网直播平台上，直播对话聊天、唱歌跳舞、玩游戏等活动，受众可以通过弹幕与主播互动，也可以通过虚拟道具进行打赏。2015年中国在线直播平台接近200家，其中网络直播的市场规模约为90亿，网络直播平台用户数量已经达到2亿，大型直播平台每日高峰时段同时在线人数接近400万，同时进行直播的房间数量超过3 000个，接近50％的网民表示收看过在线直播。娱乐化的直播内容最受欢迎，包括娱乐直播、生活直播等。在线直播门槛非常低，只需一台电脑和一个账号即可进行直播，手机更是让人可随时随地直播。秀场、演艺、户外、电竞、教育、明星等各类主播形态兴起，IP、粉丝、流量等让企业和资本兴奋不已，纷纷试水在线直播，行业发展驶入快车道。

　　直播是典型的UGC（User Generated Content，用户原创内容）模式，打破了少数影视明星独享社会文化资源的现象。极少数影视明星的高片酬不利于文化产业的均衡发展。直播、网红以及网民的广泛参与，有利于全社会共享文化产业发展红利。从上述文章可以看出，直播行业产生了一大批月收入几千元、几万元的"网络DJ""网络主播"，是社会文化多元化发展的积极成果，有效地打破了既有利益链条把控文化娱乐资源的局面。中国7亿多网民，每人每月通过打赏、购物、广告等多种方式让一位主播获得几十元钱的收入，就可以使上千万参与直播的人获得生存发展的机会，这是互联网时代创造的海量、全新的就业方式。如果一个主播有200位忠实粉，每月给主播打赏10元或者20元，这位主播就可以维持独立生活。如果是一个主播团队，就可以使更多的人维持生计。这类自由职业者逐渐增多，减少了社会就业压力，在没有增加社会碳排放的情况下创造社会物质财富、精神财富，应当受到全社会的尊重和理解。

　　2016年12月3日《环球时报》转载了美国消费者新闻与商业频道网站

12月1日文章，原题《中国网络直播呈爆炸式增长：改变一切?》，《环球时报》题目是《迅猛增长的网络直播将改变一切?》。

中国的千禧一代正用新奇的主意将社交媒体和视频直播带到赚钱的新高度。在当前兴起的网络直播热潮中，他们通过直播五花八门的日常生活赚钱。对这种廉价交互式直播内容的渴望使更多年轻人加入进来。中国互联网络信息中心的数据显示，网络直播用户已达3.25亿，接近中国7.1亿网民总数的一半。

除在线消遣外，网络直播的爆炸式增长也在助推中国电商行业。两大电商——淘宝和京东都已推出各自的直播平台。店主和品牌可聘请拥有庞大粉丝群的网红主播为其推销产品。淘宝直播负责人表示，直播带来了32%的加购率，即100万人的观看会使32万件商品被放入购物车。

按照中金公司发布的报告，去年中国网络直播产业的市场规模达到100亿～150亿元人民币。瑞士信贷银行在2016年9月的研究报告中称，中国的个人网络直播市场将在2017年达到50亿美元，比中国电影票房少20亿美元。摩根大通中国互联网研究主管亚力克斯·姚（音）表示，"这种增长很可能引发不同平台之间的并购。我认为未来一两年内，该市场将进入整合阶段。"

（陈倩（音）撰，丁雨晴译）

文章的标题用"?"号很耐人寻味，全文都是正面阐述，用"?"号却没有说明改变什么，倒是最后的市场预测值得业内人士关注。

五、回望中国游戏经济的文化苦旅

在以经济建设为中心的中国，网络游戏为中国经济的发展做出了巨大贡献，为什么依然是文化苦旅？回答这样的问题并不难，难的是需要直面问题的勇气，于是回答中国游戏经济的文化苦旅也多少带有难以言喻的苦涩。

游戏娱乐一直是文明古国遭到诟病最多的活动，然而时代已经使中国人以及中国社会发生了前人无法想象的巨变，特别是改革开放以来的中国，变化超越想象。几千年重农抑商的传统被颠覆，中国成为世界上商业气氛最浓厚的国度之一。几千年以玩物丧志为由拒绝游戏娱乐的说教被打破，中国成为世界最大玩家。

历史传统的形成离不开中国人的生存环境以及生产力发展水平。在黄土高坡的农耕经济国家，不务农就无法生存，不终年苦干就没饭吃。工业文明、后工业文明以及信息社会、智能社会，社会生产力大幅提高。美国2％的农业人口、12％的工业人口的生产就可以满足国人需求甚至大批出口，其余的人干什么？中国是一个发展中的人口大国，未来也将成为发达国家。近年已经进入智能机器人爆发性增长期，工业机器人以高性价比挤占了生产线上的技术工人，人口大国的富余人口向何处去？这些问题任何政府都无法回避，总要有个安置他们的地方和途径。我们必须在这样的背景下正本清源，实事求是地确定游戏的性质、定位，探索发展游戏经济的路径、办法，接近准确地回答游戏经济为何不再是文化苦旅。

（一）坚持以实事求是为态度，准确把握游戏的本质属性

古今中外的游戏绝大多数是以社会公众乐于参与的形式，传承知识、技能和社会行为规范；电子游戏、网络游戏则是工业社会、信息社会培训劳动者操作技能和生产、生活能力的重要途径。任何游戏的初级阶段都是以娱乐为主，迎合了人类追求意外惊喜、幸运之神偶然降临的心理。经过一个时期的发展后，成熟的游戏增加了技巧性，降低了偶然性，技术难度的提高使游戏的娱乐性向竞技性发展，于是原始先民狩猎的技能如使用抛石器发展成奥运项目链球，投掷野兽的石块、树棍发展成为铅球、铁饼、标枪项目。进入信息社会，人类摆脱了对土地、资本以及生产资料的绝对依赖，以训练劳动者肌肉以及力量型劳动者为主的游戏，逐渐向以训练劳动者智力为主的网络游戏、电子竞技发展。在一个创意、创造、创新决定成败、高下的时代，人们更追求智力的开发以及富有"风暴"的最强大脑。

不劳而获、获取意外之财的赌博心理也是一些人的正常心态，中国历代统治阶级以及黎民百姓对此早有警觉，历代法律都以博彩的数额大小作为判

定罪与非罪的标准。社会舆论反对奇技淫巧、游手好闲、好逸恶劳，提倡吃苦耐劳、诚实劳动、勤劳致富的主流价值体系。但是，游戏与赌博没有必然的因果关系，玩游戏也不必然导致玩物丧志的恶果。同时，古人在千百年的历史长河中也发现游戏是任何时代、任何社会、任何人的刚需，是人类生存的辅助手段之一。于是，古人又把游戏控制在发乎情，止乎礼仪、止乎法律的范畴。实际上相当多的游戏技巧性很强，劳心费脑，是挫折感与幸福感的交错平衡，心理平衡形成的积极情绪、正能量对冲了生活中的挫折感、焦虑、疲倦、愤怒等负面情绪，这就是人们对游戏乐此不疲的原因。社会主义法治中国必须坚持依法治国，依法办事，不能人为臆造一个"电子海洛因""网络海洛因"等莫须有的罪名，对人们正常的游戏娱乐活动也痛加打击。

随着科技和文化的进步，人类社会对物质世界的索取、对精神世界的依赖都在提速，而且已经成为现代社会演进的总体趋势：一是保障人类生存的物质条件不断提高，二是社会生产效率不断提高。随这两大趋势而来的必然产物是大量非物质生产者和非劳动时间的出现，这是历史的进步，同时也要求社会以非物质生产方式安置富余劳动力，消耗社会公众不断增多的闲暇时间。于是第三产业成为最大的发展空间，第三产业的发展水平是衡量社会文明进步程度和国民幸福指数的唯一标准。未来发达国家最大的生产是精神产品的生产，是发展文化产业，社会消费的最大需求是满足精神需求的文化产品和服务。富余劳动力不能妥善安置社会就会骚动，甚至骚乱，精神世界、闲暇时间不能妥善安置人就会躁动、狂躁，就有可能危及社会稳定。无论是游戏、电影、音乐、图书还是其他的娱乐形式，对于社会的终极贡献就是满足了以上需求。近年来计算机技术飞速发展，电脑设备更加智能，更加人性化，也使网络游戏、电子竞技形成了无与伦比的娱乐性、沉浸感，因此游戏经济必然在众多互联网文化产业中横空出世。

游戏经济对于中国社会的深层贡献，由于"深层"因而很难被社会主流意识形态正视。大量的劳动力和大量闲暇时间投入游戏，其游戏产品制作、传播产生的巨大经济能量我们姑且不论，就以游戏对于参与者的影响以及深层贡献，至少有以下几个方面：首先，游戏消耗了大量的非劳动时间，让很多潜藏的负面情绪在游戏世界宣泄、排遣。其次，参与者在游戏中学会树立目标、集中注意力、快速处理困难、保持积极进取的心态，并锻炼了社交能力。再次，所有参与网络游戏的青年人可以在游戏世界做出各种选择，这些选择会即时反馈验证选择的正确与否，这样的经验、体验也会以潜移默化的形式渗透于他们亲身感受的现实世界。最后，也许是最重要的一点，游戏，尤其是未来有数亿用户参与的顶级网络游戏，已经组成一个跨越国家、种族、文明、信仰的虚拟世界，在这个世界中所有玩家具有同样的目标认同、价值认同和规则认同，常年在一款游戏中参与的人，在现实世界中将变得更加容易彼此认同，协作共赢。因此，掌握游戏产业发展的主导权，树立积极向上、团结协作的目标、价值和规则，也是国家话语权的重要组成部分，是国家软实力、文化影响力的重要体现。总之，网络游戏是信息社会对于人类现代文明的重大贡献，使现实社会变得稳定成熟，使民众拥有更多的幸福感和积极性，这是其他文化形式很难代替的，也是靠简单说教道理很难实现的。

必须改变中国社会，特别是主流意识形态对游戏的误解、偏见和成见，不能认为游戏、网络游戏是靠引诱青少年不务正业、沉迷游戏获得收益的产业。文明古国、传统文化要求人们明礼修身、修德养性、遵规守纪、自制自律，认为大人、成熟的人不会玩游戏，没时间玩游戏，这种观念已经是明日黄花，以偏概全。事实上，游戏经济发展中心始终围绕成年人展开，因为成年人才有持续的支付能力。游戏经济作为新兴文化现象，最初是只有少数人参与的另类活动，现在电子游戏玩家已经近 4 亿人，不玩游戏就显得很另类。任何文化娱乐项目都有此消彼长的生命周期，潮起潮落、云卷云舒是自然规律，也是社会规律，游戏产业作为新兴文化娱乐项目，新鲜、刺激、受欢迎是很自然的，一定时期、一定程度上分流、减少了其他文化产品和服务的消费人群、消费时间，也是再正常不过的，不能构成其受指责、遭打压的理由。

（二）坚持以经济建设为中心，发展游戏经济

从《游戏产业，中国击败美日》《电游或成为中国最佳文化出口》等文章

可以看出，中国游戏产业已经在世界上脱颖而出，成为像美国好莱坞、日本动漫一样在世界上具备领先优势的文化产业门类，是中国在国际文化领域弯道超车的重要机遇。

作为游戏经济的核心，网络游戏需要大量的条件支撑，尤其是高速的网络和相对高档的电脑设备，这些在中国互联网引进的初期都是极为缺乏的。在这种情况下，中国的上网服务行业应运而生，在打压和严管的环境下，艰难发展。数万条、数十万条上网服务行业的光纤专线加快了中国宽带的建设，为中国宽带建设汇聚了第一桶金；上网服务场所数百万台、上千万台的高端电脑频繁升级换代，为中国IT产业的规模化生产提供了机遇。随着游戏人群从上网服务场所回到家庭，中国家庭电脑市场被进一步开发，在互联网还不发达的2000年前后，中国很多购买家庭电脑的用户，就是在上网服务场所接触了游戏的玩家。这为中国互联网产业的后续发展打下了用户、网络以及整个产业链的坚实基础。因此，中国互联网产业才有了《中国互联网巨头成全球"顶级玩家"》这篇文章中所描述的发展。

2013年以来，文化部启动上网服务行业转型升级工作，上网服务行业的整体风貌焕然一新，已成为互联网时代优质的文化服务体系，具备了创造更大社会与经济价值的重要条件。但从《中国重塑网吧形象，不容易》这篇文章可以看出，在前进的道路中依然要克服很多困难。

（三）坚持以互联网经济为导向，调整和转变领导方式

进入信息社会，互联网经济，或者称为数字经济，是调整产业结构、拉动经济发展的新引擎。

互联网经济使人摆脱了对土地、机器、厂房和资本的依赖，科学技术成为第一生产力，以创新、创意、创造为旗帜的智力成果成为核心竞争力。

互联网经济使人摆脱单位、集中办公、流水线生产的束缚，打破地理、物理空间的制约，人可以随时随地办公，天涯海角面谈，是人类自由的一次深刻解放，真正实现了劳动者自主创业、自由择业、自由就业，自由职业者

将成为社会的主要群体。

互联网经济可以在很大程度上突破政府许可、正统权威体系认可，在一定程度上打破体制、机制、所有制以及层级界线，每一个掌握互联网工具的人都可以在法律的保护、道德的约束下，关注别人，表达自己，分享感悟；每个人都是文化艺术生产的最小单位，也是文化艺术消费、传播、交流、分享的独立个体。

互联网经济的任何形态都与社会群体的文化认同紧密相连，互联网文化产业，特别是游戏经济，是互联网经济的重要组成部分，互联网文化已经成为参与人数最多、传播空间最大、产业化程度最高、用户耗时最长的社会文化现象。互联网文化必然会成为信息社会的主流文化。

鉴于互联网经济强劲的发展势头以及在国家调整产业结构中的引擎作用，党和国家必须坚持以经济建设为中心的基本路线，坚持依法治国的基本国策，按照解放和发展生产力的思路，大力发展互联网经济。国家要制定并全面落实推动互联网经济发展的产业政策，充分释放政策红利。政府部门也要改变长期形成的计划经济的领导方式，改变管理实体经济的僵化体系，最大限度地减少行政许可、准入限制，让资质与能力在法治的框架下融合，形成新的生产力。

互联网文化创作者、传播者以及互联网信息是海量的，按照管理实体经济运行的办法，进行主体资格审批、产品审核、项目监管已经不大可能，也没必要。高科技经济形态的管理要依靠高科技手段。对市场经济行为要坚持依法管理，由管理海量自然人的主体资格转化为动态监管互联网企业经营行为和网络内容播出平台。政府放弃微观管理，放权企业自我管理，企业自主经营完全有能力做到守法经营、依法办事。

说明：文章摘引《环球时报》《参考消息》以及国内外一些报道和行业报告的内容，恕不能一一注明，在此一并表示感谢！有些报告的统计数字互有差异，本文未作进一步核实，特此说明。2016 年 12 月 29 日于北京后英房胡同九号。

吻别网吧（代后记）

2017 年新年钟声敲响之前，我终于完成本书最后一篇文章《游戏经济的文化苦旅》的最后一个句号。虽然只是初级阶段的第一次"杀青"，依然感觉到如释重负的一阵轻松。这半年我是很拼的，起早贪黑记录喷涌而出的文字，似乎就是要赶在中国上网服务行业胶着的节点上，与我挚爱的网吧深深地吻别。

作为画家，我是一个脑海浮想联翩、眼前画面不断的人，选择这个题目是因为这样一组画面触发了我的灵感：一位移民搬迁的老者，无法割舍祖居的老屋，一步三回头，眷恋、无奈、无助、苦痛……写在脸上。走出老街却发现自家的老狗并没有像往常一样跟在他身后，依然趴在老屋门前，不解地望着他的背影。老人再也无法抑制心中的激动，猛回身一把抱住已经贴了封条的旧门，冷泪、热流顺着饱经沧桑的老门板尽情流淌……这只是脑海里浮现的断断续续的组画，不能说明什么，也不想说明什么。

之所以选择这样的题目，是因为在 2016 年最炎热的夏日，我已经怀着一颗冰冷的心，写下了《中国上网产业转型升级》一书的后记《再别网吧》，作为我两次与中国网吧深度接触的话别。后来因为出现乌龙，我又披挂上阵，在《再别网吧》之后，写下了权当后记的《跋》。

2016 年冬比往年暖，重新燃起战火与激情的我，就像一辆驶入快车道的战车，一路呼啸向前，浑然没有感觉冬的冷暖、霾的预警。在毫无征兆的年根岁末，我正在盘点行业精彩的 2016、规划更为精彩的 2017 的时候，却突然接到官方关于协会与行政主管部门脱钩以及我作为现职国家公务员必须离任的通知。此时此刻的我已经完全没有《再别网吧》中挥挥手不带走一片云彩的心境。于是我《吻别网吧》，知我者、懂我者大约能够从这样的题目中，体察这半年时间我与网吧情感的升华与变迁。

无法割舍不是因为陷入感情漩涡无法自拔，而是因为中国上网服务行业再一次面临多重选择的交叉路口。2013 年协会成立以来，全行业转型升级，重点在场地服务环境的优化和改善。三年来绝大多数场所装修了门店，改造了场地环境，上网设备更新换代。同时，政府释放政策红利，一批具有海外留学背景、在互联网环境下长大的"富二代"等新生力量进入上网服务行业。他们先进的经营理念、互联网思维以及雄厚的资金，成为行业转型升级的生力军。2016 年全行业上交了一份不错的答卷，全年营业收入 740 亿元，较 2015 年增长 15.3％。同时，我们也发现 2016 年下半年行业经营业绩有所下降，周末热销阶段客户上座率不足 60％，而且持续减少的轨迹尚未筑底。我们丝毫不敢满足，不敢懈怠，更不敢掉以轻心。中国上网服务行业不像中国电影那样得宠，2015 年中国影院平均上座率只有 14.95％；2016 年全国电影总票房 457.12 亿元，较 2015 年仅增长 3.73％；2016 年电影单银幕票房 105.26 万元，较 2015 年下降 22％，然而这一切并不影响狂热的投资热情。2016 年中国银幕数增长幅度高达 29％，截止到 2016 年 12 月 31 日，中国银幕总数已达 41 179 块，电影人又一次为银幕总量超越美国成为世界第一而狂欢。

首先，我们没有资格像中国电影这样任性，我们没有任何理由搪塞业绩下滑的现实，我们唯一的出路是"壮士断腕，绝地反击"，进入转型升级的第二阶段，二次创业，突出重围。行业转型升级的第一阶段，主要是场地服务环境建设和设施设备更新；第二阶段重在调整场地功能，提升服务品质。中国上网服务场所的根本属性是配置了互联网设备的信息服务场所，信息服务是核心功能，却不是唯一功能，场所完全可以根据市场需求，增加多种业态，拓展多元功能，创造更多经济增长点，网费收入不应当是场所收入的唯一。

其次，要根据场地业态变化和功能定位，重新设计调整场地区域和设施设备。转型升级第一阶段主要做加法，增加空间、设备，第二阶段应当做减法，减少上网 PC 机数量。热销时段空置率大幅上升，说明在上网服务场所上网的客户总量持续下滑，已经从 2008 年占网民总数的 42%，下滑至 2015 年的 17%，而且还有继续下滑的趋势。面对消费者"移情别恋"，我们何尝不想力挽狂澜，但是社会消费时尚、热点的转移是很少被人的意志所左右的，上网服务行业只能跟着"上帝"走，只能随着消费需求的市场变化调整经营项目、场地、设施。时下惯常的提法是"腾笼换鸟"，我们不敢有这样的奢望，但是至少可以把空置的"笼子"腾出来，换上新项目。2014 年是行业的网咖年，把咖啡引进网吧。在第一阶段的转型升级中网咖的确发挥了引领作用。后来我们发现，中心城市商业区的网咖可以给上网客户提供咖啡，而一般城市上网客户并不是咖啡消费的主打阶层，或者说喝咖啡的比例不高。变革的出路要么是改变上网客户的层次，要么是调整空置空间，把喝咖啡的城市白领、时尚群体引进来，前者的改变是整体的，后者的调整是局部的，孰优孰劣经营者自然可以依据自身经营策略选择。

上网服务场所增加业态、拓展功能要解放思想，实事求是。解放思想的底线是国家的法律法规，法律没有禁止的都可以尝试。日本的网吧可以为上网客户提供简易住宿床位，每晚包夜 2 400 日元，住满 30 天的客户还可以享受每晚最低 1 900 日元的优惠价。我在兰州机场看到候机大厅开辟了类似太空舱的临时休息室，为候机、转机旅客提供方便。上网服务场所也可以设置类似的寄宿空间，不仅可以扩大服务领域，方便客户，也会在一定程度上发挥维护稳定、保障民生的作用。

最后是提升服务品质。中国第三产业经济总量占 GDP 的比例刚刚达到 50.5%，世界第三产业占 GDP 的平均水平是 63.6%。中国服务行业不仅数量较少而且质量较差，中国上网服务场所也不例外。第一阶段转型升级以后，场地硬件明显提高，但场地服务品质提升不大。硬件硬了，软件依然很软。第二阶段转型升级就要在提升服务品质上，下大决心，花大力气。服务是上网服务行业的核心竞争力，是行业基础中的基础，"基础不牢，地动山摇"。我们必须坚持以客户为中心，以服务客户为宗旨，根据消费者的市场需求，努力提升服务品质。要提倡多元化综合服务，满足客户多方面、多层次的消费需求。要提倡人性化、智能化服务，借助高科技手段让服务更加贴身、贴心。要提倡个性化、定制化服务，细分目标客户，深耕细作。欲望无止境，服务无穷期。上网服务行业如果不能在提升服务品质上狠下功夫，无异于自断经脉，自绝生路。

无法割舍是因为中国上网服务产业结构性调整刚刚破题，正处于负重爬坡的关键时期。俗话说万事开头难，协会与北京开放大学、韩国全南大学、北京华嘉专修学院联合创办中国电子竞技运动与管理专业的学历教育，经过一年多的艰苦筹备，一波三折，屡遭磨难，终于在近期上线招生，教学大纲、教材以及师资队伍已经通过专家审核，但是作为最早进行电子竞技运动学历教育的"吃螃蟹"者，未来的艰难险阻会更多。人们常说办一件事真难，甚至毫不夸张地说难于上青天。难，是中国特色，孙悟空不经历九九八十一难怎么取得真经！我们别无选择。中国电子竞技运动与管理学历教育，是中国网络游戏、电子竞技产业链中承上启下的中间环节，负责培养运动员、教练员、裁判员、解说员以及各类电竞活动、比赛的组织、经营、管理人员。学历教育的深厚基础是网吧、网咖、电子竞技馆以及战队、电竞俱乐部；上层是网络游戏、电子竞技内容和产品展示、交易，国内外各类电子竞技比赛，电视台以及其他新媒体直播、转播。电子竞技学历教育是网络游戏由娱乐走向竞技的必然选择，也是由草根、草莽、边缘走向规范、主流的不二选择。只有以学历教育作为支撑，电子竞技才能由竞技化走向职业化、产业化，进而形成完整的产业链。因此，电子竞技学历教育关系着行业前途、产业命运，再难也要义无反顾地坚持下去。

2016年11月14日下午，协会与京东集团就全面战略合作举行新闻发布会。我积极推动中国上网服务行业与京东全面合作，是基于以下考虑：一是在网吧上网的客户持续减少，PC端游戏客户持续下降。2008年在网吧PC端上网的游戏客户占网络游戏客户的90%；2013年已经下降至65%，比上年降低14%；2014年下降至53%，比上年降低18%；2015年下降至43%，比上年降低19％。2013年以来，每年降幅持续扩大，而且还在持续下降。俗话说，"主业不彰，丢得精光"。上网服务场所的主业是上网服务，上网设施设备短缺的时代已经一去不返，仅靠上网费收入已经难以为生，必须发挥上网服务场所是互联网线下唯一信息服务场所的优势，创造新的经济增长点。二是以阿里巴巴、京东为代表的电商平台也走过了爆发性增长的峰值期，进入了第二次跨越前的相对稳定阶段。2015年，中国网购用户4.13亿人，网购经济规模4万亿。网购用户年均消费9 592元，同年我国年人均可支配收入21 966元，网购消费接近可支配收入的一半。而且网购的主要产品是生活日用品、小商品、低端消费品，继续挖掘现有网购群体的潜力，必须转变经营方式，以线上线下相结合的方式，向中高端耐用消费品销售领域进军。各大电商也曾用力开发县域网购平台，但是限于自身条件进展缓慢，它们的视野中还没有被人抹黑的城乡网吧。当协会第一次正面介绍上网服务行业转型升级成果时，它们顿时眼前一亮，聪明、智慧的电商发现了强强联合的商机，于是就有了11月14日的战略合作。我认为，互联网经济的基础是人流、物流、信息流，其中信息流是核心。过去网吧依靠信息内容吸引人流，现在依然有1.22亿客户在这里上网，下一阶段的主要任务就是把信息流与物流结合起来，依靠物流服务实现业态扩张、产业转型。这是精神文明与物质文明的第一次全面对接，也是文化产业与电商物流产业的全面合作。巨大的体量、巨大的商机，必然遇到前所未有的巨大困难，但是，我们别无选择。面对互联网经济呼啸而来的大潮，任何行业都无法超然"网"外，不是被互联网大潮所吞没，就是与潮共舞，与世推移，正所谓"弄潮儿向涛头立"。

中国上网服务行业未来的发展方向是深耕城市，拓展乡村，多元发展，服务基层。行业的最大优势是遍布城乡，扎根基层；行业的最大空间在于开拓县域互联网经济；行业最深厚的基础在乡村。在行业转型升级生死存亡的最关键阶段、在产业调整结构最紧迫的时期，我却被迫与网吧吻别，也许是造化弄人，也许是天将降大任，无论如何我都将接受命运的安排。国家有规定就应当按照国家规定办。有人说，别人为什么可以，唯独你不行？原因很

简单，因为我不是别人。4 年前，在我毫无思想准备的时候出任中国互联网上
网服务行业协会会长。经过 4 年艰苦卓绝的努力，当事业渐入佳境、上网服
务行业出现转机的时候，我再一次被迫离开我和行业同仁共同耕耘成熟的土
地。这样的事在我的人生履历中曾经也发生过，但这一次却特别难以割舍，
是因为过去的 3 年我已经把全部生命与中国互联网上网服务行业紧紧地连在
一起。

最感欣慰的是在任期内的 1 000 多个日日夜夜，我撰写了《中国上网产业
转型升级》《互联网经济与电子竞技》两本研究专著以及一系列理论文章。上
网服务是一个年轻行业，最不缺少一道道紧箍咒一样的规范、整治的禁令，
却缺乏最起码的理论建设。因此，我的研究就从现实问题入手，对行业现象、
本质、规律进行全面、系统的理论分析、学术探索。有的同行说会长的演讲、
文章太"高大上"。我不禁莞尔。一个行业协会的会长若没有道德文章，不能
占领行业理论高地，那么全行业的基础理论建设、商业伦理建设、行业标准
化建设以及行业经营管理水平提高几乎无从谈起。我一直坚持在世界政治格
局中研究中国，使行业具有全球化的视野及放眼世界的胸怀；我一直坚持在
中国政治、经济、文化以及生态文明中研究文化产业，使行业增强大局意识、
看齐意识；我一直坚持在文化产业与互联网经济形态中研究上网服务行业的
发展态势、未来趋势，为行业寻找哪怕是一团萤火虫一样的微光。我始终不
渝地坚持为行业正名，洗白传统偏见以及"意识形态"们抹黑、扭曲行业的
污名，为行业争取社会地位、政策红利以及可持续发展的社会环境。这些工
作仅仅是开始，期待后来者继续行业基础理论以及科学技术领域的研究工作，
指引行业进一步转型升级，大踏步地推进正规化建设。

我的专著不是行业协会会长的官样文章，也不是学院派教授的纯学术著
作，其中很少引证政治领袖、学术权威的论述、著述。他们说的是绝对真理，
我只能阐释相对真理，也就是与行业同仁以及关心、关注行业和产业发展的
朋友倾心交谈，交流心得。因此，这两本并不太厚重的小册子都是凝聚我全
部心血的个人著述。作为艺术家，我期望全部研究都包含人文情怀，绽放激

情，洋溢热度，至少不想说一些无关痛痒、不着边际的空话、套话、废话，让人生厌。文中一些理论观点可能与主流意识形态的"两报一刊"有相当的距离，有些章节语言也比较尖刻，带有鲜明的个人风格，也许有些人感觉不舒服，但是硬着头皮读下去，你会发现我的文字从来不是安魂的小夜曲。

在担任协会会长的日子，是我职业生涯中承受太多感动、太多关爱的岁月。即使我无法割舍，即使我被迫离开，我依然怀着一颗感恩的心。

我要特别感谢中国互联网发展基金会理事长马利同志，她在百忙之中为本书撰写序言，使我深受鼓舞。特别感谢协会主管部门文化部。感谢文化部副部长项兆伦同志、文化市场司司长陈通同志、副司长马峰同志、孙秋霞同志、李建伟同志和韩险峰处长以及我在文化部工作期间的老同事、老朋友。我要感谢与我共事多年、结下深厚友谊的协会各位副会长、秘书长李金鑫、副秘书长郭阳，协会同仁高东旭、沈源、谭继红、朱春柳、梁楠以及协会会刊《中国上网服务》杂志主编陈胜喜和编辑部的同事，4年来对我的支持和关爱。我第一次担任行业协会的会长，缺少经验，涵养不足，行业出现每一次波动都让我揪心，因此部署工作比较急躁，工作方法不够细腻，可能引起一些同事、同仁的不快。这不是出于我本意，我的内心是非常爱你们的。我格外珍惜我们共事岁月的美好时光，在未来的日子里，我将把这样一份带着体温的甜蜜永远定格在我的灵魂中，时时品尝、刻刻感悟，并作为永远追求人生价值的不竭源泉。

说明：初稿完成于 2016 年 12 月 28 日北京后英房胡同，修改完成于 2017 年 1 月 10 日辽宁省凌源市西窑文化小区。

图书在版编目（CIP）数据

互联网经济与电子竞技/张新建著 . —北京：中国人民大学出版社，2017.8
ISBN 978-7-300-24727-4

Ⅰ.①互… Ⅱ.①张… Ⅲ.①网络经济-研究 Ⅳ.①F49

中国版本图书馆 CIP 数据核字（2017）第 184435 号

互联网经济与电子竞技

张新建　著

Hulianwang Jingji yu Dianzi Jingji

出版发行	中国人民大学出版社				
社　　址	北京中关村大街 31 号		**邮政编码**	100080	
电　　话	010 - 62511242（总编室）		010 - 62511770（质管部）		
	010 - 82501766（邮购部）		010 - 62514148（门市部）		
	010 - 62515195（发行公司）		010 - 62515275（盗版举报）		
网　　址	http://www.crup.com.cn				
	http://www.ttrnet.com（人大教研网）				
经　　销	新华书店				
印　　刷	北京东君印刷有限公司				
规　　格	170 mm×240 mm　16 开本		**版　　次**	2017 年 8 月第 1 版	
印　　张	21.25 插页 1		**印　　次**	2018 年 8 月第 2 次印刷	
字　　数	300 000		**定　　价**	58.00 元	